和外婆、父母在一起（2000年夏，合肥）

在北京寓所（2006年10月）

潘军文集

第陆卷

中篇小说·长篇小说卷

文化艺术出版社
Culture and Art Publishing House

| 去乌镇领取"百花奖"（2003年11月）

| 在北京（2004年秋）

与西川等参加中俄作家对话会（2005年2月，哈尔滨）

与女儿在北京寓所（2005年冬）

| 手稿

《重瞳》不同版本书影

《死刑报告》两岸版本书影,封面为作者设计

《潘军文集》第六卷
目　录

中篇小说

重瞳——霸王自叙 …………………………………………… 3
　附录：
　　关于《重瞳》的一些话 ………………………………… 44
合同婚姻 ……………………………………………………… 48
犯罪嫌疑人 …………………………………………………… 91
戊戌年纪事 …………………………………………………… 134
　附录：
　　关于《戊戌年纪事》的几句话 ………………………… 167

长篇小说

死刑报告 ……………………………………………………… 173
　附录：
　　《死刑报告》初版后记 ………………………………… 378
　　关于《死刑报告》——答《北京晚报》问 …………… 380

潘军文集

第陆卷

中篇小说

重瞳

——霸王自叙

1

我要讲的自然是我的故事。我叫项羽。这名字怎么看都像个诗人,其实我自己早就觉得是个诗人了,但没有人相信。而民间流传的那首"力拔山兮"又不是我的作品——我不喜欢这种浮夸雕琢的文字。我的诗倒是真有不少,可我却没有把它们刻到竹简上。我觉得最好的诗还是保留在头脑里好,也比较安全。文字是个奇怪的东西,有时候它可以把人事固定下来,这大概就成了你们所说的历史吧?于是你们就根据这些文字去揣摩从前发生的那些事儿,但你们至少是忽略了一个问题——写历史的人又是如何知道"从前"的?而且据我所知,这个国家一般主张后人撰前史,就是说,对当时发生的事是不允许做记录的,就是你记下了也不算数。这很有趣,好像后人总是高明一些。有一种较为普遍的说法是,拉开一段距离才能看清楚。这让我困惑,当时看不清的难道"拉开距离"就看清楚了?不过,我又很理解。当时的人——我指的是那些所谓的"历史人物",总爱把自己描绘得很漂亮,所以不那么可信。这一点,嬴政那家伙是个高手。他之所以要把那些书以及写书的人全搞掉,就是想把"从前"一笔勾销,一切从他开始,这未免也太天真了。关于历史,我说不出更多的话语,但我一直在思索着。有一天清晨,我在乌江边上吹箫,碰见一个孩童,我就随便地问他:你懂历史吗?历史是个什么东西?那孩子认真地看了看我,突然说了句让我惊讶的话,他说:当人坏了历史就开始了;当人变好了,历史就结束了。这孩子说完就在我身后消失了。我还愣在那里，觉得这件事很奇怪。我想这孩子分明就是个奇人，让我想起张子房曾吹嘘过的那位黄石公。我承认这大千世界确有奇人。但我不是奇人。我不是像你们印象里的那个"力能扛鼎"的大力士，我的身高也没有八尺，非但不是，我自觉修长而挺拔的身材还散发着几分文气。我知道民间关于我的传闻，比较正宗的源头还是西汉那个叫司马迁的太史公。他写了我的本纪，慷慨给我以帝王君主的地位，把我写得挺好，至少写得比后来真的帝王刘沛公好。我想这或许与太史公当时的境遇有关，这个人不过是为李陵说了几句好话，就无端地让武帝给废了。但他仍然是个男人，他大概把自己作为男人的种种理想一揽子寄托到了我的身上。这让我同情，也让我多少有些尊重。所以我还是要感谢他——不是因为他视我为帝王。那年我到咸阳后，要称帝比写一首诗还容易，我想这大概不是海口狂言吧？我要感谢太史公，是觉得他把我的故事大致说得不错，但那还是一鳞半爪，而且许多地方不是那么回事。这就是我今天要出来说几句的原因。我没有别的意思，反正我已死过了两千多年，问题是有些事只有我自己知道，我要不说，就会越传越邪乎，以致我到现在莫名其妙地成了戏台上的一个架子花脸。这让我沮丧，我极不喜欢那个怪异的脸谱。他让我想到神魔，而我是人，是个有诗人气质的男人，是出色的军人。我死的时候也不过31岁，用你们今天的话说，我完全称得上是朝气蓬勃。

有一个叫周生的人曾告诉太史公，说从前的虞舜是目生重瞳，而我也是。太史公用了个"盖"字来表示对这说法谨慎的怀疑，但这恰恰又是真的。我想我的故事还是从我这重瞳子说起吧。

我也是很迟才知道自己生有重瞳的。那是公元前210年春天的一天清晨，我和叔父项梁从吴中来到这乌江边上度假。像往常一样我三更即起，然后就在院子里开始舞剑。我不喜欢我这把剑。我一直向往得到的是从前楚王散失在民间的那对青锋鸳鸯剑。这闻名天下的兵器出自干将莫邪之手，三年铸成。据说这剑带给人的不仅是胆略，还有灵气。我渴望它已经很多年了。然而这个早上我还不知道这剑对于后来的我具有更为深重的意味。做完这件事，我就去乌江边上吹箫了。我觉得这个时候吹箫很舒服。箫这乐器天生就是吹给自己听的，不能让别人欣赏。我不信乐谱，吹的大概要算自度曲吧，但它又严格遵守了我们楚歌的韵律。

我们楚歌的韵律是十分丰富的，从不受五音的约束。它的魅力不在于气势辉煌而在于本质上的悲怆。我每次的吹奏感觉又都不一样。那正是我短暂的一生中最早的忧郁时光，我思念着很久以前死去的祖父。关于这一点，太史公说的不对，甚至非常错误。我祖父项燕并非死于秦将王翦枪下，他是饮剑自尽的。虽说都是一个死，但之于军人，自裁无疑是光荣的。这个细节我之所以喋喋不休，是因为太重要了。它不仅仅是关乎我项家的荣誉名声，更要紧的是它预示着宿命。很多年后，某种意义上讲我的归宿实际上也是对我祖父的一次公开模仿。那一刻我想，一个人的血液是没有办法改变的，我们项家祖祖辈辈为楚将，死不足惜，但的确要考虑怎么个死法。或者说，要选择死亡的方式。像后来我叔叔项梁那么个死就太窝囊了，人家喊了他几天的武信君他就牛皮哄哄，整天价地喝酒，结果让章邯十分轻松地就把他给砍了。这也是我后来不杀章邯的真实原因所在，据说他让我叔叔与他比划了几下，还了他个大致的军人本色。而章邯本人却当了我的俘虏。

　　我祖父的死对我打击很大。他是个没有野心的人，却又不甘寂寞，好像不打仗就活不了。那年王翦掳了楚王，他又扶昌平君为王，接着干。最后在一个雨夜，老人让手下把他的头颅和一箱兵书交给了我这个做孙子的。这让我很为难，也很困惑，我知道祖父这个举动暗示着什么，尽管那时我不过个孩子，但我实在对驰骋沙场马革裹尸兴趣不大。我想那时我内心还是非常虚弱的，某种意义上，我对嬴政那家伙还很含糊。他荡平了六国，一统江山，成了中国第一个皇帝，我不可能不含糊。直到这一天，事情才起了变化。

　　这天早晨我忽然觉得眼睛变得特别的明亮。我站在乌江边上，好像目光把江水给劈开了，一眼就能望见底。这无疑是个奇迹，我就捧了一捧水来照自己，然后便看见了我的每只眼睛里居然有两个瞳孔！而且它们正朝一块叠呢。越叠就越发地清晰。我有些不知所措，就好好洗了把脸，想让自己清醒一下。我一边犯嘀咕一边沿着江岸往东走，还是觉得这事太像个梦。这时，我看见了江心的位置上沉有一支画戟，很漂亮，但是我没有下水去把那东西捞上来。或许那时我已预感到，要想得到那支画戟，接踵而至的便是无边的麻烦。这是我所不愿意的。后来我走到一个坡上，坐下来，想借吹箫来把刚才那点奇怪忘掉，我不太喜欢这种神神道道的东西，虽然发生在我身上的这件事是真实的，但我也还是不喜欢。我就开始吹了。当时我背靠着乌江，面向北，吹起的箫声听起来的确有几分悲凉。我不知道这算不算亡国之声，但在这浑厚凄切的箫声中，我又一次地看见了我祖父项燕的背影。这样我自然就有些伤感了，想我们项家曾几何时那么风云叱咤，如今隐姓埋名地活在这吴中，与一些鸡贼狗屠打得火热，很没面子。我叔叔项梁还自我感觉良好地与那些人谈兵法，似乎随时要东山再起。但他的起与他父亲的起完全不同，他要的是那个贵族派儿，要万人拥戴的威风。这大概就是我这个侄儿最轻视他的地方了。说实话，凭我的能力要是诚心帮他，将来打出个地盘封个王侯什么的也并非难事。问题是这会送他的命的。他这种人捉起来是条虫子，放了就变成了龙，要不当年曹无咎好不容易把他从栎阳大狱里弄出来，怎么立刻就去寻仇呢？为这事我们还大吵了一顿，我说过去的事算了，别再追究了。他不听，还是把那人杀了。杀了就跑，就这副德性。所以我不愿意把刚才江底的那支画戟捞起来。我倒觉得一辈子就这么吹吹箫也挺好。

我的眼睛又出神了。怎么视野里的北方渐渐变成了绿色？而且这绿还越来越浓，像一块绿云似的朝这边汹涌而来。它当然十分遥远，我捉摸着那大约是几千里之外。难道是北方的草原？难道我这两个瞳孔重叠起来就成了千里眼？这可是连我都不敢相信的呀！然而我看见的就是一望无际的绿色。我很喜欢这颜色，据说它代表着生命的久远，我倒觉得更象征着生命的质量。我虽困惑不已，但心情十分的好。这种情绪真是离我很久了。于是，我就在沉浸着这无限的绿色向往之中重新吹奏，我觉得我这把箫传出的声音也同样非常遥远。那时我还不知道这是个刻骨铭心的早晨，它发生的一切对我都是意味深长。

我刚吹完一曲，我叔叔项梁就匆匆跑来，看看四下无人便诡秘地对我说：你知道吗？今天嬴政从浙江那边过来了！

我就随口问道：你想干什么？是不是想学张子房搞出个博浪沙第二？

项梁突然变得有些害羞，说哪里哪里，我不过是想带你去见见世面。

他这个样子让我很不舒服，远没有在栎阳杀人那阵子神气。不过我还是有兴致，也就想去看看这个秦始皇帝是何等的人物。于是，我们叔侄俩连早饭也来不及吃就骑马往会稽城赶去了。这是公元前210年的春天，吴中的气候很不错，晨风带着朝露迎面吹过来，惬意得很。我们是抄一条年久失修的旧官道赶往会稽的，一路上项梁对我数落嬴政，说那小子心狠残暴，十恶不赦。我就开玩笑说，你敢对他动手吗？项梁长叹一声，说：我已是烈士暮年，雄心不再。我还是调侃道：那你干吗还成天舞枪弄棒的？项梁不禁苦笑道：我项梁毕竟还是将门之后嘛！后来他就不再说了，神情也变得沮丧起来。

  我对始皇帝嬴政最大的不满倒不是他的残暴而是他的虚伪下流。这么大的疆土把它统一起来，不杀人是办不到的。但是在他完成了他的使命之后，再这么干就不可理喻了。你把那些儒生也杀了实在是毫无道理可言。而且更卑鄙的是说他们企图谋反，他们这些手无寸铁的书生能反什么？拿什么反？倒是他大公子扶苏是个明白人，劝他父亲别这么乱来。嬴政说，你小毛孩子懂什么？这可不是一般的事，是他娘的政治你懂吗？嬴政就是这么个货色，虽说当了始皇帝，可骨子里仍是个下流坯。从这个角度看，民间私下传的他是吕不韦的种便不太可信。吕老头还是个学富五车之人，不会弄出这么个玩意儿。还有一件事叫我愤怒，就是那年他去湘水，不去朝拜湘君祠也就算了，反倒一把火把整个湘山给烧了。那感觉就是把湘夫人削发为尼了。他倒是振振有词地说，不就是尧的闺女舜的婆姨吗？女流之辈还称什么神呢？这不是流氓是什么？可是现在，他又装模作样地来会稽城祭祀大禹庙了。

  虽是快马加鞭，我们还是晚了一步。我们到的时候已近黄昏，去禹王庙的路上全被人堵住了。这倒诱发了我的好奇心，而我叔叔则更为强烈，就埋怨这消息如何走得这么快。看来这人一当上皇帝就是他妈的不一样了，似乎连放屁也觉得是香的。我就看了看项梁，又替他惋惜了一阵，心想你这辈子就别做这个梦了。我们站在一个坡上，项梁便说这个位置看不清楚，就想往人堆里扎。我拉住他，说：就这吧，不就是看一眼吗？我当然没说我今天眼睛发生的奇迹。这时猛听见一阵锣声，有人高叫道：皇帝出巡，天下归心，今日祭奠禹王，明朝五谷丰登。听起来不伦不类。百姓们全都跪下了，又都翘首以待，一睹皇帝风采。项梁急不可待地搓着手，还真像个刺客，嘴里的口水都流到了下巴。这形象让我讨厌，就用胳膊肘碰了他一下。他却说：别动，皇帝就要出来了！

  正说着，我看见从大庙正门里走出一个瘦弱而略显佝偻的形象，面色苍白，额头上尽是虚汗，他的须髯也夹杂着枯黄，这就是那个独断专横不可一世的嬴政？真难以置信！就在我踌躇中，我看见始皇帝打了个喷嚏，居然还把裤带给挣断了，内裤像肠子一样淌到了脚下。我忍不住地笑了起来，这和我18岁那年在茅房里几乎一模一样，区别是，我一个喷嚏挣断的是牛皮带而不是黄绫带罢了。于是，我就低声对叔叔说：你信吗？我可以取而代之。其实我不过是开个玩笑而已，谁料却把项梁给吓坏了，他竟把我的嘴捂住，厉声说：小子，这可是要满门抄斩的呀！我推开他那只粗糙的大手，然后就扬长而去了。那时我想，这一趟跑得太他妈的冤枉，早知这样，我还不如在江边安静地吹我的箫，看天边那片奇异的绿颜色奔我而来。那才是我该期待的悬念。

2

　　自从在会稽见过始皇帝一面，我叔叔项梁就想教我兵法。在他看来，那次我口出狂言却是表明了我的远大志向。他当然不知道这不过是我的信口开河。其实项梁要教的都是我祖父传给我那一箱兵书里的东西。那些书我早偷偷看够了，可以说是倒背如流。所以现在项梁来讲说，我就打不起精神。于是他就怪我没出息，只晓得像个食客那样成天摆弄一根箫。我呢，又不想去伤他的自尊心，反正就是心不在焉地听着吧。谁叫他是我叔叔呢？这一点，当然太史公不会知道的。在他那里，我俨然是个有勇无谋做事缺乏恒心的人。这就错了。我这个人的确不信邪，但我崇拜真有学问的人。譬如说，我就很尊敬孙武。我觉得他的兵法是独一无二的宝贝，真能读通它的人却不多。其中就有我这个叔叔项梁。

　　那些日子我格外怀念我的祖父项燕，如果他老人家健在，我想我会成为他消灭秦王朝的得力助手。现在我对嬴政的畏惧随着他那个不合时宜的喷嚏完全消除了。我的直觉告诉我，此人不是我的对手。这个时候我就觉得从前的楚南公那句话显现出了如雷贯耳的力量，那老人说：哪怕日后楚国只剩下两三户，但灭亡大秦的还是我们楚人。所以亡秦是我们楚人的使命。现在看来，就是我项羽的使命了。其实依我目测，嬴政这个皇帝气数已尽了。我甚至都敢断言，这个人没准儿在巡视的路上就会一命呜呼。他的气色已经是死亡的气色，他那个喷嚏某种意义上就是回光返照，那是他最后的一点力气。可我并不希望他就这么死掉，我希望他将来死在我的剑下。但是有一点一直困扰着我。假如我们消灭了暴秦，天下姓了楚，那又怎么样呢？这困扰总让我想到雨天里冒雨奔命的人，他们就知道一个劲地往前跑，从来也没想过前面也一样是雨，等他跑累了，差不多也该淋成落汤鸡了。也许我这么想有些消极虚无，但事情本来面目就是如此。谁能保证楚家的天下就是太平盛世呢？我担忧的就是这个。这也是我后来同意把楚王孙心寻回来的原因。我项家的使命是辅佐天下，而非坐天下。我尽了职责，却也在逃避更大的职责。所以太史公把我列入"本纪"，我个人是有点看法的，觉得不妥。我在生之时连做真的帝王都放弃了，死后却来了这么一个"相当于"，多无聊！

　　我对所谓的江山与生俱来就没有兴趣。我忘不掉的是北方的那片绿色。这绿色现在越来越浓了，我在观察它九个早晨之后，我发现有一个黑点在绿的背景中跳跃。但我还不知道是何物，相信它是个生命，我的好奇心与日俱增。第十天，也就是今天早晨，我终于看清了那是匹马，直奔我而来。我一望就明白这是匹日行千里的好马，威风凛凛，气宇轩昂。它那漂亮的行姿竟使我忘记了吹箫！现在，它已逼近我，它的鬃毛在阳光下熠熠生辉，像飘舞的旗帜。我就下意识地站了起来。谁知这一站却把它给惊吓了，它长嘶一声扬起前蹄，把一个白色的东西掀到了空中，就像一片白云自九霄而落。我大吼一声——吁！那马儿便像听见军中号令似的刹住了脚，与此同时我已向前大跨了一步，接住了那片白云，这时我才看清我托在手里的是个姑娘。这倒是让我始料不及。

　　姑娘很美，可是因为连日的长途跋涉，脸上略显出疲倦，她好一会儿才睁开眼，见了我自然有些害羞，就问：这是何地？我就说楚地。她突然变得有些感伤，说：我总算是到家了。姑娘说她离开楚地已有好些年，对这块土地都觉得陌生了。那会儿为了躲避战祸，她被家人送到了辽西郡那一带去放羊。我问父亲什么时候才能把我接回来？姑娘说，父亲就一下沉默了。好长一会儿才说，等你听见楚歌的旋律那一天吧！我就等了一年又一年，直到十多天前……

　　姑娘的叙述让我听了很不是滋味。我想她至今大概还蒙在鼓里，以为我们楚人的奇耻已雪。我不知该怎样对她解释，可对着这样一双明眸说瞎话又不是我项羽的专长。我就说，你听见的还只是个前奏。她一下就明白了其意，默默点着头，然后又用宽容的眼光看着我，说：即使是前奏，那也是我们楚歌的前奏啊！楚歌若再不吹响，恐怕就失传了。这简洁的表白给我带来的鞭策却是异常巨大的，我从这姑娘眼中获取了男人最引以为自豪的东西，那就是信任。这一刻，我感觉自己像是爱上了她，可我毕竟还没有恋爱的体验与经历，还是显得有些局促。于是我就问她，你叫什么名字？姑娘说：你不是已经知道了吗？我正困惑，姑娘又说：你刚才不是喊了"虞"吗？我就叫虞。

　　我和这个叫虞的姑娘就这么认识了。这是我生命中的第一个女人，也是最后一个女人。反过来对她也一样。所以说我们是很幸福的。这并非我不好色，而是我从虞身上得到了女人的全部。她带给我的是一般女人所不能给予的，那就是一个男人的自信与尊严。关于虞的故事，太史公着墨吝啬，一笔匆匆带过。倒是几千年后戏台上出现了一些以她为中心的戏文，特别是经过一位叫梅兰芳的先生精彩表演，使虞的形象家喻户晓。但那个戏本身不得要领，演到最后倒像在挑拨我们夫妻关系似的。舞台上，虞趁我一不留神拔剑自刎，以此表示她对我的绝望。而真实的情况是，虞是在我的注视下从容自若地死去的，这个我后面再谈。

　　我和虞的相识就这么简单，但意义却是非同寻常。我不是夸耀这种不可思议的传奇性，我要说的是，她这一出现便结束了我内心长达八载的矛盾。那时我就觉得对自己的使命已是别无选择，我必须振作起来，去找我的敌人嬴政。我岂能让楚歌永远"前奏"下去？当天晚上，我就潜入了乌江，把那支漂亮的画戟打捞了上来。这真是天下独一无二的好兵器！它的造型在清冷的月光下是那样的漂亮，锋利而灵便，手感舒服，它使我再次向往传说中的那对青锋鸳鸯剑了。然后，我去找了我叔叔项梁。我对他说，我们该干了！那时候项梁正在喝酒，听我这一说，那双醉眼顿时就亮了，接着又暗淡了下去，就问：你说我想做张子房，那么现在你不是想当荆轲吗？我说，不，你误解了我，我不是想去当刺客，我也压根儿看不起刺客这类角色。我是想公开亮出旗号，招兵买马，向嬴政宣战！项梁就突然哈哈大笑起来，说：你这口气可比你爷爷大多了。宣战？你拿什么宣战？

　　然后他又说：我看你是让那个拾来的丫头搞昏脑子了吧？

　　我很生气，一把掀翻了他的桌子，说：你可以侮辱我，但我不许你侮辱我的女人。你记住了！说完我就走了，走到院子里，顺手一挥画戟，便把那棵海碗粗的槐树给拦腰斩断了。

因为这点不愉快，我和叔叔一个夏天都没有说话。到了这年夏天快结束的时候，我听到了一个既兴奋又沮丧的消息——始皇帝嬴政果然行至沙邱就暴终了！

3

时间不经意地就过去了一年。嬴政死后本应由太子扶苏继位，结果遗诏让赵高李斯给篡改了，这两个奸臣联手害死了扶苏以及良将蒙恬，把那个荒淫无耻的胡亥扶上了台。我尤其憎恶李斯，他本是嬴政最信任的重臣，明知赵高与胡亥图谋不轨，却因想保住自己的利益，置人生大义于不顾，与那两个家伙同流合污。这个貌似正人君子的李斯和赵高那老狗还有所不同，赵高坏在表面上，很容易识破；李斯却坏在骨头里。嬴政干了那些坏事，其中不少与这个李斯有关。著名的焚书坑儒就是他出的坏点子。几年后，他儿子李由落到我手里，却让我另眼相看了。那时我想，虽是父子，但骨血却不是一脉相承。李斯能有这么一个为国捐躯的儿子，也算祖上还残存了一点儿阴德了。不过他这个做爹的是真的很不让我喜欢。

秦二世一登基，我就看出秦王朝的末日将至。所以我就对我叔叔项梁说，我们要想兴邦雪耻，机不可失！可项梁还是那句话：还没到时候。我知道他的意思是期待着更好的时机，暂时不做出头的椽子。项梁就是这么个人，既不安分，却也不轻举妄动。

那些日子我的生活由于虞的出现发生了很大变化。我们可以说是朝夕相伴形影不离。每个清晨，我们还是去乌江边上，但我现在不再吹箫了，而是沿着江岸去遛她带来的那匹乌骓马。这无疑是匹千里良骥，我很喜欢。但我有一点遗憾，就是我第一次与它相见时，竟把它给惊吓住了。我想这乌骓缺乏胆量，将来拿它作战恐怕困难。虞对此也觉得奇怪，她经验里这匹马很勇敢，是不好驯服的，于是她就说：或许是它遇见了真正的主人了吧。虞还说，你身上有一股子霸气冲撞了它，我想我们都是让这股子霸气征服了。很奇怪，从前我极不喜欢这个"霸"，现在忽然觉得这个字眼很迷人,我就告诉虞,有朝一日我要称王,就叫自己做霸王。虞似乎有些困惑,就问:你不是说你以后不想称王吗?我一下就沉默了,是的,这话是我项羽说的,我不想称王,我只想正正经经地做个好男人,做个优秀的军人。但是,将来天下打下来了,我不称王又该由谁来称王呢?尽管眼下一切都不成为现实,但对这个问题我还是深感忧虑。我希望将来能带着虞,骑着乌骓,浪迹四方,去过那种诗剑逍遥的生活。当然,这之前我必须完成苍天赋予我的使命,把暴秦给灭了。我想这件事应该不会拖得很久的。

这个早晨我又把箫吹响了。那时候我的女人正对着平静的水面梳妆,乌骓在距我们不远的地方吃草。这静谧而恬淡的画面令我感动。这大概是我有生之年短暂的美妙时光了。我情不自禁地站了起来,想从后面去拥抱虞。突然一阵风迎面刮了过来,天色也跟着阴沉了,似乎马上要下暴雨。这是个变化莫测的夏天。与此同时,我感到自己的视野越来越开阔,以至于连脑后的风景似乎都看得分明了。我知道,在此一刻我的重瞳又分开了。这已不再叫我吃惊。我吃惊的是另一件事,那是几百里外西北方的消息。我把箫交给虞,女人从我的脸上看出了不平静,欲言又止。然后我抄起画戟骑上乌骓就去找我叔叔了。

你知道吗?大泽那边起事了!

大泽?项梁显然还不知道大泽为何地,就从枕头下面找地图。

你别找了,我说,应该是在蕲县的西南。他们肯定是干起来了!

项梁这才发出疑问:你何以知道?

我看见的!

看见的?你能看见几百里之外?

他鄙视了我一眼,很不耐烦地走开了。我想这也不为过,我的重瞳大概也只有我自己知道,暂时还不会有人相信我。

但是第三天头上,我的预言被一个叫范增的老头证实了。这个从巢湖边上来的老者是一个看上去很沉稳的人,鹤发童颜,目光深邃。据说以前与我爷爷有过几次交往。他此番来吴中,就是通报大泽乡的情况的。那一伙戍边渔阳的人因连天大雨所困,于是就揭竿而起了,领头的叫陈胜,另一个叫吴广。他们动作很快,范增兴奋地介绍说,如今已占领了蕲县,号称是项老将军的队伍呢!

项梁一下就生气了，说：他们怎么能这么干呢？那口气就像是人家偷了他的宝贝。

范增说：天下百姓都知道胡亥不当立，当立的是扶苏，于是就自称是项燕的军队，势如破竹，为扶苏的冤屈鸣不平。

这时我就插了一句：这也只是暂时的幌子，我们要的结果是灭秦。

然而不管怎么说，项梁内心还是兴奋不已的。我想现在他所说的那个时机应该是到了。不多日，响应陈胜"张楚"的人多了起来。关于陈胜，我知道的情况很有限。某种意义上我们也算是老乡，我们祖先受封的项地，与他家乡阳城相距不远。据说他敢造反，客观上的原因是不能如期赶到渔阳，怕掉脑袋。而主观原因则是不信王侯将相会有种，对世袭分封表示拒绝。这当然很豪迈，但是也反映出他内心的虚弱与自卑。否则，他何以要把一块写有"陈胜王"的白绫塞进鱼腹？而且又唆使那个吴广夜晚装狐狸叫"大楚兴，陈胜王"，玩这种鸡鸣狗盗的小手段？这么做的目的岂不也是想俨然装扮成一个龙种？至于谎称我爷爷的旗号我就不说了。说实话，我看不起这个。这是个素质问题，所以陈胜一拿下蕲县，他就迫不及待地自称陈王了。这样的王能久吗？

几天后，我叔叔项梁接到会稽郡守殷通的传话，要他立即去城里一趟，说有要事面商。这可把项梁吓坏了，以为自己的谋反起兵之心为官方所觉察，便要我一道前往。他说：今天这事非同寻常，你得事事小心才是。然后又贴着我的耳朵说，若是情况不妙，听他的咳嗽为号。他只要一声咳嗽，我就必须把郡守杀了。后来的事也就是如此，到了衙门，项梁进去坐下不到一杯茶的工夫，就响亮地咳嗽起来。于是我就冲进去把那人的头砍了下来。可是从那死人的表情看，我觉得他不像是对我叔叔怀有什么恶意，再说室内也没有个埋伏，我就问是怎么回事？项梁支支吾吾，说：我刚才给茶水呛了喉咙。我很生气，质问他：那你为何不拦我一下？我这把剑下还从来没有过冤魂呢！项梁有些尴尬，拍着我的肩说：杀了就杀了吧。言毕，这项梁就整了整衣冠，一手提起还在滴血的郡守头，另一只手托着郡守的铜印，威风凛凛地走到外面，高声对那些兵士们说：弟兄们，我就是项燕将军的儿子项梁！今秉苍天之意，决心与东南的陈王联合抗秦，是江东的子弟随我来！于是大家都对他跪下了。那时我就站在他的身边，剑上滞留的血腥气使我的心情变得异常恶劣。我知道，我被这个做叔叔的玩了一把。也就是从这一天起，我被无边无际的梦魇缠上了身，时常半夜里惊醒，我甚至感到，我这血管里流着的已不是我们项家那种高贵的血液了。我为此沮丧不已。我记得从会稽城回来的那天晚上，我和虞又一次来到江边，我想用沙子好好洗洗手，我讨厌那洗不掉的血腥气！后来，我们都沉默了，月亮慢慢地在我们身后升起。

4

所谓的"张楚"在那年秋天还没有结束的时候就结束了。陈胜本人后来闹得众叛亲离，连他老丈人也拂袖而去，在一个雨夜被一个叫庄贾的车夫所害。这一点也不出乎我的意料之外，陈胜一介草民，一夜间被拥戴为王，那感觉就像马路上捡到了一大袋金子。他还能想到什么？蕲县拿下，在他看来江山就到手了大半，往后的日子里他除了享受就是多疑，动不动就大开杀戒，连一起滚稻草的弟兄都杀，能不垮吗？但是，如果没有这人的振臂一呼，天下抗秦的浪潮也一时掀不起来。

我们的队伍壮大得很快。到了秋天，已称得上是兵多将广了。各路好汉之所以投奔到我们项字旗下，凭借的还是我爷爷的德高望重。用你们今天的语言表达，就是这老人的号召力。这个事实既让我欣慰又让我感到压力。我们总不能躺在老人身上吃一辈子吧？另一件让我气恼的事是范增一手策划的，他固执地认为，陈胜之所以垮得那么快，是因为没有扶楚怀王的后人当王，这不得天下人心，于是他就建议项梁找来了怀王遗失在民间的一个孙子来称王。可这个孩子当时才13岁，在乡下替人放羊，我们把他寻来，他还以为要他的命了，吓得尿了裤子。我就把范老头拉到一旁，我说：这小子连男女的事都不懂，又如何担当得起兴邦灭秦的伟业？这简直就是儿戏嘛！范增说：将军，人生有时候就是一场戏呀！说完，他就对我诡秘地笑了笑，然后就去安排"楚王"的登基典礼了，忙得不亦乐乎。奇怪的是这个13岁的孩子也竟有龙威，居然就获得了许多人的拥戴。对此我实在是大惑不解。我不禁想起陈胜以前搞的那些名堂，看来事情还真不是我想的那么简单呢。这样的时候，我便想起另一个人来。此人就是后来与我相争天下的刘季。人们习惯叫他刘邦或者沛公。我记得那是我们到了鲁地薛城之后，一个阴晦的下午，从丰乡来了一伙人，为首的就是这个刘季。因为有张子房的引见，我叔叔项梁便热情接待了他们。最初，我叔叔对这个从前的亭长很不以为然，简短的谈话中哈欠连天。后来张良对他私下讲了一件事，那就是民间广为流传的"斩白蛇"，所谓赤帝之子斩杀了白帝之子。这完全就是无稽之谈，明摆着的瞎话。就像张良当年自我吹嘘的汜水桥头的故事那样子虚乌有。但是却让项梁迅速改变了看法，他不仅委以重任还居然冲动地让我们兄弟相称。没有办法，我们这支队伍就是这么鱼龙混杂，鸟兽同群。和他们混在一起，我感到极不舒服。问题是对付暴秦，光凭我个人的力量是不可能的，我还必须与他们和睦相处。其实从这一天起，我就对这个刘季产生了厌恶，甚至想把他干掉。这个人纯粹是个光吹牛不干实事的混子，貌似忠厚，实则野心勃勃，总想着一步登天。但我必须以我的方式来解决。

我这点心思大概只有一个人清楚，就是谋士范增。我们只是心照不宣罢了。因为这个，我改称这老人为亚父。在那个无边征战的岁月里，我无时无刻不感到寂寞，只有两个人能给我宽慰，除了亚父，另一个就是我的女人虞了。

现存的这些所谓的典籍里，对我最大的忽视，就是把我写成了一个对江山十分贪婪而对女人很随便的男人。这非常遗憾，我无法接受。民间至今倒是传颂着过去范蠡与西施的缱绻情怀。对此我深为诧异，我不明白为了江山拿一个女人去做交易有什么可值得歌颂的！范蠡这个奸诈小人干出如此勾当不就是为了讨勾践的好吗？有趣的是，最后又是夫差的那封箭书使他彻底动摇，于是就制造了个双双投河的假现场蒙混过关，隐姓埋名，卷了一大笔钱带着那个狐仙一般的女人躲到定陶做起买卖了。范蠡骨子里也就是个商贾之徒。既然如此，何苦读那些书呢？读书人有时候也确实是自己把自己给糟蹋了，这当然不是全部，从前我们楚国的那位屈大夫就是好样的，他不抱美人而是抱了块石头，唱着歌子跳进了汨罗江。我说过，我的确幻想着与虞将来去过那种诗剑逍遥的日子。我们同骑一匹乌骓马，琴心剑胆地浪迹天涯，这才是人生。所以那时我就每天祈祷，希望早一天进攻咸阳，这个心愿一了，我的好日子就降临了。我已经很久没有吹箫了，每日战罢回到大帐，我浑身就显得毫无力气，疲惫不堪，我的双手沾满了敌人的血，使我很不情愿去亲近我心爱的女人。我不能不为此感到苦恼。虞当然看出了我的心思,她说:什么时候不再流血,这天下就算是太平了。这恐怕很困难,我说:即使是我将来一统了江山,我也不能保证我从此不再杀人。于是,虞就对我谈起了草原。她说她在草原的那些年,每天和羊群在一起,天高地阔,草原无边无际,有时候就觉得这似乎就是和平的景象。但是,胡人一来骚扰,她的兴致就立刻败了。有时我很绝望,虞说,我真不敢相信这天下还有一块和平的地方可供我们安生。我就说:会有的,我会替你打出这么一个地方来。

我们不久就打到了雍邱,前来应战的是李斯的儿子李由。立马阵前,我突然从这位和我一般年轻的将军脸上看出了一种极为复杂的阴郁,以致我不忍下手了。我感到这个人今天与其说是来与我交战的,倒不如说是来送死的。我很快就意识到了什么,就勒住缰绳,对他说:你最好还是投降吧,你不是我的对手。李由说:我父亲是大秦的重臣,我是大秦的将军,你这么说是不是太狂妄了?我说:李由,你不提你那个父亲我倒没什么,你一提我可真生气了。你那老子活着的确是个祸害,他不比赵高那老狗好多少。像你老子那么不知羞耻地活着,我不知道还有什么滋味。我话音刚落,李由突然在马上哭了起来,他说:项羽,我今天就是来替我父亲死的。你大可不必手软!我李由求生无望,难道求死也无望吗?说着,他就策马朝我冲了过来。我开始躲闪了他两个回合,还在高喊着:李由,你投降吧!他根本不听,倒是越战越勇了,眼泪却一个劲地往下掉。说实话,那一刻我还真是心软了。我想我完全能猜出这个年轻将军的心思了,今天他就是前来赴死的,他需要像军人那样很光彩地死去,他想以这种方式既成全自己又挽回他父亲的人生败笔,他的选择无疑是对的。第三个回合,我便一戟将他挑下,血顿时就在我眼前像礼花一样开了。我立即下马,李由大概还剩下了半口气,我就蹲下去,把这个即将要死去的人一把揽在怀里,对他说:将军,你对得起秦国也对得起你父亲了,你走吧。李由的脸上慢慢显出了微笑,他用最后一点力气对我说道:谢谢你了,项将军。

李由的死对我的震动很大。他使我目击了一次男人的尊严,所以我将他的尸体清洗干净,白绫素裹送还给了秦人。但我不知道就是这个军人与军人之间的举动使老李家遭到了大祸。几日后,我听到消息,秦二世胡亥听信了赵高那老狗的谗言，认定了李氏父子叛变通敌，便把全家满门抄斩了！这让我惊讶不已，李斯该死，但不是这么个死法，这个习惯于察言观色见风使舵的人，丧失了做人的原则立场，干过不少坏事，如今这么个死倒让他平添了几分光荣。据说他在咸阳的大狱里还写了不少袒明心迹的美文，希望二世能免他一死呢。看来人对死的牵挂与生俱来，人对肉体的被消灭总是显得胆战心惊，人对死的恐惧远远大于对活着的检讨。也许他们本来就觉得活着属于天赐，是不需要检讨的。这是个问题。我已经死过了两千多年，我的阳寿不过 31 岁，但我觉得有些事还是需要说上它几句。我没有以正视听的意思，民间关于我的传说至今不衰，说明我至少还有值得一说的可能性。至于我的话是否可信，那是另一个问题。

5

雍邱一战，我们全胜告捷。本来按原定的计划应该一鼓作气地直逼咸阳。不料天降大雨，项梁的主力被困定陶，而我军也只能围着外黄不动了。这让我很是焦急，因为据说赵高已经把王离的军队从塞外调了回来，要与章邯部合并，这样一来，秦军的势力就壮大了，对我们将构成致命的威胁。于是在与亚父商量后，我派人给项梁送了封快信，建议他调整作战方案，集中兵力直取咸阳。但是，我的话没有奏效，反倒让他以为我好大喜功。他认为仅凭我们自己的人马是难以与章邯王离抗衡的，于是就派他的谋士宋义去说服齐国的田荣联合行动，同时又幼稚地认为，要等天晴之后才进攻，好像雨天不是打仗的日子而是喝酒的日子。我气坏了，也感到很苦恼，因为项梁现在不仅是我的叔叔还是我的上司，我必须听命于他。军人讲的就是一个服从，这是军人的光荣，却也是军人的悲哀。我很难相信这个自幼教我兵法的叔叔在几个胜仗之后怎么变得如此傲慢。连那个无能的谋士宋义都看出了他的危险，他本人却毫无觉察！我们只好等待着，大雨连天不歇，士兵们的斗志在松懈，而在定陶，此刻想必已是纸醉金迷了。我的重瞳在这一刻又重叠起来，远方的定陶上空飘荡着一块阴云。一种不祥的预感正在向我逼近，这是死亡的预感。

果然就在这天夜里，章邯冒雨偷袭了定陶。30 万大军如洪水猛兽般地把楚军的大营掀了个底朝天。那时候我叔叔项梁还在梦中逍遥自在，他仿佛听到的呐喊声成为他那美梦的最佳伴奏，等他睁开眼，章邯的剑已把他的苍老脑袋砍下了。落下的头颅上面仍是一双惺忪的醉眼。项梁一死，楚军的阵脚立刻就乱了。无奈之下，我们只好撤回彭城。后人把这一举动视作一次迁都。没过几天，大臣们带着那孩子——就是新的怀王也到了。那孩子现在似乎也有些王者风范了，也开始习惯于指手画脚地发号施令。他听信了那几个谋士的高见，觉得把兵权完全交到我手上还不是时候，认为我只会狭隘地想着为叔叔复仇，而置楚国兴亡大义于不顾。可是他们又离不开我们项家的光荣旗号，还得利用它得到天下人的响应。他们也离不开我的作战才能。这又是他妈的政治了。于是，楚怀王作出了这样的决定，让我率部去救被章邯围住的赵国，而派刘邦去攻咸阳，并说：先入关中者为王。这显然是担心我抢了刘邦的饭碗，就是说，他们这伙人本是不信任我项羽的，他们对我除了利用还是利用。我当时并没有说什么，事后，我才对亚父说：作为军人，我当以服从军命为天职；作为项家后代，我当以匡复大楚的基业为己任；但我讨厌被人利用。我不喜欢有人对我玩政治手腕。亚父范增默默点了点头，然后说：将军，天下有许多事并不遂人愿，人有时候就是让人玩的。依将军的才智势力，你可以随时废了怀王，但是这样一来，天下的百姓就会对将军另眼相看了，因为项家的天职是振兴大楚，而不是取而代之。这是项家的宿命。这话真是说到我心坎里了，我想，既然命中注定我要被人利用，再说什么就显得多余了。

　　正说着，赵国的使臣前来求见。这个看上去一脸晦气的男人见面就扑通跪倒，泣不成声：将军，章邯已将钜鹿围了一月，若不出兵，他们就会死于秦军的刀斧之下，您可怜可怜他们吧！

　　这话听了叫我难受，我想一个软弱的赵国是经不起章邯30万兵马的，他们的灾难就悬在了头上。我劝了那使臣几句，然后就去面见怀王了。我说得很坦率，我说要是我们像张耳陈馀之流那样见了秦军就退避三舍，那么赵国的灭亡只是迟早的事。如果我们连钜鹿的问题都解决不了，灭秦岂不是一句笑话？怀王思忖片刻，说将军有这番胆识令我钦佩，但为了保险起见，还是多去几个人吧。我就说：去多少人那不是我考虑的事，你决定好了。

结果第二天，楚怀王颁布命令，突然宣布宋义为上将军，美其名卿子冠军，统领一切。这个决定的荒谬在于，他们把一个瞎猫碰死老鼠的吹牛当成了未卜先知。就算怀王是个不懂事的孩子，难道作为上柱国的陈婴也如此的糊涂？居然相信宋义曾料定项梁会兵败定陶。我一听心里就直想笑，这个宋义是驰骋沙场的人吗？我知道，这不过是个借口，实际上是他们对我不放心。陈婴也许忘了，当初我们拿下薛城之后，是我叔叔项梁保荐他做了这个上柱国的，现在项梁一死，他倒不放心我了。我若想当楚王，一个陈婴又岂奈我何？这算不算以小人之心度君子之腹？人往往就是这样，你不提防我我倒没什么可顾虑的；你要是对我不放心，反倒叫我怒火中烧了。我项家可以被人世世代代地利用，但决不能叫人又利用又不放心！我后来之所以要把宋义给杀了，就是要以此表明我的立场。

宋义这个人实在很不知趣。你既然不懂军事就不要整天端出一副上将军的架子，动辄恶语威胁，扬言谁不听他的使唤就问斩。他就是不懂在我项羽旗下的人没有几个吃这一套的。大军开到安阳。一听说章邯王离在前面严阵以待，他就慌神了，按兵不动。这样一耗就是十多天，赵国的使者急得直哭，宋义居然还有心思喝酒。那使者又回过头来找我，希望我能说服这位卿子冠军火速救赵。我就去对宋义说了，我说我们是去救赵的，像这么耗着不是个事儿。宋义鼻子哼了哼，不屑地说：论横刀立马我不如你项羽，论运筹帷幄你也不如我宋某人，所以怀王和上柱国举荐我来执掌帅印。他倒当真了！我知道这家伙打什么算盘，他是想让赵国和秦军拼得差不多时再乘虚而入，既交了差又保住了名声，这还是政治！以我的脾气，那天我就想把这小子杀了，然而亚父认为不妥，他说：时机不到，眼下正是天寒季节，又逢大雨，我们的军需很快就成了问题，到那时士兵们的情绪会于他宋义不利的，我们……

我们也乘虚而入？我打断他说，那样我们不也在玩政治吗？

亚父说：将军，打天下可是离不开这政治呀！

我承认亚父范增的话有道理，但是我感情上还是接受不了。这天晚上，我回到大帐显得异常烦躁，虞在我身边也十分不安，她说：人这一生就是心灵磨难的一生，该忍的你还是要忍。我说我已经到了忍无可忍的地步了，再忍，我或许就不是我了！

虞说：除了动刀就没有别的办法了？

我没接话。过了会儿我听见女人轻叹道：这个世界不好，就在于总是用刀说话。

然而我还是又忍了一个月。这天，雨又来了，我一早就想去营帐里看看，刚出门，就被那位赵国的使臣拦住。那人用手指着天空说：将军，您知道这天上的雨是怎么来的吗？不等我回答，他就接着说：这是我们赵人的泪啊！望将军凭着一个军人的良知，帮帮我们赵国吧！说完，这个瘦弱的男人突然拔出我的剑从颈项横过，血溅得我几乎睁不开眼！好一个以死相谏的大义之人！我蹲下去用手抚下使臣不肯闭合的眼睑，拿起了他手中的带血的剑。闻声而出的虞此时已吓得面无人色，倚门呆立着。我看着她，对她说：看见了吗？这也是在用刀说话呢！

说完，我就直奔了宋义的大帐，那些卫士见我这来势就预感到今天会有好戏，并不拦我，反而对我投以关切的目光。我进去的时候，那卿子冠军正在喝酒，一边翻着一本破兵书。当他看到我手里的剑还在滴血，便像鸟一样地惊叫道：项羽，你想造反了吗？

我说：我不想造反，只想搬掉我行军路上的一块绊脚石。说着，我就将这奸人的头砍下了。等我拿着他的这颗小脑袋出来，外面的将士们全部列队整齐地站着，对我行注目礼。那一刻，我的双眼突然迸出了眼泪。在我一生七载的戎马生涯里，这样的场面是第一次也是最后一次。我用剑挑着宋义的头颅高声说：弟兄们，我们在安阳困守了46天，赵国的百姓已是望眼欲穿。救赵是为了灭秦，灭秦是为了兴楚，国家兴亡在此一举。日后若有小人说我项羽居心叵测，就拜托大家为我说句公道话吧！

大家说：上将军，我们跟定了你！

这个瞬间，我体会到了什么叫做军人的幸福。

6

宋义一除，往后的路就顺了。尽管那时我们的给养很困难，但是士气空前高涨。不出两日，我们渡过了漳河。那时我们也就只剩下了三天的口粮，后面的给养跟不上。于是我下令把锅砸了，船也沉了，横下一条心与秦军决一死战。后人称这个举措叫"破釜沉舟"，逐渐演变为一条成语，这多少让我感到几分得意。而我更得意的是，作为军人，我现在找到了感觉。我这时才真正体会到，我爷爷项燕为什么那么迷恋去做一名职业军人，这种快慰一般人是无法获得的。我听说两千多年后外国曾经有两个人达到了这个境界，一个叫拿破仑，另一个叫巴顿。据说他们的仗打得都很漂亮，但拿破仑打仗是为了当官，巴顿当官却是为了打仗。所以这两个人还是有着本质上的不同。我倒是更喜欢那个美国佬，而我的命运又远不及他那么如意。乔治·巴顿的仗打完了，他也就退出了历史的舞台，带着他心爱的狗去他的菜园子溜达了。我却不然，我还得没完没了地为这个打下来的江山操心——这实在是我的不幸啊。你们会慢慢体会到我这种感受的，我希望你们不要说我口是心非。

漳河被我们抛到了身后，钜鹿的城廓已呈现在我的视野中。这是公元前207年的冬季，寒风凛冽，冷雨如注，我们的队伍还是一往无前。破釜沉舟的消息不胫而走，那章邯就慌了神了，认定我此番之行是来找他拼命的。这个人在阵前与我见过一面，自己不敢交手却让那个王离来会。不出五个回合，王离便被我一戟挑落马下身首异处。我就将这人的首级悬挂在辕门头，以振军威。但是我没有料到，为此引发了虞同我的第一次争吵。虞说：王将军是战死沙场的，他尽了一个军人的职责，他的死值得尊重。你这样对待一个以死报国的烈士不觉得愧对你项家高贵的血液吗？

我说：我憎恨秦国！

虞说：你们不过是各为其主，你可以消灭他，但你没有权利去侮辱一个烈士！

我突然吼叫道：他是我手下的败将，我想怎么处置他都可以！

虞愣愣地看着我，然后轻声说：我替你感到羞耻。

当夜，虞就不辞而别地离开了我。女人是带着一腔失望与怨恨回到彭城的。这是我丧失理性的季节，虞的话没有引起我的重视，反倒叫我越发地疯狂了。不久，章邯来降，我虽依从亚父的主张将过去私人的恩怨一笔勾销，但是我仍然担心他带来的20万秦军会随时谋反，于是就在一个月黑风高的晚上下令将这些无辜的生灵全部活埋了。很多次，我对我这种暴行悔恨不迭。我不明白像我这样的人怎么会变得如此的凶残？那是我一生中最大的败笔，也是噩梦真正的开端。我时常从噩梦中惊醒，在梦中，我看见那些冤魂在对着我放声大哭，然后又转为耻笑。他们所耻笑的是我的血液！在许多夜晚，剩我独自在大帐里，唯有青灯相伴。那呼啸的朔风，如哀丝嚎竹般叫我心惊肉跳！我就想，我项羽何以变得这样？难道是我做了上将军的缘故？我大权在握，便为所欲为，假如日后我做了皇帝，那我和那个暴君嬴政又有什么两样？权力不是个好东西，它会使一个人的欲望无限膨胀，它会让人变得丧心病狂，它会使良知泯灭，它自然也会使一个贵族堕落成为流氓。

一天晚上，我叫来了章邯。几十天前，这个败军之将前来投降，那个时候我似乎还分得清天下国家的轻重，尽管我对一个降将内心是轻视的。我听从了亚父范增的劝告，觉得大敌当前理应将个人的恩怨抛于脑后。况且当初我叔叔的失败，也在于他本人的骄傲与轻敌。他其实是自己断送了自己。我记得当我走出大帐来迎接章邯时，这个人感动得热泪盈眶，对我五体投地。他说：上将军如此宽大为怀，我章邯日后定随将军赴汤蹈火，在死不惜！那个时候，我颇有几分自豪感，觉得自己像个汉子，更像是项家的子孙。然而不久，我就对他起了疑心。我担心在入关之前章邯的人马会给我带来麻烦，于是就出现了上述的那惨不忍睹的一幕。翌日当章邯得知这个消息，他几乎是悲痛欲绝。我知道在他那泪眼昏花的目光中，我已经成了一个失信的小人。那目光毫无畏惧，大胆地透露出对我的轻蔑。现在这个人来到了我的面前，在进大帐之前，他自动摘下了佩剑。这个动作所表达的意思并非是消除我对他的防备，而是前来赴死的。这让我自惭形秽，更觉得此人值得敬重。于是我请他坐到我的面前，对他说：章将军，你知道我今天把你叫来是何意吗？

章邯沉默了片刻，跪倒在地：上将军，我知道，你是要我杀了你。

我默默点了点头，但是我内心很为震动，他何以能猜透我的心思？而我却居然想错了！后面将要发生的事则更叫我惊讶，在我把剑递给了他之后，章邯突然号哭起来。

上将军，该杀的是我呀！章邯哭泣着说：将军如此坦荡，章邯不能不实言相告，我带来20万兵马，就是预防不测的，这怪不得上将军多疑，实在就是章邯居心叵测，罪不可赦！说着，他就拿起剑准备自刎，我一把将剑夺下，感激地说：将军，我知道你这是替我开罪，请受我项羽一拜！

这件事我想永远是个悬念。我们正沉痛诉说着，亚父范增急急忙忙地跑来，见状很是诧异。但他带来的却是一个令我并不惊讶的消息：

沛公已占领了咸阳。

7

两个月前，当我们还在安阳为救赵犯愁时，刘邦的队伍就已经到达了昌邑，久攻不下，这个人居然就放弃了，一路向西直奔而去。那时我就感到，此人是惦着出发前怀王的那句许诺：先入关中者为王。

刘邦这一路上与其说是打仗倒不如说是游说，沿途的城池只要交出来，他什么条件都可以答应。不过这一手还真挺厉害，他很快就在南阳得了手，封赏那位投降的郡守为侯。后面的就如法炮制了，也就果真连连奏效。这大概可以看做中国统治的一种经典手段。所谓攻心之术，我听说往后两千多年间效仿这手段的大有人在，不仅得了江山，还得了宽大仁义的美名。这与几年后刘某人扬言的三尺龙泉得天下不是一回事，倒应该说是凭借那三寸不烂之舌当了皇帝。

刘邦的运气不错。当他胆战心惊地向咸阳城接近时，咸阳城内已是祸起萧墙了。那老狗赵高最终还是杀了秦二世胡亥，企图以立二世的侄儿子婴为王做缓冲，不料机关算尽，反倒被先发制人的子婴所杀。那子婴原想仗着五万兵马死守峣关，与楚军作最后的一搏，却未知守军将领轻信了刘邦的许诺，不费吹灰之力就把他们全部剿灭。关于这一点，我自觉不好指责刘邦和他的军师张子房。他们以可耻的手段骗取了秦将的信任，那个人还在张罗着盟约签订宴席的规格，头已被周勃砍下了。这和我失信章邯坑埋秦卒是异曲同工。很多年过去了，每当我想起函谷关下的这一幕，仍然还是感慨万千。我们这些争夺天下的人没有谁是按照游戏规则来玩的，我也不例外。这是我的耻辱。所以我们后来得来的天下总是显得岌岌可危，这是报应，苍天有眼。纵观这大千世界，每一次的江山易主政权更替，无不伴随着杀人流血失信背叛的小人之举。这不是我们中国的专利。外国也一样。倘若我记得不错，最典型的例子莫过于公元1939年的德国对邻国波兰的袭击。那个叫希特勒的家伙是你们这个世纪最下流的人，而另一个叫斯大林的在波兰的问题上也表现得并不光彩，他趁德国人突袭之际，也大兵压进了波兰的东部，于是这个波兰一夜间就被它的两个毫无教养的邻居瓜分了。这当然也成了过去的一页了，但我还是要在此作一次提醒。

江山原本是可爱的，只因为这么一搞，就让人失望了。我的遗憾在于，两千多年前的那个时候还尚无一点觉悟。实话相告，范增带来的消息虽不让我意外，但还是让我内心产生了震动。我能想象得出，此刻刘季的算盘是怎样拨的。这个从前的亭长第一次亲眼目睹了豪华的宫殿和如花似玉的嫔妃，对坐关中王的位子是多么的馋涎欲滴。而这个人的野心还远不限于做关中王，他心里寻思的是有朝一日做嬴政第二。尽管他现在把部队驻扎到了灞上，尽管他约法三章，这些都不过是虚假的摆设，他内心贪婪的欲火一刻也未熄灭过。

我们的尖兵在函谷关受阻，守备部队声称没有刘沛公的命令不得洞开城门。这让我气愤，我是上将军，怎么连入关的资格都作废了？只好派当阳君英布去攻了。不过片刻，函谷关便拿下了。这件事令我费解，刘季并没有站出来公开反对我，却又不许我入关，非叫我动手不可，是何居心？亚父的判断是，这是他刘邦的一次试探，想看看自己的手到底能够伸多长。我觉得此言有理，于是就叫部队于新丰鸿门停下休整。我想，现在该是解决刘季的时候了。

你们所见到的史书上，对所谓鸿门宴的段落写得都是那么精雕细刻，绘声绘色。最著名的还是太史公司马迁的这篇《项羽本纪》。作为美文，我也非常欣赏这个精彩的段落。但是你们要是把它当历史读，那就有不小的问题了。

我说过我要除掉刘季已不是一日的考虑。从我自张子房那儿听见所谓斩白蛇那一刻起，我就作出了这个决定。我倒不是害怕此人，而是直觉到此人非同一般的小人。对于男人，贪婪不算毛病，也未必可怕。可怕的是那种什么都想要的男人。而既无真才实学又什么都想得到的男人无疑就是个祸害。这种人可谓欲壑难填。这种人不除实乃后患无穷。但是如何个除法长期以来一直困扰着我。我觉得凡事都该有个方式，杀人也不例外。而且在坑埋20万秦卒之后，这个问题就变得越发重要了。我做了一件错事，我不能一错再错。眼下对于刘季，我的方式正在酝酿之中，也可以说是等待之中。我等待的不是时机，而是杀人的工具。

我说过我一直在渴望得到从前楚王遗失在民间的那对青锋鸳鸯剑。

但是后来我才知道，刘季也怀有同样的心思。多年以来，刘季和我都在寻找这件神奇的武器。而现在我们的用途却大不相同。刘季想得到它是想从中得到某种神明的指引，好以此夺得天下。我呢，却想利用它把那个一心想登基做皇帝的人消灭掉。我觉得拿敌手喜欢的武器除掉敌手是一件值得快慰的事，也很合乎我项家的规矩。然而很遗憾，我派了几批人赴楚地四方寻找，都毫无下落。我等待的就是这个。在鸿门的这些时日，我心中出现了一种极其复杂的情绪。我知道翦除刘邦已到了刻不容缓的时候，可我仍然想按照我既定的方式行事。这天，我又带着我的箫来到了一面坡上。我到的时候，亚父范增已在那儿，从老人的背影看，他在此已伫立了许久。我就走过去问道：亚父，您在寻思什么呢？

亚父说：我在看。看咸阳城的上空那片云，龙虎之形且现五彩，这恐怕是个危险的征兆。

我笑了笑，说：这难道就是你所说的天子之气？

亚父沉默片刻，又说：上将军，对沛公此人，在薛城时我们就已心领神会，如今他侥幸先入关，我们射鹿，他倒拾起来就走，此事关系重大，你不能再迟疑不决了。

我说：我知道该怎么做。

正说着，我的一个堂叔项伯领着一个男人匆匆来了。那人见面就说，他是刘邦那儿来的，受左司马曹无伤所派。说着就交出了曹司马的密信。我对曹无伤毫无印象，猜想这又是范增的安排。不过，曹司马的这封信倒引起了我很大的关切，那信中说，刘邦正企图拜降君子婴为相国，开始谋划当关中之王的后事了！这大概不会有错，这就是他刘季一贯的风格。但是，我最后还是一语不发地离开了。这个晚上我突然感到了一种莫名的孤独，似乎有点束手无策了。我并非害怕刘季，只要一声令下，咸阳城顷刻便会血肉横飞。但这不是我想要的结果呀！

或许是天意使然，就在我焦虑之际，我派去寻剑的人回来了，遗失民间的那对青锋鸳鸯剑展现在了我的眼前！这真不愧为王者之剑，让我想起传说中的英武少年眉间尺与那位神秘的黑衣人。我喜欢这个血性的复仇故事。我用食指慢慢拭过它的双刃，深信它会削铁如泥见血封喉。然后，我将它们安放在我的案几之下，眼前豁然开朗。而这时，帐外传来了急促的马蹄声。少顷，亚父和我那位堂叔项伯进来了。原来刚才黄昏那会儿，项伯以为我会明日发兵去攻咸阳，就快马加鞭地赶往灞上，对刘季通报了情况。亚父的神色明显地在指责项伯是个吃里扒外的家伙，就是说该军法从事。而项伯自有一番解释，他说之所以赶去报信也就没顾及到死，当年他亡命下邳，是张子房救了他，如今他不过是还这个人情而已。但他隐瞒了他和刘季已结为儿女亲家的事实。

项伯说：沛公不是你想象的那种人，他的部队入关以来可以说是秋毫无犯，军纪严明，如果我们对他们下手，有悖天理，也不像我们项家的为人。明天，他会亲口对你说清楚的。

亚父很不屑地看了项伯一眼说：曹司马的信上可不是这么说的！将军千万别自作多情。

我就摆了摆手，说：你们都退下，明日沛公来，我自有道理。我不许任何人再掺和这件事！

第二天的情况大致和太史公说的差不多。一早，刘邦就带着张良、樊哙、夏侯婴、纪信等人由灞上奔向鸿门。我敞开大帐，并叫陈平前去辕门外迎接。与此同时，我让项伯去负责安排今日的宴席。他明白我这意思，我就是要让他知道，我项羽不是个靠酒里投毒之类的手段来消灭敌手的小人。我最瞧不起的就是这个。男人做事得像个男人，何必要去学那个混吃骗喝最后硬着头皮去充好汉的荆轲？那不是男人的方式。我要这么干，你们今天就会觉得我和宋代的那个骚妇人潘金莲是一丘之貉了。

所以后来的项庄舞剑令我十分恼怒，这准是范增的布置，太史公却把这笔账记在了我头上。当时的情况的确很紧张，于是我就对项伯说：一个人舞剑如同一个人饮酒，太乏味，你不如和项庄对舞。这是我的原话，不知怎的，太史公又把它写成了项伯的话。试想，我若不发话，项伯敢跳出来吗？他已经被昨日的泄密弄得魂不附体了，哪还顾得上公开替刘邦保驾？我叫他项伯出来，就是要遏制项庄的这份疯狂。我不允许任何人来玷污我项家的名声。我要刘季死，但要让他死得服气，也要让他像个男人那样去死，别给追随他的弟兄们丢脸。你沛公不是朝思暮想得到这把剑吗？我今天给你找来了。我们各执一柄，雄雌任选，然后我们当着众将官的面把账算清，接下来我们应该去一个空旷的地方进行决斗，胜者为王，败者也不失为一条汉子，这方式可算公平？如果你沛公贪生怕死，也可以不与我交手，但你必须许下承诺，从此退出这个舞台。我甚至可以陪着你一块退出。实不相瞒，我对这江山的兴趣是真的觉得冷淡了。我需要的是快马加鞭赶往彭城去找我的虞。

酒喝得差不多了，剑舞的表演也接近了尾声。我朝左侧的沛公看了一眼，他的额头上已渗出了一层虚汗，脸色苍白，目光暗淡。这个人还没与我交手就已经垮掉了三分。我的手不禁伸向案几的下面，稳稳地握住了剑柄，正欲抽出，一件意想不到的事发生了！

我对面的亚父范增，拿着他身上的那块玉玦对我再三示意：动手吧！

与我共事的将官都知道这老头有拿佩玉指挥杀人的习惯。往日只要他一举这东西，边上人就会猜到将有一颗人头落地了。可这个不明智的老人今夜竟然指挥到了我的头上！那我算什么？我这个27岁的上将军怎么能够听命于一个年过七旬的老叟的唆使，来干一个小人的勾当？这样一来，这场鸿门宴岂不成了阴谋的代名词？我岂不是彻底背叛了我的血液？

我精心安排的计划就这么让一个老人给搅了。

我咽下了这口气，一饮而尽。这也就是我后来把刘邦放走的真实原因。我知道时值今日，你们还是觉得鸿门宴从来就是个陷阱，是一次流产的阴谋，这真叫我欲哭无泪！我能说什么呢？我的解释似乎没有一点力量，但我必须强调，我所说的全是真实的。

8

往事如烟。时间虽然过去了两千两百多年，可我经历的那些事儿却在眼前停滞着，挥之不去。昨天夜里我又梦见虞了，她还是那么美丽，但她的表情却是哀怨的。黎明前，我听见了她的哭声，那是悠远而凄怆的悲声，如同楚歌的旋律，寄托着对我的无限思念与爱怜！我便从这悲声里惊醒而起，那时分，我的窗外是一弯残月。

我第一次听见虞的哭声是在我开进咸阳城的第三天。那天早上，我主要的事是接受秦王子婴的投降。我的本意是不想再捉弄这个柔弱的小男人，更不想取他的性命。但是这个人一见面就显出了一副媚态，声言只要饶他一命就感激不尽了，别无他求。我突然就对此人反感了。这并非是我的喜怒无常，我是觉得这个人实在没有一点骨气。我就问：听说上次你面见沛公，是抬着棺材去的，脖子上还缠着一条白绫？

子婴被问得不知所措，就盲目地点了一下头。

我又问：那么你今天见我怎么就取消了这些安排？

子婴这才感到不妙，就问：上将军是要我死吗？

我说：我不喜欢你投降，你知道为什么吗？因为你好歹也算是一国之君，尽管你在位不过46天。君王是一个国家的象征，你来投降其实就意味着全体秦国人都成了亡国奴。阁下觉得这妥当吗？

子婴一下就沉默了。过了会儿，这个人泪流满面地说：上将军，子婴今日实在是替先人受过，再说什么也是多余了，你就发落吧！

我说：不对，你是替整个秦国捐躯，而我也不想发落你。我不会像嬴政那样去杀一个手无寸铁的人。我讨厌的是你的投降！

说完这话，我就拂袖而去了。走了很远我还听见子婴的哭泣。等我移师阿房宫时，有人告诉我，那子婴已被人剁成了肉酱。然而这件事留下的阴影却在我心里盘桓了许久。我想这子婴也是命中注定要落到这番下场，他要不继承王位，情形会是另一个样子了。这么一想，我便对那死人感到了几分悲哀。继之我便想到自己，同样也是逃脱不了命运的安排。我的征战对我们家族是重要的，而对于我本人却索然无味。我干的是我不感兴趣的事，也可以说很无聊，但之于国家又显得举足轻重。我就想，一个人的使命或许是神圣的，但未必都有兴趣。从这个意义上看，我和这个子婴无疑就是同病相怜了。

这个晚上我陷入到一种前所未有的孤寂之中。我仿佛看见我的魂魄像无边无际的汪洋中的一个岛屿。那岛屿是黑色的，在凄凉的月光下闪着寒光。没有人理解这块沉默的黑色石头，而它也不能自行沉没。它的身躯上记录着潮起潮落，而它的见证又是那么无力。我就这样想着，慢慢地睡去了。

不久，我听见了一个女人的哭泣。这分明就是虞的哭泣。是我的女人发自心底的呼喊。我惊坐而起，四下全是黑暗。清冷的月华在阿房宫的铜柱上颤动着，给我的感觉却是不寒而栗！白天的时候，我还曾设想派人去彭城把虞接到这世上最奢华的宫殿来，与她对酒当歌，共度良宵。而我在刚才的梦中听见的却是她如泣如诉的悲声！这声音使我内心震颤，它仿佛是子规的语言，带血的语言……

太阳映红了骊山。

在这个朝露浓重的早上，我骑着我心爱的乌骓来到了骊山的面前。这座并不伟岸的沙丘之下，埋着曾经不可一世的秦始皇。我又一次想起楚南公的话：楚虽三户，但亡秦必楚。如今秦朝已灭，大局已定。我也算对得起我的祖宗了！我想我的事情做完了。现在，连始皇帝的坟冢也在我的马蹄之下，咸阳城霞光普照，炊烟袅袅升腾。那豪华无限的阿房宫镶嵌其中，闪耀着灿烂之光，但这该是最后的风景了。关中虽好，而我不能久留。阿房宫举世无双，但我会付之一炬！我要烧掉的不是一座奢华的宫殿，而是我项羽心中的一座坟墓。我是江东的子弟，那里有我的父老乡亲，那里，我的女人在等待着我回家。

于是在这天的黄昏，我下达了焚烧阿房宫的命令。我的命令立刻遭到了一些人的反对，这其中就有刘邦。他说：上将军，这阿房宫耗尽了天下百姓的钱财，把它烧了可不好向天下人交代呀！

我说：不对，阿房宫耗尽的是天下百姓的血汗，我烧它就是祭奠这些劳苦大众。

说完这句话，我就走出了这座宫殿。亚父范增紧随而来，他这才问我：将军果真要烧了这阿房宫？

我说：军中无戏言。

范增说：我想知道将军做这件事的动机。

我说：很简单，我害怕在这宫里待久了，嬴政会借我的身子还魂。

范增沉吟道：看来将军的志向果然不在这江山之上，令老朽钦佩。但是，不知将军是否想过，这打下的江山交到谁手里才合适呢？难道将军还真的把那15岁的孩子当成真命天子？

我说：亚父尽管放心，既然我项羽不想做皇帝，我自然也就不会容忍别人坐享其成。天下乃大家的天下，一个人掌管就是独裁，嬴政败就败在这个上面。所以我愿禀告怀王与大臣，将这天下重新分配：不做大，而做小，在原先的六国基础上还可再分。

后来的史学家对我做出的这项选择是持否定意见的，认为秦嬴政好不容易统一的中国，到了我项羽手上却又把它重新实行了分封，这是历史的倒退。我说过，我这个历史人物面对历史是个门外汉，我不好就此发表看法。我只能说我个人不喜欢皇帝这个称谓，我也看不出你们这以后的历史上出过几个好皇帝。很长时间以后，有个叫孙文的男人彻底铲除了这个词汇。这是很了不起的壮举。而我在当时的情况下，实在是想不出谁能管理得好这个天下，我只能表明我没有称帝的欲望。所以我划分出了18个区域，封了18个王。我也不想排斥异己，要不然，刘邦何以能成为汉王？在这个问题上，我和范增意见相左，在他看来，鸿门宴上我的手软是大错，如今封其为汉王那就是特错了。于是他总爱重复那句话：你等着吧，有朝一日我们会成为他刘邦的俘虏的！那时我还觉得这是危言耸听，我觉得从前刘季不过是一个亭长，所辖十里，如今统治巴山蜀水与汉中，难道还不满足？鸿门宴上我没有灭他，但我自觉已粉碎了他的野心，挫败了他的锐气，我的目的也就达到了。我记得虞说过：不要用刀说话。我想，一个人的欲望总是受到良知道德约束的，刘季最清楚他自身的分量，他的确杀过一条蛇，但那蛇不是白帝之子，那就是一条最普通的蛇，稍有胆量的男孩都能办到。

我们的楚国也划成了四块，即西楚、衡山、临江和九江。我只要了西楚，定都彭城。这以后，人们就称我作西楚霸王了。那时我就想，我这下也算是功德圆满了，自由的日子似乎伸手可触。我记得在班师回彭城的路上，我有了一种身轻若燕之感。与此同时，我的重瞳又一次重叠到了一起，于是我看到那遥远的地方，我的女人在向我招手。我一鞭落下，乌骓撒开了四蹄，于灿烂的阳光下卷起了一阵黑色的旋风。这应该是公元前206年的春季，太史公从这时起就按汉的年代纪年了。其实刘邦登基是在四年之后，他后来这么一改，似乎显得汉代的日子长了不少。时间是个奇异的现象，人生如梦，草木一秋，一个朝代和一个人的生命一样，从诞生的那一天起就预示着死亡。发展的本质就是生死交替。这是规律。刘邦在位八年，也还是死了。他的阳寿有63年，一倍于我还要多。但我一点也不遗憾。

9

历史学家从来就认为我陷入所谓四面楚歌的局面实际上是这个时候形成的。认为自打这公元前的206年开始，我的境遇在每况愈下了。这话当然也有几分道理,然而真实的情况还不是这个样子。我不是一个能对天下负责的人,我只能对自己负责。我们项家从来就没有这个规矩。我的本意已经向你们表明了,我不是那种吃不到葡萄就说葡萄酸的人。我随时可以吃这葡萄,但没吃之前我就猜到它是酸的,所以不吃。这不是文字上的噱头,是重要的区别。重新分封之后,我也没怎么指望从此天下太平。我的想法很简单,也可以说很幼稚,我希望他们自己管理自己的地盘,为老百姓干几桩好事,即使闹,也不要把手伸到别人的土地上来。但是,情况偏偏就不是这么回事。

我回彭城不久,原定带着虞去乌江那边寻猎,过几天轻松的日子,还未出门,亚父范增就匆匆赶来了,说齐国的田荣撵走了齐王田都,又杀了胶东王田市,现在联合昌邑人彭越把济北王田安也杀了,田荣自立为齐王。亚父说:一个田荣就把整个齐国的天给闹翻,这个事的影响坏透了,必须严惩不贷。

没过几天,心藏怨恨的陈馀也在常山兴风作浪,赶跑了他的老友张耳,与代王歇沆瀣一气,赵国也乱了。

这多少有点出乎我的意料之外。我原想日后要作乱的非汉王刘邦莫属,尽管张子房再三对我表明,说汉王已烧了蜀路的栈道,发誓不再回头,我还是心存警惕。果然,在我平息齐赵战乱之初,刘季便向三秦运动了。这就是史书上记载的"明修栈道,暗度陈仓",采取的是声东击西,倒是让久经沙场的雍王章邯上了圈套,兵临咸阳城下,章邯蒙羞自尽,接着,塞王司马欣和翟王董翳相继投降了,一时间,刘邦获得了空前的壮大。等到这年的秋季到来之前,响应刘邦的各路人马会师洛阳,他们下一个目标就是直指西楚之都的彭城。他们向我宣战了,这很正常,我倒觉得是件十分开心的事。我就对亚父说:当初在鸿门宴上,我原想和刘季进行体面的决斗,结果你老人家急着对我三示玉佩,把局搅了。我希望这回你最好与我配合默契,光明磊落地除掉刘邦这个贼子。

亚父说:霸王,你是个很标准的军人,但有时候也有几分书呆子气,历来战争都是只讲结果而不论手段的,你大可不必考虑什么规矩。

我就说:我天生就是个讲规矩的人。没有规矩何以成方圆?当初坑了章邯那20万秦卒还一直是压在我身上的一块巨石。

那些日子我真的很兴奋。说实话,连天的征战令我厌倦,但是真的偃旗息鼓了，我又觉得有点寂寞了。范增说这一点上我又很像我爷爷项燕。于是我开始沉醉于制订作战方案，严阵以待来犯之敌。我甚至觉得，解决我和刘邦的问题现在已是最后的机会了。有一天，尖兵来报，说刘邦的汉军全穿上了白衣，连赤色旗上也系上了白帱，声称为刚死的义帝发丧。我一听就气愤了，本来你刘邦来挑战是一件很正常的事，你不安分，要打，我只好奉陪。可你不惜以诬陷我来征战，这就他妈的是王八蛋的伎俩了！历史上的义帝死于赴长沙的道途，相传是被九江王英布的人所杀，此事与我毫无关系。现在刘季却一口咬定说英布接受了我的密令。真是荒唐！一个人做事总是有目的的，天下实行了重新分封，所谓的义帝不过是个摆设，就像后来出现的西方大不列颠帝国的女皇，我凭什么要杀那个十几岁的孩子？即使我要杀，我可以在彭城就下手，公开下手，又何苦密令英布呢？再者，这个英布又不是我的心腹之人，我怎么向他下达所谓密令？他不是很快就投降你刘邦了吗？他干吗不把我那份"密令"呈到你汉王手上，作为见面礼呢？刘季这一手很高明，既讨了个师出的名分，又振作了军威，还可以笼络天下人心，可谓一石三鸟。但就是太下流了。兴兵发丧可谓用心险恶。我被这流氓彻底激怒了！我想，这回我的手是不能再软了。

在经过周密部署后，我决定暂时放弃彭城，先让他刘邦出手，我后发制人。结果睢水一战下来，汉军死伤者达30余万，那些尸体横七竖八地堆在河里，几乎筑成了一道肉坝，迫使河流改道。这些战死的将士临死还穿着一色的白衣，现在他们是自己给自己发丧了。他们都是些好青年，倘若他们的汉王野心有所收敛，他们会娶妻生子男耕女织，过上祥和的日子，现在却成了炮灰。望着夕阳下的睢水河，我第一次感受到了什么叫残阳如血。这凄惨的景象连我的乌骓都看不下去，它向着北面仰天长嘶了三声。那是山东。

然而，刘邦逃脱了！

无论后人作何评价，穷寇莫追还是我恪守的原则之一。这或许不符合政治家的逻辑，但体现了一个职业军人的道德观。那时我想，如果你刘邦秉性不改，总有一天你还会落到我项羽的手上。我是不是很自负？是的，作为军人，我从来就是自负的。

我和刘季的这次交手，从我这方面看，唯一的损失就是让这家伙跑了。不过我又很佩服他，在如此混乱的局面下居然在亡命途中纳了妾，收了戚夫人，也算是大将风度了。他得到新人，却把旧妇和老爷子留给了我。我的手下曾多次提出把刘太公和吕氏杀了。我说：我和刘邦只是两个男人之间的事，与其他人没有关系。我也不认为这是楚与汉的问题。我有这么一个敌人，哪怕是假想敌，也算是圆了我作为军人的一个梦想了。没有敌人，军人那该多么寂寞。我本以为天下重作分封之后可以带着我的女人去云游四方，可刘汉王不让我歇着，我当然就要奉陪到底。这样到了第二年的春天，我们就对刘邦据守的荥阳城实行了包围。我倒要看看这回他刘季如何逃脱。没过几天，张子房递来了消息，说汉王准备投降了。既然如此，我也只好鸣金收兵。亚父范增却不同意，他认为这肯定又是张良的诡计，主张打进去。他说：刘邦虽然目下陷入了困境，但他还有大片的河山在手，还有韩信的几十万兵马可搏，他怎么可能俯首称臣呢？

我笑道：我和刘邦之间本来也就不是什么君臣的关系，我只要让天下人知道，他刘邦尽管有萧何张良那样的谋士，尽管有韩信那样的骁将，但最终也照样不是我项羽的对手。我要的就是这个。

亚父就说：那你当初对秦王子婴怎么是那个态度？

我说：这不同。刘邦是我的敌手，交战的结果非亡而降，很正常的。子婴是作为秦王朝最后的象征而存在的，他虽然没有野心，但投降就是苟且偷生，使全体的秦国人蒙羞。他必须一死对他的国家有个交代。

亚父长叹道：这老夫可就不懂了！同样是你的敌人，一个不战而降你却要他死；一个和你战了几年打你不过，你却愿意接受他的投降，这是什么逻辑？

我说：这是我的逻辑。

亚父也不想再辩，但从这老人颤动的白胡子看，他对我的看法越发地强烈了。他历来就主张痛快地杀了刘邦，然而他哪里知道，这个刘邦的存在对我该是何等的重要。第二天傍晚，受降的仪式开始了。等围困在荥阳城里的妇孺老人出来后，刘邦的车子就缓缓而来了。远远看见刘邦神情安然地坐着，亚父就说：汉王豆腐倒了，架子却还端着，俨然王者风范。听他这一说我忽然就觉得不对，定睛一看，就发现这是刘邦手下的将军纪信。这纪信真是好汉，不由我说，他就点燃了自己，于火中高喊：霸王，汉王已脱险，你收兵吧！天下最后还是汉家的！

我什么也没说，被眼前这悲壮的景象所感动。我当时离纪信的自焚现场只有一丈开外，我能听见烈火撕毁皮肉的清脆声响。我内心感叹道：好一个壮士！

等我掩目转过身时，亚父范增已经不见了。

10

我和亚父范增的矛盾由来已久了。

自打鸿门宴那次起，这矛盾就越发加剧。我完全懂得这老人的心思，这些年跟着我着实费了不少心。他的确算是个高人，尽管我们观念上很不和谐。我欣赏并尊重他这种老人，张子房不能与他同日而语。范增老谋深算但从来不出诡计，他讲信用，也不靠装神弄鬼来美化自己的过去。所以他的离去让我很伤感。后来我听说他病死在归乡的途中，我忍不住地哭了一场。我是个孤儿，自幼父母双亡，靠叔叔项梁一手拉扯大。项梁战死定陶，亚父便是我最后的长辈了。如今他也走了，我不能不感到悲痛！我听说现在的史书上认为，我是受到叛臣陈平的挑拨离间之计，对范增和钟离昧产生了怀疑，才把这老人气走的。这可能吗？我项羽能对一个老人恩将仇报那我就不能叫项羽了。但我承认，范增老人是让我气走的，是失望而归。这是我们共同的遗憾。即使这一回他不走，到了割鸿沟为界时，他还会拂袖而去的。亚父对我最大的意见是责怪我的轻信，而他的离开又让后来的史学家们认为我多疑——一个轻信的人会多疑吗？

还有人说，我之所以落到楚河汉界这步田地，与当初不重用韩信这个人关系甚大。我承认，自从高密潍水一战韩信挫败了大将龙且并斩了龙且本人的首级，楚汉两家的军事形势的确发生了一些变化。然而即使这样，我对自己以前的决定仍不后悔。我第一次见到韩信，对这个青年的印象很好，凭直觉我就感到此人日后是不可多得的将才。但是不久我就听说了他那至今广为传颂的"胯下之辱"的那一幕，心便霎时凉了。忍是一个男人的美德这句话或许不错，但是这个人为求一忍而不惜出卖自己的尊严，就让我觉得可怕了。甚至让我厌恶。一个男人倘若连尊严都可以舍弃，那他还有什么不可舍弃的呢？所以后来他为求自己化险为夷，竟然拿他最亲密的朋友钟离昧的头去讨主子刘邦欢喜，也就不足为奇了。我讨厌"大丈夫能屈能伸"这种表达方式，我敬慕的是刚正不阿与宁折不弯的男人气概。比如说那位救主自焚的纪信将军，比如说后来那位宁死不屈的田横将军以及困守海岛集体殉国的齐国五百壮士。这种虽死犹生的男儿风范理当万世流芳。

相形之下，他韩信也不过是叱咤风云的苟且之人罢了。他最终落到吕后之手却是出乎我的意料之外。

当时战局的微妙之处就是韩信的左右彷徨，他既畏惧我，又不肯轻率地背叛刘邦，自己私下还打着三分天下的算盘。韩信据守齐国按兵不动，急坏的不只是刘邦一个人，我也急。我总觉得这时候进攻广武多少有点乘虚而入的意思。若不打，又怕贻误战机。人言韩信善战，他却始终不敢与我进行正面接触，反倒把我好战的胃口吊起来了。我倒是真的犯了难了。就在此时，张子房给刘季出了新招，派一个姓侯的家伙送来求和信。

那信写得极其诚恳，也称得上情真意切，一看便知是张子房的手笔。这封求和书的核心部分是提出割位于荥阳东南的鸿沟为界，以东归楚，以西属汉，此后双方互不侵犯，和好如初。但真正打动我的却是，楚汉两家几年的交战，殃及百姓众生苦不堪言，停止战争乃燃眉之急。这倒是一下击中了我内心最软的地方。想来也是，我们为权力之争，最终倒霉的还是广大无辜百姓。至于说什么我和他刘季今后仍旧兄弟相称，我看就显得多余了。我从来就没有把这种人看做兄弟。什么是兄弟？那起码也该是情同手足，何以同室操戈？

这一天，虞正好从彭城来到了军营。我就让她看了刘邦的这封求和书，想听听她的意见。她看过之后沉默了片刻，才感叹道：要是你们从今往后真按这信上讲的去做，天下也就真的太平了，老百姓会指望过上好的日子。

我说：男人看重的是诺言，讲的是信义。

说着，我就签字了。我觉得我这个签名很漂亮。

虞说：你很得意是吗？

我笑而不答。

虞又说：如果是你出面求和，你肯吗？

我说：这不可能，胜利者从来是不主动媾和的。

虞就叹道：你这个人的悲剧就在于你一贯的胜利。其实某种意义上，我很愿意看到你的一次失败。我想这对于一个军人，才算得上完整。

这话倒叫我一时糊涂了。

翌日早晨，我让所有的文臣武将一律身着便装，列队于大营的辕门两侧，等候刘邦的人到来。同时我吩咐钟离昧把刘家的老爷子和吕氏领出来，打算就此交给刘邦。钟离昧说：霸王，这么一来我们就再没有什么赌注了。这话叫我不悦，就责怪了他几句。我说我本来就不是拿他们当人质的。前些日子我们攻打广武，我在城下对刘邦喊话，让他出来把老父妻子领走，可他害怕是计，不肯出来。我就说：刘季，你居然连父亲妻子都不要了，你难道就不怕我一怒之下把他们杀了？

钟离昧说：这事我在场，当时汉王竟然说，你我是兄弟，我的父亲也就是你的老子，你杀他就等于杀你老子，我还正等着你分我一杯羹呢。刘邦这样说不乏机智，但我听起来很不舒服。

我就笑了，说：这就是标准的刘汉王！你后来射他一箭，我明明看见正中了他的右胸，他却说是射在了脚上，这算什么玩意儿？

钟离昧问道：霸王，你看清楚了？

我说：不会错，我这双眼睛与众不同。

我没有多作解释。这时，外面响起了鼓角声，刘邦一行人马到了。他们也换上了便服，收拾得还真体面。我自然要迎上去，还不到跟前，刘邦就对我施了大礼，说：籍兄，我感谢你给了我这个面子，从今往后我们按章办事，以行践约，老账就一笔勾销了吧。

我还礼说：和谈是结束战争的典范，有你这句话，我很满意。

然后我就叫钟离昧把太公和吕氏交给了刘邦。不料那太公对儿子扬手就是一耳光，骂道：畜牲！你还有脸来见我！你今天是不是来分我这把老骨头的？吕氏也跟着大哭起来，说刘邦不仅不来搭救她反倒趁机纳了妾。这一闹，使得原本肃穆的和谈仪式变成了一出戏文。幸亏张子房及时将他们拉开了。这个瞬间，我和这个神秘莫测的张良对视了一眼，子房把目光虚了过去。

接下来，是双方互换文书。整个仪式进行不过半个时辰就完了。我本想留他们共进午餐，刘邦说他急着要赶回咸阳，日后再聚。我说：这也好，我们在外面也待了不少时日，士兵们思乡心切，我们得回彭城了。

刘邦又对我施礼，这回是感谢我对太公与吕氏的照顾，他说：家父贱内在楚打扰已久，如此大恩容我将来图报。

我笑着摆了摆手，说：汉王言重了。我不过是尽了本分。你我的事只能由你我解决，与他们原本就没有关系嘛！

其实我心里在说，只要你刘邦按你说的去做，就是对我最大的图报了。为了表示诚意，我当即下达命令：全军将士整装待发，明日开赴彭城！我的话音刚落，鼓号齐鸣，一片欢呼。我望着这些江东子弟，心中突然感到十分内疚：他们跟着我南征北战，每一次战斗都要有人舍弃性命，他们图的什么？他们既不能封王又不能受地，所求的仅是有一个和平的日子，而我却不能给予。对于他们，战争是通往和平的一条险径，但绝非他们的前途。我的心越发地沉重了。

这天晚上，我和虞相对坐于大帐内，红烛高烧，久违的楚歌从营中飘荡而至。将士们在联欢，明天，他们就要踏上归乡的路途了，他们的家人在企盼着团聚。我给虞斟上酒，然后轻声地问她：你知道此刻我在想什么吗？

虞不答，也不饮酒，只是一往情深地看着我。

我拿起那把画戟挥舞起来，只见烛光像礼花一样五彩缤纷。等我舞毕，虞才站起来说：是不是突然仗打完了，你感到寂寞了？

我说：仗打完了我不遗憾。我遗憾的是自我起事以来，大小战斗经历了70余次，却没有遇见一个真正的对手。

虞想说什么，却终于没有说。

我抚摸着这把上天赐予我的画戟，心里不禁涌出了几分忧伤。我对女人说，等回到彭城，我要带她骑着乌骓再去乌江边上过几日。我说那时我会把这件心爱的兵器送回到它原来的地方，上天赋予我项羽的使命，我已经完成了。

虞把那杯酒敬与了我。

11

　　这两千多年来，我一直在想，对于人尤其是对于一个男人，最无耻的事大概莫过于背信弃义了。如果天下由一个既不信守诺言、又不准备践约的家伙控制着，这天下必定黑暗无疑。人不要脸是什么坏事丑事都能干得出来的。对于我，历史上的楚河汉界是我对历史的一个交代；而对于刘邦，应该是羞耻的标志。我履行了诺言，而这个小人却撕毁了协定。就在我们行至垓下之时，刘邦派韩信的人马对我们实施了包围。据说最初打这个算盘的还是那个一肚子阴谋诡计的张子房，他对刘邦说，鸿沟之约不过是个幌子，也可以看做是缓兵之计，如果汉王想一统江山，这时候调兵遣将打项羽一个冷不防则是千载难逢的良机。就这样，刘邦调动了韩信、彭越、英布、臧荼等几路兵马向我扑来。我知道，我的处境很危险，陷入重围按兵不动，粮草给养只能维持到一个月。我只能选择突围。但在这之前，我需要同那位号称智勇双全的大将韩信会一下。倘若我死在他的枪下，我死而无憾。我甚至感谢他成全了我，让我像个军人那样地度过生命的最后时光。

　　于是第二天，我策马来到了阵前，对着汉军的大营喊道：让你们大将军出来，项羽在此恭候了！

　　韩信果然就出来了。和几年前相比，这个人确实有了一些大将风范，神色也比较镇定。他对我拱手作揖道：霸王，别来无恙？

　　我笑道：我现在该称你齐王了，但我更愿意把你看做一个军人。

　　韩信说：我本来就是一个军人。

　　我说：可你怎么连军人起码的德性都忘了呢？你见过连战表都不下就偷袭的军人吗？

　　韩信迟疑了一下，说：霸王，军人是以服从命令为天职的。我是汉王的部下，他的命令我自然要执行。

　　我说：韩将军，这大概就是我们的不同了。我是发布命令的，你是执行命令的，但是，我心里十分清楚，你是个极善于把握时机的人。我兵临荥阳时，你的汉王朝思暮想地盼你来解围，你却借故推托，仅此一点，你不及纪信的忠诚。现在你来劲头了，我想这或许是两方面的原因吧？其一是你刚得了封地，成了名副其实的齐王；其二是你深知我将士疲惫，粮草短缺，桃子不摘自落，你轻而易举地就捞到了功勋与美名，可这对于军人是不是很不过瘾呀？所以说，我今天和你交手，无非是两个结果——不是你成全我就是我成全你。我很愿意把我的头交到你手上，但不会轻松地让你拿。怎么样，我们开始吧？这或许是我项羽最后的一仗了，我希望我们玩得漂亮一些，也好让后人大书特书一番。

我说完，就勒住缰绳，在等待着他先出手。这时候我的重瞳再一次重叠起来，我似乎看见了韩信内心深处的虚弱与怯懦。这个人说穿了还是挂记着死，他怎么也舍不得把刚分封到手的几个县邑再交还给刘邦的。于是我的希望落空了，我期待已久的激烈搏杀很快就演变成了一场乏味的追剿。韩信和我交手还不到五个回合，就玩起了金蝉脱壳，一溜烟地向山里钻去了。

我后来听说，这个背叛军人灵魂的男人居然说，他目的是想诱敌深入，好一举聚歼之。倒是那些助威的士兵给我留下了不错的印象。他们不阻挡我，像退潮似的闪开了一条路。他们的脸上刻着复杂的表情，他们想为我的武艺欢呼喝彩，但又怕伤了他们大将的面子，于是他们就用一种含糊的声音表达这种不可抑制的愿望，他们叫喊着：呜嗨——呜嗨——

这很像我们楚歌里的和声。我的画戟如风呼啸，我仿佛在指挥着这壮美的和声齐唱，同时我也被深深地打动了。这大概就是你们后来听到的四面楚歌的前奏吧？

楚歌是在午夜之时响起的。那时我刚刚卸下盔甲，盼咐马夫去给乌骓洗个澡。像往日一样，虞已在大帐里给我摆好了酒菜。虽说我们的处境很不妙，但是女人并没有表现出意外的惊慌。她甚至看上去是平静的，好像眼下的局面和平常差不多。几日前，当我们得知刘邦撕毁鸿沟之约时，女人第一次显出了愤怒，当时她说：沛公年长你许多，怎么德性如此之低下呢？她也就说了这一句。

我坐到虞的面前，说：真没劲，连韩信也混成了这样！

虞说：是的，我看了都觉得没劲。

想来也觉得好没趣味，我说，怎么我老遇见这号人呢？

虞这才问道：你打算怎么办？

我不假思索地答道：突出去好了。

虞说：你认为能突出去吗？

我说：不成问题的。我可以背着你突出去。

虞沉默了一会儿，说：我不想这样。

我说：不想？难道我们还坐以待毙不成？

虞说：对，我在考虑死。

这颇叫我吃惊，这个问题我还没考虑呢。我就扶着她的肩说：别这么想，我们突出去，我们不是说好了去乌江边上泛舟狩猎吗？

虞说：我觉得活着很累，也很乏味，因为我总要面对着那些我所不齿的人，而且还是男人。而且这些人最终都要成为统治者，要行使管理我们的权力，我无法忍受的就是这个。

我打断说：所以我要与他们决战到底！

虞说：没有决战。即使你杀了这个刘邦，还有另一个刘邦要做皇帝；即使是你自己做了皇帝，你又如何能保证你和刘邦毫无两样呢？你忘了吗，几年前你当了上将军不久，一夜之间就坑了章邯20万的秦卒？什么使你变得残暴？是权力。是独裁。这是无法改变的。

我一下没话了。

虞接着说：我做这个选择，还有另一个意思，就是不想连累你。

我说：这从何谈起？

虞说：你别太大意了。韩信今天虽然败了一仗，但不会一败再败，他会一直拖着你，一直拖到你草尽粮绝，他拖得起。我曾经想过，你的悲剧在于你是个常胜将军，打遍天下无敌手，但是现在，我不希望你因为我而成为他韩信的俘虏，那种人不配接受你的投降。如果你是我心爱的男人，你就必须突出去！

这时候，我们听见了四面的楚歌声，像大潮一样由远而近。那是真正的楚歌，其声悲壮而悠扬，仿佛自九天而落。这歌声寄托着我们楚人最简单的理想，就是正义与和平。歌声从楚营传到汉营，响彻云霄。我们情不自禁地走出帐外，今夜的月色散发出清冷的寒意。虞依偎着我，轻声说：你听，这是为我以壮行色呢！

说完，她抽出我的佩剑，刎颈而去了。她的暖血喷射到我的脸上，与我的泪水融成了一体。我很悲痛，但更多的是为此生拥有这样一个女人而自豪。我慢慢把虞放倒,然后小心地裁下她的首级,用我的衣服包好,再将她系到身上。

我下达了突围的命令。我说:弟兄们,让我们唱着楚歌上路吧!

12

我必须告诉你们的史学家,垓下突围与你们对我的美化不一样。试想,面对韩信30万兵马,我一支画戟能挑得开路吗?我是做好战死的准备的,结果却没有死。我的画戟上几乎没有溅上一滴血。就是说,汉军并没有怎么拦我,或者说只是象征性地拦了我一下。如果我这么说还欠妥当,那么后来我到了乌江边上,怎么恰好就碰见了那位乌江亭长呢?而且他还早备好了一只轻舟。他怎么能料定我要到此?太史公用心可谓良苦,非要借我之口来为我的死寻一个合适的托词,说我感叹是天要灭我,说我之所以不渡江东是无颜见江东父老。这似乎很具戏剧性,是个巧合。可我作为当事人不同意这种牵强附会的解释。我深知这是有人事先的安排,不希望我就这么给刘邦方便。这个人是谁?我不知道,我一直把他视为你们心中的那个人。这个人无疑是轻视刘邦的,至少他不信任刘邦以及刘邦们。如果按西方人的解释,这个人或许就是上帝。上帝之手总是看不见的,但每回伸出来都非常及时。

然而这回我让上帝失望了。我违背了他的意志。

当我从乌江亭长手里接过船时,我要做的是把我心爱的坐骑乌骓送了上去。于是那亭长就急了,他几乎是用哀求的语气对我说:霸王!江东虽小,但仍有千里江山,数十万兵马可用啊!你还是尽快过江重整旗鼓吧!

我笑了笑,说:老人家,问题是我是个不爱江山的人啊。再说,我就是重整了旗鼓,东山再起了又当如何?再去与刘邦玩吗?要玩也行,但总得有个游戏的规则吧?如果我也不讲这规则了,岂不是两个流氓在闹得天下不得安宁吗?

那老人就此沉默了。过了会儿,他便消失得无影无踪。

那个时分,天已经微白,曙光在乌江上闪烁着黝亮。我徘徊在江岸边,心情渐渐变得有些沉重。八年前,我就是在这个地方看见远方那片广博的绿色的。然后，我又发现了现在握在我手中的这把举世无双的画戟。它安静地躺在江底的白沙里，我竟将它打捞而起。这事仿佛就发生在昨天。现在，我需要把它送回它的原处。于是我扬手奋力一掷，送走了我的武器。但就在此时，一种极不舒服的感觉缠绕着我。我想自己从23岁起事，大小战役经历了76次，竟然还没有遇见一个真正的对手。作为军人，这不能不说是个遗憾。现在，我的画戟已离我而去，我的坐骑也离我而去，我最爱的女人也离我而去了！

这世界仿佛只剩下了我一个人。

忽然，我听见了一个声音在轻轻地呼唤着我——

项羽，你听见了吗？

我说：我听见了。

我是谁？

你是我的虞！

你不该有所抱怨。

我没有抱怨老天对我不公……

其实，有一个对手一直在跟着你。那才是你真正的对手。

我知道，我刚刚知道……

那就好……

虞！虞！虞——

虞的声音消逝了。

而此时，我看见我的乌骓立在船头回首对我一声嘶鸣，然后纵身跳到了湍急的江水之中。我知道，我该与这个一直紧跟着我的对手进行最后的决战了。我抽出我的佩剑——当初的鸿门宴上，这本来应该是解决我和刘邦的手段，此刻却变成了我完成人生的助手。看来我的重瞳实在是不算什么。我头顶上还有一双亮眼——那是天的眼。从这个意义上，太史公认定是天在杀我，倒也自圆其说了。

我很轻松地就把我的头颅割下了。我最后的感觉是记得我的血很烫，带有微咸。

不久，吕马童和王翳他们赶来了。他们找到的是一具无头的尸体。他们没有找到我的头，当然也不可能找到虞的首级。这一对头颅去了哪里只有苍天知道。于是，他们只好把我的尸体当场就瓜分了，因为他们的汉王已悬赏,这具残尸却足以保证他们一辈子的荣华富贵。据说乌江的岸边还流淌着我和虞的鲜血,江浪竟没有把它冲刷干净。

……

第二年春天,这块地方开出了一片不知名的红花。有一天,一个老人领着他的小孙女到这儿散步。那孩子就问:爷爷,这些漂亮的花儿有名字吗?

老人思忖了片刻,说:有。它叫虞美人。

1999年8月22日,初稿于北京天坛之侧

9月2日,改毕于合肥寓所

(原载《花城》2000年第1期)

附　录：

关于《重瞳》的一些话

在我十八年的小说写作生涯中，只有这部《重瞳》是个例外，一下写到了两千多年前。这部小说早在五年前我就想写了，我记得当时从海口路过广州，一个晚上我和田瑛一起散步，他问起我的创作近况，我告诉他：我想写项羽，用第一人称写。他立刻就说：好，你快把它写出来。能写成个长篇吗？我说我不过是有这个想法，还没敢深想呢。田瑛便又说了句：这个东西也只有你写合适。他的这句话让我有些震动，我想起不久前鲁枢元兄在评论《风》的文章里说过：潘军的身上有一股塞上军旅的霸气。两位朋友的话使这个刚萌生的写作念头变得强烈，似乎马上就想把《史记》找出来重读，开笔就来。

不久，我离开海口去了郑州。这里正是当年楚汉相争的古战场，听一位朋友说，位于荥阳境内的那条著名的鸿沟还在，那儿还立着一尊乌骓马仰天长嘶的塑像。我们本来约好要去看看的，结果却因我生意上的一堆杂事一搁再搁，终于没有成行。那个时期正是我这一生最背时的日子，我陷入进退两难的境地，差一点就彻底栽了。不过，尽管日子不顺，我的内心还不至于过分焦虑。我仍然在想着项羽，因为我很喜欢这位古代的将军，而且采用"第一人称"叙事总是叫我产生写作的欲望。我便找来了《史记》和《汉书》，两两比较，我还是喜欢司马迁。但我还是很踌躇，觉得故事新编的做法意思不大，怎么写和写什么同时提到了面前，而我一筹莫展。

又过了几日，我分别写了三个开头，拿给朋友看了，自己却不满意。我想这件事还真是急不得的，得悠着点。谁料这一悠就是五年。

去年的夏末，我写完了长篇三部曲《独白与手势》的第二部《蓝》后，总觉得这一口气还喧着，骨鲠在喉般的不舒服，就再次把《史记》翻了出来，认真读了几遍，忽然意识到自己找到了办法。

我选择第一人称叙事，实际上也就是让死人说话，让项羽的亡灵说话。而既然是亡灵，他的视野就应该是无限的，如同传说中的"重瞳"。确定这一点十分重要，它意味着这部小说具备了一种特殊的叙事形式。同时这种叙事上的策略意外地使我对把握这个题材豁然开朗。这样我就可以完全抛开史籍对这一题材的规定性，现在，我可以按照我的想象与思考来写作了。

> 我要讲的自然是我自己的故事。我叫项羽。这个名字怎么看都像个诗人，其实自己早就觉得是个诗人了，但没有人相信。

开篇我就这样写道，我心目中的项羽应该是这样的——

> 我不是奇人。我不是你们印象里的那个"力能扛鼎"的大力士，我的身高也没有八尺，非但不是，我自觉修长而挺拔的身材还散发着几分文气。

这个定位无疑具有对历史的叛逆性，这正是我所需要的。但是对于这个家喻户晓的故事，企图作一次彻底的颠覆实际上已不可能。我无法改变历史中的事件、人物，如同我不能忽视时间和地点，但是我可以对它进行重新的解读，我的责任是寻找另外的可能性。这应该是我写这篇东西最为重要的支点。

事实上，司马迁的《项羽本纪》具有重新解读的性质。最典型的莫过于"鸿门宴"，围绕着项羽预谋杀刘邦写得绘声绘色，但仔细一推敲，就觉得每个环节都很可疑，所有在鸿门宴中登场的人在太史公笔下都是那么生动，唯有项羽成了多余的人，苍白无力，这不能不让我困惑。我甚至怀疑太史公限于当时的某种障碍而故意为之，连起码的逻辑都显得如此地混乱，以至于最后让刘邦不明不白地回到了灞上。再看"乌江自刎"的安排，正如我在《重瞳》中写到的，怎么恰巧在霸王走投无路之际，会出现那么一叶轻舟呢？如此这些，都成了我的可乘之机。我觉得，我已经有把握来写这篇小说了。在小说写过三千字后，我决定增加一个副题：霸王自叙。我要求项羽作为当事人出来说话，要求这个死去两千多年的亡灵出来把司马迁未能说清楚的、说得不妥的地方说明白。甚至咬文嚼字，譬如对项羽祖父项燕的死，司马迁写道"为秦将王翦所戮"，便遭到"我"的驳斥——

  关于这一点，太史公说的不对，甚至非常错误。我祖父项燕并非死于秦将王翦枪下，他是饮剑自尽的。虽说都是一个死，但之于军人，自裁无疑是光荣的。

接下来我又强调道——

  这个细节我之所以喋喋不休，是因为太重要了。它不仅仅是关乎我项家的荣誉名声，更重要的是它预示着宿命。很多年后，某种意义上讲我的归宿实际上也是对我祖父的一次公开模仿。

作为小说家，我更关心的是这种借题发挥。

重新解读与借题发挥是这部小说的两条路，但又是殊途同归。一方面，我需要对史籍中所提供的东西认真咀嚼，从中寻求新的可能性。从现在的作品看，《项羽本纪》里提到的基本上没有遗漏，但已完全不同了。最典型的是写项羽的几次杀人——他杀会稽太守是受了叔叔项梁的利用；杀宋义是为了救赵，维护了一个军人的尊严；杀王离是骄横；杀李由则是成全。在写到坑章邯带来投诚的二十万秦卒时，我犯难了。显然，我是喜欢这个项羽的。我的愿望是塑造出一个血管里流着贵族血液的且具有诗人气质的军人，一个对世界富有天真浪漫情怀的男人，一个为连天征战所厌倦的性情中人。"生当作人杰，死亦为鬼雄"，李易安的这番感叹多少年前就是我的心声了。可坑秦卒又是无可辩驳的事实。我想了几天，意识最后锁定的是权力与人性的关系。我不能回避这个。与此同时，我写了章邯的忏悔，以一种暧昧而无法证实的手段了结此事。另一方面，我的思绪完全撇开了历史的局限，把一切在我看来都可以引进的东西全部写进了小说，这是一种幻想，一种超现实，更是一种心理的真实。以至于在小说发表后，一位朋友给我来信说："这个项羽不是死了两千多年的古人，而是我们中间的一个，昨天才刚刚告别人间。"

这同样是我想要的。所以某种意义上，我反对把《重瞳》看做"历史小说"。

我曾经在报纸上看到一篇关于《重瞳》的评论，不长，却很对我的胃口。那篇文章的题目叫《云霄之上的浪漫主义》。这是不错的，我的确想把这部小说写得洒脱一些浪漫一些，我希望在刀光剑影之中看到一些温情的东西，我喜欢那种举重若轻的感觉。于是我安排了项羽的吹箫与寻剑；安排了项羽在乌江之畔与虞的那种初次相见，遥远的楚声与千里之外那一块绿色的对应；也安排了最后那样的结尾——

第二年春天，这块地方开出了一片不知名的红花。有一天，一个老人领着他的小孙女到这儿散步。那孩子就问：爷爷，这些漂亮的花儿有名字吗？

老人思忖了片刻，说：有。它叫虞美人。

关于《重瞳》，我想我已经在小说里说够了。就我个人的写作经验而言，迄今为止，还没有一篇东西在写作中能像这样地让我感到舒畅。

2000 年 2 月 17 日　合肥寓所

合同婚姻

1

苏秦与李小冬解除婚约是几年前那个秋天的事情。他们在一个阳光明媚的下午,一边谈论着中国驻南斯拉夫使馆被美国佬无端轰炸,去了位于城南的区民政部门。那天苏秦开着银灰色的本田车,李小冬听着克莱德曼的钢琴曲,两人都戴着款式新颖的墨镜。他们下车后,突然感到有点热,李小冬就把随身带的那把遮阳伞撑起来了,然后把它交到了此刻还是她丈夫的男人手里。那伞是酒红色的,阳光透过伞布过滤,出现在女人脸上的色彩很妩媚。两人在这样的一把伞下,感觉仿佛情侣一般美好。等走到路边一个小摊子上,苏秦准备买矿泉水。李小冬在墨镜后面提醒男人:就买一瓶吧。苏秦就花两块钱买了一瓶,他把盖子拧开,先递给了李小冬。苏秦说:你喝吧,剩下的给我。李小冬便把矿泉水拿到嘴巴边上,不含着,这样悬着喝了几口,再把它还给苏秦。后者就大口地喝起来。等到了民政部门的门口,李小冬又说:我还想喝几口。于是苏秦便用水把瓶口冲了冲,再次递给马上就不是自己妻子的女人。女人笑着说:真是很怪啊。你看,我们要离婚了,你才变得这么事事精心。

苏秦说:你不也是吗?

李小冬说:看来婚姻真不是个东西啊。

苏秦有点尴尬地说:是啊,是啊。婚姻就是这么个东西。

这是第二次来了。第一次是发生在一周前,接待他们的是一个过了中年的妇人,像首长一样地告诫两位当事人:这可不是闹着玩的啊,同志。这个问题你们最好慎重考虑考虑,重新考虑考虑。难道——她的语气有个停顿——有什么非离不可的理由吗?

问话的显得振振有辞,听话的反倒纳闷了。离婚是人的一项权利,也是一份自由,怎么还得要出示什么"非离不可的理由"呢?

似乎没有。他们之间共同生活了四年,没有出现什么类似"第三者插足"或者"红杏出墙"的过硬理由。连一点迹象也没有。可是办理离婚就那么需要"非离不可的理由吗"?都是两个人的事,奇怪的是当初结婚登记的时候却没有人这么问过:你们有非结不可的理由吗?

后来李小冬说:我看哪,还得最后委屈你一回了。

苏秦说:你又想什么馊主意了?

李小冬说:要制造一个"非离不可的理由"呢。所以只能说你在外面乱搞了,这应该是最硬的理由。

苏秦说:你这才叫乱搞呢。

李小冬说:你在乎什么?这又不往报纸上登的。即使将来你再婚,女方有误解,我会及时赶来为你作证的。

苏秦看着远处的一个水塔,像是自言自语地说:再婚?我有病?

不知道这回他们是怎么办掉的。不过与打官司上法院相比,协议离婚还是显得轻捷。他们的事不到半个钟头就办妥了。但领证的时候多了一道手续,需要拍一张三分钟的速成像,贴到离婚证上。苏秦被一个长得民工模样的人推到照相机的面前,坐下来,感觉屁股下面的凳子太硬了。还没怎么准备,照相的人就说好了。然后是李小冬拍,也还是很快。等照片出来,他们都觉得照片上的人不像自己。

离婚证的封皮是绿色的,他们管它叫"绿卡"。

这以后,苏秦只要遇见熟人,或者有朋友来电话,问起李小冬,他就说:我们最近领"绿卡"了。

如果对方还不明白,苏秦就补充说:她最近提拔了,由老婆成了前妻。

2

苏秦和李小冬是大学的同学。他们不在一个系,苏秦学的是中文,李小冬读的是英语,而且比他低两班。他们的认识是因为省里要搞大学生文艺会演，全校抽人在一起排练一个日本的民间舞蹈《八木小调》。那是一个由五男五女组合的舞蹈，一对对的，他们正好是一对，在台上如同形影，不离左右。恋爱都是偶然的产物，就这个因素，他们便开始了恋爱。他们的恋爱在大学校园里继续了一年，进行得还算顺利。于是苏秦毕业之前的最后一件事，是和二十岁的李小冬确定了恋爱关系。他们虽然没有同居，发生性关系，但却一丝不挂地躺在了一张床上。

那是个有很好月光的晚上，两个年轻的大学生去了郊外一处农家旅馆，开了房。本来他们是做好了结合的准备的，还没坐稳，便十分温情地在黑暗中把彼此的衣服脱了。正欲行事，李小冬感到了害怕。她一下坐起来说：我还是处女啊。

苏秦说：你总不能一辈子都当处女吧？

李小冬说：要是怀孕了怎么办？

苏秦就把灯开了，李小冬吓得钻到被子里。苏秦有点腼腆地从书包里拿出了一只避孕套。李小冬一看这个曾经在学校厕所里屡见不鲜的玩意儿，情绪一下就坏了。她挖苦苏秦：没想到你还这么在行啊！

苏秦说：成人都知道的啊。

李小冬说：我就不知道！

苏秦突然感到事态一下变得严重了。李小冬的意思很明显，他曾经有过性经验。那么和谁有了，却没有对面前的姑娘说。这在20世纪80年代初期，在中国两性交往史上算是欺骗行为。他们就这样不欢而散了。两人冷淡了一个多月，到了苏秦将要走出校门时，李小冬又主动找到了他，表示还想把两人的关系保持下去。

苏秦说：我想知道，你这么急转弯，为什么？

李小冬憋了很久，才撂下一句话：你都看了我了。

苏秦当然是愿意的。他喜欢这个比自己小四岁的姑娘。在这之后的三年里，他们以通信的方式维护着恋爱，直到结婚。他们在一起生活了五年，这才发觉原来双方是这样的不合适。既然不合适，也就没有多大的意思。没有意思，也就这么客气地离了。

3

苏秦离婚后，与李小冬还在一套房里住过一阵子。不过费用却分开了，苏秦负责水电，李小冬承担煤气与市内电话。那个时期苏秦在机关工作，与领导的关系弄得很僵，所以也不想干了。到了1993年，南边的形势火起来了，于是苏秦就辞职去了海口。这期间他还隔两个月回来看看，还住原来的房子。于是就有人开他的玩笑：苏秦啊，你这样离婚不离家的，也够潇洒了，还想蹭到什么时候？

苏秦说：我不过回来蹭李小冬几顿饭吃而已，可没想蹭她觉睡。

这个男人的运气很好，在海南岛实行"宏观调控"的前夕，他成功地炒作了一块地皮，赚了几十万。意外的横财使这个持重的年轻人感到吃惊。他自然不想恋战，很快就从商场上抽身而出。当初离婚的时候，他答应给李小冬十万块钱，不过那时他是个穷光蛋，李小冬拿到手的也只是一张白条。女人就带着调侃的口吻说：你拿我当农民啊？只有某些地方的政府才给农民打白条呢。

苏秦却认真地说：你不妨先收了吧。

所以现在男人拿支票换回白条时，女人就有点惊讶。她从来就没有见过这么多的钱，也怀疑这钱的来路。她说：苏秦，你没干什么亏心事吧？

苏秦有点得意地说：你就当我傍了个富婆吧。

然后他就到了北京。苏秦不是那种愿意干事业的男人。他向往的是那种养尊处优的生活。所以在北京，他没有自立门户开公司，而在一个朋友的广告公司里当着策划顾问，帮他们做个文案，一个月拿着足以养好自己的薪水。有事就去，无事就在家里读读杂书，偶尔也写点文章。过去他有过当作家的理想，现在却不想了。他觉得这是自己和自己过不去，没有必要以一本什么书引起多大的轰动，成为别人羡慕或者憎恨的对象。他觉得现在这样很好，很舒服。身份感对他这个年纪的男人已经没有了实在的意义。

作为男人，苏秦自然容不得自己的情感没有着落。随着时间的推移，他也到了四十岁。尽管如今对青年的界定尺度放到了四十五岁，他还是觉得已经像个中年了。苏秦的家乡在长江中下游边上的一座小县城，父母都是中学教师，如今都退休了。他在南方忙着挣钱的时候，妹妹却考"托福"去了美国加州，两年后就生了一个儿子。但在父母眼中，那还是人家的后代，所以苏秦和李小冬办完离婚，老人是很不高兴的。他父亲一直怀疑是儿子的行为不检点造成这一后果的。而母亲认为离异的关键，在于他们没有及时生一个孩子。要是你们一结婚就怀上了，就好了。母亲总这么反复感叹着。现在他们只希望这个四十岁的儿子再成一个家，怎么说也得给苏家留个后代。无论男女我们都一样高兴，父亲说，这事你必须抓紧，不能一错再错。苏秦说：我都这么大了，你们怎么还这样唠叨？我和李小冬是协议离婚的。离婚是不是很丢人？

　　实际上四十岁的男人苏秦也不满足于自己屋子里只有一个人的生活，虽然简单，但毕竟还少了最实质的内容。苏秦这个人的性格有点怪，他从来不主动去接近一个女人，更谈不上追求了。但是，如果遇见了，他也不想轻易错过。

　　在北京前后六年，与苏秦有过性关系的女人有三个。这三个女人，基本上都是阶段性的，甚至偶尔客串一下，谁也不管谁，也自然没有实际的打算与未来的展望。严格地讲，只能叫性伴侣，还称不上是情人。最初，苏秦对这样的交往感到满意，因为没有额外的负担。两情相悦已是足够。可是时间一长，难免会产生一点感情。有感情就会希望彼此专一。苏秦希望这样，但是女人们却没有相应的考虑。到了1999年的春天，他偶然遇见了一个来自成都的女人，是一个酒店的大堂副理。那时苏秦在帮朋友策划一个新型保健药品的营销推广项目，住在这家酒店，和她熟悉了。苏秦很喜欢女人穿职业装，喜欢女人把头发挽成纂儿。这个女人也喜欢接近他，听他说话，迷恋他说话时的手势滔滔。没谈几回，两人就上床了。他们在床上也好默契，每次做爱都是大汗淋漓，女方也都有高潮。于是这个女孩就想嫁给他。这个问题一经提出，苏秦就有了犹豫。苏秦不是对女人自身的犹豫。他觉得女方家庭的负担过重，除了父母收入甚微，还有一个患小儿麻痹症的弟弟。如果他正式娶了人家，那么这些便理所当然地成了自己的义务。苏秦是个坦率的男人，他觉得自己已没有精力也没有必要来应付这样一堆的事情。于是苏秦说：我们不能结婚，因为我实在担不起这些。那个女人也明理，不骂男人这么自私,也没有过多的要求。在与苏秦同居半年之后,嫁给了一个开火锅店的老板。她在举行婚礼前夕单独约了苏秦,希望婚后继续与苏秦保持若即若离的关系。

女人说:那个人养我,你给我感情,行吗?

苏秦想了想,说:这有点问题了。既然是婚姻,总不能一开始就行背叛之事啊。

他没有接受,以给女人买了份什么保险将此事了结了。

4

当年苏秦与李小冬的婚姻终结,虽说没有出现什么"非离不可的理由",但也不是一点外界的诱惑也没有。苏秦办公室里有一个女同事,叫陈娟,是北京一所高校新分配来的应届毕业生,家在犁城。陈娟属于那种青春性感的姑娘,性格中又带有斯文,人虽谈不上多么出众,但还是令人舒服的那种,有着耐看的面貌和修长的身材。这个陈娟一来就看上了苏秦的仪表和才华,很主动地接近他。据几年后的她说,那个时候,她是已经有与苏秦搞婚外恋的心理准备的。有一回,苏秦因为赶一份材料,下班晚了,陈娟便替他在机关食堂里买了饭。苏秦有些不自在,说:我不能在外面吃饭啊,李小冬会不舒服的。陈娟委屈得眼睛一下就湿了,说:不就是一份盒饭吗?犯得着扯出你老婆?

这件事让苏秦感到很羞愧,他想婚姻真他妈的不是个好鸟,就这点事心里都还有障碍。很长时间过去后,苏秦把这件事对已经是前妻的李小冬说了,他说:这大概不能算是越轨吧?女人说是啊,婚姻。我这辈子反正是把这件事做过了。女人又说,苏秦,看来我们在婚姻期间并没有什么让对方很伤心的事情。我嫁给你是处女,这你总还是记得的。苏秦说:我当然记得。李小冬说:可你在这之前就有了不轨行为。李小冬又翻出"避孕套事件"。苏秦伸了个懒腰,说:这都过去几年了,你怎么还惦着这宗冤案?李小冬说:狗屁,什么冤案,我的直觉一点也不会错的。苏秦说:好了好了,我们不是都离了吗?

有人问苏秦,你和李小冬是那样的般配,怎么两人说离也就离了呢?

苏秦说:我们般配,但不合适。

那人很不理解：你可是很在乎她的啊。

苏秦说：婚姻不是选劳模，两个优秀的人在一起未必就得到一份同样优秀的生活。倒是两个合适的人在一起，可能会有一份合适的日子。

问话的人就是陈娟。再见苏秦时，时间已不经意地过去了八年，陈娟已经是北京一家大公司的什么部门经理了。他们是偶然遇见的。那个暮春的晚上苏秦去长安大戏院听李世济的《锁麟囊》，散场的时候，忽然听见身后有人喊他。开始以为是听错了，结果喊声越来越近，一回头，就看见一个高挑个的、穿着豆沙色夹风衣和高帮羊皮靴的丰腴女子在远远地对他笑，再一看，竟然是陈娟。

怎么是你啊！苏秦感到意外，也感到高兴，没想到会在这里遇见过去的同事。

我是不是变得很厉害啊？陈娟一上来就这么问。

苏秦说：你变得漂亮了啊。

陈娟说：看你这人，连讨好女人都这么拙劣，怎么张嘴就说瞎话？

苏秦认真地说：是啊，你真的变得漂亮了呢。

陈娟情绪很好。女人大都这样，即使经过了什么仪器鉴定，男人夸她的话是假的，她也一样爱听。陈娟还是抓住这个题目做文章：你这意思是说，以前的我一点也不漂亮了？

苏秦说：那也不是。不过说实话，那时我可真没敢好意思多看你。

陈娟笑了笑，说：是因为李小冬吗？

苏秦说：可能吧。我们办掉了，知道吗？

陈娟说：倒是听说过的。她现在怎么样？

苏秦说：虽说是单身，但过得很好啊，新买了房子，装修图纸还是我帮她画的。

陈娟说：你们还是藕断丝连啊。

苏秦解释说：不不，离婚就是离婚。倒是现在见面比以前客气多了。

陈娟似乎有点困惑：那是为什么呢？一分开反倒好了？

苏秦说：大概是一个角色的问题吧。

陈娟说：这话听起来还很深刻。你呢，还是一个人？

苏秦说：我当然是一个人了。

陈娟笑道：什么叫当然啊？

苏秦说：我总觉得，如果是再婚，女人应该先行一步。

陈娟说：你这还是放不下她呢。你们能再合到一块吗？

苏秦说：你是说复婚？这好像不太可能。

陈娟说：为什么？

苏秦说：过得好过不好那已经是领教过的呀。

两人说着就来到了停车场，陈娟这才问苏秦：你晚上还有别的安排吗？

苏秦说没有。

陈娟说：那你等我一会儿，我去开车。我们去三里屯找家酒吧坐坐。

苏秦点点头，心里也暗自吃惊，想陈娟这个女人还真的不简单，三十来岁的年纪，居然神不知鬼不觉地杀回北京发展起来了。一会儿，陈娟从地下车库把车开来了，是一辆刚上市的白色小赛欧。苏秦觉得这个女人就像这辆新款的小车，不算华丽，但很实在。

于是两人就到了三里屯，进了一家叫做"子夜"的酒吧。那时候酒吧的生意刚刚上来，都是些出双入对的男女。苏秦想，这些人中间必定是没有一对夫妻的，他发现自己的心理或许有点问题了，自己不结婚，仿佛天下的婚姻都是那么不幸。他把这个心理坦率地告诉了陈娟。后者说：其实就是这样啊，否则酒吧的生意怎会这么火呢？陈娟的另一个例证是，她说最近一段时间她经常上网聊天，发现只要是类似"三十以后才明白"、"中年难过美人关"、"四十情怀"这样的聊天室，几乎每时每刻都是"客满"，可见人到这个阶段，心是多么的浮动。

他们要了两杯扎啤和一份爆米花，开始了交谈。这时苏秦才知道，这个陈娟刚离婚不久，离婚的原因很通俗，男方首先有了外遇，被她捉奸在床。

我当时一看，什么也没说，还把他们的房门带上了。陈娟说：然后我就开始打点自己的东西了。我连那个女人的脸都还没看清呢。那女人一溜走，他就对我下跪，我这才火了，我说你犯得着这样吗？敢作敢当嘛！要是那个向你脱裤子的女人看见你现在这么跪在我面前，她会很伤心的。这样一说，他又站起来了。

苏秦身体往后一靠，说：想不到你做事也很漂亮呢。

陈娟打了个手势，喝了一口酒。

苏秦感到这一刻女人一定是心情特别好。

5

那个晚上后来发生的事多少令苏秦有点准备不足。他们各自喝了两扎啤酒,结果陈娟还是执意要开车送苏秦回去。苏秦说:这么晚了,我还是打的吧。陈娟说那何必呢,我这也就是一脚油门的事啊。是你那里不方便吧?

女人这么激将一下,男人也就不推辞了。他们插上三环线,往南行没多一会儿,就到了方庄,到了男人的屋子。这是一套崭新的两室两厅的房子,装修也很雅致,但却是租用的,每月的租金为人民币两千五百元。所以陈娟一进门就说:你还不如按揭买一套房呢,首付完了,月供也就三五千块。

苏秦说:我也这么想过的,可总下不了决心。

陈娟说:这有什么下不了决心的呢?

苏秦说:主要是还没有非买不可的理由吧。说实话,我不喜欢北京的空气,只是觉得北京的钱比外地好赚一些。再说,要是在外地遇见一个女人怎么办?我是说那种适合做老婆的女人。

陈娟就笑了,说:你心里还是想着要结婚的啊。

苏秦说:话当然也不能说死啊,毕竟我还不能算老嘛。

苏秦说:有时候想想,婚姻也有婚姻的好处。譬如说人生病了,身边能有个人倒个茶递个水什么的,那还是好。

陈娟说:要是这样,那雇一个保姆不就结了?说到底,你还是耐不住寂寞。

苏秦就笑了,说:陈娟,作为男人,我虽然算不上那种风云人物,但也还是有点魅力的吧?我难道找不到一个女人作伴?

陈娟说:你这个人我大致是知道的,你骨子里还属于古典情种,像那种一夜风流的事你不会干。却又见谁爱谁,对谁都真诚。

苏秦说:很对,我和李小冬离婚这八年,就是这么过来的。我不会主动去追逐女人,但是真的遇上了相互顺眼的,我也不轻易错过。人与人的相遇与错过往往都是瞬间发生的事。

同意。陈娟说：这话我太同意了。我还想问你，你对女人的要求，是不是就是一个"顺眼"？

　　苏秦说：那当然不是。从前我对女人的要求是八个字——通情达理、秀外惠中。现在觉得这个标准好像是旧社会的，不现实，都什么年头了？还这么古色古香。就作了修改，多加了四个字——看着顺眼，聊着开心，睡着舒服。

　　陈娟一下笑了起来，把嘴里的茶水都喷到了沙发上。陈娟弯着腰说：同意，同意！

　　苏秦说：现在啊，男女的事既简单又不简单。简单嘛，是说上床也就上床；不简单嘛，是说下床就下床。

　　陈娟继续在笑：你这话虽然有点粗，不过很准确啊。

　　苏秦说：我这可是经过调查的啊。我问了不少男人女人，大都是这样。你看，这是不是有点人心不古、世风日下啊？

　　陈娟说：也有个怎么看的问题吧？毕竟现在的人活自在了。

　　话说到这里，苏秦便站起来活动了一下身体，说：那是，对社会或许是不安定的因素，但对个人却是自由。

　　陈娟见苏秦站起来，就说：哎，你这是在下逐客令吗？

　　苏秦点上香烟，笑了笑，说：哪里的话。咱们能见一面可真不容易。要是不想走，留下就是了。

　　陈娟开始还是在笑，说：这是什么话？你就不能说，是你不想让我走吗？

　　苏秦立即改口：对对，我希望你今夜别走。

　　陈娟说：我可没有别的女人那么顺眼啊。

　　苏秦就坐到了陈娟边上，说：其实，多年前我第一次见到你时，就觉得你特别顺眼。要是那会子我没有和李小冬结婚，也许就找你了。这是真话。

　　男人的气息逼近过来，女人突然就觉得有点紧张，也有点激动。实际上女人选择这么晚送男人回来，就已经有了心理上的各种准备。不过现在事情真的来了，她还是有点不自在。女人保持着原来的姿势，像在等待男人进一步的要求。于是男人走过来，凑近她的耳边低声说：先洗澡好吗？

这个晚上他们过得很好。

陈娟的确是那种耐看的女人，身材五官都过得去，如果是在校园里或者在机关里，她算得上引人注目的女人。但在社交场上，她并不抢眼。这一年，陈娟三十岁，有着少妇那种特有的风韵。当她洗完澡之后，苏秦才看到，这个女人被时装裹住的肌肤，实在比露在外面的要白皙许多。他熟练地抚摸着女人，感到怀中的这个身体一点也不陌生。他甚至想，自己可能已经在某一次梦境中，曾经拥有过这个身体。然后他们就做爱了，彼此的感觉都不错。事情完了，陈娟问：我是老几啊？

苏秦愣了一下：什么老几？

陈娟说：我是你第几个女人？

苏秦侧过身去拿烟，说：这个问题我不予回答。

陈娟就笑了，说：我们都这样了，你还有什么不好意思的？那你再回答一个问题：与那些女人相比，我怎么样？

苏秦说：你这个人，坐在沙发上没有什么问题，怎么一到床上老有问题？

陈娟撒娇地说：你肯定是认为我不好。就是！

苏秦搂着女人说：你没见我出了那么多的汗吗？

陈娟说：这是第一次嘛，有新鲜感，可能往后你就不出汗了呢。

苏秦说：那咱们走着瞧。

这个晚上他们就这样折腾了一个通宵，说着说着，又堆到了一块。直到窗外的天现出曙色，陈娟才说：苏秦，没想到你老先生床上功夫一流啊。

第二天他们睡到下午三点才懒洋洋地起床。陈娟去梳洗的时候，苏秦已经在做饭了。他用微波炉热了牛奶和火腿肠，凉拌了一个西红柿，再煎了单面的鸡蛋。他把这些摆好，再各自倒了一杯果汁。

陈娟穿着苏秦的衬衣，把屁股整个包起来了，感觉下面就没有穿什么。她把洗过的头发用干毛巾裹上，懒散地坐到苏秦面前。看着眼前这一切，女人感到由衷地高兴。女人说：苏秦，这是我近期过得最好的周末。

苏秦说：我也是。我觉得我们还真是做到了那个十二字方针。

陈娟说：你该不会在暗示着要娶我吧？

苏秦说：虽说没有这么想，不过，我看理想的婚姻也不过如此吧。

陈娟说：可是这样生活久了，也会彼此厌倦的——你说呢？

苏秦说：可能吧，婚姻总是让人紧张。

说到这里，陈娟的手机响了，可是她非但没有接，还把手机给关掉了。

苏秦说：你接就是，我不会有什么看法的。

陈娟说：也就是一个熟悉的客户，对我有点那意思，一直就是这么电话缠着。

苏秦说：那也难怪，像你这样的女人，肯定不是我一个人喜欢的。

陈娟说：苏秦，假如我只想你喜欢，你能做得到只喜欢我一个吗？

苏秦说：你们女人一爱起来就喜欢提这么绝对的问题，其实谁都明白，没有人一辈子只爱一个人，神也做不到的。

陈娟停顿了一下，说：也对。我想这大概就是你不打算再有婚姻的最大的理由吧。你现在这么自由，可以随便跟任何女人好。可人是会老的啊，你老了以后怎么办？

苏秦说：这没什么不好办的吧？即使是最好的夫妻，那也不是同一天死啊。

陈娟说：你这是抬杠。

苏秦摇摇头，说：怎么人们一谈婚姻就那么实用呢？

陈娟喝了口牛奶，说：不过听你这么一说，我觉得我好像也不再需要婚姻了。

苏秦连忙打断：别，这只是我的考虑。你是你。你是女人。

陈娟便站了起来：女人怎么了？从前女人要婚姻是指着男人养她，所谓的"嫁汉嫁汉，穿衣吃饭"。或者说想生一个孩子。这两方面我现在都不需要。我只要这辈子过得充实。

苏秦想了片刻，提出了建议：既然这样，那我们不妨先这么相处下去。你看呢？

陈娟接受苏秦这个建议，前提是也需要苏秦对她有一个承诺，她说：你不能从这张床爬到另一张床，我不能接受你带着别的女人身体上的气味回到我边上。你能做到吗？

苏秦说：你不就是要求有一个相对的稳定与专一吗？这没问题，这也是我的风格。我与异性交往，都是一段段的。

陈娟没有再说什么。

这之后他们就每逢周末住到了一块儿。苏秦不愿意去陈娟那里，总是借口"我没有车"。其实他多少有点介意陈娟过去的生活，虽然女人并没有说什么，他也什么不打听，但他还是觉得自己不愿意睡到那张床上。陈娟大概也看出了男人的心思，也不点破。两人就这样相处着，春天很快就过去了，夏天开始了。有一个周末，天下大雨，陈娟也还是来了，感到人很疲惫。于是苏秦就说：你干脆住过来得了，免得跑来跑去的。陈娟想了想，答应了，当晚就把自己的一些衣服、鞋子以及生活日用品，一箱子提到了苏秦这里。她把箱子放下的时候，不由得叹了一口气。这令苏秦有点困惑，便问：你怎么了？

陈娟瘫在沙发上，说：我好像成你老婆了。

苏秦纠正道：那不是，你要是觉得别扭，可以随时离开的，我们之间不需要履行什么法律手续。

陈娟问：就图这点方便？

苏秦反问：这还不够吗？这不是方便，是自由。

陈娟点点头，与苏秦一起把带来的衣服放进一个腾空的柜子里。这个柜子里已经放上了一些樟脑丸。陈娟对男人的细心感到满意，她的情绪也因此得到了好转。

通常的情况下，每个周末苏秦与陈娟的做爱，要有两回。而这次他们只有了一次，完事之后，两个人洗好澡，穿上新买的丝绸睡衣，坐到了阳台上。苏秦这个小区内景色很好，很安静，阳台面对着一个小广场。在北京，还真不容易找到这样安静的环境。

这个晚上他们交谈的中心，是今后的相处。

陈娟说：我们这是情人关系？还是同居关系？

苏秦说：两者都有吧，当然你也可以认为我们这是在试婚。

陈娟说：苏秦，你如实对我说，你是真的不想要婚姻吗？

苏秦说：事情都不是绝对的，要是非常合适，彼此都离不开，那为什么不可以要婚姻呢？

陈娟又是点点头，那意思是我们都努力吧，也许我们就成就了一宗好姻缘呢。

6

如果与现在的婚姻比较起来，这两个人在一起的生活显然要轻松许多。他们不需要为很多琐碎的事情操劳，不需要在经济上互相制约，也不需要那么敏感，各自的私人空间都很大。有轻松便有愉快，他们彼此不打听对方在白天里都干了些什么，他们只对晚上负责。爱情中的女人总是美丽的。那些天，陈娟到公司去上班，同事都觉得她变得特别的滋润。于是就有个叫顾菲菲的女同事问她：陈娟，你是不是和哪个网友见面了？

陈娟说：我才不干那种蠢事呢。

顾菲菲说：这怎么叫蠢事？我都见过几回了，很刺激的。

陈娟说：网上那些家伙都是虚虚乎乎的，就是传给你照片，那也和真人是两码事啊。

顾菲菲说：但网上也有网上的好处啊。两个人不认识，八竿子打不到边，于是就可以胡说八道，甚至还可以在网上做爱。

陈娟很惊讶：网上还能这样？

顾菲菲说：怎么不能？性幻想对人类永远是有魅力的啊。等那两个人一见面，等于把各自的心理都揣摩透了，要是彼此感觉好，也就那样了。

陈娟说：我可从来没有想过从网上抓一个回来的。

顾菲菲说：你别瞒，这种事见怪不怪。你和那个人一定过得很好，要不你哪有这么好的气色？

陈娟说：这还能从脸上看出来？

顾菲菲说：当然，气色明显地好了啊。连斑点都浅了呢。

陈娟心里很甜蜜地说：那倒是的，不过那个人真的不是什么网友，是我过去就认识的，正好他也在北京扎下了。

顾菲菲便用羡慕的眼神看着陈娟：这可是缘分啊。咱们这样的年纪，如果还有个好男人爱自己，那是一种福气。

其实这个顾菲菲比陈娟还小两岁，却已经是一个三岁孩子的母亲了。而且最不可思议的是，顾菲菲的这个孩子没有来路。顾菲菲是个看上去气质高雅、有点傲慢的女人，曾经在美国西雅图当访问学者，说一口流利的英语，还能说几句简单的德语。她能这么说，让陈娟心里有了很大的满足。顾菲菲不像那些人一出去就不想回来，相反，她是提前回来的。据说，她为的就是自己的这个孩子。关于这个孩子，公司里曾经有私下的议论，不过顾菲菲充耳不闻，相反，有时候还叫保姆把孩子带到公司来玩。那真是一个漂亮的小男孩，大家喊他杰克，但他绝对是中国种与中国土地的产物，无须怀疑这点。今天，顾菲菲把儿子又带来了，准备带他去过生日。顾菲菲只邀请了陈娟一个人。

他们去了长安街上新开的一家西餐馆。生意并不红火，环境却很幽雅。陈娟送给杰克一辆遥控的跑车作为生日礼物，于是这孩子没怎么吃，就和小保姆去一边玩这辆车了。顾菲菲索性让保姆先带孩子回家，她想和陈娟单独叙叙。两个女人换上了红酒。

陈娟有些感慨地说：菲菲，杰克真是你最大的安慰了。

顾菲菲说：那是。其实我当时意识到自己怀上他时，我就对今后的事情考虑好了。

陈娟问：考虑什么？

顾菲菲说：一个女人不能有后顾之忧，要不，在现实生活里会有压力的。

陈娟觉得这句话正好说反了。在她看来，女人有了孩子才是真正的后顾之忧，才是现实生活中最大的压力。她想自己当初要是和前夫有了孩子，那么兴许就迈不开离婚这一步了。

陈娟试探着问道：那你不认为一个人带着杰克有压力吗？

顾菲菲说：不，正如你说的，这孩子是我最大的安慰，也是我的一切。你大概不明白我为什么要这么做吧？我可以告诉你。杰克生在美国，按美国的法律，他就是货真价实的美国公民了，等将来我老了，他也就大了，我就和他再回到美国去安度晚年。

陈娟一下就明白了顾菲菲的用意，这个女人连"安度晚年"都想好了。她觉得与这个女人相比，自己简直就是稚嫩得可笑。

顾菲菲接着说：你看，一个女人该实现的目标我都实现了，我做了母亲，也有能力对我的儿子承担责任。

陈娟小心地问：他爸爸难道就此不管了？

顾菲菲说：这不怪他，我们当初是有协议的。按照抚养到他十八岁计算，他一次性支付了杰克的抚养费。这笔钱数目不算大，我暂时也没用，还存在美国的银行里。

陈娟继续说：那他就不想看孩子吗？

顾菲菲说：协议上规定，十岁之前他不能探视。

陈娟说：还有这么判的？

顾菲菲说：我们没有上法院，毕竟杰克是非婚生子女。我们是自己制订的协议。干吗什么事都要闹上法院呢？

陈娟用很敬佩的目光看着泰然自若的顾菲菲。

这天晚上完事后，陈娟突然说：苏秦，我想和你生孩子呢。

苏秦着实吓了一跳，说：你可别吓我。这年头男女之间收获什么都好，就是别收获一个孩子。

陈娟说：我是真有了这个念头。我不是随便说说的。

苏秦便坐了起来，从床头柜上拿过香烟，说：陈娟，咱们别孩子气。我和你在一起，最大的顾虑就是怕你怀孕。

陈娟也坐了起来，说：要是我愿意呢？

苏秦说：这是两个人的事情，当然要两个人商量着办。

陈娟说：我没有让你负责任的意思。我公司里有个顾菲菲，比我还小两岁，是从美国回来的，什么也没带，就带回了一个孩子，除了她，谁也不知道那孩子的爹是谁。

苏秦说：那孩子是美国户口。我们要孩子，没有合法的婚姻，这孩子就是"黑孩子"，将来会连累他一生的。

陈娟说：户口有什么难办的？花钱就是了。北京不能办，我就回犁城办好了。我既然敢生，就会对他负责一生。

苏秦看看陈娟，微笑道：你这个人还真一根筋呢。

见陈娟不接话，苏秦又说：哎，这事咱们也就是这么一说，别当真啊。

陈娟说：我不是随便说的。

苏秦不响了，靠在床上把烟吸完。男人重新躺下时，看见女人的眼睛略有反光。

7

可能是因为想要一个合法的孩子的缘故，在这年八月的一天，陈娟正式向苏秦提出了结婚的要求。这个时候，他们已经同居了近三个月，相处还是很好。对女人的这个要求，男人还是有些意外。他问：我想知道，如果我说不同意，你是不是马上就从这里撤走？

女人说：那也不是，只是我有点想和你结婚罢了。

女人这样的回答让男人感到满意。而且，打动了男人，他说：好，我们结婚。

这样，他们选择了一个很好的日子乘火车双双回到了户口所在地的犁城，准备办理结婚手续。事先陈娟没有对家里讲此行回来的目的，她想等到晚上苏秦上门之后，再当面把事情摆开。她想父母应该对苏秦是满意的，他们是过去的同事，而且这个女婿长得很精神，也有点品位，还有点钱，父母不该有什么看法的。下了火车，陈娟径直回家，苏秦住进了酒店。他们约好晚上见面。出租车把苏秦带到犁城大酒店时，门童就殷勤地上来替他开了车门。

门童鞠躬说：欢迎先生光临。

苏秦心里好像被什么东西碰了一下。他想自己在这个不发达的城市里前后生活了十八年，现在却突然成了客人。难道这个城市真的与他一点关系都没有了？这个瞬间，他自然想起了前妻李小冬。事实上，昨天晚上在软卧包厢里，看着窗外忽暗忽明的灯光从眼前掠过，男人的心便如同汪洋中的一叶扁舟，颠簸起伏着。他不是怎么怀念李小冬，而是觉得自己这样先行一步地再婚，感觉不是太好。对面的陈娟已经睡着了，苏秦又出来抽了支烟。他看着窗外，旷野里慢慢白了起来。

苏秦躺在酒店的床上，感到很疲惫。匆匆冲了个澡，就上床睡了。醒来一看，已是下午三点。他连忙起来收拾了一下，然后便上街为晚上去陈娟家做些准备。苏秦还是戴着墨镜，他很不希望在街上突然遇见一个熟人。既然这个城市已经把他当做客人了，他又何必拿它当家呢？

他在百货大楼买了两瓶茅台酒和几盒老年的滋补品，觉得还需要去花店买一束鲜花。毕竟这还是一件很隆重的喜事。在火车上，他与陈娟还商量，这回能否不按习俗把事情办了？陈娟没有说不，但又说其实女人穿婚纱的时候是最美的。苏秦说，我不是怕花钱，是嫌麻烦，我们可以去新马泰走一遭。陈娟就没有坚持，她知道男人的心事，不想惊动犁城的熟人，尤其是那个叫李小冬的女人。

仿佛就有这种感应。当苏秦走上人行天桥时，一眼就看见了在桥的中间张开着一把酒红色的伞，而伞下的那个女人就是前妻李小冬。他还在犹豫中，女人先开口了：是你啊？

男人说：这么巧……

与几年前相比，李小冬明显地老练多了，但她的模样却比实际年龄显小，保养得很不错。两人见面，感到意外的好像是男人。

女人说：你怎么又转回来了？

男人说：怎么叫又转回来了呢？我想回来就回来啊。

女人说：看样子在北京混得还不错啊。

男人说：还行吧，衣食无忧，也没有什么发展。

女人说：从气色上看，你过得还好啊。结婚了？

男人迟疑了一下，说：没呢。

女人说：我怎么觉得你已经结婚了呢？看你这一身鲜鲜光光的。

男人说：是你自己结婚了吧？

女人抬眼说：你觉得我还会吗？

说话间，李小冬的手机响了，听语气好像有什么急事。她打完电话，问苏秦：你这次回来能待几天？

苏秦说：看吧，事情办完了就回去。

李小冬说：那这样吧。改天我请你吃顿饭。手机号码没变吧？

苏秦说：没呢。变了我也会通知你的。

李小冬笑了笑：哦，没想到我这个前妻在你心里还有点地位啊。那好，再联系吧。

说着，两人并肩走下了天桥。女人就在街边拦了一辆出租，很快离去了。

人虽然离去，但女人刚才的笑容却还在男人的眼前没有散。在男人眼里，这笑容有些灿烂。真是难得一笑啊，苏秦想，在他们以前的夫妻生活里，男人就几乎没见过这个女人的笑脸。这还是一个美丽的女人，却是那种腐败的美丽。

苏秦在街上转悠着，越发觉得这个城市还是改变了不少，竖起了几幢高楼，街上的梧桐树也换成了樟树，散发着一点淡雅的香气。但这个城市与他已经失去了联系，唯一让他还有点牵挂的，就是这个叫李小冬的女人。

回酒店的路上，苏秦才想起来把买花的事忘了个干净。

那时候陈娟已经在酒店门口等他了，望着昏暗的天色，女人显得有些急躁。她说：你怎么到现在才回来啊，不就是去商店吗？

苏秦随口答了句：在街上遇见了一个熟人。

陈娟说：你快去上面洗洗吧，看你这一身一脸的汗。

苏秦没说什么，把手中刚买的东西交给了陈娟，自己走进了电梯。电梯里只有他一个人，镜面不锈钢反射出他的样子，他感到那个人一点也不像自己，怎么看都别扭。为什么不把实情告诉陈娟呢？为什么要回避李小冬这个名字？为什么登门拜访陈娟父母的计划在邂逅李小冬后便变得毫无激情了？他在质问自己。而且他刚才的回答是脱口而出，不假思索。这个感觉不好。

陈娟在下面等了一会儿，见苏秦还没出来，就到总台往他的房间挂了个电话。陈娟说：喂，你在磨蹭什么呢？

苏秦在电话里又一次出现了迟疑，他说：陈娟，你上来，我有话对你说。

这话一说，陈娟就觉得不对劲了。她连忙赶上去，一见苏秦还是原来的衣着，像个醉汉似的倒在床上，女人心里就来了火，说：我上来了，你有话就说吧。

苏秦慢慢欠起身，先去卫生间解了小便，然后边系裤子边对陈娟说：我刚才在街上见到的那个人，你不想知道是谁吗？

陈娟也是脱口而出：是李小冬。

苏秦默默点了点头。

陈娟这才急了，说：难怪啊，每回对你提结婚就像杀你似的，原来你还是忘不掉你的前妻。那你为什么不和她去复婚呢？为什么？

陈娟这么说着，眼泪也禁不住地流了下来。

苏秦说：为什么？我也不知道为什么。我只是觉得……

你觉得什么？说呀？

你冷静点好不好？

你让我怎么冷静？

我只是觉得，我不想先走一步。就这样。

苏秦的嗓门也随之高了。男人这么一激动，女人反倒安静了许多。在停顿了片刻之后，陈娟才说：要是李小冬一辈子不想结婚呢？你是不是也就一辈子也不结？

苏秦说：我说的只是我的感受。我不是已经把介绍信从原单位开出来了吗？

陈娟用手背将眼泪抹了，说：苏秦，我并没有怪你什么，但我是一个有尊严的女人，还不至于要赖着一个男人非娶自己不可！

苏秦说：你越说越不像话了！假如我们是夫妻，那么像这个样子又能过几天？

苏秦还想说下去，但陈娟已经扔下礼品，转身出门了。

当天晚上，苏秦还是带着酒和礼品去了陈娟的家。意外的是，陈娟已经搭晚班的飞机离开了犁城。她母亲说，女儿是接到公司的一个电话，说有个急事才临时决定赶回去的。女儿还让父母转告，如果有一个姓苏的先生来访，就这么说。苏秦明白陈娟是故意避开的。看来陈娟事先还真没有和父母把结婚的事情说开，这让苏秦轻松了很多。这个晚上苏秦是在没有压力却感到沉重的气氛中度过的。陈娟的父亲是一个退休的文化馆干部，爱好京剧，是老生行里的一个不错的票友。在后来闲聊之中还涉及到了京剧，这老人便拿苏秦当了难得一遇的知音，一发不可收地从谭鑫培、余叔岩谈到了当下的耿其昌、于魁智。苏秦也很配合，老人如果在某个段子上忘了词，他还提个醒。不过他觉得别扭的是，自己今晚本来是以女婿的身份出现在这个场合的，现在却莫名其妙地成了一个"姓苏的"。

8

陈娟自离开后就没有主动给苏秦来电话。苏秦打过去，那边就传来一个软绵绵的声音"您所拨打的电话没有开机"。苏秦知道女人还在气头上,心里理解但不舒服。陈娟有这样大的脾气,在他的印象中似乎从来没有过。看来女人一旦换了角色,什么也都跟着变了。苏秦内心这么感叹着。他不想再反复给陈娟打电话了,觉得这样做实在很无聊。毕竟还不是夫妻啊,他想,幸亏还不是。他同时也为这个感叹而惊讶。

他想自己应该在犁城多住些日子,不能这么由着陈娟。那几天苏秦就整天在酒店住着,胡乱看电视,要不就去网上与人打麻将。那些人玩不过他,只要他一自摸,总有人"异常离开",然后又得重新搭伙。那一刻男人就想,看来什么事还真得有一个相对的稳定才是,这样聚聚散散的,也好没劲。

几天后的一个下午,李小冬的电话来了,说已经在一个叫"塞纳河畔"的饭店预订了座位,晚上请他吃饭。苏秦爽快地答应了。他提前一刻钟到了那里,结果一进门就看见了李小冬的身影。他们的座位是在一个比较僻静的角落里,暗淡的灯光看上去和谐而幽雅。

李小冬开门见山地说:你这次回来,是办一件要紧的事吧?

苏秦想了想,说:是啊,我本来是想回来打结婚证的。

李小冬有点意外,说:那好啊,我得恭喜你了。能告诉我女方是谁吗?不会是我认识的吧?我们当初可是有过约定的啊。

苏秦便想起了那个约定:如果今后再婚,彼此都不找熟悉的人。这条是李小冬提出的,苏秦也表示了同意。不过,李小冬与陈娟应该算不上什么熟人。陈娟曾经去过苏秦家,拿一份什么材料。那天苏秦和朋友去郊外钓鱼了,李小冬接待了她。后来李小冬对苏秦说:你那个叫陈娟的同事,人看上去还是很舒服的。

苏秦说:其实这个人你见过,不过不能算是你的熟人。

李小冬兴趣盎然地问:谁?

苏秦说:陈娟。

李小冬一下就想起来了:你们办公室那个梳长辫的?

苏秦点点头。

李小冬说:她比我应该小不了几岁吧,还没嫁人?

苏秦说:不,她也是离异的,我们在北京遇上了。

李小冬说:哦,是这样啊,你们也算是有缘。北京那么大,你却能遇见一个过去的同事,而且她也是离异的单身。这种概率真的不是很高啊。

苏秦感到很纳闷,她觉得李小冬不应该做出这样的反应。他并不是希望自己这个前妻散发出醋意,但至少不会感到这么热情洋溢的。像李小冬这样的女人,对自己过去的男人往往就是这样的一种态度:这男人在法律上虽然已经与她没有关系了,但还是她园子里的一棵树,不用怎么管他,更用不着小心伺候,那树在她眼里也不是一片风景。那树可以自生自灭,但不能让人砍了去。李小冬现在怎么就不拿点从前的架子呢?

不过,李小冬说,我还是想给你一个忠告。

苏秦问:什么忠告?

李小冬说:做老婆的女人都差不多。

说完这句话,李小冬就去洗手间了。苏秦一个人纳闷地坐在那里,还是回味着女人刚才那句忠告。他的脑子里总觉得有一台老式的电唱机在唱着,而且歌声还相当的遥远。

9

苏秦回到北京是一周后的下午五点。列车到达北京站,其实就等于到了陈娟的公司——它们也就隔着一条不宽的马路。如果是以往,苏秦或许会在陈娟公司楼下的咖啡厅等她,和她一起坐会儿,说上几句话,然后开车一起回家。现在他却没有这样的情绪了。犁城这一趟的折腾,他自己也好懊恼。

于是他在出租车上用手机给陈娟发了一条信息:我回来了。我们需要谈谈。

陈娟在接到这条信息的时候,正和自己的一个新客户结束谈判。这个人叫高宗平,也是外地来北京扎摊的。高先生年纪与苏秦相仿,戴着眼镜,看上去很儒雅也很有风度。他与陈娟的谈判很顺利,本来是准备晚上邀请女人共进晚餐的,而且后者也爽快地答应了。然而,这当儿苏秦回来了,女人当然就不能无动于衷。她只好向高先生解释:真不好意思,我爱人刚出差回来了。

高宗平有点诧异,说:陈小姐,如果我没记错,你刚才说过,你是一个人啊。

陈娟硬着头皮说：我说的一个人，不是指独身，是说我暂时一个人在家。

高宗平从陈娟的表情上看出，女人的这番解释显得有点牵强，但也不好多问，也就作罢了。他和陈娟一起离开了公司，一起上了电梯，只有他们。这个时刻，陈娟便有点儿不自在，就无话找话地说：高先生，你的口音可一点也不像是外地人啊。

高宗平说：我在北京前后待了八年。要是八年还带外地口音，那我的智商可能就很有问题了。

陈娟说：你看，你待的时间前后加起来比你还长，口音却还这么杂交，说明我这个人很笨呢。

高宗平连忙解释说：陈小姐，我可不是这个意思啊！

这个男人脸还红了。很长时间过后，这种久违的男人的羞涩却让女人在一个很累的梦中惊醒了。

陈娟回来的时候，苏秦已经把菜做好了。尽管在犁城留下了不愉快，但这种回家的感觉，还是让女人很幸福。犁城发生的那一幕似乎淡忘了，他们显得很客气，称得上相敬如宾。

陈娟说：你才到家，何必这么忙呢？不如晚上出去随便吃点。

苏秦说：我也就是顺手做点，我还担心你不回来呢。

陈娟说：还真是这样，本来我已经答应一个客户了……可我还是觉得在家里吃饭好。

苏秦听着，女人每句话里都嵌着一个"家"。他被这种随意自然的表达打动了，于是在女人洗脸之际，男人从后面搂住了她的腰，伏在她肩上说：过几天，我们再回一趟犁城吧。

陈娟没有回答，但她心里很受感动。

苏秦接着说：我去你家，你父母与我谈得很好……特别是你父亲，同我谈了一晚上的京剧。

陈娟说：你对他们说了我们之间的关系吗？

苏秦说：没有呢。他们拿我当"姓苏的先生"，我就觉得你也没有对他们摊牌，所以就没作解释。

陈娟说：我本来是想……算了，还是先说点别的吧。

苏秦说：陈娟，你不要回避这个话题，不要以为我对你不认真。

陈娟回过头说：我从来就没有怀疑这点。你要是那号人，我们还能这么样吗？虽然我们不是夫妻，但这并不意味着我可以包容你的放纵。我说过，我什么都可以给你，唯独需要你给我的，就是我的尊严。

苏秦说：我想我是给你留着的。

他们的谈话暂告一段落。等吃好饭，陈娟便把围裙一系，忙着刷碗去了。苏秦走到晾台上吸完一支烟，一边哼着京剧《捉放曹》的段子。然后他又去卫生间把浴缸里的水放满。他本来是为陈娟放的，但陈娟说：你陪我洗吧。

于是两人就落到一个浴缸里，澡没洗，倒是匆忙做了爱。做爱就是这么有力量，刚才那种肃穆气氛仿佛是电视上播放的，现在怎么看都不是他们制造的，也一点不真实。

女人躺在男人怀里，手在玩水，很满足地说：我们一直像这样多好啊。

男人说：是的，其实我们是可以很好地处下去的。

女人问：永远都这样？

男人说：这不好想象了，只能说希望这样过下去。

女人问：假如我们结婚了，过不了多久感情就疲惫了，怎么办？

男人说：那也得往下过啊。这不就是婚姻吗？一张纸要求你遵守一辈子呢。

女人说：也许就像歌里唱的那样，"平平淡淡才是真"啊。

男人说：狗屁啊，为什么要平淡？人到七十古来稀，斩头去尾二十年。就这一辈子，大部分就这么"平淡"了去，那还叫什么日子？经营不好婚姻，也就是不配拥有婚姻。

女人点点头说：想想也好不实际啊。

男人说：是不实际，但也不必怎么修改，全世界都这样。

女人说：不过，真的过不下去，那还是可以离婚的，对吗？

男人说：我们不都已经离过吗？总不至于会有第二次吧？

女人说：那也未必。伊莉莎白·泰勒一生结了六次婚呢。

男人说：与其这么折腾，倒不如……

女人问：不如什么？你怎么说一半咽一半啊？

男人说：这个问题我想很久了。说出来可能有点荒谬。

女人说：怎么个荒谬，说来我听听。

男人说：我觉得婚姻也应该是多种形式的，最好实行合同制。

女人笑了起来，说：你该不会是在买卖人口吧？

男人说：我是说正经的。你看，合同制有什么不对呢？

女人说：婚姻本身就是一种契约关系，也就是合同关系，你这是多此一举啊。

男人说：这我懂啊。我是说，政府给的婚姻暗示着一种终身合同，尽管也允许离婚，但很多人因为这样的牵扯和那样的麻烦，就不愿意这么做了。于是就凑合着过了一生。而平淡的婚姻无非就是这样的三种前途——忍耐、欺骗、离异。

女人问：那你想的是怎样的合同制呢？

男人说：我的意思是，当事的双方制订一份属于自己的合同，是有期限的。

女人说：哦，你绕了这么大一个弯子，我总算明白了。你这是为自己找方便呢。和这个女人睡一年，再换个女人睡一年，这么一生下来，那可就大有收获了。

男人说：你别这么狭隘。我是认真在和你谈的。你看，我们在日常生活中，任何法律、规章，都是来自上面；下面的只是遵照执行。《婚姻法》也不例外。现在呢，我们订立自己的规矩，每一条每一款都是经过我们当事人充分讨论的。然后我们执行起来就不会有压力了。这是一。第二呢，规矩还可以根据变化进行修改增删。第三——这个最重要，我们以一年为限，如果相处得好，就续签；不好呢，那就终止了。反正我觉得有意思。

女人想了想，说：听起来很诱人，但感觉还是像个圈套。

男人说：我们都这样了，还需要下套吗？

10

合同书

甲方：苏秦，男，1961 年 3 月 2 日生

乙方：陈娟，女，1970 年 12 月 14 日生

甲乙双方经反复协商，就试行"合同制婚姻关系"，作如下协议：

1. 概念。本"合同制婚姻"，既不属于法定婚姻关系，也区别于普通同居关系。它具体解释为：在合同有效期内，双方按照现行《婚姻法》的标准，履行一切相关责任和义务。当合同期满、双方已决定不再续约时，相关责任与义务随之解除。

2. 称呼。在合同婚姻期间，双方对外称彼方为"爱人"。不得使用"妻子"、"丈夫"、"我太太"、"我先生"以及"我朋友"等敏感字眼。

3. 经济。家庭开支由双方均摊。双方在日常经济生活上严格实行"AA制"，各自拥有自行的经济支配权。除双方赠送对方的礼物外，各自财产归各自所有，如果解除婚约，不存在财产分割。

4. 理赔。在合同有效期内，如果一方违背条约精神，给另外一方造成伤害，应赔偿受害方人民币拾万元。

5. 生育。如果双方愿意生育子女，那么在婚约不再有效后，各自必须按现有的工资标准的三分之一支付子女抚养费，至年满十八岁为止。将来子女的相关费用，也由双方均摊。子女享有双方的财产继承权。

6. 升格。当双方都有意愿，将此合同婚姻升格为法定婚姻时，应履行法定相关一切手续。

7. 其他。未尽事宜，可根据条件变化，随时进行增删修订。

8. 本合同有效期为一年。合同期满，可续约，可终止。如果续约，双方须重新签订合同。如果在合同有效期间有一方提出终止，另外一方有权保留两个月的协商时间，最后决定是否续约还是终止。

9. 本合同一式两份，双方各执一份。自签署之日起生效。

10. 双方须严格遵守合同条款，以人格担保。

甲方：苏秦（签字）　　　乙方：陈娟（签字）

2001年5月9日

11

　　还是需要一个仪式。

　　合同签署的那天晚上，当事的双方来到了三元桥附近的一家饭店，要了一个幽静雅致的包厢。坐定之后，苏秦拿出了一枚钻戒交给陈娟。

　　陈娟很高兴，拿起戒指，说，你会选东西。我喜欢这个款式，简洁。不过，我应该戴在哪根指头上呢？

　　苏秦说：起码这一年里，你得戴在无名指上。

　　陈娟便把戒指当场戴上了，说：苏秦，谢谢你。

　　两人拿起红酒，喝了一杯交杯酒。这个瞬间，两人都很有感慨。那是一种很特别的情绪，喜忧参半，幸福中带有轻微的忧伤，陶醉中又透露出几分清醒。他们都明白自己在扮演怎样的角色。

　　苏秦今夜变得善饮，一瓶法国红酒，没多会儿就光了。他还想喝，但陈娟却制止了。陈娟说：你看你这个人，怎么就像个孩子似的？

　　苏秦说：我今天高兴啊。

　　苏秦有个很奇怪的生理现象，他平时不爱喝酒，也几乎不喝。可是一旦喝起来，就完全放开了。别人醉酒一般不是呕吐就是头疼，或者喜欢说胡话，喜欢乱来。而他不是这样，他喝高了，就特别伤感，会想起自己一生中那些容易悲伤的事情，然后眼泪就情不自禁地往下流。他的这种奇怪的反应总是让边上人不知所措，以为由于什么不慎而冒犯了这个人。此刻的陈娟就是这样，一看苏秦流泪了，陈娟便开始了自我检讨，想自己在刚才哪里出了差错，使男人变得这样了。可她实在想不出，刚才还喜笑颜开的，怎么突然就这样了？女人总是敏感的。女人一敏感，总在想一些敏感的问题。于是陈娟便想到了远在犁城的那个李小冬了。很多年前，当陈娟去苏秦家拿材料时，她面对女主人就有点莫名的紧张。李小冬并没有冷落她，相反对这个丈夫的同事很客气，可陈娟还是紧张，她自己也弄不明白这是为什么。好像她心里的秘密在李小冬面前泄露了。这次，又是因为李小冬不合时宜的出现，使他们即将到手的法定婚姻变成了现在的所谓"合同婚姻"。陈娟想，李小冬真是个厉害的女人啊。和苏秦离异这么多年了，影子却还在这个男人身上魂一样地潜伏着。

陈娟说：苏秦，你别这样好不好？你要是觉得，这一纸合同还是束缚了你，那么我们就把它提前终止好了。

说着，陈娟也流泪了。

苏秦说：陈娟，你想错了。我是这个合同的主要策划人和当事人之一，我怎么能这么快就后悔呢？这不成儿戏了吗？那我还叫人吗？我这是高兴啊，一高兴就……

苏秦话没说完，就起身去洗手间了。男人在洗手间解好小便，又用凉水洗了把脸，他对着镜子看了看自己，有点不喜欢镜子里的这个男人。

从洗手间出来，苏秦便遇上了一个久违的朋友。这个人是个记者，苏秦拼命写东西的那几年，他们常在一起聚，感受那种所谓的沙龙气息。那人喊了苏秦，说你这家伙真是神龙见首不见尾啊，听说你在北京混几年了，怎么也没个信儿？

苏秦说：我给你打过电话，你的手机号码作废了。

那记者说：那是的是的，都是女人闹的。一好上就非缠住你不可，受不了这个。这不，又换了，我给你写上……

记者一边在名片上写手机号码，一边说：还是你小子潇洒，一个人，爱怎么着就怎么着。我每次和朋友谈起你，都他妈的羡慕，说你是"钻石王老五"。还是单身好，哪像我们……

苏秦随口答了句：其实也简单，过不好就离了呗。

记者说：哪有这么轻松啊？你没见人大讨论《婚姻法》那个难劲儿吗？就是感情实在不和的离婚，那也得先分居多少时候……

两人正说着，陈娟过来了。她是担心苏秦真的喝醉了，怕出事。女人的突然出现，让这个记者有点意外。他用一种很暧昧的眼神看着苏秦，那意思是：这又是你的吧？

苏秦倒一下从容了，把陈娟叫到身边，先介绍了记者，然后说：这是陈娟，我爱人。

记者一下就有点不知所措了，说：哦，哦……苏秦，这么大的事，你怎么也不对哥们儿招呼一声啊？

苏秦说：你这不都知道了？

陈娟也笑容可掬地说：改日去我们家玩吧。

回去的路上，陈娟对苏秦说：你回头得跟那个记者打个招呼。

苏秦说：为什么？

陈娟说：叫他别到处乱说咱俩的事。

苏秦说：他爱说就让他说好了。咱这也不是什么见不得人的。你在乎什么？

陈娟没有再说，她心里很甜蜜。

12

那个叫高宗平的客户又来了。这回，他一来就提出了请陈娟吃饭的事。高宗平说：陈小姐，我真的是很想单独与你聊聊的。

陈娟说：有什么话这儿不能聊吗？

高宗平说：这里毕竟是写字间，你就这么不给我面子？

陈娟说：那也不是。我是不习惯。真的，我一般不在外面用餐的。再说，我那位自己也不会做饭。

高宗平自然明白陈娟的这种暗示，但不局促，就说：你真的成家了？

陈娟想了想，说：就算是吧。

高宗平这才有些困惑：什么叫"就算是"？

陈娟说：你怎么理解都行啊。

晚上，两个人洗好澡。苏秦靠在床上看杂志，陈娟坐在边上叠衣服。

陈娟把高宗平请吃饭的事告诉苏秦，后者说：其实你就去好了，也没什么了不得的。咱们这样做，不就是图个轻松吗？

陈娟说：你就不怕我喜欢上那人啊？

苏秦把杂志往床头柜上一扔，说：这可是有合同的，得讲信誉，我还怕什么呢？大不了……

陈娟说：大不了什么？你把话说完啊？

苏秦笑着伸了个懒腰说：大不了合同期满，你提出不再续约就是了。

陈娟说：为什么就是我提啊？你是不是就盼着期满啊？

苏秦说：你这刁钻的女人，自己的事说着说着就绕到我头上了。

陈娟说：苏秦，真的，要是咱们这样生活了一年，我离不开你怎么办？

苏秦说：那就往下续啊，续到你烦的那一天为止。

陈娟说：要是你不愿意呢？

苏秦说：你别给我唠叨这个，合同上都有，自己琢磨去。

陈娟说：我要你正面回答。

苏秦坐起来，点了根烟说：其实啊，这不是一个问题，假如你觉得我的心思不在你身上了，你还这么死守着，值吗？你会比我走得还快呢。

陈娟心里放松了点，说：倒也是，我不会那么傻的。

苏秦说：是啊，你要是傻，我会觉得真是在给你下套呢。

陈娟说：还真不知道是谁套谁呢。

苏秦看着陈娟，这个瞬间他觉得眼前的女人特别迷人，自信中带着一点不容易觉察的羞涩。于是苏秦就说：你这话怎么听起来有点黄啊？

女人一下明白过来，把手里的衣服一扔，再把男人按倒在床，骑到男人身上。女人笑着说：你这流氓！

13

秋天的时候，有一天苏秦接到了李小冬的电话，说他父亲住进了犁城的医院，看样子很严重。苏秦问到底是什么病？李小冬说，你回来不就知道了？这个电话是你妈让我打的。

那时候陈娟正在日本的名古屋，参加与日方的一个合作项目谈判。苏秦预感到父亲的情况不妙，撂下电话，便坐飞机于当天的黄昏赶回了犁城。他匆匆从机场走出的时候，一眼就看见李小冬在出口处不远的一棵树下等他，手里拿着的还是那把酒红色的伞。这让苏秦有点意外，因为在他与李小冬做夫妻的那五年里，每回出差，李小冬从来就没有什么接呀送的。现在她却来了。这班飞机晚点四十分钟，他想李小冬肯定来了好久了。

男人迎着女人奔过去。女人见面就说：苏秦，你父亲患的是肝癌，到晚期了，你得有点准备，要不你妈会受不了的。苏秦一听，脑子里就嗡了起来，便靠在那棵树上不想动了，眼泪也禁不住地涌了出来。李小冬也没怎么劝他，只是不断地把纸巾递到了男人手里。后来他们一起上了出租车。临近他们以前的住所位置，李小冬要求先下车，她说：我就不陪你去医院了。

苏秦点了点头。

李小冬又把苏秦的头发顺手理了一下，说：苏秦，你都四十出头了。人到这个年纪，也就是到了该承担具体责任的阶段。你得想开点啊。

苏秦说：谢谢你。我会的。

苏秦直接去了医院，看见父亲已经躺在了病床上，身上到处都插了管子。他母亲一见儿子回来，就在医院走廊里哭得不行。苏秦把母亲搂得紧紧的，什么也没说。那时刻苏秦就觉得父母这辈子过得很不容易，他们唉声叹气的日子远远多于欢乐的时光。苏秦在南方的时候，有一次回家，正赶上父母争吵。起因是母亲收到了一封信，写信的是当年想与母亲谈恋爱的一个男人。那人现在哈尔滨，写信来，想请她过去玩玩。母亲把这信给父亲看了，于是父亲就很不高兴，说那家伙至今还放不下你啊。母亲说：你这话什么意思？父亲说：你自己总该心里有数吧？父亲的暗示很清楚，但确实很冤枉。当苏秦知道这件事后，产生了一个很怪的念头，很替母亲惋惜。可他并不因此而不安，就随口说了句：你们既然过不好，我看干脆办离婚吧。

这句话说得很平淡，却把事态给控制住了。几天后，苏秦的妹妹从纽约打来了电话，苏秦在电话里也把这意思说了，不料妹妹却说：你疯了？这么老了还离什么婚啊？苏秦说：离婚也没有什么年限啊？妹妹说：苏秦，你不要以为你自己离婚了，就巴不得天下人都想离婚！你这人有点变态！妹妹说着就把电话给撂了。

父亲的病显然是没治了。可苏秦还是想把父亲弄到北京去住院，父亲却坚决不同意。父亲倒还不是舍不得花儿子的钱，而是不想临了落在外地，尽管那是我们的首都。这样，在犁城医院住过两周后，他送父亲回到了生活了一辈子的小县城。那些日子做儿子的一直都在父亲床前守着，他告诉父亲，自己已经再婚了，并且拿出他和陈娟的合影给老人看。母亲说，这个女孩长得虽说没有李小冬好看，不过看上去脾气还不错。苏秦说是的，如果不是陈娟在日本，她会随自己一起回来。父亲就叹了口气，说：我怕是见不到了，你们好好过日子吧。

苏秦认真地点了点头，说：我们会生一个孩子的。

父亲想了想，说：那是你们的事情，你们商量着办吧。

父亲的回答让儿子感到有点意外，也多少有点费解。老人不是盼着看见第三代吗？怎么现在反倒不迫切了？这个困惑直到父亲临终前，和儿子单独进行的一次谈话之后，才得到相应的解释。关于这次谈话，苏秦已经记得不清楚了，但有两句话他是终身忘不掉的。

父亲说：我这辈子最对不起的人，是你妈。

父亲说：我最对不起她的一件事，就是让她怀上了你。

苏秦很困惑地看着垂危的父亲。

父亲说：她嫁给我的时候才二十一岁，如果她不马上怀孕，可能我们很快也就分开了。她会过得比现在好。

后来，那是在父亲去世后，苏秦把母亲接到北京散散心，转弯抹角地对母亲说出了这件事。母亲听了，还是很感动地流了泪，然后看着天安门广场竖立的那个庄严的华表，叹道：其实，换一个人又能怎样呢？

14

父亲过世后，苏秦便开始着手为母亲办理去美国探亲的签证手续。父亲的死，妹妹至今还不知道。苏秦想让母亲在那边住些日子，好好调整一下。

母亲已经知道了苏秦和陈娟的现状，就说：你不和陈娟正式结婚，我兴许也就不回来了。

母亲的话明显带着指责，她不愿意看见儿子和一个女人过这种不伦不类不明不白不清不楚的日子。但她对陈娟这个人却没有什么不满，觉得这个未来的媳妇很乖巧，也懂得讨老人的欢喜。母亲从前对李小冬的意见，是认为她不识惯，却又说这个过去的媳妇其实心眼不坏，就是个性太强，事事要占上风。这回苏秦父亲从县里来犁城住院，前前后后就是李小冬一手操办的。但她与这个家庭实际的关系已经在八年前就割断了。

那几天，陈娟回到了自己的屋子里。看着自己很久不住的房子，到处都散发出霉味，陈娟的情绪变得有些伤感。我这算什么呢？她这么抱怨着，自己和那个男人一起生活了半年多了，结果还得避着他的母亲。那老人并不是自己的婆婆。陈娟这样想，就替自己以及自己的父母伤心起来。她想这个眼下局面终归还是个问题，怎么看都缺了应有的严肃。

女人的心思男人是猜得出来的。苏秦知道陈娟这阵子心里会有压力，会感到委屈。然而他却以一种出乎女人意料的方式把这个问题解决了。那就是，让陈娟单独送母亲回故乡。起初陈娟有些犹豫，觉得不合适。苏秦就说：没有什么不合适，就怕你不愿意。陈娟一口就答应下来说：我愿意。从后来的情况看，苏秦的这着棋是妙棋，陈娟这一趟回来，情绪变得空前的好。她夸苏秦的母亲是一个极有内涵的女人，说她身上有一种"旧时王谢堂前燕，飞入寻常百姓家"的感觉。陈娟还托上海那边的一个关系，为苏秦母亲的赴美探亲签证行了方便。那个阶段，是他们实行"合同婚姻"以来最为甜蜜的日子。或许天下做儿子的都是这样，一旦感觉自己的女人和自己的妈相处甚好，就会心满意足。

陈娟回来的那天晚上，苏秦的情绪也特别好。这回是他主动提出来的，他说：春节前我们还是回犁城把事办了吧。

陈娟笑了笑，说：是因为你妈吗？

但是又一个问题随之而来了。陈娟说：你父亲不在了，你妈在美国也不会定居的，以后你怎么考虑的？

苏秦说：你这么问，意思我已经明白了。

陈娟说：我没有什么别的意思，谁都有老的那天。我只是觉得，两代人在一个屋檐下，日久天长会有很多的不便。

苏秦没有做声。他想这个问题眼下还不需要操心。

时间过得很快，转眼便到了年底。像季节的更替一样，这对合同婚姻的尝试者，在经过九个月的生活后，也进入到了冬天。

当北京下起第一场雪的时候，苏秦突然接到了犁城一个朋友的电话。那人说：苏秦，李小冬出事了。

当时苏秦正在刷牙，听见"出事"，手里的牙刷便落到了地板上。

出什么事了？苏秦急迫地问，怎么就……

朋友说，李小冬昨天和几个朋友去郊外的旱冰场学溜冰，不小心摔了，右盆骨骨折，现在正在医院里打着石膏。

苏秦焦躁地说：都这么大人了，还溜什么旱冰？是她让你打这个电话的？

朋友说：那倒没有。我只是觉得应该对你说一声。

苏秦说：我知道了。

放下电话，苏秦就打了陈娟的电话，可是却没有人接。苏秦又打她的手机，还是没有人接，他估计陈娟正在开会。于是苏秦便赶到北京站，从一个票贩子手里买了当日下午六点去犁城的车票。然后回到家，他又在网上查询了一下北京的几座著名的医院，想了解一下骨科的治疗情况。等忙完这些，陈娟的电话来了。

陈娟说：你找我啊？

苏秦说：你回来一下吧，我有事与你商量。

陈娟说：电话里不好说吗？

苏秦说：也没有什么不好说的，我只是觉得当面对你说比较好。

陈娟在电话那端停了片刻，说：又是与李小冬有关？

苏秦就简单地把事情的原委说了。他说：我得回去看看。

陈娟问：你打算什么时候动身呢？

苏秦说：我刚才去买了今天下午六点的票。

陈娟说：你连票都买好了，还需要和我商量什么呢？

苏秦说：商量还是需要的。事情紧急，所以我……

但对方已经把电话挂了。

苏秦有点生气了，虽然他能够理解女人天性中狭隘的一面，但还是有些气恼。李小冬摔成这样，你陈娟怎么就没有个同情心呢？他坐在沙发上不断抽着烟，这个瞬间，他有了庆幸没有和陈娟做法定夫妻的念头。这是他们一起生活九个月以来，第一次产生这样的念头。他感到很惊讶，因为这个念头太恶了，于是又引起了不安与自责。他调过头为陈娟想想，觉得她也不容易。事情来得太突然了。每天睡在她身边的男人，现在要回去伺候他的前妻，一去就得多少天，除了要给那个女人端饭倒水倒痰盂，还得把她抱上抱下，这肯定不是什么好滋味。等情绪稍微平静了点，男人开始收拾自己的行装了。他为陈娟留了六千元钱，因为按照协议，他负责支付房租、水电以及物业管理费的开支。

陈娟还是请假赶回来了。女人进门时，男人正把装钱的信封放到餐桌上。他从女人的脸上也看见了气恼。

苏秦说：这是这个月和下个月的一些费用。

陈娟说：连下个月都安排好了？真难为你还这么周到。

苏秦说：你今天说话怎么老是阴阳怪气的？

陈娟说：嫌难听是吗？那你也可以不听啊。

苏秦说：陈娟，你不要这样咄咄逼人好不好？

陈娟自嘲地一笑：我还咄咄逼人吗？我简直连个人也算不上！

苏秦说：咱们别抬杠行吗？我回去，也就是照顾一下她而已。她一个人在犁城，父母也不在身边。

陈娟说：我就不信她李小冬身边没有能够伺候她的男人。

苏秦说：如果真有，那我很快就回来。

陈娟说：要是没有呢？你是不是就准备一直伺候到她完全康复？

苏秦一下就抬高了嗓门，说：陈娟，你这个人怎么一点同情心也没有？

陈娟的眼泪涌出了眼眶：苏秦，你欺人太甚了！

苏秦把行李拿到手上，厉声说：我告诉你陈娟，只要这个女人还没有被别的男人接过去，那她就还归我管！

说完，他提着箱子就出门了。

陈娟在男人的身后哭喊道：苏秦，你会后悔的！

15

大概没有人会知道，离异的李小冬是怎么把八年的日子过下来的。在大家的印象中，这个骨子里特别要强的女人似乎一直过得很好。李小冬与苏秦离婚时只有二十八岁，又没有子女的连累，所以看上去还像一个未婚的姑娘。她本来就是一个漂亮的女人，又善于打扮，穿着得体，走到哪里都会有男人注意她。离婚之后，苏秦去了南方，李小冬也开始试着与男人交往，甚至也打算再婚，但几个回合下来，她就索然无味了。首先，她厌倦那种轧马路、看电影、下馆子的恋爱模式，觉得如此的人生第二回实在有点乏味。其次，前夫苏秦无疑是一个有形的参照物；女人再找，心里会有个衡量的尺度——她不能找一个明显差于苏秦的男人，哪怕那个男人拿她当宝贝。第三，过去的经验使她对经营一场婚姻缺乏应有的信心，她自觉身心已经相当的疲惫了。

后来陆续传出了关于这个女人私生活的少许消息，算不上什么绯闻，但对听者仍不丧失吸引力。有人说李小冬可能与本厅的一个副厅长有点名堂。那是个场面上很严谨的中年人，善于作不同类型的报告，在犁城拥有不小的知名度。那还是一个口碑甚好的男人，妻子是一个很普通的职员，提前退休了，他却一点不嫌弃。不过又说，那人的妻子为了照顾在外地念大学的儿子，专门在学校附近另租了房子，平时并不怎么爱回家的。也有人说，李小冬最喜欢的还是自己大学里的一个老师，据说经常去他那里。总之，大家私下觉得，像李小冬这样的女人是不会闲着的，或者说，闲着也太可惜了。这些话传到苏秦耳里，开始他还是有点不舒服。苏秦曾经就这些事很策略地问过李小冬，后者立刻就反击：你是不是管得太宽了？苏秦说：我不是想管你，我只是提醒你不要出卖。李小冬冷笑着说：真是可笑，就是出卖，那我也是出卖自己啊，我并没有出卖你苏秦的老婆。此后苏秦也就不再打听了。其实他内心是很希望李小冬找个好男人嫁出去的，这样他也就没有任何牵挂了。这个念头，直到昨天夜里在火车上都还没有打消。

　　犁城的李小冬事先根本就没有想到苏秦这么快就回来了。苏秦一下火车，就直接去了医院，那时李小冬正在吃早饭。她的单位请了个护工来伺候，但她总觉得别扭，凡是不满意的地方也不便多说。李小冬本来就是个很挑剔的女人，现在却变得有些窝囊了。她为此感伤，情绪也随之暗淡下来。所以当她看见苏秦那张熬夜的脸时，还是忍不住地流了泪。女人的脆弱这个时候充分表现出来了，最后竟旁若无人地哭了起来。李小冬说：谁叫你回来的？我并没有指望你回来啊。你是可以不回来的啊。你不欠我什么的啊！

　　女人就这么哭诉着，苏秦坐到了床边上，想帮她擦擦眼泪，却被女人推开了。

　　等女人发泄完平静下来后，苏秦才说：你这人，都这样了，还那么要强。

　　李小冬说：我知道你就是等着看我的后悔。我告诉你，我不后悔。一点也不。

　　苏秦说：行了，好好躺着吧。我回来，是因为别的男人插不上手——他们总躲在幕后。想想也真够意思的，那些在背后总对你说爱呀爱的男人，一有事，就都不好出面了。

　　李小冬说：我的事不用你管。

苏秦说：李小冬，我对你说，这回你好了，还是老老实实找一个可以为你出面的人。

李小冬说：你少啰嗦好不好？你不是要和陈娟结婚吗？快结了吧，趁着你还不老，让她为你生个儿子去。我这里不需要你。

苏秦差点又生气了，想想咽了下去。他拿起床下面的痰盂，去了卫生间。苏秦在那里抽了一支烟，心想这事真够窝囊的，简直就是老鼠钻风箱，两头受气。他最大的委屈还不是陈娟那里，他知道陈娟的脾气，也就是一个不平衡而已。或许一阵子也就过去了。他委屈的是，那些曾经和李小冬有感觉的男人怎么都缩着不出面了？为什么就不能出面呢？

都是些什么鸟啊！苏秦不禁这么骂了句。

16

在陈娟记忆中，那一年北京的天气大概就是从苏秦离开后开始变化的。那些天和女人的心情一样，总是很阴晦，时常落一阵子小雨。那时候陈娟就盼着公司安排她出一趟差，她不想像件家具那样摆在家里。她的睡眠也成了问题，总是在半夜里莫名其妙地惊醒，然后就翻来覆去地折腾到天亮。她怀疑自己有点轻度的神经衰弱。陈娟的心事，同事顾菲菲很快就看出来了。她用一种意料之中的口吻问陈娟：是不是与现在同居的那个男人分手了？陈娟对"同居"这个词很敏感，她说：什么同居啊，我们是……打算结婚的。顾菲菲说：那又能怎么样呢？你还拿婚姻当做一剂包医百病的良药？

接着顾菲菲就说，她最近在网上看到了一个资料，那是国外的一项新的研究成果。那项成果表明，按照人的思维与情感结构，最饱满的情感状态只能维护210天到270天，也就是七个月到九个月的样子。

陈娟很不屑地说：菲菲，这也太玄了吧？

顾菲菲说：你可别不在乎，这是科学。

陈娟说：这算哪门子科学？纯粹瞎掰。我告诉你，我那位并没有和我分手，我也没打算离开他，只是他现在不在我身边，有点想他罢了。

顾菲菲就不再说了，只对陈娟很友好地笑了一下。那绝对是一种包含着"红旗到底能扛多久"的笑容。

又一个周末到了。天气预报说，今天又是小雨夹雪，可天黑了也还没见下到地面上。下班的路上，陈娟又遇上了一件倒霉事——她的车"追尾"了，由于刹车不及时，顶上了前面的一辆夏利的士，一看就是她的全责。那司机本来气焰很高，跳下来就要去找交警。可是一看顶他的是一个年轻女人，还是一个很顺眼的、看上去很斯文的年轻女人，也就把火气敛住，只说要赔点钱。陈娟问多少？司机说：算了吧算了吧，就两百吧。陈娟很感激地给了那司机两百元，又很惋惜地看着自己的新车被撞坏的右前灯，再从那破碎的玻璃上看见了自己变形得不成样的面容，轻轻叹了口气。陈娟把车开回方庄的住地，进门就先去卫生间把浴缸里放满了水，然后就泡在浴缸里，想着刚才那司机的表情和口气。她从那张粗糙的脸上看出的是一种对自己的怜悯。居然连一个开出租的也在可怜她了。陈娟情不自禁地号啕大哭起来。她已经很久没有这样放肆地哭过了。

等她哭够了，从浴缸里起来，也没有胃口去做晚饭了，就从冰箱里拿出一块面包和一瓶酸奶。然后，她顺手就把电脑打开了。今夜她准备上网找人聊天。连网名都想好了，叫"270天之后的女人"。陈娟想如果遇上懂得这含义的人，她就同他聊下去。聊什么话题都行。这种生活在她与苏秦相遇之后，实际上就已经结束了。如今死灰复燃，实在是因为太无聊。

这时门铃响了。

透过"猫眼"，陈娟看见了脸部显得古怪的高宗平，但男人手里拿着的一束红玫瑰却因变形而更好看。

陈娟换好衣服，请高宗平进来：高先生，你是怎么找到这里的啊？

高宗平说：是你们顾小姐对我说的。

这个顾菲菲真是添乱了，陈娟这么想着，但还是很高兴地接过了男人递过来的红玫瑰。这花的颜色实在太浓郁了，每一片花瓣都像丝绒做的。她把它认真地插进了茶几上的仿水晶花瓶里，觉得室内的气氛一下就改变了，非常的温馨。

高宗平说：陈小姐，希望你能原谅我的冒昧。

说着，高宗平就主动来换拖鞋了。这个屋子里就苏秦一双拖鞋，是陈娟亲自在"新世界"买的，与她脚上的这双是一对。当高宗平的脚从皮鞋里退出来，正欲往那双拖鞋里放时，陈娟不禁叫了声：高先生，别换了。

高宗平说：还是换换吧。

陈娟就上前把男人拉住了。陈娟说：我这里本来就还没有打扫，没关系的。谢谢你的花，我喜欢。

高宗平说：那我很高兴。这可不是在北京花市上买的啊。是我专门让一个朋友从昆明带来的。

陈娟突然有些感动。在给高宗平沏茶时，她居然从矿泉壶里放出了冷水。

高宗平是一个很爽快的男人，所以坐定之后，就开门见山。他说：陈小姐，我们认识这么久了，到现在我才知道你真实的生活。

陈娟心里有数了，就说：怎么，高先生不至于会因此而轻视我吧？

高宗平说：那怎么会呢？这是你的选择嘛。

陈娟说：那就好。

高宗平说：我听顾小姐说，你和你现在的男朋友签了份什么合同，不知怎么回事，我有点替你担忧。这是我今天一定要来你这里的目的。

陈娟说：高先生，我不是和一个男朋友在一起。在一起的那个人是我爱人。

高宗平说：爱人？

陈娟说：对，是爱人。

高宗平问：不会是法定的吧？

陈娟说：这不过是一个形式问题，或者说是一个手续问题。在我心理上，这个词不比法律所赋予的意义轻多少。

高宗平说：我赞赏你这种达观的态度。不过，我真的很替你担忧啊。

陈娟说：谢谢你高先生。我们都是成人了，受过良好的教育，经济上也独立，谁也不会依附于谁的。况且我们过去就很了解。

高宗平说：既然这样，那么为什么不正式履行结婚手续呢？

陈娟说：对于当事的双方，我们也是正式的。我们想要的是一种纯粹。

高宗平说：看来，你过得比我想象的要好。但我还是要坦白地告诉你，我喜欢你，我觉得自己的机会还在。我相信我有这个机会的。不过今晚我不想说很多了，今晚我来，是祝你生日快乐。

陈娟吓了一跳。今天是12月14日，是她满三十一岁的生日，连同她自己在内，几乎所有与她相关的人都把这一天给忘了，而记住的恰恰是一个不相干的人。

陈娟说：您是怎么知道的？

高宗平扶了扶眼镜说：我也是无意中知道的。上回我去你那里，你大概正在预订机票吧，对着电话说你的身份证号码——其中有701214。

陈娟内心还是起了波澜，她想这真是一个很细心的男人，不过那回她可不是在预订什么机票，而是委托犁城的同事帮她开一份婚姻登记的介绍信。那已经过去很久了啊，女人想，真的好像很久了。高宗平看到茶几上的面包和酸奶，断定女人还没有安排晚餐，就发出了邀请：陈小姐，我们还是出去坐会儿好吗？

陈娟没有拒绝。她想这个男人也很不错的。她甚至想，如果没有和苏秦遇上，她也许会答应这个人。可是现在不行，至少这三个月以内不行。绝对不行。

临出门的时候，陈娟故意把手机留在了屋里。陈娟说：高先生，其实作为女人，我自觉并不出色。

高宗平说：喜欢的就是最好的——这是我一贯的原则。

那个晚上女人想必是愉快的。但女人或许没有想到的是，就在她离开房间之后，屋子里的电话就响了。那是来自千里之外的电话，是一个叫苏秦的男人站在风中的犁城街道上，用磁卡拨过来的。那个男人也想对她说：祝你生日快乐。

17

医院里的李小冬恢复得挺好。单位里的领导、同事偶尔来探视，给她带来水果和鲜花。他们见苏秦这么忙前忙后，就当面夸他如何如何。苏秦也不觉得难堪，就说这是应该的，一日夫妻百日恩嘛，何况一起生活了五年。女同事还开玩笑说：你们的缘分没尽啊，干脆复婚算了。李小冬马上就接过话头，说：这可不成，人家马上就要做爸爸了。我和他就这样当个亲戚走动最好。苏秦，你说我们算不算亲戚？苏秦说：那是自然的啊，可你实在是个让人头疼的亲戚。那时的气氛最热烈，李小冬也明显感觉自己的伤势在好转。

这天，苏秦打开水进来，看见一个穿呢大衣的男人文质彬彬地站在李小冬床前，正把一束鲜花往床头柜上放。从背影上看，此人就是那个副厅长。一看李小冬阴沉的脸色，门外的苏秦就明白当初的传闻并非虚构。他没有打算进去，脚下正迟疑着，就听见李小冬在抬高嗓门喊：苏秦，我要上厕所！

苏秦就进去了，没有看那个男人一眼，就把李小冬扶起来，再让她伏到自己肩上。那人自然很尴尬，主动对苏秦说：你就是苏秦吧？

苏秦说：我是。

那人说：我今天来，其一是代表组织……

苏秦打断说：我是个没有组织的人，也不习惯和有组织的人打交道。

那人的脸便一下涨红了，伸出来的手又慢慢收了回去。苏秦还是不看他，把李小冬背出了病房。那一刻苏秦感觉特别好。等他们回来，副厅长已经离开了。李小冬慢慢躺下，顺手把刚才那束花扔出了窗外。

没有多久，李小冬就可以坐上轮椅了。通常每天的下午，苏秦都要把女人推出来，呼吸一下户外的新鲜空气，看看花园里的景色。这天苏秦推着她，刚下电梯，就看见一个男人正把自己的女人往电梯里背，与他们摩肩而过。等电梯门合上后，李小冬随口说：这个人怎么还在这里？

苏秦问：你认识？

李小冬说：我去年来体检的时候就看见他了，总是穿这件没有熨烫的灰西装。一年四季好像就这件衣。

苏秦说：可能他老婆得的是慢性病吧。

李小冬说：这样的夫妻还真难得。

苏秦说：是丈夫的，那就得尽丈夫的责任嘛。

李小冬仰头看了看苏秦，说：你觉得很委屈？因为你现在是不需要这么做的。而且……

苏秦说：而且什么？

李小冬说：你家陈娟可能还不高兴吧？

苏秦就笑了笑，没说话。

李小冬说：女人都这样，换了我，也一样。你可别怪她。

苏秦看着天说：其实我们还是独立的。

李小冬说：这个"我们"是指你和陈娟吗？

苏秦说：是的。

李小冬说：怎么，你还没和人家办呢？女人可都是想要归宿的啊。

苏秦说：那也未必吧。你不就不要吗？

李小冬说：谁说我不要？我是没有遇见合适的。

苏秦说：是啊，都在找合适的。再说什么才叫归宿呢？是家吗？那家又是什么呢？

李小冬说：你说家是什么？

苏秦说：家就是放屁都不需要憋的地方。

医道上有一说，叫吃什么补什么，弄不清有多大的道理，但谁都这么做。那些日子苏秦成天就是委托附近一家餐馆炖骨头汤，李小冬都吃腻了，苏秦还是要坚持这么做。李小冬说：看来你前世欠我骨头汤呢，这下全还清了。

今天苏秦刚提着炖好的骨头汤，正准备送到病房，在走廊上忽然听见病房里传出了熟悉的几个声音——李小冬的父母从家乡来了。李小冬本来没有把自己摔伤骨折的事情对家里说，看来通报消息的是另有他人。可能就是某一个"不好出面"的男人吧？苏秦这么想着，就没打算再进去。他觉得再面对从前的岳父岳母是一件很尴尬的事，尽管当初离婚是他们的女儿提出来的。于是他就把盛骨头汤的保温瓶交给了值班的护士，让她转交李小冬。苏秦没有留下任何话，就悄悄离开了。

他走出这座出入几十天的医院，在门口，还是回头对着住院部的那幢米黄色的高楼看了看。

18

三天后的下午，苏秦由犁城回到了北京。从北京站走出来，正是漫天的黄沙飞扬。他第一次觉得这个大而不当的城市让他很陌生。春节快到了，来京打工的人和放寒假的大学生，都拥挤在站前的广场上。来的时候，那趟车是很空的。苏秦突然有了一种失落感，也有点伤感。过了年，他就迈过四十岁了，可他至今还住着租来的房子。人们兴冲冲地赶回家团圆,他却要回来。可这里究竟是不是他的家,还是一个问题。圣诞节前夕,母亲办好了去美国探亲的签证,此刻,她正和妹妹一家团聚。那是三代人的一次团聚。

他没有给陈娟发信息,今天是星期六,他想女人这个时候可能在家里吧。

出租车一直开到了苏秦住的那个小区。远远看见窗户打开着,男人就意识到自己的判断错了。女人不在家。室内还是很整洁,但从茶几上落满的花瓣看,女人离开这个空间至少有三天以上。

苏秦坐下后,不想收拾屋子。他慢慢感到自己确实到了非常疲惫的时候,好像浑身每个关节都松动了,骨头也软化了,剩下的仿佛就是一堆肉。他仔细推算着,却怎么也算不准确究竟有多长的时间没有与陈娟通电话了。

男人把散落在茶几上的花瓣一片片地收拾起来,一共是九十九片。他琢磨着,忽然觉得这个数字和某个数字应该大致相同,心里便涌出了一阵强烈的酸楚。然后他就在沙发上睡着了。等他醒来的时候,外面的天色已经完全黑了。

他收到了陈娟的一条信息:还有一百天,我们的合同就期满了。往后呢?

这时候,又一片枯萎的花瓣在男人眼前落下了。

2002 年 7 月 23 日,合肥寓所
(原载《花城》2002 年第 5 期)

犯罪嫌疑人

1

　　市公安局党组每月例行的民主生活会召开的当天下午，于超突然接到妻子陈芳芹的电话，说他的母亲于文惠刚刚在妇产医院经过了活检，结论是卵巢癌，晚期。妻子这个电话是瞒着老人打来的，她说医生私下里透露，妈的情况已经很不好了，让他马上赶过来。陈芳芹还在电话里说了很多，可是于超已经没法听清了，他只觉得眼前的天色陡然暗淡了许多，耳鸣也比平时增强了。于超掐断妻子的话头，说等我回家再谈吧。陈芳芹急了，说你有什么大不了的事搁不下啊？于超说，我在开会呢，党组民主生活会。然后就把手机挂了。局里有一个规定，只要是党组的民主生活会，与会者的手机必须关掉。但于超是个例外，作为主管刑侦的副局长，工作需要他的手机必须二十四小时开机。

　　于超这个电话是在走廊上接的。虽然通话的时间只有两分钟，但给他带来的震动却是巨大的。于超的母亲于文惠今年六十四岁，是一位退休的小学教师。她在二十二岁的时候生下了于超。于超的父亲姓杨，比母亲大十四岁，曾经是国民党军队里的一名军医的后代，所以"文化大革命"一开始，这个预感到前景不妙的男人就趁着一次到广州出差的机会完全失踪了，后来有人说他偷逃去了香港，之后又去了台湾。还有人推断，他是自杀了。这个倒霉的男人临行前给于超母子发了一封简单的信，说我对不起你们，你们忘了我吧，权当世界上没有我这个人。大概就这么个意思。这封仿佛遗物的信件，于文惠老师至今保留着。三十七年前，男人一去不回没有消息，也许真的就不在这个世界上了。这件事对她的打击可想而知。但这个年轻的母亲依然拉着手风琴，能把日子平静地打发过去。她只做了一个举动，就是把儿子的姓改了，却没有选择再嫁。

返回会场的于超显得心神不定。局长老宋凑过来低声问他：小于，有什么情况？于超说没有。老宋就放心地点点头，说，大家都作了发言，轮到你说了。于超还在想着刚才那个电话，眼前浮动的还是母亲憔悴的形象，鼻子一阵阵地发酸，就说：我没有什么可说的，努力把自己的工作抓好就是了。

这时，政委谭季平说话了。这个神色严峻的中年男人很不客气地对于超提出了批评。他说：于副局长，党组的民主生活会，是一次批评和自我批评的会议，你怎么能采取这种态度呢？

于超看了看谭季平，他平时不怎么看这张脸，因为感觉上这张脸似乎从来不洗。于超说：政委，我确实没有什么好说的。如果我工作中有什么做得不对或者不妥的地方，希望大家批评帮助。

谭季平把身体往后面一靠，说：今年是我们市争取"文明城市"挂牌的关键一年，市委、市政府对我们公安部门的要求是非常严格的，要严防恶性案件的发生，这是有指标的。你作为主抓刑侦的副局长，总该有些想法和措施吧？

于超笑了笑，说：既然说到了上级的要求，我就不妨接着说几句。说实话，我对这个要求不理解——什么叫"严防恶性案件发生"？犯罪是能够预防的吗？那是秀才们做学问的课题，不是实际。你走到街上，芸芸众生，也许与你摩肩而过的就是犯罪嫌疑人。但是你面对他的时候，他还没有犯罪，等他犯罪了，你却已经走过去了。需要你回头去找，去抓。再说，"指标"是什么意思呢？不错，发案率和破案率确实是有个比例的，我们可以争取提高破案率，可是谁能控制发案率？谁能？

谭季平说：那依你的意思，上级的要求是多余的了？

于超说：我不是这个意思，我是觉得这种提法很不科学。

见双方有了抬杠的苗头，局长老宋便及时出来圆场。老宋说：小于啊，你可以把你的想法写成书面报告，直接呈给市委。不过，政委刚才的批评，我看也是对你今后的工作寄予了一种期望。这两年我们的工作有起色，社会上反映还不错，这个成绩上级领导是清楚的。可我们呢，千万不能翘尾巴。

于超说：我这个副局长，没当多长时间。我其实也没有把它当成一个官来做。因为我喜欢这一行，所以还有些劲头去尽一份责任。如果要求"达标"，我做不到。

就这样沉默了一会儿，会议的气氛，却因副局长和政委之间的这点冲突显得有些沉闷了，还带有一点紧张。好在这时于超的手机又响了，声音显得比刚才还大，使大家的注意力有所分散。于超看了看来电显示，这回他没有走出去，就在会议室里接听。对方是刑警支队的副队长李大海，他用急促的语气汇报了本市刚刚发生的一起银行抢劫案。

于超没有等对方说完就问：死人了吗？

对方说没有。

于超说：控制好现场，我马上到。

然后，于超就把案情简单地对大家说了。今天上午十点，一名持枪歹徒抢劫了朝阳路工行的一家储蓄所，抢走了现金二十三万元。但没有造成人员伤亡。

于超的介绍刚完，谭季平慢悠悠地点上香烟，说：于超同志，刚才我们可还在说本市的治安状况如何如何好转啊。如果我记得不错，像这种银行抢劫案，这个城市十年没有发生过了吧？

于超说：十年没发生，就说明倒数十一年肯定发生过了。政委，我刚才说了，犯罪是随时都会发生的，谁也无法控制，这奇怪吗？对不起，你们接着批评和自我批评吧，我得请假出现场了。

9月的江城，是一年中最好季节的开始。9月12日这一天，城市与往常一样的祥和。作为省辖市，江城的人口不算多，只有一百来万。这个经济上不发达的城市却有着突出的整洁，绿化很好，卫生也很好，人均收入不高，但物价低廉，社会秩序井然。没有人会想到，在这样的光天化日之下会发生一起银行抢劫案。上午临近十点的光景，工行朝阳路储蓄所刚刚开门一个小时，突然就闯入了一个蒙面大汉。此人身高大约在178厘米，身材魁梧，穿着一件深蓝色的粗纹灯芯绒夹克。他手持一把五四式手枪闯了进来，一把将保安按倒在地，大喝一声：这是抢劫，都不许动！我只想要钱，不想伤人！如果谁敢乱动，大家就一起死！

说着，这人就把夹克敞开，露出了绑在身上的炸药。那炸药也不像电影里那么讲究，感觉是一包粗糙的糕点用电线系在腰间，却使气氛骤然紧张。储蓄所内的顾客和工作人员都吓得不知所措，情形如同定格。就在双方僵持的局面刚刚形成之际，顾客中走出了一位瘦小的老头，他似乎没有什么畏惧，向前跨了一步，问劫匪：你只是要钱，是吗？

蒙面人说：对！

老头便对柜台里面的人说：你们把钱给他，让他走吧。

老头的话居然起了作用，其他的顾客也这么附和着。银行的人也就迅速把几处的现金拢了拢，装进了那人扔进来的一只旅行袋里，那袋不大，很快就装满了。劫匪把装满现金的袋子斜挎在肩上，说了句：谢谢诸位的合作。然后就大步迈出门，跨上事先停在门口的那辆红色摩托车，扬长而去了。

整个抢劫过程仅为七分钟。

于超看完银行储蓄所的监视录像，忽然有了一种不可思议的感觉，这个过程不像是抢劫，这个蒙面的家伙怎么看也不像是一个劫匪，倒像是一个演员，一个很不错的演员。他的每一个动作都很熟练，动作之间的衔接也很连贯，像事先经过了彩排。这个人的心理素质不错，丝毫看不出慌张的迹象，而且得手之后居然还说了声客气话。于超把这个录像反复看了几遍，最后一遍，几乎带有一点欣赏了。他吩咐手下把这个带子复制几份，他本人要留一份。自他从警以来，这还是经手的第一宗银行抢劫案。他默默点了点头，心里说，非得破了它。冲着政委那副嘴脸也得把它破了。接下来的工作便是和几个当事人个别谈话。于超选择了一间僻静的屋子作为临时的办公地点。第一个被叫进来的，是储蓄所主任，一个不算年轻但打扮入时的女人。她详细地介绍了当时的情况，神色先是拘谨，说着说着便有些眉飞色舞了。女人的这种表情进一步印证了于超的那种不可思议的感觉，他不禁微笑了一下。女人就立刻停顿了，小心地问：于局长，我说错了吗？于超摇摇头，说：你谈得很好，接着说。女人说没了，女人说其实没什么可谈的，就这些。

于超问：被抢的钱中有没有连号的票子？

主任说：没有。

于超问：肯定吗？

主任说：我们的客户是存多取少，所以都是旧票，不过……

于超问：不过什么？

主任说：我在有些面值为 100 元新版的钞票上用口红做了个记号。我在水印的位置上划了一横，很短。我的口红颜色是玫瑰红的，还带有珍珠粉，是我老公去年在香港给我买的。

说着，女人就把口红从挎包里拿了出来，交给了于超。

于超仔细看了看口红，又试着在一张百元的新版票子上划了一下，说：你做得很好。这支口红我暂时收下了。

主任说：可以。

于超说：这个细节，不要对任何人说。

主任认真地点了点头。

于超又让主任把那个让银行赶快给钱的老头叫了进来。这位鹤发童颜的老人一进门，于超觉得有点面熟，就问：老先生，您在哪里就职啊？

老人说：我叫司马镜，是政法学院的教授。退休了，还带几个研究生。

于超明白了，说：您还是位大律师吧？

老人说：我是兼职律师。我们以前在法庭上见过面的，你叫于超，以前是刑警支队的队长，现在是公安局的副局长。

于超和老人握了握手，请他坐下，自己却站着问话：我听说是您提出让银行的人为犯罪嫌疑人拿钱的？

老人说：对。有什么不妥吗？

不等于超表态，老人又补充说：我遵循的是国际惯例啊。

于超心里觉得好笑，这事还居然扯到了国际惯例？他这种微妙的表情似乎被老人看出来了，于是老人正色道：于局长，我这个人有些看法与你们警方有点不一致。

于超说：那您不妨说说啊。

老人说：就说"见义勇为"吧，这是我中华民族的传统美德。但是，也应该是分场合的。你在大街上见到歹人行凶，你奋不顾身去制伏，那是英雄。因为你维护了公共安全。可要是遇上有人劫机呢？你的首要责任是让飞机平安降落，让人质脱离危险。

于超说：我明白先生的意思。不过今天并没有见义勇为的情况发生啊。

老人说：幸亏没有发生。否则，我也许就不可能与你在这里轻松地交谈了。

2

离开案发现场，于超的思维没有停留在案件上，又回到了母亲的病。得知母亲患上这种病，他的第一感觉就是，自己不久就会失去母亲。虽然这些年报纸上总是嚷嚷，说癌症如今已经不是什么不治之症了，但在他的记忆里，真正治愈的癌症病例似乎并不多。何况母亲现在已是晚期病人，能治到什么程度呢？他心里很难受，感觉自己被一块巨大的阴影笼罩着，走路连腿都觉得软。这个下午于超在刑警队待了很久，对案件的侦破作出了初步的部署。回到家，已经是晚上十点多了。妻子陈芳芹在客厅里等他，这个娇小的女人脸上写着焦急，丈夫一回家她就像孩子那样跟在边上。她说妈刚躺下，就不要再对她说什么了。于文惠老师原来是在家乡县里的小学，几年前退休后，于超就想把母亲接到市里，可是老人不愿意，觉得两代人居住一室很不方便。直到去年于超换了新房子，儿子媳妇一起到了县里去接她，她才搬过来。于超的房子装修不久，屋子里还散发着一点香蕉水的气味。所以他一坐下，妻子就迫不及待地问他：会不会是装修闹的？我听说好几家老人得病都是因为装修呢。于超做了个手势，意思是现在不要谈这方面的问题。他说：帮我放热水吧，我想泡个澡，累了。

陈芳芹说：听说朝阳路的工行被人抢了？

于超说：案子倒没什么，我的工作嘛。我就是不喜欢开那种民主生活会——批评和自我批评？这话听起来就觉得是在开玩笑——你喜欢别人批评吗？还是你愿意去批评别人？

陈芳芹说：你在外面可别这么说。

于超说：问题是明明大家内心都不愿意的事情，我们却还要表面上坚持这么干。

水放好了，于超嫌还不够，就又放了些，再把整个身子放进去，好让水把身体淹住。现在，他开始想母亲的病了。母亲这辈子很不容易，年轻时候就守了寡，一守就是三十多年。他觉得母亲的病实际上是压抑所致，她有许多心事，却不能对人说。即使是和他这个做儿子的，也不多说什么。原来母亲身边还有学生围着，自从退休，便失去了这种一直萦绕的气氛。她每天除了帮着他们料理一些家务，余下的时间除了看看书报，就是坐在电视机前听几段京剧。母亲喜欢凄婉的程派，有时候还跟着哼上几句《锁麟囊》。于超夫妇没有孩子，老人来了家中倒是平添了一份热闹，没想到母亲这么快就病了，还是重病。按说这种病，首先得做手术，然后才是一系列的化疗。他初步估计了一下，怎么说得花上十万。这个数目，对于一个县城的普通小学而言，是很不小的。他预感到这将是一个难题。

陈芳芹进来给丈夫搓背。夫妻俩接着说话。

陈芳芹说：你明天得和学校那边联系吧？

于超说：那是，这笔钱可不小。我们垫了多少？

陈芳芹说：两万呢，我这可是公款啊。

于超回头看看妻子，说：你怎么能挪用公款呢？

陈芳芹说：家里最后那三万，是定期，我没取。

于超说：那我得赶紧去学校了。

陈芳芹说：就怕花了钱也解决不了问题啊。

于超叹了口气，说：事情既然来了，躲也躲不掉的。现在只想尽快治病的事，尽了心也尽了力，把该做的都做了，即使将来那一天到了，也不会感到遗憾的。

陈芳芹说：你能这样想，我就放心了。

于超不禁流下了眼泪，听到外面有了动静，便把声音收了。过了一会儿，母亲在客厅里喊了句：于超，你睡下了吗？

于超应道：没呢，我刚洗好澡。

于超穿好衣服从卧室里走出来，一边用毛巾擦着弄湿的头发。陈芳芹也跟着故作轻松地说：妈，我还以为你睡着了呢。

于文惠坐在沙发上，手里端着保温杯，说：趁大家都在，说说我的病吧。芳芹什么都不给我看，是不是情况很不好啊？

陈芳芹说：妈，不是我不让你看，是医院要留下来。这是制度啊。

于文惠说：病人是有知情权的，你们最好对我交个实底，免得我老想这事儿。其实我早就知道我这肚子不对劲，好像吃的东西全长到肚子上了。

于超说：妈，你别想得太多。病是不轻，但也不是你想的那么坏。

于文惠说：是癌吧？

于超说：是妇科肿瘤。

于文惠说：恶性的肿瘤就是癌——你别对我玩文字游戏了。既然活检和病理切片都做了，你们就把结果明白告诉我，行了。

陈芳芹说：妈，医生说其他的都还好，只有一项指标高了点。

于文惠问：是 CA－125 吗？

陈芳芹很吃惊，她不明白这样专业的东西老太太是怎么知道的，只好点了点头。

于文惠说：多少？

陈芳芹说：有 1000 多。

于文惠的脸色一下就变了，潸然泪下。还没有等儿子媳妇来劝慰，她就说：这已经是很高了。我们学校的何校长，当初才 300 多点，就已经宣布是恶性……

于超说：妈，你别想得太多，现在医学进步很快，这种病是完全可以治愈的。明天，咱们就住进妇产医院，他们的一个副院长就是这方面的专家，我请她亲自为你主刀，一点问题没有……

于文惠说：还得做好几轮的化疗吧？

于超说：做呗。

于文惠说：化疗是要掉头发的……

陈芳芹说：妈，头发掉了还会长的啊，您就安心把病治好，别的由我们来做。

于超说：妈，芳芹说得没错，无论什么病，病人的情绪和精神状态对于治疗，是很重要的。明天，我们先去住院吧。

第二天是周末，于超夫妇就领着母亲于文惠住进了妇产医院的肿瘤科。办完住院手续，就去了一楼的病房。于文惠老师一看进进出出的都是些光着脑袋，面色略微浮肿的人，心里就很不舒坦。她对儿子说，咱们还是回去吧。于超说，看你，怎么像个孩子似的呢？咱们是来治病的，又不是来看戏的，哪能说退场就退场呢？然后就领着母亲进了病房。很快就有护士过来替于文惠进行简单的例行的体检。在忙这些的时候，陈芳芹把丈夫叫到走廊上，说：这里有我，你还是赶紧去妈学校一趟吧。

当天下午，于超就驱车到了县里。因为办的是私事，行前就没有告诉县局的同行，也没有向单位请假。昨天那起被命名为"9·12"的银行抢劫案，虽然没有伤人，所劫金额也不算大，但影响十分恶劣。城市今年将被国家命名为"卫生城市"，来自国家和省的有关部门组成的检查团，过了年就要来验收了。市委书记在听取案件汇报后，明确指示，成立专案组，让他这个主管刑侦的副局长亲自抓，争取在年底前破案。就是说，留给于超的只有一百多天的时间。于超以前没有接手过这类案件，城市这些年来也真的没有发生过抢银行的事情。他不能不觉得有压力。这时，他仿佛又看见了政委谭季平那张感觉从来不洗的脸。这个人原来是主抓刑侦的副局长，是于超的前任，因为年岁偏大，就让他去当专职的政委了。

县城距离市里不算远，两百公里的路，于超不到三个小时就赶到了。这是他的家乡，自从父亲神秘地失踪后，他就随母亲一直住在学校的一间单身宿舍里。他在这里读完小学和中学，然后再上大学。后来工作了，成天忙案子，回来的机会就少了。县城这些年来，似乎看不出有什么新的变化。这个县城的地理位置，处于泄洪区的范围，几十年来老百姓都听见要搬迁的风声，因此没有怎么建设。去年，县城搬迁的计划经上级机关批准了，但上面的拨款很有限，至少有一半的资金得靠县财政来想办法。到了县里，正是午饭时间。于超在街边的一个小饭馆，随便买了碗牛肉面，就带着一份礼品直接去了何校长家。等他敲开门，才知道那位年纪与母亲相仿的何校长已经在上个月去世了。他的丈夫，于超唤作齐叔叔的，是看着于超长大的。一见面，还以为后者是专门来致哀的，就说：小于啊，我就是怕惊动你母亲，所以没有给你们去电话。她们一起共事三十年，感情比姐妹还好，我担心……于老师还好吗？

于超感到意外，就附和着：还好……她让我来看看……

齐叔叔一边给于超倒茶一边说：我知道，我知道……

于超看着墙上挂着的何校长的遗照，心里一下子变得很沉重。他想也许用不了多久，母亲的照片也要这样用黑纱布置着了，不禁眼睛湿润了。他问齐叔叔，何校长走的时候可还安详？齐叔叔什么也没说，只是叹了一口气。于超心下一紧，他能想象得出何校长临终前一定是很痛苦的。

　　在齐叔叔那里，于超只待了一会儿，就去了城南的学校。远远看去，学校还是从前那样隐蔽在茂密的梧桐树中。这个环境，唤起了于超很多的记忆。他把警车停在操场东侧的一排平房面前，这里的一间单身宿舍是他过去的家。平房的后面，有一小片葱郁的杉树林子，那是很久以前母亲带着他栽的。看来这房子还没有住人，门被锁了，里面的几件公家配备的家具还在。那是两张床，靠在一起，之间以前是用布帘子隔着的，外面的那张床，是他睡过的，挨着床放的，是一张吃饭用的方桌，那也是他写作业的位置。母亲睡在里面，在她的床前是一张带抽屉的办公桌，贴着墙放。那墙上还有烟熏的痕迹——县城经常停电，母亲得常年备着煤油灯。墙上还有一个结实的衣钩，那是专门挂手风琴的地方。母亲爱拉的曲子是《莫斯科郊外的晚上》。触景生情，于超仿佛又回到了十八岁以前。从三岁到十八岁，他在这间屋子里度过了整整十五年。

　　有人喊他。

　　于超回过头，只见一个年轻的、文静的女人向他走来了。于超觉得眼熟，却喊不出名字。

　　年轻女人说：你是于老师家的于超吧？

　　于超点点头。

　　年轻女人说：我是张晓莹啊，是于老师的学生。

　　于超很快就想起来了，是那个专门来跟母亲学拉手风琴的小女孩，转眼间居然也成大姑娘了。而且于超在齐叔叔那里得知，她就是新上任不久的校长。

　　于超说：你从师范分回来了？

　　张晓莹说：我分回来好几年了。

　　于超说：当校长了吧？我祝贺你啊，张晓莹。

　　张晓莹说：我哪经受得了你这大局长的祝贺啊。怎么，出差到县里，顺便来瞻仰一下自己的故居？

　　于超就把刚才愉快的表情慢慢敛住了。然后就把母亲检查出来的情况对这位年轻的校长说了。张晓莹一听就很惊讶，说怎么也是这种病啊？于超说，发现的时候晚了。县里难道没有例行的干部体检？张晓莹说，说是每两年一次，可也就是说说而已。

于超从口袋里掏出了一份报告和附上的诊断资料复印件，交到张晓莹的手上，说：张校长，我妈昨天已经住院了，医疗费的事还得麻烦你。

张晓莹说：于局长，学校的情况你是知道的，现在连老师的基本工资有时还拖欠着。县里目前一门心思地在抓县城搬迁，财政上很困难……

于超说：不是实行了医疗保险了吗？

张晓莹说：那是你们市里，县里目前还只是在筹备中。

于超说：就是说，现阶段还是得靠地方财政来解决了？

张晓莹点点头，说：报告我收下来，我会尽快去找教委谈。你呢，最好也和县里的有关领导接触一下，我想你的话是会起点作用的。

于超就问：现在的县长是谁？

张晓莹说：是从市里放下来的，叫陈涛，你认识吗？

一提陈涛，于超的眼前就出现了一张气宇轩昂的脸。他说：我知道他。

3

说起陈涛，于超的妻子陈芳芹应该更熟悉一些，他们都是财贸学院的校友。据说当年在大学里，陈涛还追求过陈芳芹一阵子。关于这个问题，于超从来就没有问过妻子，但这风声他是有所耳闻的。他也曾经明确地向女人表示过，他不喜欢陈涛这样的男人。陈芳芹也说不喜欢。陈芳芹说，我一向喜欢高个子的男人。于超还想起了一件事，那是去年春天的一天，于超突然接到了当时还在市经委当副主任的陈涛的电话，觉得好意外。陈涛说，他的一个外甥因为强奸被刑警队抓了，那是两个孩子谈恋爱闹出的笑话，根本就不是什么强奸。于超说，这个案子我知道，犯罪嫌疑人自己都承认了，在女方杯子里下了安眠药，是在女方睡着了之后实施强奸的啊，口供笔录还在呢。陈涛说，那可能是让你们警察给吓的吧？暗示着警方在刑讯逼供。于超便有点火了，说：陈主任，那你和律师说好了，如果是我的兄弟有逼供的嫌疑，我决不轻饶。那是一次很不愉快的通话。当晚，陈涛让妻子上门找陈芳芹了，还送来了两条"大中华"，其中一条说是特制的，叮嘱让于局长自己抽，千万不要送人。正巧，于超回家了。见到这场面便说：那案子我又看了，事实清楚，人证物证都在，没法打折扣的，你还是把东西拿回去。陈涛的妻子不肯。于超就把那条"大中华"折断，里面是五万块人民币。于超说，你不会让我明天拿到纪委去吧？那女人很尴尬，只好拿着东西走了。陈涛的妻子一离开，陈芳芹就随口说了句，你这回可是把陈涛给彻底得罪了。于超说，没有办法啊，干我这行的总是要得罪人的。陈芳芹说，那你可以把话说软一点嘛。于超说，我这里一软，他那里就硬了。陈芳芹不再说话了，匆忙上了床。于超知道，那晚女人心里不痛快。

山不转水转，现在，轮到他于超来求这个陈县长了，这事怎么说都有点窝囊。于超的车已经驶进了县政府大院，转了一圈，又开出来了。他实在不知道见到陈涛之后怎样开口，或许他根本就开不了这个口。这时候手机又响了，是李大海来的，说"9·12"案件有了点眉目，他们在市郊环城路边一个废弃的窑洞里，找到了那辆作案用的红色摩托车。于超很高兴，说：我马上回去。

于超返回市里已经是黄昏时分。他直接赶到刑警支队，向李大海询问案件的详细情况。

李大海说，经过现场的录像分析和痕迹比对，他们找到了那辆被犯罪嫌疑人丢弃的红色摩托车。据初步查实，这辆车的车主是一个叫许刚的男人，他是个做服装生意的小老板，住在三桥河北岸的那个"柳浪小区"。案发时此人去外地进货了，回来后才知道这辆车被盗，他还没有来得及报案，车子就被刑警队的人找回来了。

于超问：车子原来停在哪里呢？

李大海说：就在小区的停车棚里。不过，没有人管理，也就起个遮风避雨的作用。

于超说：就是说，谁去动都可以了？

李大海点点头。

于超问：你们打算怎么干？说说吧。

李大海说：老办法，先摸排。重点是在河的北岸，尤其是小区内部。

于超想了想，说：别把动静搞得太大。

布置好这件事，于超就去了医院。见到已经换上了病员服的母亲，心里便被什么碰了一下似的。服装真是个奇妙的东西，这种带条子的病员服一换上，母亲看上去就完全像一个病人了。他坐到母亲身边，想提起一个轻松的话题，但是母亲先开口了。你去县里了？母亲说，何校长怎么说？

于超说：我没见到何校长，把报告交给张晓莹了。

母亲说：哦，现在是晓莹在负责，可你也应该去看望一下你何阿姨啊。

于超说：我本来是准备去的，可是这边的案子……妈，检查都做过了吗？

母亲说：刘院长上午亲自来了，说下个星期三上午做手术。我问她要做多长时间，她说要四个小时……

于超说：那是，毕竟是个大手术嘛。不过，刘院长的功夫，那是国内都能排得上号的，她还经常出国讲学呢，您放心。而且，现在术后还带着一支麻醉棒，不会感觉到痛的。

母亲说：痛我倒不怕，别人能扛得过来的，我也能扛住。我就是担心这种病到底能不能治得好……

于超说：妈，您别瞎想……

母亲说：我不是瞎想。如果很难治，或者根本就不可能治好，那就别治了。人没有必要去做一些无谓的事情，结果弄得劳民伤财的……

于超说：看你说的。我是谁？我是你儿子嘛。

说到这里，陈芳芹来了，带来了鸡汤面条。于文惠说，芳芹啊，你不要这么每天送饭了，这里的伙食还不错。

陈芳芹说：妈，医院里伙食怎么行呢？我不麻烦。

于文惠说：都是有工作的人，哪能成天围着我一个病人转。你们都忙你们的去，到了手术那天过来看看就行了。

这时，又一个病员住进来了。是一个看上大约十三四岁的少女，被父亲背了进来。她在5号床，和于文惠的4号床靠得很近。于超看见那位父亲手里拿着许多东西，就上前帮他接过一些。那人说谢谢，把肩上的女儿放到床上。然后就拿出香烟给于超，于超说，这里不能抽烟呢。那人说，我们到外面抽吧。于超觉得这个人很痛快，就随他到了外面的院子，抽上烟。于超问那人在哪儿工作，那人就作了自我介绍，说自己是市棉纺厂的工人，叫马冬生。

于超说：棉纺厂效益不行吧？

叫马冬生的说：厂子早就垮了，工人也都下了岗。

于超问：那你们每个月能拿多少基本生活费呢？

马冬生说：说是260元，实际上还时常兑不了现的。我是电工，还可以帮着别的单位干点散活。

于超问：没想过开个小店什么的？

马冬生叹了口气，说：也想过，我弟弟在深圳那边开公司，给了我一些钱，原来是打算替我张罗点事情的，你看，孩子得了这种怪病……

于超问：也是妇科肿瘤？

马冬生说：是卵巢癌……真是奇怪啊，这么小的孩子，也能染上这种病。

于超问：问题不大吧？

马冬生说：医生说幸亏发现得早，否则就悬了。

于超说：那就好。那也会做手术吗？

马冬生说：会的，还要化疗……

于超说：手术我帮你联系一下刘院长，她是专家。

马冬生说：那实在太谢谢你了。你是在政府工作吧？我怎么觉得你很面熟呢？

于超就递给了马冬生一张名片，后者看过，很惊讶地：哦，原来你就是大名鼎鼎的于局长啊，我可是早就知道你啊。

于超说：什么大名鼎鼎，也就是一个职业而已。

马冬生说：我可不是瞎吹捧你啊。去年那起轰动一时的"11·21"杀人分尸案是你破的吧？我在电视上看见你的，戴着红花呢。

于超说：那是大家一起干的，我不过是牵了个头。

这时陈芳芹来了，于超对她说这是棉纺厂的马师傅。然后又向马冬生介绍说：这是我爱人小陈，在保险公司做财务。

马冬生用羡慕的语气说：你们这一家真不错啊。

这句夸赞使陈芳芹忧伤的心情豁然变得高兴，她就顺便夸了这人的女儿，说你家姑娘长得好可爱啊。马冬生却无法高兴起来，只叹了口气，就离开了。陈芳芹慢慢把视线从这人身上收回来，问于超：你去县里事办得怎么样？

于超说：报告是递交了，可县里目前还没有实行医保，看来还得通过你找找陈涛了，他现在是县长。

陈芳芹说：通过我？为什么？

于超说：你们是校友，毕竟好说话些。

陈芳芹说：我敢吗？去年那件事他会忘记吗？他外甥后来被判了七年呢。

于超说：桥归桥，路归路。

陈芳芹说：路都被你堵死光了，我不好意思去。

于超说：当然，你要真不愿意的话，我就再想辙。要不就先把家里那三万元存款取出来，你总不能老挪用公款啊。

陈芳芹说：取是随时都可以的。可是，于超你知道吗，妈这个病至少得花十万啊！我问过刘院长了，手术前先要化疗一次，让肿瘤包块收缩；手术之后要连续进行六次化疗，用的药叫紫杉醇，进口的一次就得过万。

于超默默点了点头。

4

几天后，陈芳芹就去了县里。在途中，她拨通了陈涛的手机，说自己有事情找他。一听是陈芳芹的声音，陈涛既意外又高兴。陈涛说，好个芳芹，一出校门就把我忘了，真是人情薄如纸啊。陈芳芹说，陈涛，咱们是同学，我找你的事你千万别推。那时陈涛正在新县城的建设工地上，就让陈芳芹在中途下了车，再派秘书带车去接，先接到一个酒店安顿下来。到了午饭时间，他才自己开车过来。随行的除了秘书，还有办公室主任和一个老板。一见面，两人不免都有些吃惊，觉得彼此的变化都很大。陈涛就对大家介绍说，这是我们市公安局于局长的太太，也是我的大学同窗。当年啊，我还认真追求过她呢，可她嫌我个子矮！这话一说，陈芳芹脸立刻就红了，说，陈县长，你这么说不是要让我觉得后悔吧？陈涛摆摆手说，哪里哪里，要说后悔的还是我啊。爹妈少让我长了五公分，就这么眼睁睁地失去了一个大美人啊。陈芳芹说，你这人说话一点也不真诚，我不信。陈涛说，我是真诚的，问题是我比不上你家于超，那可是真正的男子汉一个啊。老于今天怎么不一起来啊？陈芳芹说，他在忙案子呢！陈涛问，还是那个银行抢劫案吧？陈芳芹点点头。陈涛说，不是说，这案子有点头绪了吗？陈芳芹说，谁知道呢。

饭桌上就这么随便说着，等喝过两杯酒，陈芳芹起身去上洗手间。她站在镜子面前仔细看了看自己，觉得自己还是很好看的。她忽然有了一个奇怪的念头，如果当初真的是嫁给了这个陈涛，结果会怎么样呢？这个念头只有一瞬，却让她觉得这人生实在充满着偶然。

饭后，那个老板利索地把单买了，把陈涛和陈芳芹引到了一个很雅致的茶座包厢里喝茶，其他人便撤了。茶是那种福建安溪产的乌龙茶，陈涛自己动手来沏，手法很娴熟。陈涛一边沏茶一边问：芳芹啊，你今天这么远的赶来是有什么事情吧？

陈芳芹就把家里发生的事情作了介绍。并且说，前几天于超本人也来过了。陈涛听后，没有表态，只说：这个老于，到了县里怎么不来找我谈呢？偏要派老婆来。陈芳芹说，他没有别的意思，他这个人你是知道的，不爱说话，也不喜欢求人。陈涛说，都在一个市里嘛，有什么求不求的呢？再说，求人也不见得就是丢人，他不来，不还是叫你来了吗？陈芳芹心里咯噔了一下，心想，谁叫我是他老婆呢！

陈涛把茶先端给陈芳芹一杯，然后自己又喝了一口，说：芳芹啊，这事我知道了。你可以先把报告留下来……

陈芳芹立刻就从包里拿出要求解决医疗费的报告，递到陈涛手里：那就谢谢你县太爷了。

陈涛说：我话还没说完呢。县里目前正在集中财力搞县城搬迁，像这种事，也不是你婆婆一人，有很多的，连几个兼职的人大主任和政协主席都在排队，口子还真不好开……但也不是铁板一块。我给你出个主意，你回去之后，让老于找一下他们的谭政委——他和我们县委吴书记是战友，关系很铁的，让吴也批个字，我这里呼应起来就方便了。你说呢？

陈芳芹似乎没有什么可说的了，就点了点头。

话说到这里，陈芳芹看了看表，说：陈县长，那就谢谢你了。我还得去赶下午的班车呢。

陈涛说：不急，咱们再聊会儿，于超不派车送你来，我可以派车送你回嘛。

然后陈涛就提起了一个话题，说：芳芹，我记得你比我小六岁，是吧？

陈芳芹说：是啊，我今年三十五了。老了。

陈涛说：我不是这个意思，人都会老嘛。我是说啊，你们为什么不要个孩子呢？

陈芳芹迟疑了一下，说：不是不想要，是没怀上呢。这都怨于超，第一次怀了，因为当时他正在忙一个大案，就动员我流了。没想到之后就闹了个习惯性流产的毛病。想空上两年再说……

陈涛说：哦，是这样啊，这我可得批评老于几句了。工作再忙，孩子总是要生的嘛。不过，我能看得出来，你和老于过得不错。二人世界，好。

陈芳芹说：本来是还可以的。去年装修了房子，可现在，我婆婆这病……

陈涛拍了拍陈芳芹的肩说：不要着急，问题总会解决的……

他突然意识到这个动作有点不妥，就很快把落在女人肩上的手收了回来。

晚上，陈芳芹把陈涛的意思对丈夫说了，想让他尽快找一下谭政委。于超听过，想也没想就说：我不找他。陈芳芹说，为什么？你们不是一个班子里的吗？于超说，我不喜欢这个人。陈芳芹说：你这人怎么见谁都不喜欢？这可是为你妈治病啊！于超看了看妻子，似乎从女人的神色中看出了气愤之外的内容。这是什么内容呢？他一时没想出来，但相信是有另外内容的。这时候他就觉得，让妻子出面找陈涛，或许是一个错误。

两个人沉默了一阵，于超才说：给我拿两千块钱，我得去刘院长家。妈后天动手术。

陈芳芹说：钱在抽屉里，自己拿去吧。

说完，女人就去洗澡了。于超独自在客厅里坐着，看着那盏几乎从来不开的吊灯，想人有时真是有趣，明明是不用的东西，却占着家中重要的位置。他把烟掐灭，从抽屉里拿出了两千块钱——实际上只有一千八，他又从口袋里拿出了两张，放进一只信封，就出门了。临出门前，他对着卫生间喊了声：明天，把那三万取出来吧。妻子没有回答。

街上已经安静了。这是初秋的晚上，胳膊上明显感觉到了秋意。于超走到自己那辆三菱吉普车前，给刑警支队的李大海拨了个电话，问案件有进展没有。对方说没有，电话里传出了喝酒的气氛声。于超突然有点愤怒，说：大海，你给我听好了。这个案子破不了，我这个副局长当不了，你这个副支队长也得撂挑子，别占着茅坑不拉屎！李大海吃了一惊，说：于局，于局，我想，我是能拉屎的……

于超说：那你就好好拉。过去茅坑门上有一副对子，叫"进门三步急，出门一身轻"，可你现在就一身轻了，居然还有心思喝酒！

挂了电话，于超就有点后悔。今天火气怎么这么大呢？他坐到车上用双手紧了紧脸，觉得自己的脸变得好粗糙。过了年，就四十岁了。古人说，四十不惑。古人却不知道，四十岁是男人最操心的年纪，空泛的责任到这个时候就逐一具体化了。一路上于超就这么跳动地想着，等他看见了刘院长家的灯光时，他才长吁了一口气。以前也是经常有人夜晚来敲他家门的。那都是些想托他办事的人。他们有求于他——这个社会就是如此，这个社会不知不觉地就变成了一个市场，人与人之间构成了这种供求关系。可求他办的事，大都是些难办之事，譬如捞人之类，还有减刑的。敢上他家门的，也都是有些背景的人。他们准带着谁的条子，以及烟酒，以及烟酒盒子包裹着的钱。那些钱，最少的也多于两千，可他不敢收。行当不同，连敛财都有了限制。那是自己对自己的限制。他估摸了一下，这些年被他扔回去的钱，不会少于五十万吧？那是足够给母亲来治病的。可是，眼下自己得亲自来给这个叫刘院长的半老女人送钱，以仰仗她的技术，为母亲掌刀。如今医生，当然不是所有的，都发起来了。据说一个心内科的主任，特别是那种做心脏介入手术的，每年至少能挣五十万。一例房缺手术，先拿病人家属的，再拿供货厂家的，出门走穴，还要拿所在医院的，而且费用无须自己担当，也无须上税，算起来，纯的就上了三千。

这是一个很不错的小区，一色带落地外飘窗的六层楼，环境幽雅，肯定不是医院的宿舍。但这个小区距离几家医院都比较近，所以住着不少能挣钱的主任医师。于超刚把车停好，拿起一束鲜花，下了车。刘院长家住在甲12号楼，也就是13号楼。看来，住这号楼的主任还不算很富裕。因此这种人就更少不得钱。他接近了这栋楼，忽然看见一个熟悉的背影，手里也拿着一束花。从身影轮廓上他就看出是那个马冬生，就主动喊了句：是老马吗？

马冬生吃了一惊，回头一看，笑道：是于局长啊！

于超说：你是来看刘院长的吧？

马冬生说：是啊，你不是夸她技术好吗？

于超说：她是妇产医院的"第一把刀"啊。

马冬生说：所以我就来了……

于超说：那正好啊，我们一道……

马冬生说：你送多少？

于超说：两千。你呢？

马冬生说：我也是——听说都是这个价。

于超说：其实落到她手里的也没多少，还有麻醉师和助手，都得分点。

马冬生说：这种钱是该送的，你说呢？可是……

于超说：可是什么？

马冬生有点迟疑地说：我们一起进去，不太好吧？

于超想了想，说：倒也是，这种拜访，人家总是不喜欢有第三者在场的。

马冬生说：那你先去吧，我明晚再来。

于超还没有答应，手机又响了。一看来电显示，还是李大海来的。于超就走到了一旁接听，问：怎么了？

对方说：案子有了进展。

于超说：我马上过去。说完，他又走到马冬生面前，说，老马，我有点急事，这样好了，你就替我去看望一下刘院长，把意思带到。然后就把那个信封和鲜花一起交到了老马手里，后者却还在犹豫着，说：这合适吗？

于超说：其实也说不上什么，人家一天的手术下来，很辛苦，你把东西放下就行了。

马冬生说：那……好吧。

于超拍了拍马冬生的肩，上车迅速离开，直奔刑警支队的办公室。

刑警支队副支队长李大海汇报，9月12日上午，有目击者看见，一个戴着头盔和墨镜的男人骑着一辆红色摩托车从三桥河第二座桥上通过，险些撞坏了一个行人。这个人身穿一件深蓝色粗纹灯芯绒的夹克衫，还斜挎着一只蓝黄相间的旅行袋。这些，与犯罪嫌疑人的体貌特征都非常一致。李大海说，但是，后来朝阳路储蓄所遭到抢劫之后，犯罪嫌疑人的车子是往西而去的，方向又不太对了。

于超站在地图面前，顺着原来判断的路线看着，最后把目光集中到一个标有"枣树巷"的位置上。他对大家说：我认为是同一个人。犯罪嫌疑人真正的逃跑路线不是我们一开始判断的那样，他最初奔西而去不过是一个假象，想扰乱我们的视线。实际上，这个人在行驶几分钟之后突然扎进了这个不起眼的枣树巷里，穿过去之后便向右拐了一个弯，沿着环城路向东去了。

李大海问：那么，他为什么要丢掉摩托车呢？

于超说：那是他担心时间一长会显得目标过大，所以就在那个窑洞里换了装，再去等候过往的7路公共汽车去了。一切都是事先设计好了的。

李大海点点头。

于超说：我们把犯罪嫌疑人的能力低估了。这家伙胆大心细，遇事不慌，轻松地就把我们玩了一把。这样吧，留一个组继续在原来的方位摸排，其余两个组沿着举报者提供的情况，深入了解一下。有一点值得注意，我觉得，这家伙不是那种流窜作案的盲流，是我们本市人。

李大海说：能肯定吗？

于超说：基本上可以肯定。那条枣树巷就说明了这一点，一般而言，流窜作案的人是不会轻易往小巷、胡同里扎的——万一是条死胡同怎么办？说明这家伙对地形很熟，事先也踩好了点，而且可以断定他是一个人作案，时间有限，如果不及时扔掉摩托车、换换装，我们就上来了。

李大海说：于局，我们怎么做呢？

于超想了一会，说：把摸排的重点放到三桥河的南岸来。

5

今天是于文惠老师做手术的日子。昨天下午，刘院长找到于超，和他进行了术前的例行谈话并履行签字手续。刘院长说，手术的风险不会大，但效果很难说。尽管事先进行了CT之类的检查，但是确定最终肿瘤的准确位置，还得看打开腹腔之后的情况。万一位置不好，譬如靠近尿道或者肠黏连得厉害，刘院长说，对手术会造成麻烦的。这个你得有充分的准备才是。

于超说：这我明白。

刘院长说：我自然会尽力的。放心好了。

于超说：那我就先谢谢了。

说完这些，刘院长掩上门，又从抽屉里拿出了那个熟悉的信封，交到于超手上：于局长，咱们之间就用不着这么客套了。

于超连忙拦住：刘院长，您千万得收下，这是我们家属的一点心意啊！

刘院长似乎有点无奈地说：医院的规则是不许这么干的。可是呢，我们又很难拦得住，病人家属总觉得这样做了，心里才踏实，弄得我们很尴尬的。

于超说：您千万别这么说……其实大夫很辛苦，特别是大手术，一站就是五六个小时。

刘院长说：说辛苦，大家都辛苦。你们公安不辛苦吗？我在电视里看见，去年你们侦破那起碎尸案，连续多少天没睡上觉，一蹲坑就是好几宿……这是职业道德啊，也是职业信仰。有时候我想，这个社会风气不好，可能与我们多年来那种功利而空洞的宣传有关系。年初闹"非典"，一下子就说医护人员是"白衣天使"了，说是"最可爱的人"了。而之前呢，媒体上总是在喋喋不休地批评医患关系如何如何糟糕。其实呢，我们不一定要求每一个人讲什么大公无私的奉献，——人都是有私心的啊。只要各人尽责，社会就蛮可爱了。

于超觉得，这个刘院长比他想象的要可爱。

那天晚上，于超因为案子没有回家。他电话里告诉妻子陈芳芹，说第二天直接赶到医院。陈芳芹说,妈这边有我呢,你还是抓紧时间找一下你们谭政委吧。一提这话,于超就不想多说,把电话给挂了。他能想象得出,那一刻电话那端妻子不满的表情。也难为这女人了,于超想,对于一个国家,改革是硬道理,但对于一个家庭,钱就是硬道理。这么重的担子让一个女人去扛着,甚至不惜挪用公款,怎么也说不过去的。他想自己是否真的该去和那位谭政委谈谈了,让他出面周旋一下,把眼前这道坎过了。可一想到自己将要对那张不苟言笑的脸去说上一堆违心的好话,觉得舌头都短了。

手术定在今天的上午九点开始,但病人必须在七点就做好准备。于文惠老师在临进手术室之前,取下了脖子上的那枚生肖玉兔的挂坠,交到媳妇陈芳芹手里,说:我要是回不来了,这个就给你们作个念想好了。芳芹当时就流泪了,说:妈,你不会有什么危险的。于文惠说,人都是要死的,我不怕死。我甚至觉得,这么被麻醉了不知不觉地去死,还真不错呢。

听了这话,给女儿倒痰盂回来的马冬生就站住了,放下痰盂,对于老师说:于老师,您气色很好的,不会有什么问题的。

于文惠看了看旁边的马瑾,那孩子睡着了,就放低声音说:马师傅,小马瑾不会有事的,刘院长说了,她情况比较好,发现得又早……

马冬生说:你们都不会有事的。

这时候,手术室的担架车到了病房。于文惠自己睡到车上,样子很安详。然后,陈芳芹和马冬生就跟随着担架车上了电梯,妇产医院的手术室在五楼。出了电梯,担架车便推进了手术室。看着陈芳芹那副黯然失色的样子,马冬生说:小陈,你千万别着急,我在这里陪着你。

陈芳芹说:马师傅,你下去吧,于超一会儿会来的。

马冬生说:我没事的,早饭马瑾会自己弄。

两个人就在手术室外面的椅子上坐下了。两人随便聊着家常,等候着时间一分一秒地过去。马冬生说,做手术关键是看进去后的第一个钟头,人不出来,就没事了。陈芳芹没有听懂,就问:不是说要开四五个小时吗,怎么一个小时就完事了呢?马冬生说,第一个小时没事就没事了,表示手术顺利;要是人很快推出来,说明情况很糟糕,刀没法开了,口子合上了。陈芳芹听明白了,之后便不停地看表。等一个小时熬过去了，她的情绪忽然就变得轻松起来，她说：老马，你别介意，你是不是离婚了？

马冬生说：我离婚快十年了。

陈芳芹说：哦，难怪啊，这些天我没有看见马瑾她妈来。

马冬生说：她妈在上海呢。原来是我们厂驻上海办事处的，后来，认识了一个小老板……这也不能怪她，水往低处流，人往高处走。

陈芳芹说：你没有把女儿的事情通知她啊？

马冬生说：我也想过，可是女儿不肯。

陈芳芹说：孩子嘛，有点任性。这种病你一个人可扛不住啊。

马冬生说：还好，我弟弟在深圳那边开公司，要不可就抓瞎了。

陈芳芹说：幸亏你有这么一个好弟弟啊。我们家要是有这样的亲戚，就好了。

马冬生说：小陈，你是不是手头很紧啊？

陈芳芹说：说来不怕你笑话，我家于超说起来是一个局长，还是公安局长，可是家里还真的不宽裕，去年一搞房子，老底子就没了……

马冬生说：那我借你一点吧。多了没有，一万两万还是可以的……

陈芳芹说：那怎么行，我哪能……

正说着，于超风风火火地来了。从他的脸色上看，又是一个通宵没有合眼。他是走上来的，一步迈两个台阶，见面就问：妈进去了？

陈芳芹说：进去一个多小时了。马师傅怕我着急，就一直陪着我。马师傅说，第一个小时没事就表示手术进行得很顺利。

于超就转过身对马冬生道谢，说，老马，你懂得可真不少啊。马冬生说，你来了，我就回病房了。你们千万别急，于老师会一切顺利的。于超觉得，老马这个人很像一个敦厚的兄长，几句话一说，就让心里轻松了许多。他想自己如果真有这么一个当工人的哥哥，也很好的。送走了马冬生，于超回头坐到媳妇身边，说：你回去歇着吧，我在这里候着。

陈芳芹说：你不是一夜没睡吗？

于超说：我习惯了，就躺在这椅子上打个盹儿。刘院长说了，这个手术至少得做上四个钟头呢。

陈芳芹没有说话，也没有动弹。于超就靠在她身上，说：你走啊，不是还要上班吗？

陈芳芹说：我今天请假了。

于超说：你回去睡上一会儿，等手术快完的时候，我给你打电话，你再过来就是了。

陈芳芹问：你找谭政委了吗？你肯定没找。

于超说：回头再说吧，我先打个盹儿……

陈芳芹便站了起来，准备离开，走到楼梯口，又折返回来，把那枚生肖玉坠交到了丈夫手里。

于超突然感觉到心跳加快了。这枚玉坠还是他大学时代，有一回参加大学生夏令营，在承德的普宁寺为母亲买的，开了光。他在那里看见了世界上最高大的木雕观音佛像，他也曾向母亲表示过，以后有机会要带她到这里来看看，敬上一炷清香。可是转眼就过去近二十年，始终就没有出现过这么一次机会。如今，即使是机会来了，母亲也很难前行了。想到这里，于超的泪水潸然而下，握着玉坠的手不禁哆嗦了起来。他想竭力控制住，却不行。

妇产医院的五楼，左侧是产房，右侧是手术室。在门前等候的人慢慢多了起来，这些等候的人拥有一样的期待却怀着两种截然不同的心情。这里的门也是不断地在打开。一会儿，这边产房的门开了，紧接着一个新生儿被抱了出来，于是等候的家属便围了上去，看那孩子发皱通红的小脸，笑逐颜开。一会儿，那边手术室的门开了，一个戴口罩的护士喊着谁谁的家属，那作为家属的小伙子顾不得把眼镜扶正，就站到了护士的跟前。护士把一只搪瓷托盘递到他眼前，那里面盛着一块像干瘪的桃子样的肉物，护士说：看看吧，这是你爱人的子宫。那小伙子立刻腿就软了，被其他人扶回椅子上，泣不成声。于超坐在这两种气氛之间，看看左边，又看看右边，鼻子直发酸。他想这不就是人生吗？欢乐和悲伤就这样挤在一个狭小的空间里。他不时地看着表，从五楼走下去，又从楼下走上来，也不知走了多少来回。

于文惠家属！

随着护士的一声喊，楼梯上的于超立刻赶到面前：我是。

护士把搪瓷托盘送到于超面前，那是一只直径大约在十八厘米左右的肉瘤。

护士说：瘤子摘下了，现在在做淋巴清扫。

于超说：谢谢啊。还得多少时间啊？

护士说：快了。

直到此时，于超那颗悬着的心才落了下来。他想赶下去抽烟，刚下了几级台阶，就见到往上走来的马冬生。于超说：瘤子摘下了！

他用手比划着说：这么大！

马冬生也高兴地说：摘下就好。是刘院长亲自做的吗？

于超说：是啊。

马冬生说：但愿我家马瑾以后也在她手上。

于超说：那不会有问题的，老马。

马冬生有些担忧地说：我听说，有的手术，刘院长只是在边上看着指导，不亲自动手的。

于超说：回头我再帮你说说吧。

马冬生说：那我就放心了，谢谢你啊，于局长。

于超说：老马，你比我年纪大，以后就别喊我局长了，就喊小于好了。

马冬生说：那怎么行，你本来就是局长嘛！

两人一边说着一边下楼，走到院子里抽烟。这时，马冬生谨慎地说：于局长，我听你爱人说，你们家也不宽裕，是吗？

于超有些意外，他不明白陈芳芹怎么会把这种信息传递给像马冬生这样的人，就说：政府人员嘛，也就是一个衣食无忧，暴富是不可能的。

马冬生说：那这回于老师住院治病，还是有不小的花费啊。

于超说：那是啊，等实行了医保就会好的，现在只是暂时垫付一些。

马冬生说：于局长，你手头要是紧，我可以借你两万，等医保报销后你再还我就是。

于超说：那像什么话？你这边多紧啊！

马冬生说：我弟弟一直在帮我，再说我一时也花不了许多。

于超说：老马，你的好意我心领了。

马冬生说：于局长，我听你家小陈这么随便一说，就觉得你是个好局长——像干公安局长的，每年收个几十万的，在中国，在我们这个省，大概都不是新鲜事。反过来，公安局长手头紧的，倒是怪事了。所以……

于超说：老马，这件事就到此为止了。如果我真的需要，会及时找你的。

抽完烟，两人又上了五楼。没过一会儿，于文惠的手术车就推出来了。于老师像是睡着了，于超轻声呼唤了几声妈，也没有听见她回答。那个瞬间于超就想，母亲如果自此康复起来，该是多么好啊。他们护送手术车进了病房，护士让于超把病人横托着抱上床，于超觉得使不上劲，便和马冬生一起，将母亲轻轻抬起，再轻轻放到病床上。护士吩咐于超，不能让病人昏睡，要唤醒。于超就伏在母亲耳边，不停地轻声呼喊着：妈，您醒醒，手术已经完了。于文惠老师有点醒了，半睁着眼用浑浊不清的声音问儿子：我回来了？

接着，护士们开始忙着给手术后的病人放置心脏、血压的监测设备。不多会儿，陈芳芹就到了，于超便把妻子支了出去，走到院子里就问：你怎么随便开口向人家老马借钱了？

陈芳芹一愣，说：是他好心要借啊，我根本就没说什么。

于超说：你不要老是对外面说，咱们手头紧什么的——你什么意思？

陈芳芹委屈得眼泪直滚：于超，你有多大能耐，我清楚，你少这么教训我！

于超说：我怎么教训你了？我这是……

陈芳芹把丈夫一推，跑开了。顺着医院长长的走廊跑开了。于超忽然觉得，这不像是自己的老婆。或者说，自己老婆是从来不这么做的，即使吵上几句，也不会就这么跑开的。他感觉到了老婆的这种变化，不明显，但确实是一种变化。

6

经过几天的恢复，于文惠老师可以下床了。从儿子媳妇的零碎的交谈中，她能感觉到自己的病给小两口带来了麻烦。但她没有把自己的感觉说出来，而是细心观察着。她意识到自己的病的分量，觉得这么下去没有多大的意思。听医生说，自己腹腔里能摘除的都已经摘除，好像自己就不像个女人了，连说话的声音也变得沙哑、难听。她的情绪在术后的一周后开始转为急躁。她要求儿子替自己请一个护工，说：你们都是有工作的,隔三差五地来一趟就行了。陈芳芹说,妈,我时间不是那么紧张的。于文惠说,我这个病,也不知道拖到哪一天,更不知道活得成活不成,你们忙你们的去好了。当儿子、媳妇都不在的时候,于文惠老师就和邻床的女孩马瑾说说话。现在她知道了,这个小姑娘实际上已经有十六岁了,也属兔,她便喊她小兔子。她很喜欢这个不漂亮但可爱的小兔子,看着她惊恐而好奇的眼睛,鼓励孩子勇敢地接受手术。麻醉效果非常好,非常舒服,于老师说,你不会感觉到一丁点的痛感。即使手术完了,带着这个麻醉棒,也没有什么特别难受的感觉。于老师的现身说法缓解了小马瑾的紧张。几天后,马瑾顺利接受了手术,也是由刘院长主刀的。手术当天,于超还抽空来到手术室外面,和马冬生说了一会儿话,让他不要紧张。马冬生说,我不紧张啊。但他的手却控制不住地在哆嗦,把香烟从口袋里摸出来,又放回去。等第一个小时过去了,于超说,老马,我可不能多陪你了,得去忙案子。马冬生就问:于局长,你们那个案子破了吗?

于超说:你讲的是哪一个啊?我们案子多呢。

马冬生说:就是那个抢银行的嘛。

于超说:是"9·12"吧,目前还没有,但破是迟早的事。

马冬生说:我信,你有这个本事。

"9·12"案件的侦破,虽然不断有新线索提供,但实际上并没有任何进展。这一点,于超心里很清楚。这天下午,政法委书记把公安局几个头头都叫去了,第一个议题就是听取"9·12"专案组组长于超的工作汇报。会议的气氛一开始就很严肃,于超把前一阶段的情况说了,作出的结论是,实际上这么多天下来,没有忙出实质性的名堂。

书记一听脸色就变了,说:这么说,这个案子还破不了了?

于超说:我只能说,一时破不了。

书记说:那你觉得什么时候能破啊?

于超说:我又不是算命先生。书记,其实我对"限期破案"这种提法就很有意见。犯罪是超前的,侦破总是滞后——破案怎么能"限期"呢?

这时候政委谭季平插话道:于超同志,有意见可以发表,但不要带情绪嘛。

于超看了这个男人一眼，觉得好压抑。于超说：我只是有点激动——你总不能不让我激动吧？

书记摆摆手说：于超，我没有时间与你理论。但我得告诉你，如果年底前——你记住了，是2003年12月31日之前，这个案子还破不了，直接影响到"文明城市"的挂牌，你就向市委递辞职报告。

于超淡笑道：报告我一直在身上揣着呢。

书记一愣：你还真……周到啊！

因为有案子，这个会议讨论完"9·12"，于超就匆匆离开了。他刚走出市委机关大楼，便听见身后有人喊，回头一看，竟是自己不想见到的那个陈涛。他记不清上次见到陈涛是在什么时候了，可能过去了近三年。这个男人却似乎没有什么变化，保养得真是很好。陈涛从后面几步撵过来，握过手就问：于局啊，你找老谭了吗？

于超想了一下，说：一直在忙案子，还没顾得上呢。

陈涛说：老娘的事嘛，哪能不放在心上呢？上回陈芳芹到县里，我把底牌已经亮给她了，只要吴书记那边给个招呼，我这头就好办。不就是几万块钱嘛！

于超说：芳芹都对我说了，谢谢你啊，陈县长。

陈涛说：没什么好谢的，咱们谁跟谁啊？

两人都是自己开车来的，就边说话边走向停车场。陈涛说自己回来取换季的衣服，马上要出差。还说老婆上个星期带儿子去香港旅游了。于超问，孩子多大了？陈涛说已经上初中了。于超就有些吃惊，说我们年纪差不多，你怎么会有这么大孩子呢？陈涛说，我这人不求进步，结婚早，生孩子也早。这回答让于超觉得有点不舒服，论职位，他陈涛已经是正县级，而自己才刚刚进入副县级；他孩子上初中了，自己却还没有孩子，这是什么鸟意思呢？他听出了陈涛的话中带有一点炫耀的味道。

到了停车场，为了礼貌起见，于超先送陈涛上了车，看着他把车开走。然后，再回到自己的车前。正打算上车，又听见政法委的一个工作人员打开水从后面过来喊他，说：于局啊，你刚才和谁说话呢？

于超说：陈涛啊，就是下去做县长的那个。

那人说：哦，陈百万啊。

于超说：什么陈百万？

那人说：下面的人都这么说他呢。说这小子借着县城搬迁，发了横财呢。

于超说：这话可别瞎说，一个县长，哪来这么多钱？

那人说：一个县长没有这么多钱才叫瞎说呢。

于超笑了笑，把车发动了。他想刚才那人说的话，不可全信，也不可不信。那回陈涛的外甥被抓了，他老婆送去的那条特制"大中华"里，就有五万。如今县城要搬迁，多少基建的项目攥在他手里，敛财的便利是可想而知的。看来，这个陈涛的胆子是越发大了，只是没有人去盯他而已。这个陈涛显然不是一个简单的人物。去年曾经一度传闻要对其实行"双规"，可是呢，风声刚起就忽然平息了。据后来反贪局的人说是证据不足，其实是这家伙背景太深了。深不可测。

这天夜里，于超和专案组的人研究完工作之后，回到家里，发现陈芳芹不在，茶几上只留了张条子：医院在催费用，我不能再挪用公款了！

于超很生气，说：明明家里还有钱，就是死活不取，什么女人！

可是仔细一想，那三万块钱又能起多少作用呢？他坐下来抽了支烟，想此刻的妻子大概还在医院里陪着母亲，觉得自己的老婆也好不容易，家中出了这么大的事，自己缩在后面指手画脚，让女人抛头露面，算什么呢？他又一次想到了那个谭政委，心里还是一样不舒服。他实在不喜欢这个男人，就谈不上有求于他了。但是钱的问题怎么办呢？去向朋友借吗？应该没有多大的问题。在这个城市，只要他开口，借钱不是问题。可是，借来的钱终归是要还的。不还，那就是变相受贿了。还有，能借给他钱同时也不急于还的朋友，还真的不多。这年头大家都不容易，不是每个人都是车到山前必有路的。

这个晚上后来于超又开车出去了。他想兜兜风。他想自己的路或许就隐藏在这风中。

于文惠老师的第一次化疗，反应很强烈。化疗的药还没有输完，就开始了呕吐。那天晚上，陈芳芹没有回家，就在医院里简陋的铺上凑合了一宿。她决定留下的时候给丈夫去了电话，但于超没有开机。这种情况以前是从来没有过的。她又往家中去电话，结果也没有人接听，她就更是奇怪了。等到天亮时分，于超主动来电话了。陈芳芹上来就质问：你手机怎么关了？

于超在电话那端平淡地说：没电了。

陈芳芹又问：你昨晚是不是没回家啊？

于超说：是的，我在忙案子——陈涛的家被盗了。

陈芳芹一听就愣了，说：什么？他们家怎么会……

于超说：他们家怎么就不会呢？好了，妈那里麻烦你照应，我这边完了，就过去替你。

昨天午夜时分，110接到了报案，说位于"锦绣花园"5号楼302室的陈涛家被盗。那时于超正在赶往医院的路上，本想去接老婆回家的，一听说是陈涛家出事，就掉头去了案发地点。他到的时候，刑警队的人已经控制好了现场。现场一点也不凌乱，看不出有被盗的痕迹。这是于超第一回来陈涛家，他一进门，就被室内的那种豪华感给怔住了。这是一座复式的楼房。三四层为一个单元。面积至少有两百平米，装修十分考究。刑警支队副队长李大海向陈涛汇报，犯罪嫌疑人是从楼上卫生间划破玻璃入室的，初步认定是一个人作案，但这家伙显然是个高手，什么痕迹也没有留下。李大海还说，这个案子和"9·12"有几点相似之处，其一，都是一个人作案，没有同谋；其二，体貌特征有近似之处，比如说都戴上了马虎帽；其三，作案时间都很短，不超过十分钟。而且，那个人好像对陈涛家的情况掌握得很清楚，知道那个时候，陈家黑灯瞎火的没有人。于超就问：没有人？那是谁报的案啊？李大海说：是陈涛本人，他正巧这个时候回来了，险些……

于超问：陈涛呢？

李大海说：在楼上书房里呢，可吓坏了。于局，你觉得有并案的可能吗？

于超想了想，说：你先不妨这么想着吧，对外不这么说。

说完，于超就上了楼，推开了书房的门，看见陈涛正语无伦次地向询问的警察谈情况。见于超进来，陈涛便站起来，很委屈地说：于局啊，真是天有不测风云啊！下午我们还……

于超示意两个讯问人员出去，然后就在陈涛对面坐下，问：陈县长，是你本人报的案吗？

陈涛说：是我啊！

于超说：你下午不是对我说，要急着赶回县里吗？

陈涛叹道：唉，差点就丢了条命啊！

于超说：老陈，你别急，把案情经过慢慢对我说说。

案件发生的准确时间，推算应该是在昨天晚上十一点四十分。已经在去县里路上的陈涛，忽然想起来，把那种称作"掌中宝"的微型摄像机落下了。他下周要去威海、昆山一带考察城市建设，他要带着这个玩意儿上路，拍点参考资料。于是就原路返回，进了小区，他下意识地看了看表，差不多快十二点了。他匆匆进了家门，直接上了楼，正打算到书房里找"掌中宝"，忽然电灯灭了，他还来不及反应，就被一个后面上来的黑影捂住了嘴，那家伙好像戴着马虎帽，嗡里嗡气地说：别出声，我只要钱！说着，就把匕首一类的东西——事后证明是一把尺子，横到了陈涛的颈项。陈涛吓得直哆嗦，说：好好，我可以给你钱……

那人就把陈涛押到卧室，看着他打开衣橱，再把一排优质的服装撩开，便露出了暗藏其间的保险柜。接着，陈涛就把保险柜的密码打开了——那是他女儿的生日，很好记，所以很快就弄开了。那人先把陈涛送回书房，捆到椅子上，再用胶带封住了他的嘴，然后就上卧室装钱去了。整个过程不到十分钟。

于超问：一共丢失了多少钱？

陈涛很迟疑地说：多少钱我不是很清楚。钱一般都是我老婆管的，不过也不会很多……

于超问：估计有多少呢？

陈涛说：可能有五六万的样子吧？都是她以前炒股时赚的。

于超问：还有其他财物丢失吗？

陈涛说：我老婆的几件首饰倒还在……哦，对了，我的"掌中宝"他好像也随手拿去了。

于超问：值多少钱？

陈涛说：是索尼的牌子，大概值一万多吧。那是我姐夫送我的，有发票……

于超想了想，说：这个家伙很奇怪，金银细软不要，偏带走了这个"掌中宝"。不会也是一个摄影爱好者吧？那个人身高大概多少？

陈涛说：比我高……我当时吓晕了，说不准确……于局长，这案子能破吗？

于超点上香烟，笑了笑说：没有破不了的案子，只是时间问题。

7

尽管陈涛说被盗的现金财物总共不过六七万元，但被盗者是一个县长，是市委委员，所以案件还是惊动了有关方面。第三天上午，政法委书记和公安局党组集中听取了刑警支队副队长李大海的汇报。去的路上，于超突然接到了陈涛从县里打来的电话，说自己家的这个案子，想起来也没多大的损失，就不要再搞了。陈涛说，你们已经被"9·12"压得喘不过气了，我就不必添乱了。于超说，那你得自己回来办撤案手续啊，不过这个案子已经惊动上面了。陈涛说，还是别搞了吧，算了，我自认倒霉。于超说，我负责把你的意见带到。

在今天的会议上，政法委书记说，这起代号为"10·20"的案子不算大，但性质恶劣，影响极坏。大家想想，连一个县长家都被偷了，老百姓哪来的安全感呢？局长老宋补充说，外面对这个案子已经当成笑话谈论了。说那个小偷在陈涛同志家里偷取了好几百万呢。

于超插话说：局长，陈涛本人向我们介绍，只偷了几万块钱。

局长说：是啊，这都是谣言嘛。如果真有那么多，他陈涛可就麻烦了——一个处级干部，哪来这么多钱呢？

政委谭季平说：我看就是省部级领导，家中也没有这样的收入吧？

书记说：所以啊，要平息这些谣言，只能等把案子破了，抓到犯罪嫌疑人，才能使真相大白。这也是对陈涛同志负责啊。

于超说：书记，我补充一个情况，今天一早，陈涛给我打了电话，他的意思是说这个案子不要搞了。他说市局目前正在集中精力侦破"9·12"，他家这点事实在算不了什么，大概就是这么个意思吧，倒是很体谅我们。

书记听了，皱了皱眉头，说：不，这个案子影响很大，必须搞，而且我还要你小于来牵头。

于超说：书记，我主要在忙"9·12"，现在距离上级要求破案的时间已经不多了。毕竟"10·20"这个案子不大，还是由大海他们去办吧。再说我母亲……

局长老宋这时便和书记嘀咕了几句。书记看了看于超，问：你母亲情况怎么样了？

于超说：做了手术，正在化疗。

书记说：哦，多大年纪了？

于超说：六十四。

书记说：哦，那是要好好治啊。家中如果有什么困难，让局里帮着解决。

于超说：既然今天书记、局党组成员都在，那我就先向局里申请暂借三万元吧，半年之内还清，利息照算。

局长老宋说：你赶快打报告，我批。

于超回到家，陈芳芹正在把给婆婆炖好的排骨汤往保温桶里盛，见丈夫回来，就说：你回来了正好，把汤给妈送去吧。于超点点头，一边把公文包拉开，从里面拿出了五万块钱递给了妻子，说：你先把公司的钱还上，余下的三万交到医院去。

陈芳芹把手在围裙上揩了揩，接过钱，有些意外地说：妈的医疗费解决了？

于超说：还没呢，但我们有钱了。

陈芳芹说：你哪来的钱啊？

于超说：你说哪来的？借的。找单位，找朋友，七拼八凑，借了十万呢。

陈芳芹吃惊地说：十万啊？你以后拿什么还啊？

于超说：你这人，没有钱你埋怨，有了，还埋怨。先垫付一下，等县里医疗费批下来了，不就还了吗？

陈芳芹说：要是县里还批不下来呢？

于超气就粗了：那就把房子卖了！我总不能看着我老娘去死吧？

陈芳芹委屈得也流出泪来，说：于超，你这人越来越不像话了。我这么问，是让你把问题想复杂一些，没有不给你妈治病的意思！

于超说：那你叫我怎么办？我又没有一个像马师傅那样的弟弟，一甩手就过来几十万。

说着，饭也不想吃了，拎着保温桶又出了门。他带上门之后没有很快离开，而是站在自家的门外点上了香烟。他听见妻子在里面哭泣，一边哭一边骂他没良心，骂他不负责任，骂他没能耐，不像个男人。于超心里很酸，觉得妻子骂得辛辣，不无道理。对这个家，对他的亲人，这些年来他确实没有尽到责任。可是，妻子应该想到，在这个世界上，一个人尽责，往往是通过钱的方式来实现的。他缺的不是责任心，而是可以尽责的钱。他觉得妻子有一句话可能说错了——他的确没有多大能耐，但还是一个合格的男人。

于超带着排骨汤，去了医院。走进病房的时候，看见母亲正和小马瑾一边聊天一边用辫绳在编花，不断变换着图案。两个人合作得好默契，说得也很投机。马瑾说，奶奶，你的手特别好看呢。于文惠说，我这拿了一辈子粉笔的手能好看吗？马瑾说好看，马瑾说她以后也想当老师。于文惠说，好啊，那奶奶可以教你一些东西了。于超突然被这个场面吸引住了，他好像觉得，这个叫马瑾的女孩，就是自己的女儿。他的眼睛不禁湿润了。于超以前从未有过这种感动，他打心眼里喜欢这个女孩。马瑾看见了于超，昂起了头说：于叔叔，你来了？

于超走过来，把保温桶放在床头柜上。于文惠看见儿子眼睛红红的，就说：我不是对你们说了吗，工作都忙，就不要这样天天跑了。

于超说：再忙也得来啊。这是芳芹熬的排骨汤呢。

于文惠说：来，马瑾，咱们一起吃吧。

马瑾说：我爸爸一会儿就过来了。

于超说：马瑾，和奶奶一起吃吧，这样奶奶吃得才香呢。

马瑾就把自己的餐具拿了出来，于文惠先给孩子盛了一碗，再给自己装上。两个人开始吃饭，于文惠看了看儿子，感觉他明显地消瘦了，就说：于超，是不是案子压力很大啊？

于超说：压力肯定是有一点啊。

于文惠说：我看报纸上的舆论，对你们很不利啊。

于超说：舆论就是这样，当案子没破时，他们肯定要说你是饭桶的。

于文惠又问：医疗费怎么样了？

于超说：已经解决了。

于文惠似乎有点不太相信，说：是吗？

于超说：局里先帮着解决了一些，然后再和县里打招呼。

于文惠就叹道：你看，我这一病，牵动了这么多人……

于超说：妈，你就安心治疗好了。

正说着，马冬生来了，手里也提着一只保温桶，见到女儿已经在吃了，就说：好吧，我这里的就当晚餐好了。大家都很高兴，忽然小马瑾叫了一声：我的头发！几个人都看着孩子，看见孩子从头上轻轻地就拽下了一缕头发，孩子的眼泪就滚出了眼眶。

于文惠说：马瑾，化疗都是会掉头发的，不要害怕。头发掉了，以后还会长，长得更多、更黑、更好。你信奶奶这句话吗？

马瑾强忍着眼泪，点点头。

马冬生也没有再劝，和于超出去抽烟了。一到院子里，老马就流泪了。于超说：老马，你可不能在孩子面前这么脆弱啊！这种病，病人的精神状态是非常重要的。

马冬生说：于局长啊，幸亏有于老师做马瑾的工作啊，要不，这孩子早就垮了。

于超说：马瑾的病发现得早，不会有什么问题的。

马冬生抽泣着说：假如马瑾不在了，我也就不打算活了……

于超说：你看，怎么这么悲观呢？

马冬生慢慢平静下来，又对于超提起了钱的事情，说：于局长，你手头要是活动不开，可以从我这里先挪一点……

于超说：不用了，单位已经帮我解决了。

马冬生说：我说嘛，咱们可不就是不一样。你是国家的人，国家不护着你们护谁呢？

这话说得让于超觉得有压力，他想这个马冬生的话没有错，事实也确实如此。比起这些下岗工人，国家公务员自然要优越得多。于超拉开公文包找烟，这时才发现自己的钱包落在家里了，就说：老马，不好意思，我今天还真得向你借点钱呢，钱包落家里了，我得去为我妈买个假发套……

马冬生便从口袋里拿出了两张一百的票子，问：够吗？

于超说：够了。昨天我打听过，一百六。回头我带给你。

马冬生说：这个钱你无论如何不能还，就算我表示对于老师的一点心意还不行吗？

这时，走廊上有护士喊老马去为女儿拿化验单子，老马便离开了。

于超正打算把借来的钱装进公文包,忽然一条玫瑰色的亮线在眼前一晃,他定睛一看,发现纸币的水印位置上沾着一点颜色,那是口红。

那个晚上于超注定是要失眠的。技术鉴定的结果已经出来了,留在钞票上的口红痕迹与朝阳路工行储蓄所主任那支口红完全符合。在取得物证之后,于超立即从侧面对马冬生的情况做了秘密调查。马冬生,现年四十二岁,汉族,中专文化程度,是市棉纺厂一名电工,十年前离婚,两年前下岗。这个马冬生很聪明,作案之前就四处渲染他的钱与弟弟的接济有关。他确实有一个弟弟在深圳,但不是开公司,而是在某个公司当保安。于超心里很清楚,至此,这起轰动一时的"9·12"案件实际上已经告破了,他会马上命令李大海到医院去拿人,然后自己去政法委书记那里交差。我限期破案了,他会这样不无得意地说。但是,一个时间关系让他犯了迟疑。马冬生的女儿马瑾,是在9月7日那一天被诊断出患上卵巢癌的,可以肯定,这个马冬生作案的动机完全就是因为女儿的病。人都有被逼急了的时候,狗急还跳墙呢。可是,法律从来都是只认定事实而非动机的。马冬生这回犯下了不可饶恕的抢劫罪,这是重罪,所幸的是他没有伤人,否则他的脑袋就很难保得住。那个晚上于超几乎就没有睡,他半夜起来,在灯下画了一张草图,那是9月12日那一天,马冬生作案的行动路线图。最后,他制定出了一个仅限自己掌握的方案。

翌日上午,于超又去了医院。那时马冬生刚为女儿准备好早餐,于超便把他叫出来,两人还是像往常那样去院子里抽烟。点上烟,于超就把昨天借的钱还上。马冬生是坚决不要,于超说:老马,借的就是借的,好借好还。其实,你也不容易的,我心里清楚。

马冬生只好把钱收下,看看于超的脸,说:于局长,看你这脸色,不好啊。是不是为案子又熬了一宿?你们那个案子破了吗?

于超说:你是说"9·12"吧?还没有呢。老马,你好像对这个案子特别有兴趣啊。

马冬生迟疑了一下,说:晚报上一直在说呢。有线索了吗?

于超说:怎么说呢?如果说有,那么就一定有,说没有,也就没有。

马冬生不解地问:这是什么意思啊?

于超说:很简单。一个人犯罪,往往就是一个念头的驱使。一个案子的侦破,往往也是一点就通。其实,每个人的血里都有犯罪的因子,或者说，每个人都可能成为犯罪嫌疑人。就拿"9·12"一案来说吧，假设我是那个犯罪嫌疑人……

马冬生笑道：你怎么会是呢？你是破案的嘛！

于超把烟蒂扔到垃圾箱里，说：监守自盗也很正常啊。

马冬生说：别开玩笑了……

于超说：那么，就假设你是吧。

马冬生怔了一下，说：行，假设是我好了。

于超看了看天空，又把脚边一块小石子踢开，说：你家是住在三桥河的南岸对吧？咱们就从这里开始。9月12日那一天，你一早就去了纺织厂对面的"柳岸小区"。你对这里很熟悉，下岗之后，你到处找散活，是他们的兼职电工，小区物业每个月开给你两百块钱。那天早上，天气开始有点阴晦，大概在上午八点半，你就绕进了那个无人看管的停车棚，偷了那辆红色的摩托车，这辆车你已经盯了几天，你知道它的主人许刚最近出差了。一个电工在没有车钥匙的情况下，开动一辆摩托很容易。然后你戴上了头盔和墨镜，绕开市区，从河边那条小路上了第二座桥。由于你很久没有骑摩托车了——曾经有过一辆，两年前就卖掉了——所以在桥上还撞倒了一个行人。如果是以前，你会停下车，送这个人到医院检查一下。但现在你有更重要的事情要办。然后，你就插到了朝阳路，那时大概是上午九点一刻，马路对面的工行储蓄所刚开门一会儿。你等候了十几分钟，看清走进那家储蓄所的人不算多，也只有一个保安，你就把车开到了对面，停好，没熄火，这才套上你们厂过去生产过的那种专门卖给乡下老农的马虎帽，拿着一支在超市买的五四式仿真手枪，身上捆着一包所谓的炸药——你不会使真的，因为你不会丢下你的命根子马瑾，我也可以保证你根本就不想伤人。你要的是钱，一笔不小的钱，因为你太需要这样一笔钱了。等你闯进储蓄所，所有的人都被你吓傻了，加上遇上那位能言善辩、晓以利害的司马教授，所以很快就得手。事情办得比你想象的要顺利得多。然后你重新骑上摩托一直向西行驶，目的是给后来的警方制造一个逃跑线路上的假象，让很多目击者好证明你当时是奔西而去了。但是，你在行驶几分钟之后，突然绕进了那个极不起眼的枣树巷，由此向北，直接插上了环城公路，之后向东走了两公里，便在途中那口破窑洞里扔掉摩托车和头盔，再换装搭乘7路公交车回到了你的家，棉纺厂职工宿舍——这是不是一个不错的行动方案啊？

马冬生的脸色已经变得很难看了，说：然后呢？

于超停顿了一下，难道还需要有"然后"吗？这时候，他听见走廊上护士又在喊着"4床家属"了，马冬生却没有动弹。于超就说：等有空我去你家接着说吧，护士在喊你呢。

马冬生就默默离开了。于超看着那男人宽厚的背影，忽然觉得心跳得有些乱。

8

冬天很快就来了。这短短的两个多月里，于文惠老师和小马瑾先后做了五次的化疗。按照治疗方案，再做上一次，就可以出院了。此时，她们的头发全部落光了，但是精神状态都显得不错。于超今天来医院，忽然发现母亲的情绪有点不对劲。原来是6床的病人，那个老知青昨晚刚刚去世。这个不满五十岁的女人当年响应号召去新疆插队，把青春献给了戈壁滩，直到三年前才病退回来。她的儿子今年考取了大学，而现在，孩子却没有妈了。老知青的去世，给于文惠带来了打击，她总预感到，自己的时日已经不多了。于超没坐上几分钟，就被刘院长叫去了。于超觉得，院长肯定是有不好的消息。果然，刘院长关上门就说：于局长，老太太的情况不太好啊。

于超一听，脑袋就大了。

刘院长说：这是CA－125化验的结果，指标又反弹了，按这个速度，上去会很快的。B超检查显示，左腹部又有了一个四公分的瘤子。

于超问：您不是说，紫杉醇是目前治疗卵巢癌最好的药吗？

刘院长说：是啊，目前国际上都这么看的。同样的药，用在小马瑾身上效果就非常显著。这孩子目前各项指标都已经正常了，实际上是在做巩固性治疗。病人的情况千差万别，有耐药性，还有难治性。

于超说：那么，换一种药呢？

刘院长说：作用也未必就好啊。况且，老太太的体质是否能承受得了呢？有的药，比如说顺铂、卡铂、草酸铂，反应和副作用都是很大的。

于超说：刘院长，您觉得该怎么做呢？

刘院长说：我也很为难，再做第二次手术，又担心位置靠近尿道，不好处理；换药嘛，也只能是试试瞧了。

于超站起来，说：刘院长，我明白你的意思了。

刘院长说：很对不起啊，于局长。

于超说：刘院长，医生是治病的，不是都可以救得了命的，这我明白。

从刘院长那里出来，于超在走廊长椅上坐下，想让自己平静之后再去病房。没想到于文惠老师从病房里走出来了，看见儿子坐在走廊那端发愣，母亲心里就明白了。她慢慢走过去，坐到儿子边上，低声问：刘院长大概对你说了，我的情况不好吧？

于超掩饰着说：没有啊，她只说如果这个方案不理想，就换一种。

于文惠说：不要换了。毕竟是这种病嘛，还是办出院手续回家吧。

于超一愣，说：妈，你怎么想到了放弃呢？

于文惠说：不是放弃，是理智……既然医生拿不出什么有效的办法，就不要乱花钱了。

于超说：钱的问题已经解决了啊。

于文惠说：即使是国家的钱，也不可以乱花的。咱们还是出院吧。

于超说：妈，你怎么像个孩子似的？医生没叫咱出院，怎么要嚷着出院呢？

于文惠说：那你是希望我死在医院里，还是死在家里啊？

几天后，于超把母亲接回了家。那时陈芳芹因为单位的一宗经济纠纷案要急着去北京打官司，于超就和妻子商量，想让她借机联系一下北京的肿瘤医院，准备下一步带母亲去首都做最后的治疗。他说，现在，钱已经不是一个问题了。陈芳芹什么也没说，但她的目光告诉丈夫，现在到了钱也解决不了问题的时候了。于超把这个计划对母亲说了，不料遭到了坚决的拒绝。她说：我不会去的。化疗那个罪，我也受够了。你要是满足我，送走你媳妇就陪我回一趟学校好了。于超说，妈，这是两码事啊。我明天就送你回学校看看。

行前，于超想让母亲戴上那只假发套，于文惠没有同意，说我有围巾呢。我这个人历来就不喜欢假的东西。说着，就让儿子从箱子里找出了一条咖啡色大格子的羊毛围巾，那还是她结婚时丈夫替她买的。三十多年过去了，这围巾的颜色却看不出有什么变化。第二天一早，他们就上路了。让于超意外的是，母亲今天的气色和情绪都相当不错。一路上都在聊着儿子小时候淘气的事，等这些聊够了，于文惠问道：于超，你为我的病一共用了多少钱啊？于超说不多。于超说大头都是组织上帮着解决的。于文惠略带伤感地说：你看，我没有替你们攒上一笔钱，临了却让你们背了一屁股债。于超说，妈，为你治病如果不背债，那还叫你的儿子吗？

到了学校，于文惠才从张晓莹这里知道，何校长已经先她而去了。令大家意外的是，于文惠老师并没有过度的悲伤，相反，显得很镇定。她说，人生本来就是一个由生到死的过程啊，每个人最后都是要走这条路的。我唯一害怕的是，那最后的一段路是不是很痛苦。她还让张晓莹为她拉了一曲《莫斯科郊外的晚上》。然后，她当众向儿子提出了一个要求，等她死后，把她的骨灰撒在学校宿舍后面那片杉树林里。

从学校回来之后，于文惠老师的病情便开始恶化了，很快有了腹水。刘院长带着护士上了门，所采取的措施，也不过是希望病人走得安详一点。那些天，于老师都是昏昏沉沉似睡非睡。有一个后半夜，于文惠突然苏醒过来，把儿子叫到了床前，说：我刚才做了一个梦，梦见你父亲回来了。于超很诧异，说：你怎么会梦见他呢？于文惠说，也许我没几天日子了吧……可我怎么也看不清他的脸，只识得声音。他对我说，他没有死，不仅没有死，还赚了不少钱，知道我病了，想回来看看我，然后带我去国外最好的医院治病。我说，你别回来。都三十七年了，还回来干什么？他坚决地说，我一定要见上你一面啊！我说，都这么老了，还见什么呢？你年轻时候的样子还是很精神的，如今恐怕也是老得难看了。我情愿带着你年轻时的样子走呢。

于超把母亲的手握着，那脉搏越发地微弱了。第二天，即2003年12月15日，于文惠老师就没有再醒来。

于超后来知道，也就在这一天，4床的小姑娘马瑾病愈出院了。这个消息，是马冬生电话通知他的，老马还说过几天要带女儿来看看于老师。于超没有告诉母亲去世的事，只说，老马，你来我是欢迎的。最近有寒流，就别拖累孩子了。马冬生停顿了一下，说，那也好。那些天于超显得有些烦躁，每天都看看日历，日子就这么一页一页地翻过去了，忽然就觉得人生有时候真的显得很漫长了。

今天是 12 月 25 日,是母亲去世后的第十天,陈芳芹从北京来电话说,明天要回来了。陈芳芹至今不知道婆婆去世的消息,于超没通知她,主要是怕她不好分身。他想等妻子回来了再作一个交代。他需要向妻子作一个完整的交代。这天的时间他安排得非常紧凑,上午,他在忙着打扫家庭卫生,下午去了自己的办公室,把一些材料集中装到了一个文件柜里。然后,他打开了保险柜,把那份在口袋里装了一百多天的辞职报告,压到了手枪下面。等这些都做完了,他回到家里,舒服地泡了一个澡,从里到外换下了那身警服。外面的天早已黑了,现在,他得出门了。他想先去一趟马冬生的家。其实三天前的晚上,他就曾经悄悄去过棉纺厂那幢破旧的筒子楼,已经到了马家门口。他站在阴影中从窗户上往里看,觉得这个家很不像个样子,两间房子,老马正蹲着在给女儿洗脚。洗好了,再背进里屋。于超在门外抽了一支烟,想想还是把脚收回了。这个老马啊,他想,怎么就不上门来看看我呢?你到底还要让我等多久?

于超把车钥匙掂了掂,刚准备出门,见马冬生手里拿着一束百合花,身上还背着一个鼓鼓囊囊的大挎包,站在门外。于超立刻就明白了,心下一热,说:老马,你到底还是来了?

马冬生平静地说:我今天来,一是看看于老师……

于超说:进屋说吧。

马冬生便走了进来,随于超走到客厅,一眼见到了于文惠老师的遗像,就扑通一声跪下了,泣不成声地说,于老师啊,我想看看你啊!

于超把马冬生扶起来,让他坐到沙发上,给他倒了杯水,然后从口袋里拿出了母亲那个玉兔挂坠,放到了茶几上,说:这是我母亲留给小马瑾的,她们都属兔。

马冬生哭泣着说:这是个念想,我真的不敢收啊!

于超停了片刻,说:收下吧,这是我母亲的遗愿。

马冬生抹了抹眼泪,说:于局长,我知道你等我好久了。可我必须先把马瑾安排好……

于超说:你安排好了吗?

马冬生说:我昨天已经把农村的一个表妹接来了,她说可以照顾马瑾。

于超说：这就好。以后有什么困难，可以和我……我爱人联系。她人很好的。

马冬生把那枚玉坠握在手里，说：于老师把这么贵重的东西留给了马瑾，我真的不敢收啊！

于超说：老马，送你的东西和你拿的东西，意义是截然不同的，这个你懂吧？

马冬生说：我懂。

于超说：除了行贿，赠送的都是礼物。可拿的东西是什么呢？非偷即抢吧，是不义之财，要烫手的。

马冬生点点头，说：于局长，你说得好啊，我也是这样想的，自从那天你对我"假设"，我就开始做准备了。你看，我把洗换的衣服都背来了……

于超说：什么都别对我说，明天你先去把你欠下的债还掉，再到该去的地方把该说的话说出来。

马冬生说：可我拿什么还呢？

于超拉开皮夹克，从内衣口袋里拿出了一张现金支票，说：用这个。

马冬生吓了一跳，说：三十万？你，你哪来的这些钱啊？

于超：这个你就别问了……

马冬生说：我今后如何还你？

于超说：不用还了。我说过，送你的就是送你的。

马冬生又跪倒了。于超扶起他，说：老马，咱们都是男人吧？什么是男人？四个字——敢作敢当。走吧，再陪女儿一晚。咱们一起走，我可以顺你一段路……今晚我还有点事，还得去一趟"锦绣花园"，会一位老朋友呢。

于局长？这么晚了，你……

是啊，打搅你了。就你一个人在家啊？

老婆带着儿子回娘家了……

这么大的房子，你一个人住，多冷清。

谁说不是呢！

那我得替你找一个热闹的地方了。

什么地方？你不会也拖我上歌舞厅吧？

你跟我去就知道了。

你……

别担心，我会陪着你去的。我老婆也回娘家了。我也怕寂寞。

女人都这样，自从家中被盗，我老婆就……

哦，对了。我今天来，是告诉你，你丢失的那台"掌中宝"，我替你找回来了……

案子破了？

我说过，没有破不了的案子，只是时间问题。

我不是说，那案子不要搞了嘛！

不，要搞。要搞搞清楚，我就是吃这碗饭的嘛。很遗憾，你的钱没有了……不过，钱的样子都在这"掌中宝"里，除了人民币还有美元、港币，除了现金还有存折，很壮观啊，要一起看看吗？

不，不看了……好个于超，我明白了……

明白了就好啊。那咱们走吧！我会一直陪着你的。

我能不能……

你什么也不能了，陈涛！

这个晚上于超后来给政法委书记去了电话，向他郑重汇报说，本市今年发生的"9·12"和"10·20"两起案件都已告破。书记一听，显得有点不敢相信，便问：都破了？

于超说：是的，至少是这两起吧——你们不是习惯要求限期破案吗？关于陈涛家那个案子，我会当面向你汇报的，把一切说清楚。

2003 年 12 月 6 日，北京寓所

（原载《人民文学》2004 年第 4 期）

戊戌年纪事

1

今天，是戊戌年的第七天。正月初七。按照家乡的规矩，这个上午我是不宜出远门的，所谓"七不出，八不归"，虽然外面的阳光很好。年前一场大雪着实让新闻界鼓吹了一阵子，银装素裹，瑞雪丰年，但那是城里的景致。此刻，我的门外是残雪之后的一片阳光下的狼藉。一匹断了尾巴的野狗在污秽的雪渣中用爪子淘着可以充饥的东西，它的嘴角挂着白沫。阳光灿烂，融雪的过程却是异常的寒冷，这是乡下的感受。

我是一个自谋生路的画家，用穷愁潦倒来形容我目下的生活一点也不过分。已经很长时间了，我的画卖不出去。一张也卖不出去。这些令我孤芳自赏的作品，既进不了金碧辉煌的展览大厅，也被庸俗腐败的市场所拒绝。我蛰居在这个自以为是的城市边缘，租着一间倒闭的乡镇企业豆腐坊，靠煤炉取暖。我的室内至今还散发着豆腐的馊味，感觉是睡在一只败坏了的大胃里。我手头总是拮据，日常生活的基本开支，主要靠给几家出版社做点封面设计，甚至给某些公司绘制户外大幅广告牌那样的粗活也干。但是，自从有了那种电脑软件和彩扩系统，这点营生也受到了挤对。生存还是毁灭，莎士比亚很久以前提出的问题，此刻就这样"咣当"一声落到了我的面前。我自然没有勇气自行毁灭，反倒毫无理由地非常渴望活下去。张国荣坠楼的那个晚上，我一宿没有合眼，脑海里总是浮现着那个英俊男子优雅的面容。他坠楼的身姿在我的想象中如同一只优美的燕子。我打内心地佩服他，尽管我讨厌那幅肝脑涂地的画面。我是个俗人，干不了一桩伟大的事，也割舍不掉那一堆俗人的牵挂。我面临着如何活下去的问题，哪怕是为人耻笑的苟活。我至少要保证饥寒不交迫，还希望手机畅通，更不要成天想着如何躲避房东的催要房租。

　　后来我才知道，今天，是我的命运发生改变的日子。

　　上午十点，我正在郊外这间简陋的画室里工作，考虑把昨天没有画完的一幅想象中的风景做些修改。室内的低温使我握不住画笔，手哆嗦得像个轻度中风的患者。阳光怜悯地打在我的手背上，门外那只野狗在高叫。可能是因为饥饿，这畜生吠叫的中气显得不足，声音怪异，好像老式留声机突然松了发条。然后我就听见了汽车的引擎声以及轮胎压榨雪渣的声音。我对着窗户外面看了看，很容易注意到有两辆黑色的轿车悠悠驶进了这个肮脏的院子。这对我算是一个罕见的景致，让我目光流连。接着，我看见有两个神秘的人物走下车来。这两个人，一高一矮，穿着近似，给人的感觉是统一着装，年纪却有差别。那个矮个子年纪大约与我相仿，看上去是高个的随从。他一进来就对我打招呼，准确地喊出了我的名字，像熟人那样拍了拍我的肩膀。可我相信自己并不认识他们。面对这两位不速之客我有些不知所措，拿画笔的手空悬了好久才放下，我一定在傻笑着，带着试探的口气问：你们，是来买画的吗？

　　他们没有回答，而是不断把鼻子皱了又皱，这个面部动作，既表明他们对室内的馊味过敏，也似乎暗示着对我的潦倒境遇缺乏起码的同情心。那位戴墨镜的高个子，我敢断定，此刻一直在黑色镜片后面矜持地审视着我。我也在用余光不时看着他，感觉这个人除了谢顶，身材和面貌与我竟有几分相似，年纪自然大我不少。他俨然一个有身份的人，但不像通常所见的那种画商或者个体老板，而像一个掮客。这种不合时宜的怀疑让我突然变得有些紧张和不习惯。

　　戴墨镜的谢顶高个结束了对我的审视，然后对同来的年轻矮子嘀咕了几句，就先离开了。这时候我注意到，这个人的两条腿长度不一，左腿似乎短了几公分，因此看上去有点瘸。他显然不愿意在公开场合轻易暴露这个细微的生理缺陷，尽可能把左腿拖着走，这让人觉得他多少有一点傲慢。他上了一辆黑色的奥迪A6。在他上车的时候，不知道从哪里突然又冒出来了第三个人，也是一个戴墨镜穿西装男人，理着寸头。他敏捷地替高个子开了车门，并且帮助他把那只不利索的左腿搬上车。很快,谢顶自己把奥迪A6开走了,而那第三个人转眼间又不见了。这气氛让我有些含糊,不敢再多问什么。留在屋子里的那个矮子在我眼前转了一圈,可他散漫的眼光在提醒我,他不像是来看画的。我一直小心地跟在他边上,过了好大一会儿,他随口问了句:你一张画能卖多少钱?润格多少?

我担心他们是税务部门的,就说:这要看画幅大小了。我没有名气,卖画还不能像卖布那样用尺子量着估价。

我又说,其实也没有多少人愿意买我的画的。

矮子思忖着点了点头,说:高不成低不就啊。看来,你眼下日子过得有点问题。很紧巴?

我腼腆地点点头。

矮子终于不再晃了,在我面前站住,以一种自信的腔调说:简单点说吧,你如今已经辞掉了工作,靠卖画为生,一个月大约能赚多少钱?

我暗自吃惊,这个人怎么知道我已经辞职的?

矮子似乎看出了我的疑惑,就笑着点上了一支烟,说:哥们儿,你今年二十六岁,本命之年,江南人,对吧?你有过一次失败的婚姻。十年前毕业——不,是辍学于国家美术学院,前年辞职。对吧?你现在的身份是个自由职业者,圈子里互相吹捧为自由画家。你的专业能力还不错,致力于所谓的"文人画",但名气不够,你每个月除了卖画,还为两家出版社兼做美术编辑,画点封面和插图,这样算起来,月收入大概有三四千的样子……对吧?

有人竟然在私下里调查我,这让我惊讶无比,也令我愤怒,但最后还是表现得非常慌乱。我说:请问,您是谁?您怎么知道我的情况的?

矮子就让我看了一个大红的证件,他所供职的单位很含糊,有点像某个鲜为人知的机构,也有点像一个特殊性质的公司。而且,更奇怪的是,这个人没有名字,证件上只填着一个代号——201。

矮子说:你今后就叫我201好了。

这是什么人?特务?间谍?黑社会?我的心好像一下从左边跳到了右边,额头上也渗出了汗。我就问:201先生,你们找我,究竟是为了什么呢?

这是我迫切想知道的。

201先生却对我微笑了，意思是让我放松，他的一只有力的大手像大枪那样落在我肩上，然后他说：你不要紧张。我们是来帮助你改变命运的，看你混成啥样了……你知道吗，为了找你，我们可花了不少的投资，简直就是大海捞针。还好，我们捞着了，你也没有让我们失望。

我感觉自己是在听一个醉汉说话。面前这个人虽然一直对我微笑着，却让我感到不自在。

自称是201的矮子接着说：具体地说，我们是来和你谈一笔买卖的。但我们对你的画没有兴趣，感兴趣的是你这个人……

我简直没法听懂他的话了。我说，201先生，我不明白你的意思。

201说：你当然不明白，但你很快会明白。我们是请你协助工作的。同时也是帮助你渡过难关。

我说：可我并不知道你们是干什么的呀，怎么协助？

201说：我们是干什么的这个不重要。我可以告诉你，我们之间是一种合作关系，当然是自愿合作，我们将要进行的合作，某种意义上可以理解为一项科研项目。

我说：我充其量算一个三流画家，考大学的时候数学只得了26分。我根本就不懂什么科研啊！

201说：不急不急，你慢慢就懂了，不难的。既然是合作，我们就不会让你白干，每个月可以支付你一万元的薪水。不算低吧？

我说：薪水可是不低，但我决不干违法的事。

201这次是干笑了，他说：你太多虑了。我们的机构从来就是维护法律尊严的，怎么可能指使你以身试法呢？不过——他把话音拖长：你刚才说你"决不干违法的事"，也言过其实了。中学时代你曾经参加过一次群殴，用板砖拍坏了一个同学的脑袋，按理是可以进劳教所的；大学时代你又因盗窃图书馆的名贵画册而被学校记过，这个行为距离盗窃罪也就一步之遥；你后来自动辍学，起因也决不是什么家境困难，而是你把一个低年级女生的肚子搞大了，换个角度告你一个强奸你也没啥脾气……对吧？你还需要我说什么吗？

我想不需要了。他们早已把我的底细查得一清二楚，再说什么也是多余的。我这里只剩下了紧张和心慌，一种清晰的恐惧感像雨衣一样穿在我身上，我能感觉到它很湿，也很重。201没有就所谓的合作问题作出进一步的说明，而是先到院子里拨打了手机，对方是"老板"。我只听到他说，老板，人没有问题，同意合作之类的只言片语。我没觉得我已经同意合作了啊？201 站在院子里又对我挥了一下手，让我锁上门，跟他走。我没想再问什么，按他的吩咐去做了。于是，我跟他上了另一辆黑色的高级轿车。这时，那第三个理寸头的男人又一次出现了，这回他不是开车门，而是坐到了驾驶的位置上，充当我们的司机。201 对这第三个人说：207，去西岛。

叫做西岛的地方我是知道的。那是城市远郊芸香山下的一所高级疗养院，三面环水，一侧傍山，风景非常幽雅。几年前我曾经在那里进行过几次风景写生。在那里，我邂逅了一个年轻可爱的姑娘。后来我们相爱了，再后来她又不明不白地离开了我。可我还时常想起她的模样，想起和她在一起的日子。那时，我真年轻啊。

经过近两小时的行驶和三道的岗哨，201 领我走进了一座乳白色的老式别墅。201 对门卫亮了一下证件，拉着我的手走上了二楼。他的手很凉，握得有力，我感觉就像被戴上了手铐。我看见这里有一些穿着白大褂的医护人员，还嗅出类似福尔马林的气味，不很舒服。在二楼的一个宽敞的办公室里，我再次见到了那位戴墨镜的，面貌与我相似，年纪大我很多的谢顶男人。201 在这个人面前立正说：老板，人我带来了。

他不说"请"而说"带"。我看着那位"老板"，原来他上午去我那里是亲自考察，起码是目测。现在，叫老板的男人摘下了墨镜，变得十分热情，对我伸出了手，一边握着一边说：欢迎你，青年画家先生。看见你，我就开始怀念我的过去了。我真希望时间就停留在从前那一刻啊。不过要真是这样的话，我们可能就没有见面的缘分了。

他的随和与幽默感使我的心情稍许放松了一些，话也就多起来，我说：从绘画的角度看，我们的身材、轮廓和五官，确实是有几分相似之处的。

岂止是几分，老板说，如果你的精神面貌有所改观，我感觉你就是我的从前！

说着，他就从保险柜里取出了一本老式影集。我慢慢打开，然后就吃了一惊——照片上的"老板"差不多就是我现在这个样子啊！只是他的衣着比我讲究，神情比我振奋。如果我拿出去给我的一些同学、朋友看，他们肯定都会相信，照片上的这个男人就是我。他们会说你小子这下可发迹了，太突然了。

老板在我边上坐下，说：我们是不是很有缘啊？

我不知该怎样回答，心里在琢磨，他们究竟想干什么？

老板说：我们费了很大的精力，经过层层筛选，最后才确定了你。

我说：可我并不知道，你们确定我，为了什么？

老板说：很简单。我们是邀请你参与一个严肃而有趣的项目。今后，你的工作——就是——扮演我。注意，不是拍电影。

2

十二年前，我们这个城市通往机场的高速公路上发生了一起非同寻常的车祸。由于消息得到了及时的封锁，至今没有人知道这起车祸带来的严重后果。一个家族在光天化日之下遭受了灭顶之灾，险些就到了崩溃的边缘。在这场车祸里，司机和一个年轻姑娘当场死亡，而一个老人却在瞌睡中躲过了一劫，没有丝毫的皮肉损伤。这在当时被看成是不幸中的万幸，也成为公交史和医学史上的奇观。老人是名副其实的历史老人，今天却没有多少人知道他的名字。车祸过后，老人就昏迷不醒了，以致在豪华病榻上一躺就是一轮。

这便是事情的真相，也是我担任新职的原因。车祸中幸存的那位老人，是老板的父亲，也是我的父亲年轻时代崇拜的偶像。我至今还依稀记得，我父亲在谈起这位历史老人时，布满皱褶的脸上涌动着少见的欢跃，他满腔热情地称其为大师，还说，他的著作影响了几代学人。但对于这些，我还是觉得陌生，我没有研读过这位大师的著作，自然就无法了解这块活化石的含金量。我深知这是无知的表现，也是后来我们父子反目的原因之一。我和我自己的父亲不来往好多年了，现在我却有幸成为他偶像的儿子。

在我现在所处的这个幽雅的环境里，人们尊敬地称老人叫老爷子，这是家族内部的称呼，很亲昵。遗憾的是这位可敬的老爷子却意外地休眠了，我们无法聆听他老人家的谆谆教导，也无法看见他那浑浊的目光中闪现的惊世睿智。显然，老爷子的病已经不是某个家族的事情了。在车祸发生二十四小时之内，一个临时组成的专家小组，全面接手了这项意义非凡的工作。上级的要求很明确，"要不惜一切代价保持老爷子的生命"。经过专家小组的会诊，最后确定幸存者的脑部有大面积的淤血，脑神经系统出现了紊乱和部分坏死，老爷子今后将面临着两种结局，随时苏醒或者随时死亡。在以后的十多年里，老爷子的脑部已经先后做过了三次手术，这样，死亡的可能性就极大地排除了。但是即使他活了过来，他的记忆功能也存在着严重问题。我听专家小组的组长司马大夫说，苏醒后的老爷子不同于那种普通的失忆症，准确地说，是他的记忆像老旧的时钟那样，因为某个零件的坏损，停在了十二年前那触目惊心的一刻。这之后发生的一切，对他而言，几乎是一片空白。

我后来听说，在最初的日子，老爷子是昏迷的。他整天被插着氧气，像尊雕塑那样安静地躺在床上接受种种输液。这些药品有许多都是空运来的进口货。老爷子的资历、地位与影响，决定他可以享受这个制度最优厚的医疗待遇。他住在芸香山疗养院最好的别墅里，那里很快被改造成特护病房，并配有精良的保安措施。即使在踏入最后一道门之后，还会有一个穿着藏青色西装的男人从门后面走出来，用刷子一样的金属探测器给你全身刷上一遍。然而我们的老爷子始终是昏迷的，所以，来探视的人就非常有限。他们不是不愿意，而是没有得到批准。主管部门的人说，鉴于老爷子目前还是神志不清，除了安排个别代表对家属进行必要的慰问外，其他探视一概取消。快了，你们等消息吧。回答总是如此的肯定。当然他们确实也相信，老爷子的苏醒是绝对可能的。他们正为这重大的苏醒精心准备着。

在那些日子里，他的亲人除了指挥训练有素的护理人员对他进行例行的擦澡、翻身、按摩之外，没有多少实际的工作。这十二年里，他们的生活里除了减少了老爷子爽朗的笑声，也没有感觉到真正失去什么。在每年一些重要会议里，老爷子均以请假为由保留着正式代表的资格，在一些节日宴会桌上，还依然保留着他显赫的位置牌，甚至在一些要人逝世的吊唁告别仪式上，照例会出现以他个人名义敬送的花圈。如果不是家族成员和贴身的工作人员，没有人会以为这个老人已经在病床上睡过了十二年。

目前看来，老爷子的情况是越来越好了，苏醒指日可待。今天，著名的脑神经专家司马大夫扭着他的水蛇腰宣布了这样一个振奋人心的消息。这个身材单薄、十指纤细的男子自从接手这个项目就神采飞扬，眉宇间每天都洋溢着难以掩饰的成就感。据说他就此正在撰写一部划时代的学术专著。

司马大夫问201：你们的准备工作都到位了吗？

201说：我们正在积极认真地准备。

司马大夫说：很好。经过大家十二年的不懈努力，老爷子生死这一关算是挺过来了。但后面的事情要复杂得多。这种记忆功能的紊乱症可能会伴随他终身。因此，我们的工作要仔细，不能让他感觉到这个世界突然有了这么大的变化。要知道，一个人的意识是无法跳过十二年的。

这时，一旁沉默很久的老板开口了：如果他有所察觉呢？

司马大夫的表情似乎有些为难，但还是冷静地作出了理性的解释，他说：如果老爷子感觉到了自己不是活在昨天，而是被人突然抓到了今天，势必心理上就会有一个很强烈的波动，不，是震动，剧烈的震动。那么脑部脆弱的血管可能就会出现一个顿挫……司马大夫没有往下说，但大家已经完全明白了他的意思。

老板站起身，先和司马大夫握了握手，然后说：您放心，我们的小组会积极配合的。只要父亲能够活着，哪怕他还有一口气，我们愿意付出一切代价。

司马大夫说：那我就更有信心了。

在这个"一切代价"里，自然也包括着我的冒名顶替。但此刻我并没有意识到这代价有多么高昂，我甚至觉得，对我而言，这和一个特型演员拍一部大片性质差不多，是一个千载难逢的致富机会。它至少解决了我的温饱问题，我有可能过上一段衣食无忧的生活。而每月稳定的一万元的薪水，我可以整齐地交到银行，以便将来按揭一套可观的住房。我将会得到属于我自己的画室。有了房子，也就不愁找不到一个贤惠的姑娘了。我说过我是个平凡的俗人，因此我的理想也非常平凡和庸俗。

至于我的职责，那是很明显的，就是让我来扮演老爷子的儿子、我们的老板。那是老爷子仅有的儿子。201对我说，老板曾经也是一个不错的画家，所以挑选我来完成这个任务是非常合适的。这是一个万全之策。201说，对你而言无疑是份美差。

这样一说，我就有点纳闷，我怎么一不留神就成了别人的儿子啊？

3

在经过严格的体检和审查之后，这个机构和我签署了一份聘用合同。

这合同上写明，我的主要任务是扮演年轻时代的老板、老爷子的儿子。合同的条款上有这样的措辞：乙方必须认真履行每一条的义务，承担相应责任。

在第八条上还注明：在工作期间，该说的说，不该说的坚决不说；该问的问，不该问的坚决不问。

至于工作的时间，合同中没有写，我提出之后，201才这样对我解释：难道你愿意放弃这份优厚的薪水？

我没有再说。但我心想，我总不能老是给别人当儿子吧？

平时和我打交道的就是201。这个矮子文化素质却不低，也很健谈，我想他很在乎自己是否被外界看成是一个知识渊博的人。他说无论从伦理学、心理学和人类的感情角度看，能给这样德高望重的人当一回儿子，也是完全值得的。这是一次难得的亲近大师的机会，如果有一天老爷子醒来，耳濡目染、耳提面命会让你终身受益。"二战"时期，英国首相温斯敦·丘吉尔就有很多替身，那些人——除了个别的被盖世太保纳粹暗杀的，以后都发达了，还出了回忆录，赚了大把的版税。

他的意思我明白了。就是说，只要老爷子被医学证明还活着，那就是健在。于是我的工作就谈不上结束。这样一想，我多少就有点忧虑。老爷子既然能在病榻上睡过十二年，就有可能继续躺上十二年。他会不会醒来？他何时醒来？要是他醒来的话谁知道还能活多久？可是，我现在已经没有权利再这么想了，他们的高明在于，这权利从一开始就是我自愿失去的，我是合同的一方，无端毁约至少是不道德的，后果可想而知。

接下来，对我的培训就开始了。首先是语言关，我虽然是江南人，但自小随父母去了淮河以北，按中国地理的划分，我应该属于北方人。我的口音虽然受到当地方言的影响，但我的普通话还算标准，大学的时候我就演过话剧，并且还获得过优秀表演奖。但现在需要纠正，改成那种江南普通话，也就是在标准的普通话里夹带着一些吴侬软语，譬如把作为声母的元音中的 zh、ch、sh，换成 z、c、s，把"吃饭"说成"雌饭"，把"睡觉"念成"穗觉"。听起来有点娘娘腔。这对我不算是难题。我天生有较强的模仿能力。另外，我还需要按照老板的说话特点，经常在讲话中夹带一些像"我的意思是"、"否则的话"这样的口头禅。授课的语言老师对我的进步非常满意，但他困惑的是，国家几十年都在致力于推广普通话，为什么这个机构却要把比较标准的普通话训练成另外的样子？他甚至还私下里对我说，你的声音造型能力很强，如果你有这方面的发展打算，我可以推荐你去应聘省一级电台的播音员。

和语言老师相反，形体老师对我的训练从一开始就缺乏耐心。201对他交代的是，他们在筹备一部准备到国际上参赛的电影大片，我是男主角，圈子里叫男一号。我饰演的角色是一个身残志坚、自强不息的画家。这个过气的话剧演员原以为教一个人模仿瘸子是十分简单的事，可是没过几天他就感到头痛。他老是抱怨说这不是一个高难度的动作，只是一个简单的日常动作，你怎么就做不到位呢？他甚至向201建议，应该换一个演员，他的学生中随便找一个就能超过我。201一听脸就沉了，冷淡地说：这不是你操心的事。那老师的笑容顷刻就凝结了，知趣地退到了一边。

其实形体老师误解了我。对我而言，偶尔模仿一下瘸子是容易的，但要逐渐化为日常生活，由模仿成为本能，那就非常困难了。这就是俗话说的那样，一不留神就露馅了。我要尽快找到老板那种两腿长度不一的感觉，拖着左腿、踮着脚尖走路。我不能像现在这样散漫地行动了，也不能把手随便插在口袋里东张西望。再者，在老爷子面前——倘若他醒过来的话，我还需要把腰部的肌肉放松，让脊梁骨略微弯曲一点，做出一副谦恭孝顺的样子。在天阴下雨的时候，我还需要下意识地捶捶膝盖，因为老板在十七岁那年去黑龙江生产建设兵团插队，患上了风湿性关节炎，每逢天变，都会出现一点酸痛感。好在眼下老爷子还没有苏醒，我还有时间刻苦训练。

与矫正形体同步进行的，是对我的面貌做局部微调。老板的左眼是单眼皮，右眼是双眼皮，而我恰好相反。（这也是我们仔细看起来还有差别的主要原因）这样，我就需要做一次小型的外科整容手术。这个重要的细节，合同上根本没有体现。而且我也不愿意，我说这种简单的错位，一个实际年纪将近百岁的老人是无法识破的。但是他们不同意，老板认为他尊敬的父亲虽然年事已高，但素来明察秋毫，不允许我们的工作有任何的疏忽麻痹。他让201找我单独谈话，做思想工作，坚持手术必须在近期内实施的立场，但可以考虑在薪水之外另行支付我一万块钱术后的营养费。怎么样，我们出手还大方吧？201说。我还是难以接受，我从小害怕打针，更没有人在我身上动过刀剪什么的，我不能不感到一分生理上的恐惧。但我也知道，这种担忧和恐惧是没有任何意义的。既然他们都能从十三亿人海里把我打捞出来，可见他们的手段高明和没有商量的余地，更谈不上去抵抗了。于是，我小心地提出了另外的建议，我说，要不，你们干脆就把我的左右眼都做成双眼皮好了。201一听便发出了不屑的笑声，说：你以为我们是开美容院的吗？这是工作，同志！他的笑总是令我不安。果然，他后来又不经意地说了这样的一句话：你大概不会不知道李青这个名字吧？

我脑子木了一下，说：你说的，是哪个李青？

201说：还能是谁呢？难道你自己做的事都忘记了吗？

我知道了，他们又开始来硬的了。我有些激动地说：李青是我的初恋，我们当时在一起，完全是双方自愿的……

201说：既然是自愿的，你为什么要被学校开除呢？

我抬高嗓门说：我没有被开除，我确实是自动退学的。不信你可以去我的母校调查。

201非常缓慢地点上香烟，又很有滋味地吸了一口，然后说：开除的决定我随时都会拿到，放进你的档案里，你信吗？而且，我们还可以让李青来报案。不要以为事情过去了很多年，但它却没有越过法律的追诉期。你自己想好，到底选择什么。

我还能选择什么呢？

我接受了手术。给我做手术的，是一个老女人，样子让人想起一条脱水的丝瓜。她温柔地命令我躺在手术台上，先用尖细的手指在我面颊上弹了弹，说：皮肤不错。然后，一个满脸雀斑的护士就将我的脸蒙住了，只露出了一双眼睛。我看见老板年轻时的大幅照片竖立在面前。我们在对视着，似乎谁都不肯眨眼，他是平面的，没有生命和气息，但我却非常畏惧他那犀利的眼神。很快，麻醉奏效了，当一个淡黄色的氧气面罩卡上我的鼻子，我就彻底失去了知觉。但我的意识却飞到了故乡的那条小河上，我看见了我死去的母亲在河边的青石埠头上洗衣，手里有节奏地挥舞着柿木棒槌。我站在她身后，喊她叫妈，她闻声回头，眼光却十分迟疑，她没有认出站在她身后喊她叫妈的这个人是她的儿子。那一刻，我感觉自己的眼睛有点痛了。

麻醉消失后的隐痛表明手术结束了。我被人送回了病房。在以后七十二个小时里，我的世界是一片黑暗。我生活不能自理，完全靠专门的护理人员伺候，即使是大小便，也不例外。那个想必是满脸雀斑的护士在把便壶塞到我裆下的时候，还嘲笑着说：你才多大岁数啊，连尿都尿不直了。我心里像被什么尖锐的东西划了一下，知道自己日后的麻烦提前来了。

第四天，也就是今天，是规定拆线的日子。上午，我被轮椅推到了一个房子。坐定之后，我听见有窸窸窣窣的声音，感觉灯光炽热。接着有人在替我把纱布一层层地拆开，当最后一层纱布拆除后，我眼前一黑，然后只看见面前有一些人头，最为突出的是一个谢顶。这一刻出奇地安静，听不见任何声音。我渐渐看清了面前的人。我想我的表情在这时一定变得很尴尬，感觉自己成了一只供人观赏的猴子。这时，老板说话了：手术很成功。

跟着就响起了掌声。这就意味着，产品顺利通过了验收。

他们离开之后，201陪同我回到了自己的病房。他随口问了句：你不想照照镜子吗？

我摇摇头。

201说：不要有什么想不开的。其实只是简单地把眼睛调了个个儿嘛。从明天起，我们正式开始工作。

说着，他把一万块钱营养费放到我面前。他没有马上离开，此刻他的表情很像我经常遇见的那种圈子里的经纪人，暗示着这一笔生意是他替我张罗的。他应该从这一叠钱里抽走二十张。心照不宣，他果真就这么做了。

201离开后，我的膀胱开始发胀了，就扶着墙壁慢慢走进了卫生间，虽然已经做好了心理准备，但镜子里那张脸还是着实让我惊讶，它太像我们的年轻的老板了！我看着镜子里的这张脸有一种欲哭无泪的感觉。这张脸已经不属于我了，可我却还要顶着它去为一个在病榻上昏迷了十二年的老人当儿子。一个此刻连尿也尿不直的儿子。我的手被小便弄湿了，怎么洗都觉得恶心。当我走出卫生间时，就听见一个女人的声音在外面叫：哥，你没事吧？

好久没有听见这么亲切悦耳的声音了。

4

喊我"哥"的，是一个高挑个、圆脸盘、长相还过得去的姑娘，年龄大约小我十来岁。我不认识她，事实上我也根本没有什么妹妹。有一刻，我怀疑她可能是我以前认识的某个一般关系的女人，不过是为了表示见面的亲切，就哥来妹去。但仔细一想就觉得不对了，这是什么地方，一般人能进得来吗？

我礼貌地对她点点头，可她一下就像鸟那样快乐地落到了我肩上，兴奋地说：哥，我总算是见到你了。听说你病了，所以我就从多伦多飞回来了！

我这才注意到墙角放置的一只贴满国际航空旅行标签的皮箱。上面还搁着一本十二年前红极一时的爱情小说。这本小说提示了我，让我联想到一个事实——十二年前那场车祸中，死去了一个姑娘……

你是……

我是小芳啊！

小芳？对了，201说死去的那个姑娘就叫小芳……

那小芳已经拿出了一些境外带来的点心让我品尝了。趁这工夫，她对我亮了一下手掌，那上面写着这样一行字：我也是被挑选来训练的。

我傻看着面前这个自称是小芳的姑娘，感觉到眼睛又出现了隐痛。没错，她就是我的妹妹，实际上也就是老板的妹妹了，但我还是有些发愣，不适应和这位妹妹耳鬓厮磨，她却滔滔不绝地对我介绍旅途中的情况。小芳说在日本成田机场转机的时候，遇见了一个很帅的男人，那个人对她似乎有点意思，一路都想索取她的电话号码。她没给，因为她很快就发现这个男人是日本人，而她父亲是决不会同意女儿嫁给一个日本人的。然后她就用英语说：在父亲看来，这显然是一个原则问题。

话说到这里，门就被从外面打开了。201走了进来，他的出现使室内的仿真效果顷刻瓦解。这屋里刚才发生的一切都像是一次正式演出前的彩排。我和小芳都不由自主地站了起来。

201对我们做了个手势，意思是都坐下吧。我们就又坐下。201清了清嗓子，像导演说戏那样说：见面的效果总的来说还是不错的。毕竟是兄妹嘛，又是好几年没见了，亲热一点也说得过去。但是，他的语调突然变得严肃，尽量还是不要过多的身体接触，小芳一扒到男人身上就下不来，这不对，要改。

小芳说：我改。

201说：有三个细节要注意。第一，你从加拿大飞回来不是因为你哥哥病了，而是因为你父亲病了，知道吗？只有女儿和父亲之间才可能有这样的牵挂，哥哥病了就病了，顶多也就是打个越洋电话问候一下嘛，你怎么可能会飞回来呢？逻辑上不通的。第二，"帅"是这几年才出现的流行语，十二年前没有，要换成"有风度"或者"英俊"。第三，你最后一句英语说得还流利，但用词不当，你父亲不同意你嫁给日本人，并不是"原则问题"，而是"感情问题"——他是感情上难以接受，懂吗？因为他初恋的对象死于1937年的"8·13"……

小芳说：我懂了。

201瞪了小芳一眼，说：不要急于说自己懂了，这份工作对于你来之不易，不仅是钱的问题，可以说它改变了你的社会地位和个人命运——这个难道你还不明白？

小芳低下头说：我明白。

201说：你这个年纪要把精力放在学习上，不要成天泡在网上。人的劣根性是很顽固的，你时刻不要忘记你现在的身份，你是这个家族的掌上明珠，是你父亲的骄傲，作为一个国外归来的访问学者，要讲修养，讲涵养，待人接物要有分寸感，穿着可以时髦一点，但不能过头，一会儿去把指甲油给我涂掉。

小芳的眼泪都下来了，没有再说什么。

201看了看表，宣布：从今天起，你们回家住。你们兄妹多接触——当然不是全方位的，多交流——不要瞎打听，尽可能磨合得好一些，也让我有点成就感吧。

家是真实存在的，在丁香路 19 号。那是一幢过去租界遗留的老房子，欧化仿古的建筑风格，二层小楼的墙上爬满了藤萝，前后都有花园。我上中学的时候，每回骑自行车路过那里，都情不自禁地放慢速度向里观看。我喜欢这样的建筑，多年前它在我心中就是一个名人故居了，那里面始终静悄悄的，我从来没有见过那位可敬的历史老人。

我和小芳随 201 的车回家。一出芸香山疗养院，我就觉得方向不对，这不是回家的路啊。我提醒 201，去丁香路不是这个方向。201 没有理我，一直把车开到了南郊的一个工厂院子。

后来我才知道，丁香路 19 号那个家，眼下正在被秘密开辟为新的文化名人故居。说它秘密进行，是因为这所谓故居里的名人还健在，故居也就不成其为故居了。但是这当儿一家有来头的房地产公司介入了，他们有备而来，对老板提出联合开发这个故居的构想，拿出了一份厚实的可行性报告。那报告的中心思想是把一个旅游度假村和未来的名人故居一并开发出来，相互配套，相互影响，这样就能赚钱了。作为回报，房地产公司承诺每年将酒店盈利的 10% 作为老爷子的学术基金会，这个基金会每年会对一位作出杰出贡献的人文学者颁奖。他们计划把它操作成中国历史上最具权威性的、也是奖金最高的奖项。操作者野心勃勃，扬言总有一天要把斯德哥尔摩的诺贝尔干掉。不过当事人都明白，只要老爷子还活着，这个奖就是镜花水月。最终，我们的老板还是动心了。他认为这个项目既弘扬了民族文化，又抓住了经济中心，很好，但眼下决不可以大张旗鼓地进行，只能悄悄干。因为这样一来，媒体就不可避免地要介入，炒作的后果，弄不好就是对敬爱的父亲的诅咒和亵渎。处于两难境地的老板很苦恼，他既要为父亲活着付出一切代价，又想不让自己闲着。

这样，201 就带着我和小芳走进了一个模拟的家。这个家，是在一个废弃的车间里临时搭建而成的，有点像拍电影的摄影棚。开始，我们都觉得没有这个必要这么做。我们希望就住在芸香山疗养院里接受训练。但是 201 断然否决了，他说：要想以假乱真，必须身临其境。设身处地的训练能确保你们未来的工作一帆风顺。

我以为他还会说"平时多流汗，战时少流血"，他没有说。

201说：你们要把这儿当家。你们必须安心住在这个家里。

在这个家里，你走进来就觉得时光倒流了十二年。在这些屋子里，老爷子一个人占着楼上，一间卧室，一间书房，还有一间宽敞的会客厅。这里陈设的一切，都是真实的文物。光书橱里的上万册的藏书，据说就装了一大卡车。还不包括一些列入国家级文物的孤本和善本。这里的家具却有拼凑的痕迹，从明代的太师椅到当代的五斗橱，从紫檀到香樟树，清一色的实木，看上去却不协调。201一再叮嘱我们，要小心爱护，不要真正使用。（我们能够使用的基本上是些塑料制品）他说你们只是感受一下气氛，受些熏陶。在几面墙上，挂着绝对名人的字画，从落款上看，都是送给老爷子的，作者也都是死人。不过眼前这些字画其实都是水印制品，这逃不过我专业的眼睛。墙上还挂有一张中年妇女的照片，面貌慈祥，那应该是我们死去的妈妈，准确地说，应该是小芳的妈妈，我的继母。在客厅里，有一台国产的21吋彩色电视机，床头柜上放着一台半导体收音机，同样是国产的。别致的是那台老式的留声机，边上摆了周信芳、马连良、裘盛戎等京剧老大腕儿的唱片。我想老爷子肯定是一位名票。

老爷子的书房里还特地放置了几件提示时间的道具。一本十二年前的台历，是从百货公司仓库里翻捡出来的，为了仿真，他们已经请笔迹专家模仿老爷子的字迹，用铅笔在翻过的台历上记下了那个阶段他主要活动内容的备忘录，比如说接受某家报纸的采访啊，为某人的著作写序啊，参加某个画展的剪彩啊。写字台上还摆放着车祸前一天的报纸。阳台上有一盆那个时期广为流行的君子兰。

楼下是其他家属成员的房间。虽然十二年前真实的我们都已经独立门户了，但在这个大家庭里还一样保留着我们的位置。201说，通常在每个周末，我们这些做子女的都会回来住上一晚，陪老爷子共进晚餐，一边向父亲汇报这一周的工作情况和思想情况，然后聆听他老人家的教诲。遇到老爷子兴致好的时候，我们还可以得到他的墨宝。这个家曾经有过一位老阿姨，自从我的继母妈妈去世，阿姨就被辞退了，换成了一个男厨子，外加一个干杂活的钟点工。看来我们的老爷子特别注意晚节，事实上他儒雅的形象始终被学术界视为楷模。

我和这个叫小芳的姑娘就这么凑合到了一起。最初的几天，是201

陪着我们一起住,他睡在厨子的床上,我和小芳各自进了自己的房间。这样过了几天,201觉得我们适应了,于是就决定离开。他走的时候就留下一句耐人寻味的话:注意纪律。

5

作为合同的一方,我每天的工作就是练习发音,矫正方言和矫正形体。当然,我还可以继续作画,但必须一改我原来的画风,转为模仿老板的风格,甚至就是直接临摹。说实话,我一点也不喜欢老板的画,严格讲起来,他的那些画格调不高,清代"四王"的痕迹很重,有的可以说是变相临摹之后的拼凑,我也不喜欢"四王",我喜欢的是"元四家",按照董其昌的提法,黄公望等人都是"文人画"的典范。我不是文人,但是喜欢"文人画"。那种诗画交融的境界让我激动,那种随心所欲、涉笔成趣的生活一直让我心仪。就技法上看,我喜欢石涛的简约,八大的恣肆,吴昌硕的飘逸,齐白石的天真。哦,这种生活实在让我向往啊。

小芳的工作和一名外语学院的学生差不多,就是抱着一本字典背诵英语单词,她的发音很好听,口齿也伶俐,我觉得她已经做得很不错了,不时在我面前卖弄个一句半句的,也不让我讨厌。闲着的时候,我和小芳也谈些闲话,当然是用中文交谈。这个姑娘虽说没有多少文化,也看不出有多少见识,但还是很善言辞,这点比我强。她说话的时候非要坐到我的对面,让我看着她的脸。这样我才能来劲,她总这样说。虽然她所谈的东西,比如追星啊,网恋啊,彩票啊,服装牌子啊,我不一定感兴趣,但是在这严冬季节,在一个市郊废弃的破车间里,能有一个年轻的还算好看的姑娘这么近距离地和你说话,已经是很温暖的事情了。不过,我需要和她保持一定的距离,同时也保持着警惕——我隐约觉得这个家不安全,可能不少角落都装有监视和窃听的设备。我们的手机从合同签署那天起就被没收了,合同的表述叫"交由甲方暂时保管"。这样作为乙方的我们就与外界的所有联系基本上都切断了,不知道这个暂时究竟有多长。纪律规定,我们不能向外打任何电话,只能接电话,而对方永远是一个不变的声音,就是201。所以,每当我和小芳聊天时,我就会让她尽量把声音放小，或者打开电视机——这里面播放的都是十二年前的足球录像，那个让我厌倦的解说员已经死过好几年了，可在我这里却还没有退休。

午饭后，201 给我们送来了一些旧款式的衣服，让我们做好去医院探视的准备。他说：从明天起，你们每天要去医院探视一下你们的父亲。

见我们没有回答，201 又说：我们希望老爷子一睁开眼，就能看见自己的一双儿女孝顺地站在床前。

交代完这些，201 就到处看了看。他的眼睛像鹰一样，视察着房间每一个角落，尤其不放过床上的每一个细节。我跟在他身后，想他这是在检查纪律执行情况。他说，你们相处得还好吧？我说还好，还不错呢。201 说，小芳有点任性，从小就这样，你这个做哥哥的要多让着她。我说我会的，我不会欺负她。201 就回头看了我一眼，那意思似乎是在暗示我同时也是在警告我，不许占小芳的便宜。我立刻就意识到自己表达上有错误，急着想解释，但 201 的大手已经落到了我的肩膀说：你这个哥哥要当好啊！这话听起来真他妈的语重心长。

我们从房间走出来，小芳就说：哥对我很好呢。

201 说：那就好。

等 201 满意地离开后，小芳便迫不及待地把箱子打开，把那些旧款式的衣服一件件抖落开，跟着脸就沉下了，嘴里一个劲地唠叨：这堆破烂让我怎么穿得出去啊？

我就走过来劝她：这是任务，也是义务，毕竟我们都是拿了钱的呀。

一提到钱，小芳的眼睛就弯了，她一个劲地问我月薪多少？我觉得这是一个敏感的问题，就没有明说。我说数目还比较可观。对这样暧昧的回答小芳很不高兴，她说我对你可是真心，没想到你这个人还这么跟我玩心眼。我说，这不是什么玩心眼的问题，而是纪律问题——你难道不接受这样的纪律约束吗？小芳就不吱声了。过了会儿，她才委屈地说，他们一个月只给我五千。我还不如去坐台呢！

我暗自惊讶，原来这小芳是小姐出身，怪不得 201 那回说，小芳这份工作是在改变她的社会地位和个人命运。我看着小芳，感觉不出她是坐台的，相反感觉她十分高雅。我想我的感觉可能出毛病了，要不，就是老板一伙的手段太高明，我不得不承认任何训练都是有效的。

小芳说：我每天接受这些莫名其妙的训练，回报却这么少。可我又没有办法，要是不听他们的，我就得进劳教所。那不是人待的地方。

小芳无意中向我暴露了真实身份，倒也不紧张。相反有点破罐子破摔的样子，在我面前更加随便了。她索性把一只腿架到茶几上跟我说话，她说：老哥，我说我是坐台的，你不会瞧不起我吧？

我说怎么会呢，怎么说你也是劳动所得，自食其力啊。

小芳说：我反正就这一堆了，你怎么看无所谓。

那个下午，我和小芳都好忧伤。为了钱，我们莫名其妙地成了人家的儿女。人穷志短。其实后来仔细一想，这还不仅是钱的问题。

6

种种迹象表明，老爷子临近了苏醒的日子。昨天上午，那个满脸雀斑的护士小姐替他擦身子的时候，老爷子的手指动弹了一下。擦到腰部，居然出现了一点痉挛的迹象了，护士吓了一跳，连忙跑过来说了这一事实。于是司马大夫不无自负地说，这说明老爷子已经有了局部的知觉，腰部的那种痉挛是痒的反应。201立即将这个变化电话汇报给了老板。后者随即下达了指示，要求从现在起对老爷子实行24小时全面监护，并要求我们这些做儿女的每天必须到病榻前探视。他自己是真正的儿子，却喜欢遥控。

当天下午，我和小芳就去医院探视了。出门之前，我们照例要在201的注视下，进行一次适当的彩排。我们先得换上那个年代的服装。这对我不是问题。即使没有接受这次任务，十二年前的服装穿在我身上一点也不显得落伍。但对小芳是个苦恼，她正是穿戴的年华，不要说十二年，就是过去一两年的衣服，重新拾起来，都会让人别扭。可她又不能不接受这样的安排。说到服装问题，实际上潜伏着很大的危险。比如说，老爷子要是苏醒过来，他肯定是要到公共场合露面的，面对满大街的奇装异服，他会怎么想？他要是看到军人和警察的服装已经都换了，他会不会感到吃惊？我把这种担忧对201说了，他点点头，说：你考虑得很周全。但这些我们都想到了。我们也有相应的措施。第一，老爷子即使苏醒过来，依他目前的身体条件，大概是出不了这个园子的，局面就不难控制了；第二，前来探视的人，我们会事先打招呼，让他们做好准备。

我明白了，其实他们私下对老爷子一直就是这样安排的。老人走不出这座人工的大园子，但他必须活着。

我们这个"家"距离西岛不远，没多会儿工夫就到了芸香山疗养院。一走下车，就有人注意我们的穿着。一个刚打完手机的女人看着小芳腰间别着的BP机，就热情地问：你们是来这里拍电影的吗？

小芳说：我倒是想啊。

那女人愣了一下：哦，是来看病的呀。

小芳气得回了一句：你才有病呢！

那女人吓得跳了起来。

201立即把小芳拉到一边训斥：怎么这样没有修养？你这个样子像从国外归来的"访问学者"吗？

小芳又落泪了，不再说话。

在201的带领下，我们走进了那间带有几分神秘色彩的特殊病房。这也是我第一次目击老爷子的尊贵面容，他看上去似乎没有想象中那么衰老。他的肤色很白皙，还略泛着一丝红润，显得健康。看来持久的昏迷能使人变得年轻，这是我所没有料到的。

这间病房早就按照十二年前的样子重新布置好了。为了强调时间性，老板还专门请一位书法家写了一幅"宁静致远"的匾额，题款是戊戌年春月。这幅匾额就挂在老爷子的对面，而在他的床边，则置放着一盆文竹。陪在我们身边的是老爷子真正的儿子，我们的老板。此时他已经把自己打扮成了一个医生，去掉了墨镜，改戴了一副金丝眼镜，这使他看上去更像一个权威人士。医护人员照常在做他们该做的事情，他们习惯把目光轮流在我和老板的脸上频繁移动着，但没有一个人敢随便问点什么。病房里实在是太安静了。一种盲目的期待在这样的时刻总是显得漫长。我低着头，心里在想，也许今天，也许明天，甚至马上，老爷子就苏醒过来了。也许不会。可他一旦苏醒，我就得开口喊这个不相干的老人叫爸爸。我有这么老的爸爸吗？

忽然我听见了一个响亮的声音，便下意识地站了起来，我弄不清那是什么声音。

老板立即凑近过来，伏下身子，把被子撩开一点，然后他的眉头就皱了，但脸却舒展开来，带着少有的激动，他轻声地说：不要紧张，这是屁。他已经能放屁了！

于是他就带着这份掩饰不住的激动走了出去，大概是去和司马大夫商量了，毕竟，这又是一个新的迹象。

一个人在床上昏迷了十二年，不能说话，却居然能放出如此响亮的屁来。我有点纳闷了。没过一会儿，我也被叫到了司马大夫的办公室。

司马大夫郑重地向大家宣布：我们的艰巨任务来了。

我还没有反应过来，大夫又说：从现在开始，我们必须生活在昨天。司马大夫所说的昨天并不就是昨天，这个看上去显得有些娘娘腔的书生，实际上很雅致。他说，这不是一个医学的说法，而是一个文学的说法。这个昨天指的是十二年前。

司马大夫说，老爷子虽然躺过了十二年，但在他本人看来，和一次普通睡眠之后的苏醒没有任何区别。因此，我们要保持他的这份自信，让他觉得，自己的感觉是非常正确的。

老板接着补充道：我们这个小组的工作目标，是让我父亲对自身发生的事情不知不觉。让他感觉到自己不过是从一场大梦中醒来，昨天刚刚过去，今天不过是昨天的自然延续。

然后，他指示 201 从皮包里拿出了一份材料。这是一个全套的工作计划，代号叫"戊戌年纲要"。主要分三大部分：一、日常起居；二、对外交流；三、近期工作。第一部分很复杂，总的要求是把与老爷子相关的一切全部调整到十二年前的样子。他们研究了老爷子的作息习惯和生活规律，制定了实施细则。比如说老爷子每天早上七点准时起床，然后坐在马桶上收听新闻联播和报纸摘要节目。这第一项里，就包含着两个技术问题。收音机和卫生纸。老爷子一直使用的是那种"红星牌"的半导体收音机，现在把它改装了，其实是一个录音机，里面放置着从电台资料库翻录的磁带，每天换上一盘。201 说，老爷子从不更换频道，不选台，他每天听过这档节目，就不会再使用这个小东西了。

这给我们带来了极大的方便。老板说，那么，卫生纸的问题呢？

201 说，"斑马牌"卫生纸，目前市面上可以找到类似品质的，但需要把包装纸偶尔在他老人家面前显露一下。

老板说很好。

接下来，是早餐。老板说，我父亲是江南人，多少年来早餐吃的是那种青菜泡饭和油条。这没有问题。但父亲的嗅觉很好，因此炸油条的油不能选择那种时髦的色拉油，要到乡下去选那种新鲜的菜籽油。这是需要特别提醒的。

早饭之后，老爷子需要看当天的主要报纸。201说，这也不是问题，我们已经从几家大报那里拿到了全年的合订本，只要拆开来，每天送上一份就可以了。老爷子的活动，一般不参加会议，也谢绝应酬，但请柬必须照送。要让他感到自己还继续受到各方面的重视和爱戴，他还在继续为社会发挥余热。然后就是在家中阅读和写作。阅读，主要是看一些大字印刷的内参文件和历史书籍以及他喜欢的闲书。他偶尔还会书法，相信这是一项健身运动，可以闲情逸致，可以延年益寿。还有，老爷子已经考虑在写回忆录了，出事前他已经初步理出了思路，他口述，我们安排专人记录整理。

晚上的事情要显得相对简单一些。晚饭之后，老爷子自然要看新闻联播节目，201说这个还是依靠录像带来解决，很好办。他有时候还关心最近一个时期比较红火的电视剧，这个就全靠DVD了。201提醒我和将来身边的工作人员，要抓紧时间熟悉这些设备，切不要手忙脚乱。如果老爷子发现我们是在刻意隐瞒事实真相，那会惹出大麻烦的，谁都负不起责任。

大家正热烈讨论着，一个穿西装的、肚子很圆的中年男子来了。我见过这个人，就是那家房地产公司的老总。他带着鲜花来探视老爷子，却被201拦在病房外面。老板走过来，把那人带到了会客室。我想他们一定又是在谈合作开发名人故居项目。那个人来的目的跟我们完全不一样。我们在等着老爷子活过来，他是等着老爷子死过去。要不，他指望的那个项目可就耽搁了。所以那人很着急。据说他已经投进去好几千万了，工程已经做到正负零，本该卖楼花了，但是现在给卡住了。他不能不着急。

其实，很多人都在关心老爷子的下一步。

7

　　201所说的"注意纪律",很明显,是在警告我和小芳之间不要出现任何男女之间的暧昧关系。可我们毕竟就是青年男女,我们不过是所谓的兄妹,本来就不带血缘关系。如今,我们为了一份报酬不菲的工作,被人领到了这个临时搭建的家里。我们和外界失去了联系,没有任何属于个人的消息。但事情总归有它的两面性,经过这样一约束,无论是站在职业画家立场,还是站在独身男人的角度,我反倒看出了小芳的几分可爱。她虽然相貌一般,但皮肤白皙。她的眼睛不大,但笑起来弯弯的很招惹男人。我老家称女人这样的眼睛叫桃花眼,暗含着长着这种眼睛的女人很风骚。尤其是她的身材,那是非常的好,行话叫惹火。我相信她的三围都是顶级的。所有这些都构成了她坐台的资本。有一首歌里这么唱过,孤独虽然包围着我,可我并不寂寞。我越来越感觉到,小芳对我的好感也与日俱增。每天除了训练,我们一起操持着家务。我做饭,她刷碗;我扫地,她收拾屋子;她洗衣服,我擦皮鞋。有一天她笑着对我说:哥,我们有点像两口子呢。我看了她一眼,她也不脸红。我压低声音说:不要说这样挑逗性的话,这屋子里不安全。小芳鼻子哼了哼:把我们关在一起才是真正的不安全呢!

　　这句话让我幸福了一个下午。

　　那天晚上,我很早就上了床。我对小芳说,自己感觉有点不舒服,脑子很昏,两腿很重。小芳以为我感冒了,就给我弄药送水。她坐在我床前,温情地对我说:哥,要上医院瞧瞧吗?

　　我说不用。我说这很麻烦。她说不麻烦,她可以陪我一道去。她一点也不觉得这是一个男人布下的圈套。我真实的意思就是想她在我床前坐坐,陪我说会儿话。说不定,我们还会拉着手说话呢。我记得一个作家说过,对一个女人最大的恭维就是对她动邪念。这话还真他妈对。此刻我就是这样。我就觉得自己应该跟小芳干点什么,而且这是可能的。

　　我对她说,我想喝点姜汤。

　　她说:姜倒是有啊,就是没有红糖。

　　我说:我想出汗。

她就很骚地笑了，说：哦，这不难啊。

然后她就动手摸我的脸了，她说：哥，除了这眼睛让我觉得别扭，你实际上长得不丑呢。

我突然觉得身体的某个部位绷紧了。我对女人已经失去了很多天生的本能反应了，现在情况大变，这不能不使我欣喜若狂。如箭在弦，可是得引而不发。我担心按照这个趋势发展下去肯定会违反纪律，我意识到不安全，于是就小声告诉她：这屋子里肯定藏着摄像头，得打住。

小芳生气了，说：你这人怪怪的啊，惹了人家，又吓人家。

我说，不是我想吓你。是他们在吓我们。

那一刻我内心有点悲凉。我在这个春寒料峭的季节莫名其妙地和一伙人签订了一份不可思议的合同，心甘情愿地把自己卖给别人当儿子，还以为幸运地做成了一笔不错的买卖。他们看上去对我很好，很优待，似乎什么都可以给我，但就是不给我最起码的东西。

不知是我们特殊的境遇让上帝实在看不过去了，还是上帝在有意撮合我们。就在这当儿停电了，屋子里一片漆黑。最初的一瞬，我以为是视觉的疲劳障碍，直到小芳的手一下准准地捏住了我身上一件东西，我才知道屋子里确实没有光。于是我们就在黑暗中手忙脚乱地替对方脱光了衣服，她的皮肤真是好极了，我们干柴烈火地抱在一起，我们很快就气喘吁吁，大汗淋漓。小芳突然大叫，我急忙用枕头捂住。小芳像条大鱼似的在我身体下挣扎着，我就压得紧紧的。接着，我感到脖子上很痛，她生气地咬了我一口，然后就把我推下了床。她说：你他妈讨厌啊，我正爽呢！

说完这话，她就抱着衣服回她自己房间里去了。

我一个人躺在床上，黑暗让我觉得屋子特别空旷。我周围都是寒气，有点冷。我一连打了几个喷嚏，很快就感觉浑身不舒服了，带有酸痛。我想我这回大概是真的要生病了。没有睡意，就这么看着窗外的天，没有灯光，就这么胡思乱想。我又一次想起前些日子做的那个梦，我在河边看见了洗衣的妈妈，我喊她，她却不认识我。

半夜里，小芳又摸黑回到了我床上。这回她变得好温柔，像只水獭那样躺在我怀里，轻声说：哥，我和你在一起很舒服呢。我说我也很舒服。小芳就问怎样个舒服，我说是这个时期我最舒服的事情。小芳说，以前你和别的女人在一起，有这样的舒服吗？我说还真不觉得呢。小芳说你没有骗我吧？我说没有，我说我确实觉得好舒服。小芳说，我就是想知道你是不是真的舒服。我以前和那些男人泡，恨不得马上就完事，拿钱走人。可这回和你在一起，我特别想把时间拖长，因为我自己舒服，也想让你舒服。我搂紧了小芳，让她的身体紧贴着我。我们就这样沉默了好大一会儿。

小芳叹了口气，接着又说：哥，要是没有你陪我，我会疯掉的。我原来是担心不跟他们合作会失去自由，那劳教所的日子可真是没法过的，我怕。可是到这里一看，根本就不是他们讲的那回事。狗屁的科研项目，我都烦透了。我还是不自由，连手机都没收了，他妈的好狠啊！

我说，自由是个什么东西？现在我真是想不出了。

小芳说，这日子还不知道要熬到哪一天呢，哥，你说我们可以报案吗？

这话让我好吃惊，她竟这么想了。我就劝她，我们已经和人家签了合同了，也花了人家的钱，这就等于是自愿合作。你报什么案呢？

小芳说那是什么合同啊，简直就是卖身契。我当小姐，只卖身，可卖过的身子还是自由的呀。这下好了，连身子和自由一起卖了。

我又说，人家没有虐待我们，好生伺候着我们，人家也不是非法拘禁，不过给你规定几条纪律，你有什么理由报案呢？

我们又沉默了。过了好久，外面的天已经发白了，可我们还是没有一点睡意。小芳问我：哥，我们就这么下去吗？那个老家伙什么时候会醒来？我说我也不知道，他已经能放屁了，就是说，离说话的日子不会远了。小芳就很悲哀地说，我今年才二十六岁，他至少有九十九岁了，他怎么会有这么小的女儿？我哪会有这么老的爹？我说，实际上你这个爹只有八十八岁，他老人家在六十二岁那年生下了你。我们是同父异母的兄妹呢。

小芳就笑了：同父异母的兄妹睡，也是乱伦吧？

这句挑逗的话说过，我们又来了一次。这次时间比较长，小芳咬着嘴唇没有叫。我们配合得十分完美。然后，小芳回到了自己的屋子。她刚走，我就听见了鸡叫。好久没有听见城市里有鸡叫了。

8

　　黎明前在梦中,我又见到了妈。她还是在故乡的小河边洗衣服,也还是不认识我,但这一次她看我的时间比较长,她的眼光变得有些迟疑。我想喊她,可就是张不开口。嘴好像被一只大手捂住了。梦魇让我窒息,让我体验到死亡前夕那种恐惧。然后,我就攒足力气突然挣扎着醒来,一睁眼,就看见了一个熟悉的身影,这是201。

　　我连忙起床,对他心虚而抱歉地笑着。

　　201看了看表,说:作息时间要规律啊。这个时间,应该是你给父亲读报纸的时候。

　　我就说:报纸不是由秘书读吗?

　　201说:要是秘书临时有事请假呢?凡事应该想复杂点,年轻人。

　　我避开了他锐利的眼锋,去上卫生间了。可是小芳已经先一步进去了,我就在外面等着。过了会儿,小芳挺着一对大奶子走出来对我抛了个飞眼,我连忙紧张地撇了撇嘴。她愉快地哼着邓丽君的歌,回了房间。我的小便又尿不直了,心跳得非常乱,我想这种床笫之事是很难隐瞒的,何况是201的眼睛。这样一想就好害怕,有了一种犯罪感。不是我对小芳的犯罪,而是对他们。可是仔细一想,我并不欠他们什么。我顺势洗了个澡,想把时间延长,好让自己镇静。等我出来,201已经坐到客厅里了。从他自然的表情和抽烟的姿势里,我感觉事情没有那么严重,而且小芳也不知道去哪了,这让我似乎放心了一些。我就说:今天还去探视吗?

　　201按灭烟头,从公文包里拿出一张卡交给我说:这是你这个月的报酬,回头你自己去取款机上验一下。

　　我说不需要。

　　201说:还是验一下好,劳动所得嘛!即使是民工,拖欠工资也是要受到舆论谴责和有关部门追究的,我们讲信誉。你是文化人,知识分子,我们不会跟你玩猫腻,一切都很透明,是吧?但不要和小芳谈这件事。

　　我点点头:我懂,这是纪律。

201 正眼看了看我，说：你能这么想，我很高兴。小芳这姑娘有点……有点那个，这是历史原因，你要多引导她。

我又觉得紧张了，没有说什么。

201 点上香烟，站起来说：昨晚这里停电了吧？

我点点头。我说：是的，大概停了一会儿……我正打算睡觉呢。

201 说：自备应急灯回头我让人给装上。你还有什么不满意的吗？

我说没有，我说：这里一切都令人满意。

话说到这里，小芳已经回来了，手里提着一些蔬菜。她肯定是偷听到了我们的谈话，就白了我一眼，没有说什么就进了厨房。201 说，如果真到了老爷子可以回家的那天，他会提前让厨子到位。他说：你们先将就着点吧。

201 离开后，我走进厨房。小芳在削萝卜，我想过去接手，她却用胳臂肘挡了我，不肯。我说还是我来吧，我手快呢。她说：不用。她突然把菜刀一拍，说：这里的一切都令人满意吗？

我吓了一跳。

小芳抬高声音说：你这个人很没劲知道吗？

我想她说得对。

那天的午饭我没怎么吃。我有些难过。整个上午小芳都不理我，让我很空落。小芳刷好碗，就回到自己屋子里了。她说她不舒服，请假，不上医院了。没过一会儿，去西岛探视的时间到了。今天来接我们的，是那个寻常不多见的寸头 207。自从来到这里，这个人就始终没有和我讲过话，我也没有听见他和别人讲过话。我怀疑他可能就是个哑巴。他总是突然出现在我身后，让我心里发毛。我一点也不喜欢这个家伙。

于是我再次亲近了我的"父亲"。他老人家今天的气色似乎比昨天还好，越来越好。我们的老板还是一副权威专家打扮，见到我，还微笑着点了点头。趁这机会我说了小芳请假的事，他很宽容地笑笑，说：你们相处得还好吗？

我说还好。

后来老板带我去了隔壁的会客室。他有点疲倦，他递给我一支烟，自己也点上，说：我和我这个妹妹——就是小芳，是同父异母，这个情况你知道吧？

我说知道，201对我说明了。

老板说：我这个妹妹比我聪明。如果不是那场该死的车祸，她一定成就非凡。我很欣赏她……

说到这里，老板还真流了泪。

我不知道为什么今天老板要跟我谈这个。难道我和小芳的事情露出破绽了？我心下发虚，没敢就这个问题想下去。事实上老板也没怎么难为我，只要我回去之后给小芳带声好。还说如果需要去医院，随时通知201。

从医院回来，天已经转黑了。小芳还在屋子里躺着，我为她熬了点小米粥。做好之后，我端着粥去敲了她的房门，我感觉某个监视器正对着我的后背。我说：小芳，我可以进来吗？

小芳在屋里回答：门开着呢。

我推开门，看见她靠在床上看一本外国的电影画报。封面是美国影星梅尔·吉布森自导自演的电影《勇敢的心》。那是我喜欢的电影之一。除了这个男人，我还喜欢片中的女主角苏菲·玛索。那是一个风情万种的女人，我在一盘盗版碟上看过她的裸体。这样一想，我又想做爱了。我感觉面前的小芳就是苏菲·玛索，她们都长着一样的好腿。她好像也看出了我的心思，一边喝粥一边露出了一截白生生的大腿，像藕似的。可是，这屋子里所有的灯都亮着。客厅里那盏最亮，按规定是不许关掉的。要是想干点什么，行动路线会完全暴露。我偷偷摸了摸小芳的那截大腿，轻声问：你真病了？

她笑了笑：我想睡觉。

我说：你是想广义的睡觉，还是想狭义的睡觉啊？

她撇了撇嘴说：你们这些文化人就是酸，说啥都绕。你就直接说想操我不就得了呗。

我有些狼狈，沮丧地说：今天不会再停电了，也许以后永远不会……

这时，小芳对我亮出手掌，那上面写着：上厨房。

我就进了厨房。过了会儿，小芳也跟进来了。这屋子里大概就剩下这个死角了。于是这个做饭的地方临时成了我们做爱的场所。小芳一边扭着屁股一边埋怨：妈的，我长这么大还没有在厨房里碰过男人呢！妈的，我明明可以在床上大模大样地和你做，现在却在这里偷你。妈的……哎哟，你轻点行吗？

完事后，我们都坐到了地下。我点上烟，抽了两口就被小芳接了过去。她狠吸了一口，叹息着：这日子我可是没法过了！

我就劝她，慢慢习惯吧。

这时，小芳悄悄告诉我一个惊人的建议。她说：哥，咱们溜吧。

我大吃一惊，就说：这怎么可以啊？我们可是……

不等我话说完，小芳就说：那份合同没有经过公证，他们也未必敢拿出去公证，不算数的。

可是钱呢？我说，我们毕竟是拿了钱啊！

小芳说：我可以向小姐妹们借钱还他们。这个我不担心，我担心的还是劳教所，不是人待的地方。可这个地方也不是人待的，是猴子待的。

接着小芳就说了她的设想。她说买菜的那个菜市有一个后门，出了后门就没有了监视器。后门对着一条小河，河上有座老桥，过了桥就进了一片林子……

我说：别这么想啊，睡觉去吧。广义的睡。

9

时间就这么过去了一段。转眼，窗外的树仿佛一夜之间生出了嫩芽，春天就这么来了。我们的"父亲"却不知道这春天的消息，他老人家无比安详地躺在病榻上，偶尔感觉着轻微的痒，偶尔也放着响亮的屁，可就是不睁开眼睛，让所有爱他的人和他爱的人沉浸在幸福的期待中。春天让人疲倦。因为和小芳偷了，我没有明确感觉到季节的更替，也没有感觉到这种生活的枯燥。某种意义上，我甚至还感到安逸。我想，时间真是个奇妙的东西，慢慢地就改变了一切，也让人适应了一切。时间是软刀子。有时候去医院探视，我望着面前的老人，突然还会产生一份冲动，我会以为他就是我的亲生父亲，虽然年纪大了许多。他安静地躺着，不找茬儿，这样就很好。我和自己的父亲好几年不来往了，我甚至都记不清他的模样。只是今天下午，我从医院出来的时候，看见玻璃门上映出自己的身影特别怪异，拖着左腿，佝偻着腰，一副过分谦卑的样子。

这个形象让我不太舒服，好像还辛酸了片刻。但只是片刻，过会儿就好了。这个下午小芳还是没和我一块儿来，她说感冒了，在发低烧。她再次通过我请假，我却为她担心。她这么消极怠工迟早会有麻烦的，我不能不担心。我回来的时候，她还躺在床上看那本很厚的牛津英语，我就替她倒了杯水过去，顺势坐到她床沿上。

我问：可好点了？

她摇摇头，把书扔到一边，懒散地把头歪到一边，好像懒得跟我说话。我却想借此机会劝她几句，我想说你对我任性没关系，但不能对他们任性。我们是来上班的，不是度假。我正想着怎样开口，突然看见她对我又一次亮出了手掌：我怀孕了。是真的。

我吓得站了起来。

她又亮出了另一只手掌：不要怕，我愿意。

可是我怎么能不害怕呢？我想哭，想抱着她，想对她说宝贝这孩子你想生就生吧我愿意娶你我愿意当这孩子的爹我本来就是孩子他爹……

可是，我却没有说。啥也没说。

小芳这才转过脸来，看着我，她的眼睛显得特别干净。我们就这样看着，一直看到天黑下来。

第二天，小芳又去那个菜市买菜，就再也没有回来。

很快，201就赶到了。他进门就长叹一声，然后把一样东西放到了我手上，说：这是从你床上拾到的，留着做个纪念吧。

我一看，是一团长头发，刹时就明白了。

201说：都是你干的好事吧？

我不想分辨，眼睛很难受。

201在我面前激动地走来走去。走了几个来回，这才说：我检查了垃圾，连续四十天没有发现你妹妹的卫生巾，知道出事了，可我还是来迟了一步……

我不想说什么，好像201刚才激动地说的这件事与我没啥关系，是在说别人。我愿意听他继续说下去。

他果然就继续说了，情绪还是激动：我不是暗示过你吗？你装什么糊涂呢？你把我当成什么了？你是知识分子，我也是啊，知识分子难道就可以不讲游戏规则吗？知识分子难道就可以不讲职业道德吗？

我还是没有说什么。有点奇怪的是，这会儿我怎么一点也不含糊他呢？我不怕这个201了，因为他说，他也是知识分子。我们实际上是一样的人。我不怕一样的人。

201努力使自己平静下来，还递给我一支烟，又叹息说：也难怪，这事也确实他妈的难办！可你们是兄妹啊！兄妹之间干这个是乱伦，是缺德，是大逆不道，这在中世纪是要用火刑惩罚的！现在怎么办？小芳逃了，要是老爷子明天苏醒过来，睁开眼就想见他的掌上明珠宝贝女儿，我怎么办？我上哪儿找啊？你，你这个狗娘养的为了自己那点舒服，让我前功尽弃啊哥们儿！

我唯一要做的，就是对这个被称作201的男人抱歉地笑笑。我心里对他还产生了一点同情。我想他的处境比我还不容易，我给人当了儿子，他却给人当了狗，所以我应该同情他才对。

这天晚上，老板第一次来到了这个家里，这让我感到意外，也意识到小芳出逃的严重性。老板今天穿戴得很时尚，很洒脱，像个三流的电影明星。这种打扮使他年轻了好几岁，但他的神情显得忧郁。那个寸头207带着一瓶好酒和几份凉菜跟着一块来了，这家伙还是不肯说话。布置好这些，他就离开了。离开之前，他和老板对了一眼，这时我听见老板说：一小时之后我回去。就一小时。老板的这种表达让我觉得有些怪怪的，207不过是他的司机兼保镖，他应该说"一小时之后来接我"而不是说"一小时之后我回去"，还"就一小时"。感觉老板是在向207请假似的，看这个"哑巴"的脸色行事。

207抬腕看了一下表，然后就离开了。这个瞬间，我突然觉得背后有点凉。眼前这个一向沉默的、脸上始终是一个表情的寸头让我有点不寒而栗，拿着酒杯的手也有点不稳了。

老板这才说：我们谈谈吧。我们今天随便说，想说什么就说什么，很自由。

我小心地说：那，要不要通知你的人把这里的监视和窃听的设备都关掉？

老板就笑了，对我摇晃着手，说：你没喝醉吧？这里很安全，哪里会有什么监视窃听的设备？那些都是你的想象。

我很困惑，这是我的想象吗？可我为什么要这样去想象呢？

老板说：我知道你心里一直很郁闷。

我说：我已经不觉得郁闷了。

老板说：可是我感到郁闷呢。

我抬眼看着他，谢顶在灯光下好明亮。

老板慢慢把一杯酒喝下去。然后说：这个计划，确实有点不可思议，对吧？当初制订这个《戊戌年纲要》，我们也十分犹豫。需要一些投资还在其次，不踏实的是怕触犯法律——为了这个，我们咨询了国内最好的律师，觉得没啥问题，这才最终拍板执行。其实让你和小芳——就是那个溜走的姑娘，来冒名顶替我们兄妹，不是我的主意，但我现在还不能告诉你是谁的主意。事实上也没有人明确地在背后指使我，为什么？这里面学问很大。

我盲目地点点头，实际上也不知道他在说什么。

老板接着说：对于一些特殊的人物，死活有时候是一件大事。有的人活着的时候没价值，死后却价值连城，比如文森特·凡·高。作为画家，凡·高生前比你潦倒几百倍，死后也比你辉煌几百倍。有的人呢，死了没意义，活着意义非凡。比如说查理·卓别林，他一离开舞台就啥也不是了，更何况是进棺材。有的人的死是一件举国同悲的哀事，比如罗斯福，有的人的死被看做人类的一件幸事，比如说希特勒，事实上这家伙一死，也就表明纳粹第三帝国彻底败了。有的人本不该死，但自己却把自己弄死了，比如海明威、川端康成和你喜欢的张国荣。甚至，还有的自己愿意去死，但别人希望他活着——我父亲就是这样的人。

我有些茫然，不明白他究竟想说点什么。

老板又喝了杯酒，继续说：虽然我这个老父亲在病榻上躺了十二年，但在十二年前，因为我继母的突然去世以及严重的前列腺毛病的折磨，他就动过轻生的念头。他曾经想服半瓶的安眠药一觉睡过去，把自己了断。这是真事，如果那天不是我提前回家，晚一步他就得逞了。他对生活失去了信念，对活着失去了起码的兴趣。他说，他老了，到了该告别这个世界的时候了。他说像这样活着是一种耻辱。人与人不一样。一个重要的人物，人在和人不在，情形也不一样的。谁先死谁后死，后果也是不一样的。今年是戊戌年吧？多少年前的那个戊戌年，紫禁城内发生的"戊戌变法"，就生动地说明了这个问题的重要性。光绪皇帝和慈禧太后都死在那年的 11 月里，一个 15 号，一个 16 号，两个人在相隔不到 24 小时内"龙驭宾天"。倘若是慈禧太后死在光绪皇帝之前——哪怕早死几个月，那么情形会一样吗？后果会一样吗？所以说，这不是一个生命简单的生死存亡问题，甚至都不是一个自然规律问题……

我小心地说：那，那您是怎么想的呢？我是说，您本人是希望这个父亲是死还是活？

老板停顿了一下，才说：最愿意看见他早死的人，是我。

我不感到吃惊，只是有点意外。

老板说：为了他的活着，这十二年里抛开花了很多钱不说，我算是耗尽了心思。我们曾经想为父亲申请安乐死，可是法律不允许。而且，名人故居的项目，现在情况突然改变了，市政要修地铁，规划中正好从那儿通过，要拆迁。这样我和我合伙人就啥也得不到了。但我还是希望他早死，至少他解脱了，我也解脱了。他在，我虽然跟着沾光，但无疑又被他巨大的阴影所笼罩，这种切肤之痛外人根本体会不到。他要是死了，算个小账，至少他的一些字画可以升值，至少我可以堂堂正正地活在今天，做回我自己，对吧？

话说到这儿，那个叫 207 的哑巴回来了，站在门口。

老板站起身，把外套穿上，一边说：你自己想好。决定之后告诉我。我们的长相气质如此接近，这也是一种缘分吧？

我想我已经想好了。

10

翌日一早，我离开了那个临时搭建的家。

我不知道这一走将会面临着什么后果。但我还是想离开。

我不想继续去当别人的儿子。我要当我儿子的爹。

2006 年 1 月 25 日　北京寓所

（原载《山花》2006 年第 4 期）

附　录：

关于《戊戌年纪事》的几句话

近两年，随着母亲的去世，小说写得少了。我一向把自己的写作分为两种性质，即谋生的写作和欲望的写作。前者实际上和做生意没两样，以盈利为目的，比如说做电视剧，一部下来可以挣套房子，但别人未必知道哪部是我写的，如果拍得不好，我往往不署名，没有成就感。后者指的是发自内心的写作，是一种叙事欲望的满足。比如写小说，散文随笔，话剧京剧。这样的写作多少远离了功利，但索取的却比功利还要多，那就是自己在乎——你还能写得更好点吗？就这么简单。这是我还需要写小说的动机。所以我写小说会越来越慢，因为小说的路是越走越窄。对于个人，往往是独木桥。要么通过，要么掉下摔死。

《戊戌年纪事》，开始于2003年，因为母亲的病，放下了，一搁就是两年，直到去年底才勉强写完。这篇小说我写得很累。稿子写完后又迟迟不想拿出去。结果，何锐兄来电话约稿，要我来一次自荐，于是就这么办了。

我一直被理解为"先锋作家"，这是批评家做学问的一种归纳，但我个人的理解与批评家们略有不同。首先，我不承认上个世纪我的某些作品，如《南方的情绪》、《流动的沙滩》等，是纯粹形式上的文本。我认为我的小说不是这样的，虽然形式上有些极端，但形式里面还是有内容的，不是文字游戏。1991年我写了《流动的沙滩》，三年后，基耶斯洛夫斯基完成了三部曲的最后一部《红色》，再三年，我看到了这部影片，意外地发现我们谈的是同一个问题，这让我欣慰。遗憾的是那时这位被我视为大师的导演已经不在人世了。我举这个例子无非是想说，任何作品都是有话可说，区别在于怎么说，以什么方式说。

《戊戌年纪事》需要以荒诞的方式去说。没有荒诞，这个故事就没法讲了。我写小说一贯追求那种形式与内容天衣无缝的效果，这就意味着，不同的小说需要不同的讲法。落实到文字上，就是不同的写法。这是这篇小说荒诞性存在的理由。荒诞的另一个作用，是能够使小说具有寓言性，二者几乎可以看做近邻。至于故事，究竟说了什么，我想读者大致可以明白，无须我饶舌。我历来主张，好的小说，作者只能写出一半，另一半应该由读者去写。"有一千个读者，就有一千个哈姆雷特。"

我私下把小说理解为三种类型，一是有意义的，二是有意思的，第三，是有意味的。我喜欢有意味的小说，某种意义上，我把小说理解为文字构成的"有意味的形式"。在我看来，这样的小说不是说不清楚，而是很难说清楚。甚至只能意会无法言传，迟疑不决的叙事使主题飘忽不定。因此，所谓先锋，本质上应该是一种文化精神。它的存在，使小说突破了故事的局限，突破了形而下的日常层面，具有了诗性和寓言特征，也可能进入到形而上的领域，比如说恐惧和爱——这个主题就我的创作经历看，是一贯的。从《南方的情绪》到《陷阱》，再到《三月一日》和《独白与手势》，一路蹚过来。

前不久去了一趟西沙群岛，在海上漂流了九天八夜。我见到了比墨汁还要黑的深海，至少有三千米。看着这黑的海水和无边无际的海洋，我在赞叹大海的美丽之余也感受到了大海的一份恐惧。可见，人间的美丽往往与恐惧相伴，正如孔雀美丽，孔雀胆却能杀人。但凡这样的恐惧都与肉体无关，它折磨的是你的精神。《戊戌年纪事》中的"我"就是这样，因为潦倒，莫名其妙地就把自己临时卖给了别人当儿子。他同情地注视窗外那只在垃圾堆里觅食的野狗的时候，本人已经暗中上了另册，正等待着被调理驯服的厄运。可悲的是他本人最初还自以为发了一笔横财。但我需要同情这个人，我理解他的懦弱，他活在难以名状的恐惧之中，面对的是一群代号身份的家伙软硬兼施的纠缠。戌是狗年——恰好，今年又是。这篇小说没有用多少笔墨去写狗，但似乎是写够了狗性。最劣质最卑贱最可恶的那种狗性。导师指出：历史的发展不以个人意志为转移。这话还是真理。历史无法倒退，一旦企图倒退，那么狗性就会猖獗，人就会被恐惧围困。

事实上，这些年来我时常有这种被恐惧追逐、包围的感觉。这大概与我长期漂泊不定的生活有关。一次陌生的注视，一个奇怪的手势，一回突兀的敲门，一起无端的邂逅，都是这种恐惧感的提示。就像一册装帧优美的典籍，打开之后你会首先发现其中有一枚发霉的书签。但是我依然执拗地相信，恐惧的对面是爱。一阵风吹散阴霾，然后你就见到了阳光。或许这就是生活的真相吧？只是我们淡忘了，忽视了，被纸醉金迷掩盖住了。

写作无疑是一种表达。写作也是一种倾诉。写作更是一种摆脱。

2006年3月5日，京城寓所

潘军文集

第陆卷

长篇小说

死刑报告

死刑并不是一种权利，笔者已经证明这是不可能的；而是一场国家同一个公民的战争，因为，它认为消灭这个公民是必要和有益的。然而，如果笔者要证明死刑既不是必要的也不是有益的，笔者就首先要为人道打赢官司。

——［意］贝卡利亚

只要死刑还存在着，那么整个刑法就都散发着血腥的气味，整个刑法都带有阴森恐怖的印记，整个刑法都充满着报仇雪恨的污点。

——［德］古斯塔夫·拉德布鲁赫

一

1994年6月，陈晖应美国南加州一个华文社团的邀请，去洛杉矶参加一个叫做"文学的人文精神"的研讨会。陈晖不是一个职业作家，他本科修的是政法，原在京城一家叫做《说法》的杂志社供职，现在的身份是一个自由撰稿人，经常在一些报刊上开设个人专栏，谈论时政与时尚。他在民间的那点影响来自于几篇法制题材的报告文学。这些作品一经发表，就会被外埠的某些报纸转载，很受读者欢迎，但也给他招惹过许多麻烦。陈晖还是一个兼职的律师，在不想写文章的时候，可能就去帮人打一场官司。据说他在法庭上的表现也很出色，虽然经他承办的案子往往胜诉的可能性不大。

这一年，陈晖三十四岁。他是一个看上去挺拔而洒脱的男人，喜欢戴一顶钢蓝色的棒球帽和一副宽边的墨镜，到哪都背着一只牛仔布的大挎包，给人一种散漫的行者姿态。这个善于言辞，且富幽默感的年轻人，对女人很具吸引力。但他的婚姻却很不成功。在经历过几轮双方都指责对方有第三者的嫌疑之后，他那位年轻貌美的准明星老婆索性和一个专拍电视剧的导演公开同居了，宣告与他正式分手。这个夏天对陈晖而言是非常阴冷的。离婚不久，他又因为一篇稿子被认为是影射了某个要人，从而引起了与主编的激烈冲突，以至于断然决定辞职单干。接着就是他辩护的一场官司彻底败诉了，那个做酒店小老板的当事人以发红包的方式和下面十几个女服务员发生性关系，虽然都是双方自愿的，但最终还是以流氓罪被判了七年，差点就把律师费扔到了他脸上。先后发生的这三件事都让他很不舒服。他被巨大的沮丧所笼罩，发誓不再接这种吃力不讨好的案子了。连写文章也把笔名"晨晖"改作了"尘灰"。那些天里，人们总看见三里屯的酒吧里又多了一位忧郁而满脸晦气的男人，此人就是陈晖。也就在这样的时候，他受到了去美国开会的邀请。对这种所谓的研讨，陈晖心里视作是几个寂寞的老华侨，在异国他乡荒得厉害，想出钱找人聊天的活动，虽不怎么重视，但还是迫不及待地办妥了签证，如期前行了。

陈晖甚至连会议要求提交的论文都没有准备好，就匆匆上了飞机。经过十二小时的飞行，他抵达了洛杉矶国际机场。飞机下降的时候，陈晖从舷窗里往下看，这座"天使之城"与国外一些大都市最大的不同，就是她与自然融为一体，城市整个镶嵌在逶迤的山峦之间，而且也没有特别集中的高楼大厦。陈晖喜欢这种格局，觉得这样的规划很符合他理解的那种城市概念。他反感的是像纽约那样的城市，一上街，就被埋在晃眼的玻璃幕墙中。洛杉矶无疑是美丽的。但在他的印象里，这个城市似乎一直与犯罪有关，这或许是那些以洛杉矶为背景的警匪片的缘故吧。

一出海关，陈晖就看见了来接他的人，一个年纪与他相仿，长得胖哈哈的男子，手举写有"中国大陆陈晖先生"的牌子。那是他在政法学院时的同学，叫王可。几年前这个王可考"托福"到了美国，现在加州大学法学院攻读博士。他们是要好的朋友，也曾是几篇论文的合作者。这次的会议就是王可一手张罗的，某种意义上，与会者陈晖其实是王胖子塞进来的"私货"。

看见王可手中的牌子，陈晖就觉得非常好笑。他摘下墨镜说：胖子，你难道还认不出我来？

王可就把陈晖拉到一边，说：哥们儿，你可千万别让东家知道了我们是同学关系啊。

陈晖有点困惑，说：怎么，这开会还兴作弊？

王可说：就这么回事，我帮着承办这个会议，是拿钱的。对你们而言，是个学术活动，对我呢，就是一笔生意。他们只要求我在大陆请几个有名气的文人来叙谈叙谈。我想，你老兄在大陆也还算有名的吧。

陈晖说：你别寒碜我了。我这回纯粹就是来玩的。

王可说：其实我他妈在这边也特别闷，想你来呢。

两人就这么说着去了停车场。这时陈晖就有了一种奇怪的感觉，好像自己并没有来洛杉矶，还是滞留在太平洋那边的某个中国城市。他把这个感觉告诉了王可，后者说一点也不奇怪，王可说：初来的时候我逛唐人街，和几个华人一闲聊，还以为在北京的琉璃厂呢。

陈晖就感叹道：看来人这一生忙下来，什么都不会剩下，就得几个朋友了。

王可说：你这还是没有从你那前老婆阴影里走出来啊。男人一生是为女人活的，你得赶紧再找。

正如事先陈晖所预料，随后几天的所谓研讨是相当松散的，甚至连一个正式的会场都没有。与会者也不过是七八个人，分别来自大陆、台湾和香港。也有几个加州的所谓汉学家。除了参观游览拉斯维加斯的赌场和好莱坞，大部分的活动都在一位慕容先生的家中客厅里举行，大家随便交谈，喝着大陆带来的乌龙茶和青岛啤酒。那个王可担任现场翻译并负责录音整理工作。那时陈晖刚读了刘小枫的《拯救与逍遥》，于是他的发言大都带有这本书的印象，有的几乎就是援引了刘先生的观点。譬如，中国历史上的一些作家，譬如说屈原、司马迁、陶渊明、李白、苏东坡、曹雪芹乃至鲁迅，都是在自身经历过一些磨难之后，才去歌颂那种貌似超脱的自由精神。而西方的作家，从古希腊悲剧作家到但丁、莎士比亚、陀思妥耶夫斯基、卡夫卡，却一直是在逆境中继续歌唱着神性的拯救精神。拯救与逍遥，是中西方最为根本性的精神品质差异。在中国精神中，恬然之乐的逍遥是最高的精神境界，而在西方精神中，受难的人类通过耶稣基督的上帝之爱得到拯救，人与上帝重修旧好是最高的境界。尽管这些观点陈晖本人也不是完全苟同，但是像刘先生的这样一种诗意般的归纳却还是足以引起与会者的重视。

6月14日，在洛杉矶是一个阴晦的天气。这天会议没有什么安排，于是王可就来旅馆陪陈晖聊天。那是一家规模很小的旅馆，由一个华人经营，这个人也是本次研讨会的赞助商之一，免费提供食宿。但他的兴趣就是大陆什么时候发行B股，大陆的B股有没有可能到华尔街来挂牌上市。对这个问题陈晖很茫然，他只说，回去好好打听一下。幸好这时王可来了，陈晖才得以摆脱窘境。这两个人掩上门一直从下午聊到天黑，陈晖像是患上了倾诉病，把一肚子的苦水都倒出来，但样子还很从容。陈晖说：人倒霉喝口凉水都塞牙，幸好现在是夏天，也算是自然降温了。

王可说：你现在一个人倒也简单，依我看你干脆过这边来算了。咱俩也有个伴。

陈晖说：我那点英语早就还给老师了，语言这关过不了，我到这边就是一个名副其实的睁眼瞎，怎么过？语言这东西，连毛泽东都说，非下苦功不可呢。

王可说：其实语言需要的不是苦功，而是环境。你要是真想过来，我就帮你想想办法。至于"托福"这一关，也还是有辙的。我就曾经办妥了两个。

陈晖笑着说：又是作弊吧？可我就算是这么过来了，也适应不了啊。我现在不想再搞专业了，也不想再接什么狗屁案子，就随心所欲地写点那种准风月谈，聊以糊口。

王可说：这可不像你陈晖啊，当年在我们班，你可是最有锋芒的一个。你的毕业论文对刑罚、特别是对死刑的研究很让人刮目相看，怎么没几年工夫就这模样了？

陈晖说：人是会变的。再过几年，我恐怕变得连你都认不得了。

说着，就随手把电视打开，里面正播着五花八门的广告。陈晖说：你看，我连广告也看不明白，怎么讨生活？这美国也没什么好玩的，过几天我还是回我的北京吧。

电视广告过去之后，是正点播出的新闻节目。那个面目脂粉气十足的男播音员刚说几句，一直躺在沙发上的王可就费劲地把身子坐正了。胖子的这个动作让陈晖意识到这个城市里又有什么事情发生了。他没有干扰王可，但他看见了一个黑人男子被警方从飞机上带下来的电视画面。陈晖感觉电视里的这张脸是熟悉的，可一时又想不起来。

王可说：陈晖，辛普森这家伙闯祸了。

陈晖说：你说的是那个从前的橄榄球明星吗？怪不得我觉得面熟……

王可说：就是他。这家伙杀人了。

陈晖说：杀人？

王可说：这家伙把他的前妻和她的情人一块做了。这事就发生在两天前，案发地点离我们的住处不远，南班迪街875号……

电视新闻采取的是倒叙的手法。首先看见的，是忧愤的辛普森走下飞机被警察戴上手铐的画面。然后才介绍6月12日发生在南班迪街875号的凶案。电视解说员以庄严的语气说：洛杉矶警方现有的证据说明，O·J·辛普森涉嫌谋杀他的前妻妮可和她在酒店当招待的情人隆纳。电视的画面里，充分展现了这个后来为全世界瞩目的谋杀现场，有妮可和隆纳的尸体、满地的血迹以及现场遗失的一只血手套等。陈晖不禁倒吸了一口凉气，直觉已经告诉他，这个黑人橄榄球明星这回惹下了大麻烦。

陈晖对辛普森的了解，最早是一部叫做《卡桑德拉大桥》的惊险影片。那是由著名影星索菲亚·罗兰和理查德·哈里斯主演的惊险样式的大片。退役的辛普森在里面实际上只是一个龙套，扮演一个虚构的黑人侦探。而这回，他自己却成了被警方侦探的真实目标。

第二天，和全世界的人一样，大家的中心话题就是辛普森案件的进展。也就是从这时候起，陈晖对这起后来被广泛看做"世纪审判"的经典案件产生了浓厚的兴趣。但是他很快要离开了。以他的经验，国内的媒体对这宗案件的报道介绍应该是迟缓而轻描淡写的。那天晚上，陈晖提议要去南班迪街875号附近看看。他们就去了，果然很近，车行不过一刻钟。远远地他们看见，那个案发现场至今还是被警方控制着，圈着黄色的警戒带。

两天前的子夜时分，一条狗就是在这里吠叫不止的，然后引来了两个散步健身的邻居。他们发现这个豪华住宅的院落大门半开着，走进去一看，才发现进门的台阶上躺着一女一男的两具尸体，满地都是鲜血。意外的惊吓使这两个邻居随即就向洛杉矶警察局报了案。一个小时后，警方赶到了案发现场，断定这是一起命案。他们立即召唤来了重案组，第一个到达现场的，是白人警官马克·福尔曼。他很快查实，事主是辛普森的前妻妮可和她的男友隆纳。初步判断他们是在当晚10点至11点之间被谋杀的，现场除了血迹，还有破碎的眼镜和纸片。而最大的发现，是落在隆纳身边的一只带有血迹的皮手套。后来警方在福尔曼的带领下去了距离此地不远的北洛金汉街360号，那是辛普森本人的住宅。警方本意是想告诉辛普森这个不幸消息的，并让他接手他和妮可所生的两个孩子。但是，尚未来得及办理搜查证的福尔曼警官却擅自闯进，并很快在这个空间里意外发现了几处可疑的血迹，而且居然也找到了一只带血的皮手套，一望便知与南班迪街875号案发现场的那一只是一对。这个发现，让警方第一次怀疑辛普森涉嫌谋杀，而那个时候，前橄榄球明星已经飞往芝加哥了，离开的时间就是当晚11点之后。至今没有人能够证明在当晚的10点至11点，辛普森在什么位置，他干了什么。似乎连他自己也说不清楚。辛普森涉嫌谋杀的调子在命案发现几个小时之后，就已经定下了。

现在，这个现场显得很安静。几乎看不见围观的人，这与中国完全不一样。那情形好像是，既然辛普森案件发生了，那就让它发生好了。陈晖在车里点了一支烟，然后对王可说：我要追踪这个案件。

王可说：你刚才不是说以后只写准风月谈吗？

陈晖笑了笑说：也许是一种直觉吧，我预感到这个案子将很不简单。从电视新闻里的介绍看，辛普森这回是被警方吃定了，遍地都是证据。但是，这个家伙却一直是在冲着镜头喊冤。

王可说：我明白你的意思。某些刑事案件往往就是这样，你越是感到铁证如山，就越会出现你预料不到的问题。

陈晖说：问题是我马上又得回去了。

王可说：你放心，我会把这个案件的进展情况以电子邮件的形式告诉你的。

陈晖说：我那里目前还只是电传。

王可说：那就只好通过电传了。

几天后，陈晖离开了洛杉矶。

二

辛普森案件在央视新闻联播上报道时，落城的女警官柳青刚刚回到家中。本周是落城政法系统组织的"法律宣传周"，公、检、法、司都要抽调人员集中在文化宫礼堂，接待各类的咨询和投诉。本来她的工作到下午五点就结束了，结果就在她打算离开时，一个白发苍苍的老者坐到了她的跟前。老者叫吴全印，是落城轴承厂的一名退休工人，他是为自己儿子吴长春的案子来申诉的。

一听吴长春这个名字，柳青就想起了多年前那起代号为"6·20"的案件。那是一起故意杀人案，落城郊区文化馆的干部吴长春蓄意谋杀了自己的妻子刘云以及她腹中四个月的孩子。此案发生在1982年，那个时候，柳青还是一个中学生，但这个轰动一时的案子是在她父亲、落城前任公安局长柳立中手上办的，因此她很清楚。吴长春后来被判处了死刑缓期两年执行，几年后又改成了无期徒刑和有期徒刑二十年。

吴全印说：我儿子吴长春是冤枉的，已经坐了十二年的牢了。十二年就是一轮啊，我请求政府对此案进行再次复查，还我儿子一个清白。

柳青说：老人家，我可以负责把您的申诉报告转交到有关部门。

不料吴全印说：你父亲就是"有关部门"。这个案子当初是在他手上办的，我请你回去转告你父亲，他得出面……

柳青说：我父亲已经不再是公安局长了。他都退休在家好几年了。

吴全印说：姑娘，我不管你父亲还是不是局长了，但你要把我的话带到，他退休在家看报看电视，钓鱼养鸟，可我的儿子还在大牢里蹲着……

老人说得老泪纵横，最后被其他人劝说离开了。

这个黄昏柳青被这件事弄得很难受。她不是反感那个叫吴全印的老人，而是觉得已经服刑十二年的案子了，犯人居然还在申诉。这说明什么呢？难道案子本身还有不如人意的地方？而且这件事还涉及到自己已经卸任的父亲。柳青从文化宫出来，外面的天开始转暗了。她原想去附近一家新开的超市买点小东西，现在被这件事弄坏了情绪。这时，她的同事沈蓉就从后面赶上来，喊住了她。沈蓉实际的年纪有多大，柳青不太清楚。她只知道这是一个保养得很不错的，属于那种风韵犹存的女人，也属于那种矜持的女人。沈蓉干公安不少年了，能力不错，但人很难相处。不过与柳青一直还合得来。这大概与她曾经是柳立中的部下有关。柳青从来不叫她沈大姐什么的，就只呼其名，后者听了一点也不介意。

沈蓉把柳青叫到街边说：有一个人想见你，让我邀你今晚一块吃顿饭叙叙。

柳青就问：谁呀？

沈蓉说：就是老郁……政法委郁书记的秘书小肖。

柳青眼前就出现了一张小白脸，也就明白是怎么回事了，她说：今天不行，我妈随旅游团去九寨沟了，我得回去给老爷子做饭呢。

沈蓉说：平时不都是老爷子给你做饭吗？

柳青说：他这几天不舒服。

沈蓉听出了推辞的意思，就说：你就给我一句话吧，对姓肖的印象怎么样？

柳青说：我就见过那个人一面，谈不上什么印象。

沈蓉说：可人家说你像电影明星呢。

柳青说：那是因为今天电影明星太多了。沈蓉，谢谢你的好意，我对那人真的没什么感觉。我不喜欢那种白面书生型的男人。

沈蓉说：柳青，其实你也可以考虑个人问题了。

柳青说：我一直在考虑呀，不过这种事是不能"限期破案"的。

两个女人相视一笑，然后就分手了。柳青没有去超市，回家的路上想的也不是什么"个人问题"。她觉得她个人从来就不是什么问题，更不需要让人来帮着解决。倒是沈蓉本人是个问题。沈蓉一年前离婚了，柳青早就耳闻，这个沈蓉是为政法委书记郁之光离的婚，他们的关系很不寻常，而且还是老关系了。不过，大家也只是私下议论而已。她想沈蓉本人也应该是听见这种风声的，她不在乎，说明这女人很有办法。

凡是见过柳青的人，几乎没有相信她是一名警察，而会认为这个漂亮的姑娘大概是文艺界的。他们会很吃惊：你是警察？你怎么会是警察呢？就是这样，他们觉得漂亮的女人应该是一个演员才对，所以今天的电影电视剧怎么看都不真实。柳青很清楚自己算得上漂亮，而且是那种很干净的漂亮，不是那种油腻的漂亮。但她从来没有做过明星梦，她不喜欢用一辈子的精力去塑造不属于自己的人生。从前柳青的志向是想当一名记者。电视上那些女记者成天背着相机四处采风的生活，对她有很大的吸引力。1986年高考时，她本想去学新闻。可是在这个关头，家中发生了一件事，从而改变了她的选择。她在日记里记录了这件事——

父亲中午回来，没有吃饭，就进屋躺下了。我把他的衣服挂到衣架上，发现他的警衔已经去掉了。我知道，他可能退下来了。

父亲很小的时候就参加了共产党的队伍，是四野南下的，参加过平津战役和解放海南岛的战役。以后转业到地方，从事的就是公安工作。父亲最后一站是落城，一来就担任公安局长，一干就是很多年。现在突然让他退下来，自然就有点失落。一个人爱一种职业很不容易。从此以后，那些深更半夜里骤然响起的电话铃声没有了，那种由案件带来的紧张与压力以及破案后的那种快乐与舒畅也都统统没有了。

父亲一直从中午躺到了傍晚。母亲悄悄推开门，看见屋里烟雾缭绕，老头抽了不少烟，就责备道：这么死命地抽，你不想活了？

父亲从床上起来，坐到写字台面前，说：我现在这么活着跟行尸走肉没啥区别。

母亲说：你这人，年纪到了谁都会走这一步的，这是政策。

父亲抬高嗓门说：我知道是政策。

母亲生气地离开了。

我知道父亲心里很沉重，就给父亲重新沏了杯茶。本想与父亲好好聊会，想给他一点安慰。可是到了门口，我听见他叹了口气，说：我啊，就没有一个儿子啊。要是有儿子，他应该接我的班才是。

我停在了门口，默默注视着父亲的背影——看不见父亲的表情，但我已经明白了他的心思。那个瞬间，我突然就想当一名警察了。

两个月之后，柳青拿到北方一所刑警学院的录取通知书后，家里才炸开了锅。母亲说：你这丫头，这么大的事你怎么一点口风也不露啊？你这个样子哪像个警察啊？

柳青说：警察的脸上难道还有标志不是？你看我爸像吗？整个一农民呢。

让柳青意外的是，坐在一旁的父亲并没有显露出应有的喜悦。后来，他把女儿叫到书房里，让女儿站在面前，等一支烟抽完，才说了这样的一句话：丫头，做一个警察和做一个女人一样艰难，我送你三个字——经得起。经得起什么，你自己琢磨吧。

柳青读的是刑侦鉴定专业。这个专业的女生非常少。尽管在学校里什么都学过，也什么都见识过，但一旦接触到实际，她还是显出了一个女性的局限。在家里，柳青是一个见到蟑螂都会惊叫的女孩。不小心手划破了一道小伤口，她会毫无遮拦地当众哭泣。这个从来不敢去抱小猫小狗，更不敢杀鸡宰鸭的女孩，今后将要面临的却是：要出凶杀命案的现场，要面对血腥的复杂场面，要从被奸污的女性阴道里提取精斑，要参加尸体的解剖，甚至要站在死囚身边几米的地方看着他被枪决。这实在是不可想象的。

四年后的1990年，二十二岁的柳青毕业了，回到了自己的家乡落城，成为公安局刑警支队技术科的一名技术员。多年前，当柳青还是一个少女时，就曾经向局里的女警官沈蓉借过一套警服拍照，那时警服的上装还是白色的。这张照片是少女柳青最得意的作品，一直摆放在她的床头。

柳青回到家，父亲柳立中已经把饭菜准备好了。他是一个看上去魁梧而行动利索的老人，身上带有明显的军人气质。看见女儿一副疲惫的样子，做父亲的便问：又出案子了？

女儿从公文包里拿出一个信封，觉得沉甸甸的，她看着父亲说：吴长春的父亲让我把这个交给你。

父亲疑惑地接过材料，问：吴长春？郊区文化馆的那个？

女儿说：对。

柳立中里好像被什么碰了一下，便从沙发上一堆报纸里找出了老花镜,一边看申诉材料一边说:他的案子是不是有了新的证据?

女儿说:好像没有。

父亲说:那就很难复议了……

女儿喝了口水,然后坐到父亲对面说:不过从犯罪心理学上讲,一个人论罪完全可以处死刑的,最后给判了死缓,可是这个人却还在一个劲地上诉,不符合逻辑。

父亲暂时把材料放下,说:你接着说,我听听。

女儿说:死缓的犯人一般是不申诉的,因为他害怕案件的复议会带来于己不利的后果,没准儿就送了一条命。这种案例我们是见过的。而这个吴长春却不是这样……所以我觉得这个案子可能还有问题。

柳立中沉默了片刻,说:不瞒你说,我也有这种感觉。我干公安已经三十多年,大小案子办过千起,唯独1982年的"6·20"案让我一直不踏实。那个吴长春自始至终都说自己是冤枉的,我们的调查,也很难认定他有谋杀妻子的动机——他们夫妻之间的关系据周围人的反映,挺不错的,而且,当时刘云还在妊娠期……

柳青说:我知道,最后定罪的主要依据是吴长春衬衫上死者的血迹,喷溅状的,这样的血迹只能是在死者死亡半小时内才有可能出现。而按吴长春的口供,他见到死者是在四小时之后了。法庭自然不能采信。

柳立中说:为此我们还邀请了省厅的鉴定专家,结论是一样的。

柳青说:自然是这样了,科学是严密的。

柳立中叹了口气,说:为这个案子,我倒是希望科学有时候不那么严密。

父女俩这么交谈着,一边吃饭,一边看着电视上的新闻联播节目。然后柳青就知道了几天前发生在洛杉矶的辛普森案件。电视画面很简单,只有几张照片,没有现场的实况。电视播音员的解说看不出什么倾向性,显得很客观,但柳青自己觉得辛普森应该是这起案件的元凶。他有作案的动机,也有作案的时间,现场发现的证据会对他构成致命的威胁。

第二天上班,柳青主动地和同事说起辛普森的案件。她说你们看见没有,美国那个前橄榄球明星涉嫌谋杀自己的前妻以及她的男友。

同事的表情大都显得茫然,他们显然不知道辛普森为何许人。再说即使知道了，又能怎么样呢？你能管得了吗？只有一个叫高逸明的说：我看见了，不就是一起普通的谋杀案吗？我真不懂，咱们干吗要在黄金时间去报道美国的案子？

另一位法医汪工说：要是克林顿杀了希拉里，倒是值得大加宣传。

大家这么说笑着，让柳青觉得很无聊。就像是在一个公共浴场，她穿好了泳装出来一看，周围的人全都光着身子。结果她反倒成了被讥讽的对象了。可那毕竟不是天体浴场啊。柳青大学毕业本来是不想回落城的，她想上北京，目的不是想求得一个更大的发展空间，而是想争取到一个良好的氛围。但最后她还是被分回来了。几年的工作经历让她觉得，刑警队的人工作配合上都还没有什么问题，就是找不到可以说点正经事的人。这是女警官内心最大的遗憾，不过她从来不表现出来。

大家的话题转向了近期正热播的一部电视剧，那也是一部警匪片，还是破案加爱情的老套子，但收视率却非常高。柳青不想参与这样的讨论，觉得很无聊，没有一点品位，就回了自己的办公室。她的专业是物证检验，独自一个人办公。这个狭小的空间对她来说非常重要，她可以在这里安静地进行工作。没有工作的时候，她可以读书看报，或者什么也不看，支着下巴胡思乱想。柳青刚坐下想沏杯菊花茶，支队长刘勇茂就进来了，这个五短身材的中年人把一份通知放在柳青面前，说：公安部最近在办一个DNA的学习班，支队决定你去参加。把手头的工作移交一下吧。

柳青看了通知，报到的时间就是明天。

三

6月13日上午，辛普森在芝加哥接到警方的通知后返回了洛杉矶。但是他一走下飞机，就被警方戴上了手铐。与此同时，芝加哥警方在他住过一晚的奥哈拉广场旅馆915号房间展开了搜查。警方在那间屋子的毛巾和床单上发现了血迹，另外他们还发现了一只打碎了的玻璃酒杯。

辛普森被带到洛杉矶警署后，随即接受了警方长达三个小时的质询。警方自然注意到了他的左手还扎有绷带，并且有肿胀的现象。尽管辛普森解释，自己的手是不小心被玻璃酒杯划伤的，自己根本就没有谋杀前妻的可能，但警方还是及时地对这只受伤的手进行了拍摄，最后又安排一名护士抽走了辛普森8cc的血，带到了还在勘查中的案发现场。他们需要进行血样比对。

接下来的事情显得匪夷所思。

6月17日，洛杉矶检查官通知了刚刚到职的辛普森的新律师罗伯特·L·夏皮罗——此人曾经因为帮助大牌影星马龙·白兰度的儿子打赢了一场人命官司而闻名全美，这次，辛普森以月薪10万美金的价码聘请他来作为自己的律师——带辛普森来警察局自首，认为他被怀疑犯有重大谋杀罪。但是，律师和现场等候随时逮捕辛普森的警察发现，辛普森不知什么时候已经溜出了北洛金汉街360号的住宅。辛普森带走了一把手枪，留下了三封信，其中一封是致大众的公开信，再次强调自己是清白无辜的，没有杀害妮可。他以伤感的语气告诉关心他的人——"请大家记住真正的O·J，而不是此刻正步入人生迷途的我。"但是，洛杉矶警方却正式宣布辛普森为通缉犯，并迅速展开了对他的搜捕。

当晚6时，警方在高速公路上发现了辛普森那辆白色的野马车，于是一场类似好莱坞惊险警匪大片的追捕行动在全世界眼前出现了。洛杉矶有7家电视台出动了直升机进行现场直播了这个突发性的新闻，包括CNN在内的许多电视台都中断了原来的节目，而转播这个惊心动魄的事件。人们看到，在辛普森那辆白色的汽车后面，紧跟着几十辆警车，一直在高速公路上兜着圈子。8点45分，那辆白色野马车停下来了，辛普森放下手枪向警方归案。

陈晖是在洛杉矶观看这场演出的。但他实在不明白，这个一再声明自己不是杀人凶手的辛普森为什么会出此下策？难道事到如今前橄榄球明星还想作秀吗？他非常清楚，此刻，他的一举一动都会受到警方和媒体的特别关注。但他还是这么做了。使他在大众的眼中成为畏罪潜逃的嫌疑人。辛普森应该明白，此举将直接影响到对他的控诉和最后的审判。在记者看来，辛普森的案子之所以有吸引力，不在于它的血腥味，那不过是一桩普通的刑事案件。甚至某种意义上看，最为关键的还不是作案的过程，而是后来的审判过程。首先，辛普森究竟是否是这个案子的元凶，就是一个很大的问题。这个著名的黑人明星目前所处的是一个两极地位，要么他是凶手，按照加州的法律，他完全有可能被判终身监禁甚至死刑。要么他就是无辜，对这起命案不负任何责任。从现有资料看，辛普森不仅具有作案的动机，同时也具备作案时间，但是这个时间却非常有限，仅仅只有一个小时，一个男人想在这么短的时间里把两个年轻并且体格健康的人杀了，之后还得衣冠楚楚地搭乘飞机去芝加哥，怎么看都不容易。这样的情势，使案件过早显露出了悬疑性，给人以不确定的期待。

现在看了王可传来的资料，陈晖内心进一步强化了当初他在洛杉矶时的预感。他觉得与其说这是一个案子，倒不如说它是一个剧本。其中过多的戏剧性看上去很拙劣但又是真实发生的。于是陈晖就给王可去了电话，想听听博士的判断。博士说，没有人对这起案件的发展能够作出预测，它的运气就像一块硬币的两面，与案件形成了一个整体，就看怎么去掷了。

陈晖说：这么大的案子，全世界都在盯着，你能说它是一次掷钱游戏？

王可说：这有什么不可能？在美国，什么样的事情都可以发生的。

陈晖说：这太不可思议了。

王可说：那你就耐心等待好了。这个时期，建议你最好去谈一次恋爱。

像每回出国一样，陈晖一旦重新踏上北京的土地，就明显地感觉到时间不对劲。问题不是出在时差的混乱上，而是节奏。这个城市的节奏与她的交通一样，缓慢而时有停顿。你很难感受到一种迫切的外在压力，更多是内心的烦躁，这让他感到很不舒服。时差问题只要蒙头睡上一觉也就倒过来了，可是节奏问题却无法解决。陈晖喜欢那种快捷而流畅的节奏感，那种节奏感让他觉得年轻——尽管他本来还属于年轻，觉得精力充沛。

七月的北京气温已经相当高了。阳光明晃晃的，使人懒得出门。陈晖在家里埋了一段时间，除了期待王可及时给他传来有关辛普森案件的资料，就是期待着一次新的艳遇。婚姻失败的前夕，他在这个城市里曾经有几个亲近的女友。本来他很想模仿《生命中不能承受之轻》中的那个托马斯大夫，企图和她们建立起一种"性友谊"，觉得这方式比那种专职情人关系来得更轻松。然而现在这个计划有搁浅的可能，因为他的身份变了，不是他从一个专职记者变成了自由撰稿人，而是他从一个已婚男人变成了一个单身男人。这种人和异性接触，总让对方引起不安。其实最不安的还是陈晖本人，他清楚自己一旦和某个女人好上，同居很容易，难的是同居之后。既然你是单身又有什么理由不娶我呢？他经不住女人这样的质问。因此就不想再招惹这种麻烦，与其说是期待，倒不如说是幻想了。不乏性经历的陈晖幻想的，其实还是和一个适合自己的女人去过那种一对一的日子，那日子显得干净，能给他带来短暂幸福之外的那种恒久的安逸。

今天陈晖决定去一趟原来的单位。由于刚刚辞职不久，一些信件都还是寄到了他以前的单位。陈晖是下午四点左右出门的，选择这个时间是想避开汽车行驶的高峰期，同时也想少遇见熟人，既然离开了这个地方，那么就不要拖泥带水。

但是他最不愿意见到的人还是见到了。那就是他的主编老何，一个即将退休的头发谢顶的小老头。整个编辑部的人都走了，他还在这里加班看稿。见陈晖来了，何主编不是感到意外，而是显得特别高兴。他热情地把陈晖拉到沙发上，又从冰箱里拿出一听可乐。然后说：小陈，你是不是到美国去了一趟？

陈晖倒有些意外，就只好笑着点点头，说：我刚回来。这事您是怎么知道的？

主编说：你如今可是名人了，首都几家报纸上都有你的专栏——不过我觉得还是叫"晨晖"好，别再叫"尘灰"了——我知道你是想谦虚。名人是会引起全社会的关注的，我当然也不例外。

陈晖说：您别抬举我了，我这是为五斗米折腰呢。

主编说：看来，还是出去好啊。虽说给我们的工作带来了损失，但成全了你个人。历来是庙小容不下大菩萨。说实话，我心里很羡慕你。如果我年轻十岁，也许我也这么干了。

陈晖说：那你也不会的。你是组织同志。我呢，是无组织的人。但是我很有纪律。

说到这里，陈晖突然想起了一件事，他的记者证还没来得及交出来。

于是就把这个曾经帮过他很多忙的证件拿出来，放到茶几上，说：老何，我忙着办出国，这个还没交出来呢。

主编看看陈晖，把记者证又推到他面前，说：小陈，杂志社已经正式研究了，虽然你办了辞职，但我们还想继续聘你为特约记者，也算是给刊物撑点门面吧。只是把以前那种紧密型的关系改为松散型的，一把一利索，我想这样对双方都是有益的，你说呢？

陈晖没想到事情会是这样。同时也为自己以前的冲动感到有点内疚，这个老何还是不错的。他拿起记者证装回口袋，说：谢谢编辑部对我的信任。我接受。

这件事最终以这样的方式了结，陈晖觉得很满意。他不知道这是否由于辛普森的案子，重新诱发了他对法制文学的激情。不过他想，中国就是一个特别讲究身份的国家，而身份总是与单位联系起来的。那些辞职下海或者单干的人，在主流意识形态看来，都属于没有身份的人。有一种说法把这些人叫做社会闲散人员。如果你在某个公共场合或者出席某个会议，别人无法把你介绍出去，而且你也无法走出去，这就是失去身份的后果。离开《说法》杂志后，陈晖总是尽可能避开那些公共场合。有一次他去应付一个饭局，席间主人挨个介绍，到了他头上，主人说：这是著名记者陈晖先生，在《说法》杂志……陈晖立即打断说：我现在不在《说法》了。也自然不是什么著名记者。我是一个普通公民。他这样诚恳的解释，却弄得大家很尴尬。

那堆信件中，有一份来自公安部某个研究所的请柬，内容是他们正在举办一个 DNA 的学习班。从时间上看，这个学习班已经开学好几天了。不过陈晖对此很感兴趣。所谓 DNA，就是利用人体遗传基因技术从事鉴证分析，这在中国才刚刚开始。陈晖想过去听听，也算是增加了一点知识积累。

陈晖离婚时，家中大部分财产协议给了女方，他得到的是一辆二手的"切诺基"，女方没要，认为这车十分费油。第二天是星期天，陈晖还是开着这辆车往木樨地方向去了。不料车在半路上轮胎爆了，他费了大劲才把轮胎换好。这么一折腾，等他赶到时就已经过了中午。他在门口一个小饭店里吃了碗兰州牛肉拉面，然后就往会务组去了，想领上一份教材。学习班设在招待所的三楼,陈晖经过北边的公共盥洗间时,看见一个女人在低头洗衣服。他本来已经走过去了,但感觉自己瞥见的这个女人的侧面很好看,就又折返回来,进去装作洗手,想把女人看清楚,然后很随意地问了句:这里还有剧组吗?

这个女人就是柳青。对男人的问话,柳青觉得有点奇怪,就反问道:什么剧组?

陈晖说:电视剧啊。你不是来拍电视剧的?

柳青心里觉得好笑,这不是典型的那种北京人说的"套磁"吗?她说:我是来参加学习的。

陈晖好像有点吃惊:学习?

柳青说:我是公安部DNA短训班的学员。

陈晖更加吃惊了,笑了笑:你还是警察?

她点点头。

说话间陈晖已经把女人看仔细了,这真是一个好看的女人。这样的女人居然做了警察,似乎有点可惜了。他点上香烟,说:怎么还有这样的警察啊!

柳青把手里的活停下,说:警察难道还有什么标志吗?如果有,那就是京剧的脸谱了。

陈晖就笑了笑,然后就拿出一张本应作废的名片,放到柳青边上,自我作了介绍:我叫陈晖,是《说法》杂志的……特约记者。

柳青说:我们那里有这份杂志。

陈晖大方地伸出手说:我们认识一下好了。

柳青的手上还沾着肥皂沫,有点被动地把手交给了这个陌生的男人,然后简介了自己,她说:我叫柳青,是落城公安局刑警支队的工程师。

陈晖笑着说:那,我们就算是认识了!

男人似乎还想接着把话往下说,但柳青已经洗好了衣服,对他点了点头,便回宿舍去了。意犹未尽的陈晖一个人剩在走道里,觉得有点沮丧。他是想和这个好看的女人——女警官继续聊聊的。但女人却没有这个意思,走了。他看着她走进了一间朝北的房子,行走过程是一个节奏,看不出一点迟疑。后来他也走了,他走下楼来,再走到大概是女人宿舍窗前的一块空地上,自己对自己说:这是一个机会。你不认为这个叫柳青的女人很出色吗？

第二天上课，柳青一进教室就发现，昨天遇见的那个陈晖又来了。他也像一个学员那样坐在阶梯教室里。显然这个人与公安部的一些人混得很熟，所以他有旁听的资格。柳青今天穿着警服，显得颇有点英姿飒爽。她镇定地坐在陈晖的左前方，却能感觉到这个男人热烘烘的目光一直落在自己身上。那时女人心里已经大致有数了，在后面看她的，是一个自我感觉良好，有几分才气也有几分风度的男人。这个人自以为只要向某个他看上的女孩一接近，或许就能成事。北京这样的男人真的不少。如果把这个陈晖算在内，柳青在这不到半个月的时间里，就遇见三个类似的人物了。心里有数，自然就不会慌乱。昨天她一回到宿舍，晾好衣服，就把这个男人的模样淡忘了。那个时候，自作多情的记者正在楼前那片空地上独自溜达着，希望引起女警官的注意。但女人的视线里只有一只鸟，在空中茫然地飞动着。

有些事与陈晖的判断大不一样。譬如辛普森案件，陈晖本以为在中国大陆，关心它的人一定很少。这种所谓的名人案件一般也就是大家茶余饭后的谈资而已，和花边新闻没什么两样。然而自他回来后，谈论这个案子的人却非常之多，尽管官方的媒体一直漠然。人们普遍关心的也不是案件本身，而是期待着对它的审判。这种默契让陈晖感到意外，同时也有一种欣慰。这毕竟已经是1994年的中国，时代的发展总是不以某个人的意志为转移。

在公安部这个学习班里，一到下课，大家就三五成群地聚到一起，开始谈论不久前发生的辛普森案件。在女警官柳青这里，那几天陈晖有事没事地与她海阔天空地交谈，她都装聋作哑地听着。但女人私下里也认为，这个陈晖的谈吐应该说很有魅力，他在北京人善于胡侃的基础上显示出了广阔的知识面和文采。这是一般的男人所不及的。柳青尤其感兴趣的，是听陈晖说辛普森的案子。那种具有现场感的经历似乎见证了他发言的权威性。

如果不是签证到期，我会在洛杉矶追踪这个案子。陈晖这样说，这将是一个特殊的案件，将是一场"世纪审判"，我预感到。

看着陈晖那副信誓旦旦的样子，柳青心里觉得很好玩，她说：想不到一个文化人对刑事案件也这么有兴趣?

陈晖依旧一本正经地说：这很正常，有的文学作品里的想象，还走在了刑事科学的前头。最著名的莫过于美国作家马克·吐温，1882年他就在一本书里写出了利用指纹术进行破案的情节，比戈尔登的《指纹》一书还早十年。

柳青说：我知道那本书，是《密西西比纪行》。

女人的回答令男人惊讶，他说：你看过不少书啊。

柳青说：这本书我没有看过，我是从一份资料上了解到的。其实，利用指纹的识别方法，中国古代和古巴比伦也是有过的，只是没有被官方一致采用而已。

陈晖觉得这个叫柳青的女人很诚实。相比之下，他自己倒有卖弄之嫌了。或许从这一刻起，陈晖对柳青有了一种炽热而严肃的想法。他觉得，自己与这样的女人一起生活应该很合适。这是个机会，一个不可错过的机会。

但柳青心里很清楚，这个男人尽管有不俗的谈吐，但却不会使她动心。

柳青在日记里这样写道：

我知道陈晖这几天在接近我，坦率地说，他这个人还是出色的。他的谈吐和风度，还有那种男子气，都是我所喜欢的那种。但是，我们之间不会有什么大的作为。学习很快就要结束，我得飞回落城，还会有"后来"吗？我想没有。既然没有，那就连"以前"都没有好了。以前的经历，虽说谈不上什么教训，但还是能当成经验的。没有理由过多地重复了，飞机一升空，一切便会烟消云散。

柳青所说的以前的经历，是指在大学期间和一个男生的恋爱以及由此导致的性行为。他们好了半年，到了毕业的时候，那男生被一个亲戚担保去了澳大利亚的墨尔本，一去就没了音信。对这次的经历，柳青已经淡忘了，记忆犹新的是做爱，所以她不认为这是恋爱的感觉，而是性的启蒙。她心目中的那种恋爱，是沉浸在遐想、思念与忧伤之中的，这个她并没有强烈地感受到。她能感受到的是自己和男人在一起的滋味，那感觉从一开始就很好，完全符合她的想象。她想如果有一天和这个陈晖在一起，应该也不错。这是一个让人激动也让人沮丧的念头，刚刚生发出来，就在一个悠长的哈欠中消解了。

有一个周末，陈晖又来电话了。这次他约柳青到三里屯喝茶。他本以为柳青可能会礼貌地予以推辞，但对方居然不加犹豫地答应了。柳青说好啊，都说三里屯的酒吧特有名呢。于是男人就显得很高兴，一路上把那辆切诺基开得飞快。他们去的时候，酒吧里的人已经很多了。陈晖认识这家的老板，就去楼上找了一个比较僻静的位子，要了一壶乌龙茶。陈晖没有让服务生插手，一切自己来，干得十分熟练，很专业，像是在做茶艺表演。他一边沏茶，一边很直率地介绍了自己的情况。比她大十岁，也就是三十四岁了，有过一次失败的婚姻，但没有孩子。他的本科是学政法的，毕业后却偏爱写作，就从机关到了杂志社，现在又辞职了，不过还兼干着特约记者和兼职律师的活。陈晖说，这样做灵活一些，也能多挣些钱。除了采访报道，他致力于报告文学的写作，那也基本是以某个大案要案为素材的。他已经出版了一本集子，不过又说不想送人。柳青就问：为什么？

陈晖说：很幼稚，觉得拿不出手。

这是柳青听到男人唯一的谦虚。她忽然觉得，这个男人并不是完全像她想象的那样浅薄。整个谈话基本上她都是在当听众，没怎么说。最后，陈晖还是比较谨慎地对女人提出一个要求，他说：柳青，我们可以做朋友吗？

女人说：我们不已经是朋友了吗？

男人说：我是指那种一对一的朋友。

女人浅浅地笑了笑，她想面前的男人总算把这个意思表达出来了。这也是她今晚决定出来喝茶的原因所在。她料定男人会出这张牌，既然这样，那就早点谈开的好。于是柳青主动地给陈晖续了茶水，说：陈晖，谢谢你，但是你不觉得，这样的考虑既草率又很不现实吗？

陈晖说：我很认真的，也觉得很现实啊。

柳青说：还有半个月，我的学习就期满了；然后就要回到我工作的地方……

他打断她的话，说：柳青，你要是同意，要是我们相处得很好，我可以把你调到北京来——我与公安系统还是比较熟悉的。当然，我可以跟随你去落城的。

柳青说：不，这不可能。

陈晖就问：为什么？我不是和你开玩笑的。

柳青说：我也不是在开玩笑。

男人居然像孩子一样愣住了。

女人心里却直想笑。这么大的事，怎么可能喝一次茶就"搞定"了？这也太简单了吧？北京人就这么来"交朋友"？她觉得很不可思议。不过她并没有把这种看法表现出来，她也不回避这个话题。既然对方已经把问题挑明了，又何必回避呢？于是，柳青说：陈晖，我们的情况不同。我今天不想就这个问题向你解释。

为什么？陈晖问道，难道你有什么不好说的吗？

柳青说：是的，我不愿意就这个话题谈下去。

话说到这里，男人显得有点沮丧了。他发现自己过于天真了些，像这样看着顺眼的女人怎么可能就没有背景呢？她或许早就恋爱了，或许已经在筹备自己的婚事。现在看来，他似乎是晚了一步。可如果事实真是如此，为什么不直说了呢？"不想解释"意味着什么？

虽然男人刚才的那一番表白来得比较突然，可在女人内心深处对他还是有些感动。他毕竟这么说了啊。与首都北京相比，落城是什么地方？一个男人敢于发表为他热爱的女人放弃北京的宣言，那也是需要勇气的。当然，说是说，做起来也就是另一码事了。这么一想，柳青也就平静了。她想，任何一次恋爱或者准恋爱的开头，男人大都是这么信誓旦旦的。以前的那一位不也是如此吗？

这就是柳青和陈晖的故事开端。谈不上什么浪漫，甚至一点也不精彩。老实说，对这件事、对陈晖这个人，在柳青心里都没有留下什么很深刻的印象。那时她想，自己和这个城市没有一种必然的联系。北京太大了，显得大而无当。自己和这个人也不会有什么必然的联系。这个人不过是从窗前飘过的一片云彩，过去了也就过去了。然而他们都没有想到，他们的故事才刚刚开始……

193

四

在经过短期的接触之后，预审法院裁定：辛普森谋杀案成立。1994年7月22日，洛杉矶最高法院正式受理了辛普森案。山雨欲来，控辩双方都已经开始了排兵布阵。

控方主辩人是女检察官玛霞·克拉克。这位四十一岁、拥有十余年司法经历的女士，在经手的几十宗案件里还未有过一次真正的失败。她的干练与谨慎都是有口皆碑。有人说，这个女人从不轻易出手，言下之意是一旦出手就会让对方好看。而她自己的表达是："我不轻易接手一个案子，除非它具有200%的把握。"她的重要搭档克里斯托富·达登，是公认的一位出色的黑人检察官，同时也是一位证据专家。另一位是足智多谋的威廉·哈奇曼，出任本案的首席检察官。此外，检方还专门从芝加哥、圣地亚哥等地借调了多名物证、DNA鉴定专家。

而在辩方这边，由罗伯特·L·夏皮罗担任领队律师的阵容则更为庞大，他们由美国著名的律师和专家组成，其中有——

首席律师约翰·柯克伦，五十七岁，曾是洛杉矶检查官办公室职位最高的黑人检查官，眼下主持辛普森一案的日裔法官伊腾是他旧日的部下。约翰·柯克伦是洛杉矶最有影响力的黑人律师，他曾经为歌星迈克尔·杰克逊作过成功辩护。

艾伦·德肖微茨，五十六岁，哈佛大学法学院教授，他不仅是一位著名的律师，还是一位权威的宪政专家，同时也是审判谋略专家。他曾担任过拳王泰森的辩护律师。

夏皮罗·李·贝利，六十一岁，是罗伯特·L·夏皮罗的执业老师，幕后活动专家。

杰拉德·乌尔曼，五十三岁，加州大学圣塔克拉拉分校法学院院长，是负责陪审团筛选、上诉审判及起诉过错方面的专家。

比利·肖克，遗传基因分析和指纹鉴定专家。

亨利·克拉克·李，也就是李昌钰，五十五岁，华裔法医专家，康涅狄克州警察局犯罪实验室主任。

这个阵容不能不令人惊讶，这个名单一经透漏，便被人宣布为诉讼史上的"梦之队"。

陈晖看完以上的资料,觉得有点累了,就去洗了个澡。天气已经热起来,北京这些天被人称作"桑拿天"。洗完澡,他光着身体懒散地躺到床上,想着自己刚刚认识的那个女警官,觉得这样的时刻最要紧的事,就是把那个漂亮的女人放倒在这张床上。一个刚从一场失败的婚姻中走出来的男人,在这样的夜晚,孤独总是难免的。准确地说,是寂寞难耐。那是一种骨髓深处的寂寞,表现出来的形式是对性的渴望。陈晖从一本资料上看过,美国性生活频率最高的是消防队员,每周大约十次;最少的是大学教授,平均每月一次。而他现在居然在这方面还不如一个教授,依靠的是自我排遣,这很糟糕。在三里屯喝茶的那夜,他把什么都说了,对方也认真在听,但不同意把他们之间的关系升级。女警官似乎是以地理上的障碍为由果断地排除了这种可能性,看起来很负责,却不近情理。这在过去,是完全可能的。中国的户籍管理和人事制度多少年来就很不人道,多少夫妻和情人被这无理的制度弄得天各一方,不能团圆。多少人一辈子就是在为调动奔走着,一年又一年,人事制度如同枷锁禁锢着生命。但是现在不同了。现在是一个什么都可以不要的时代。或者说,是一个揣着身份证满世界走的时代。其实陈晖幻想的,是那种诗剑逍遥、琴心剑胆的生活,他希望和一个女人浪迹江湖。显然,落城的女警官还不是他合适的人选。问题是现在这个女人就在眼前,她身上散发出来的动人气息,活生生的,不是一个男人用理性就可以忽视的。他暂时不好说,自己已经爱上了这个女人,但是他必须承认,这个女人已经介入到他的生活来了,让他寝食不安。他无法回避这一点。

如果不是时间很晚了,陈晖会马上给女警官打电话,或者再开车接她出来去泡吧。不过,即使再泡上几回,又能怎样呢?在这个世界上要找到一个适合自己的女人,泡吧显然不是最有效的方式。这么一想,陈晖也就平静了。他明天还需要去天津参加一个会议,还是早点歇息好了。

柳青的日记:1994年8月7日

为期一个半月的学习结束了。本来准备给陈晖去电话的,想想又改变了主意。两天前,他去了天津。如果这个电话打过去,他会立即从天津赶回来送我的。他是这样的男人。可是我还不是他想象的那种女人,我心里并没有装下这个人。没有。既然如此,又何必这样麻烦人家呢?

去机场的路真的很长。

在机场等候了近两个小时,飞机才起飞。当飞机升空的那个瞬间,我仿佛从掠过的云层中看见了他的影子,转瞬即逝。我的心绪随之暗淡了下来。是的,我们的交往也许就是这样,转瞬即逝。在后来的飞行过程中,我不时看着舷窗外静止的浮云,想到了人生的无奈,那神情应该很茫然吧。我不想和一个我所爱的男人天各一方,我要的是每天的耳鬓厮磨,要的是执子之手、与之偕老的那种感觉,这个陈晖给不了我的……

我很希望这个男人能不断出现在我的视线里,给我电话,与我交谈,走近我。但这样的愿望其实也很奢侈。

我不是又飞回来了吗?

柳青原想回到落城后,再给陈晖一个电话。那也纯粹是一种礼节性的问候。可是,一件事使她忘记了这个安排。

那天正是发工资和奖金的日子。一下班,沈蓉就来邀柳青一起逛商场,柳青就说好啊,我正想为父亲买一件衬衫呢。你买什么?沈蓉犹豫了一下,等走出办公室以后才轻声说:我也为别人买啊。柳青马上就知道那"别人"指的是郁之光。她看着沈蓉,说:你还什么都承包啊。沈蓉的脸上就泛起了一种少女般的羞涩,她说:其实也没人关心他,老婆病着,女儿在外地读书,自己成天忙工作。

尽管沈蓉沉浸在甜蜜里,那少女般的羞涩有点不合适宜,但柳青还是觉得这样走下去很茫然。她想郁之光如果真的爱着沈蓉,就有责任给她一个体面的归宿。这保守吗?她内心这么发问着,现在情人到处都有,不新鲜,但是她早就想好了,这辈子是不会去做一个有家男人的情人的。情人的地位与尊严都应该是平等的。像沈蓉这样的不叫情人,叫外室。至于婚姻,倒可以暂时不要。这一代人与上一代人不同,是他们的婚姻往往带有象征性。柳青不信任这样的婚姻,她想要是能在身边找到一个满意的男人,她可以从父母这边搬出去,与那个人同居一阵子再说。等觉得彼此都离不开了,就再要婚姻。她相信那时的婚姻要坚实得多。这么想着,她从空气中再次看到了北京那个叫陈晖的男人,那是个诱人的形象,就觉得应该给那人去个电话了。

到了商场,还没有怎么逛,沈蓉就被一个熟人喊走了。柳青就一个人去了二楼的男装柜台,正注意看着衬衫,慢慢就感到有人在动自己的口袋,柳青一下抓住了那只纤细的手腕。接着便看到了一张看上去很文弱的脸,居然还戴着眼镜。柳青严厉地问他:你想干什么?那人显得很慌乱,说:我一不小心就把手伸错了口袋。柳青差点笑了,说,算你小子运气好,我今天高兴,不想收拾你,你知道我是干什么的吗?

然后她就把腰背后的六四式小枪露给那家伙看了。

那人一下脸色就变了,说:你是警察?

柳青说是,我是警察。记住了。今后别再干这种丢人现眼的事了,这么年轻干点什么不好?滚吧,别再让我看见你。

那小子就跑了。这时柳青才发现,边上围观的人已经有了很多,觉得很不自在,就匆忙买了衬衫离开了。刚走出商场,就听见身后有一个声音在喊,说:警官,请站一下。

柳青回头,一个三十多岁戴眼镜的男人已经到了眼前,她有点纳闷,怎么今天总是被戴眼镜的人跟着?这个人的个头和陈晖差不多,只是瘦削一点。

那人说:我叫李志扬,是蓝天律师事务所的律师。你是市刑警支队的小柳吧?

柳青迟疑地点了点头:哦,你找我有事?

叫李志扬的男人说:你刚才在商场上的表现,我看见了。

柳青有点不好意思,说:是吗?那家伙太讨厌了。

李志扬说:假如是一部电视剧的情节,我会觉得很有趣。

柳青说:我也觉得挺好玩……

李志扬说:但你不是演员,你是一名警察,按照国家颁布的警察条例,在非执行公务的场合,警察是不允许显示警械的。

柳青这才明白此人对她喊停的用意,有点难堪,也有点反感,说:谢谢你提醒啊。不过,李律师,抓小偷也不能说是"非执行公务"吧,只是他今天恰好偷的是我本人罢了。

李志扬笑了笑,说:我说话不太好听是吗?

柳青说：没事，我还是听进去了，谢谢你。

说完，她就离开了。一路上她都在想这个叫李志扬的男人，觉得这个人很书生气，认真得有点呆板。看来男人之间的差别也很大，如果这件事换成北京那个陈晖，他一定会把自己抱起来说，亲爱的，你太棒了！

落城不大，这件事很快就传到了父亲柳立中耳朵里。当天傍晚，她正在家里对妈妈眉飞色舞地说起这件事时，父亲散步回来了。柳青把新衬衫拿出来，撒娇地让父亲试穿。谁知父亲看也不看，劈头盖脸就是一顿好训。他说：好啊，神气了，动不动就把枪露出来了！我告诉你，这是第一次，念你初犯，下回再这么轻浮，我会要求刘勇茂命令你下岗。

柳青自然听不进去，就跑进了自己的房间，使劲把门关上了。

父亲还在门外喊：你这丫头怎么就长不大呢？

这个晚上柳青没有睡好。她不是生父亲的气，而是觉得这种天天面对着父母的日子很别扭。和父母住在一起，你就觉得你总还是孩子。她记得在北京的时候，陈晖就对这样的居住格局发表过意见，说失去了私人的空间。这话有道理，她想自己是否应该离开这个家了，搬出去另租间房子？可是又怕这么干显得非常突兀，引起父母伤心，也让他们不放心。到了半夜里，柳青起来上卫生间，看见父母屋里的亮光从门缝里透出来。于是就蹑手蹑脚地走到门前，她听见母亲说：小青也不小了，也该找个对象了。姑娘不出嫁，总还是长不大的啊。

父亲说：你没见她那个得意劲吗？这周围的人她瞧得起谁？

父亲是懂得女儿的。在落城，柳青真的就从来没有看上过谁。自打毕业回来，主动接近她的或者给她介绍对象的，就从来没有停过。落城地方太小，出色的男人都做了人家的丈夫。她们那个年纪的姑娘，大都有对象了，或者成家了，甚至有小孩了。这个晚上，柳青第一次有了一种茫然，有一种轮空的感觉，然后就是尖锐的寂寞。她想此刻如果北京的那个陈晖在自己身边，也许就真的和他好上了。她还想到了一个人，就是她的同事高逸明，也是从哪个政法学院分来的。这个男人对她一直有意思，但柳青嫌他长相不够好，眼睛偏小，嘴唇又嫌厚。她承认自己还是比较看重一个男人的外表的，看重他的风度。她想，自己一旦和一个长相不好的男人脱光衣服躺在床上，那个局面一定相当的恐怖。她还想，如果自己是一个男人，生性一定也很风流。

第二天刚上班，柳青便把沈蓉叫进了自己的办公室，问：你认识蓝天律师事务所的李志扬吗？

沈蓉有点疑惑地问：你怎么问起他来了？是不是他有什么事犯你手上了？

柳青说：不是他犯在了我手上，是我犯在了他手上了。

说着就把昨天在商场的那一幕说了。沈蓉听过就乐了，说这个书呆子，做事总这么一本正经的。

柳青问：你认识他？

沈蓉说：太认识了。人挺不错的，长得也还精神吧？

然后沈蓉就简单地说了李志扬的情况。此人大概三十六七岁，插过队，后来上大学，再后来读研究生，分在了落城司法局，本来组织部是打算让他去给郁之光当秘书的，结果他本人不干，前几年和几个同学合开了这么一个律师事务所。

柳青说：我怎么对这个人一点印象也没有？

沈蓉问道：怎么，你看上他了？不过他还真是单身呢。他老婆几年前得白血病死了。不过，你这样的条件不会去找一个结过婚的吧？

柳青说：看你想哪里去了，我不过是有点好奇而已。

两人正说着，外面有人在喊：沈蓉，有你的电话。沈蓉就赶快离开了。柳青掩上门，脑子里开始回忆李志扬的样子。可看见的还是陈晖。她觉得好奇怪，她和那个陈晖之间并没有发生点什么，怎么总是这个男人占据着自己的大脑？太奇怪了。于是就想起该给陈晖打个电话，礼节还是需要的。她找出陈晖的手机号码，刚拨了三个数，就又挂断了。刚才沈蓉最后说的，让她有点失落。陈晖也一样是结过婚的，她想，看来婚姻还真是有一个别人怎么看的问题。或者婚姻就是给人看的一件东西。她不打算打这个电话了。像这样突兀的一个电话，对方会怎么想呢？那可是一个非常精明的男人，他会马上去推测这个电话背后的东西。问题是，这个电话的背后没有任何东西啊。至少是暂时没有。

刑警支队因为工作性质，午饭统一由单位食堂供应。这个作派有点像大城市那种早出晚归。午饭后，柳青在外面刷碗，远远就听见了自己办公室的电话铃声，接着听见了同事高逸明在用质问的口气问对方是哪里的？有什么事？柳青急忙走过来，高逸明把电话交给她，人却没有离开，在一边翻着报纸。柳青刚拿过话筒，陈晖的声音便爽朗地传了过来：找你还真不容易呢。

柳青没有想到，这个陈晖能把电话直接打到自己的办公室。她这儿是分机。柳青说：你这不是找到了吗？

她看了看边上的高逸明，觉得这个人有点不知趣。后者却一点事没有似的继续看他的报纸。

陈晖说：怎么走得那么神秘，连招呼也不打？

柳青说：对不起啊，我是想到过的，可当时你在天津……

陈晖说：我有车啊，很快的。说好了我送你去机场的嘛。

柳青说：那我还是得谢谢你。你最近还好吗？

陈晖说：还凑合吧，就是有点想念你。

柳青说：哦，是嘛……

陈晖说：你这么哼哼哈哈的，是不是有什么不方便的？

柳青说：这样吧，我现在手头还有点事情，回头我给你拨过去。

陈晖说：不会又说了不算吧？

柳青说：怎么会呢？

电话就说到了这里。放下电话，柳青一边倒水一边对看报的高逸明说：小高，以后我的电话，你最好不要问对方是哪里的。这显得不太礼貌。

高逸明有点尴尬，说：我以为你走了，好回头告诉你是哪里来的电话……我没别的意思。

柳青说：我们这里是分机电话，你觉得我会在这样的电话里说些什么吗？

高逸明有点难堪地离开了。

柳青关上门，觉得陈晖的声音还在耳边响着。她原以为像陈晖这样的认识，也就是一个逢场作戏，见到了，就说上几句亲切的话，一起出去泡泡吧；分开了，就如断了线的风筝，天上地下彼此不相关。没想到这个男人还如此执著，居然还把电话打进了这间屋子。柳青突然有点感动，这个电话对她来说虽然并不重要，却修正了她对陈晖的印象。然而她又想，男人和女人总不能靠着电话去交往的。电话可以交流，但不能接触。柳青觉得自己早就到了需要和一个男人接触的时候。她内心深处很渴望男女间的那种肌肤相亲，她渴望能和一个喜欢的男人做爱。大学毕业前夕的那几次经历，虽然最后的结局不美好，但肉体散发出来的欢娱使她身心陶醉，她承认，那是人生最好的感觉。

正这么想着，外面传来副队长李林的声音：有案子了，集合！

柳青从静默中跳出来，拿起自己的勘查箱，匆忙走了出去。

五

作为一名刑侦物证技术人员，在柳青的感觉中，办一个案子虽然没有像读一本书那么悠闲轻松，但办案过程与阅读却很相似。有的案子办过了，就好像看了一本时尚的杂志，花花绿绿的，但看过就看过了，记不起来。而有的案子办过，就像读到了一本当时很累的书，多少年后你都记得它的基本轮廓，甚至某些地方给你留下了难以磨灭的印象。很长时间以后，当女警官回忆这起命名为"8·24"的案件时，心情还是难以平静。

落城是一座古老的城市，西汉时期，这里就有了一个商埠的规模。它坐落在蓝渡江的北岸，这条美丽的江是长江的一条鲜为人知的支流。据说太平天国时期，曾国藩的一支湘军就是从这里进军直逼南京的。落城也是一个新兴的工业城市，二十年前，国家在这里兴建了一座炼油厂，随后便有了扩建城市的计划。她虽然不像北方的大庆那样，整个城市是以大油田为中心来进行设计的，但炼油厂几乎占据了城市的三分之一。"8·24"案件就发生在炼油厂的内部。

1994年8月24日夜，有两名上夜班的女工失踪。炼油厂保卫部门向公安局的报案，实际上已经是在12小时之后了。如果说这可能构成一起案件，那么案发地点应该就是夜班女工的值班室。据门卫反映，当晚10点左右，还看见这两个女工骑着一辆红色的本田摩托车从外面吃夜宵回来。按这个时间推算，她们不会再次离开厂区的内部。然而现场的勘查，除了痕迹员找到了一些陌生的脚印外，就没有任何可疑的迹象了。假定这里就是案发现场，那么说明作案人具有一定的反侦查能力。刑警们甚至认为，这里可能不是案发地点，那些脚印实在说明不了什么。就在他们准备离开之际，副队长李林发现了唯一的疑点，就是屋子里的电话线有被扯断、重新连接的新鲜痕迹。

李林说：接线的手法不是很专业，感觉是个新手完成的。

这话一说，柳青就预感到事情不妙，她也仔细查看了，认为李林的判断正确。她的直觉是这两名受害人极有可能已经遇害了。不过当时她没有把这个想法说出来。

刑警们接着发现，其中一名女工所用的那辆红色本田摩托车还停放在车棚里。这个发现，部分排除了凶手谋财害命的可能性。女工的单位很快把照片送来了。两名女工，年龄分别是23岁和25岁，其中一个未婚。从照片上看，她们的长相、打扮都还不错。那么，强奸的作案动机便得到了强化。落城刑警支队人数不多，下设两个侦查大队和一个技术大队，凡是涉及到重大案件，一般都是集中召开案情分析会议。刑警们从炼油厂回来之后随即开始了讨论，大家一致的意见，是把这个案子内定为强奸杀人罪。这不过是推断，缺乏必需的证据。在随后的几天里，柳青在那个假设的现场反复查看过，她希望能找到一点血迹或者精斑。但是没有。时间很快过去了一周，刑警队没有找到更多的线索。那几天柳青脑子里总在想，那间值班室究竟是不是第一现场？还有没有犯罪的的第二现场？如果说两名女工遇害了，那么尸体又在哪里呢？

到了第九天下午，持续一个多月的高温天气突然迎来了一场大雨。雨后，落城的天空变得非常晶莹剔透，空气也随之清新了许多。这场来势迅猛的雨冲刷了地上的污垢，也把人间的罪证暴露出来了。当天傍晚有人举报，在炼油厂第4区那片新修的道路旁，准备栽埋电线杆的坑里，露出了一个女人的半只鞋。

刑警队及时赶到了现场，立即实行封锁。按照工作程序，第一个进入现场的是摄影员小朱，他负责固定现场。第二个是痕迹员老赵，主要任务是寻找可疑的痕迹。随后是负责物证鉴定的柳青和法医汪工。柳青一看，就断定这是埋尸的地方。她和法医小心地把表面的浮土刨开，然后就看清了女人的一只带着尸斑的脚。

柳青对现场指挥李林说：是这里，先把尸体刨出来吧。

经过挖掘，两个女工的尸体出现了，真是惨不忍睹。两个年轻的女人被绳子弯曲着进行了捆绑，头和脚并在了一起，就这样埋了。那时夕阳已经完全沉没了，西天还残存着几条淤血一般的晚霞。挖掘尸体的工作是在众目睽睽之下进行的，围观的人越来越多。人们在低声议论着凶手的残忍，同时也不断地发出要求公安尽早破案的呼声。这样的时刻，刑警们只能沉默着，在沉默中感受着令人窒息的压力。对他们而言，案件有了突破性的进展，接下来就是侦破了。如果这个案子不破，他们在市民中的威信将会大大降低。

　　柳青有一个习惯，每回只要是在公开的现场，她在完成专业任务之后，都会站在一个不起眼的位置，在墨镜后面静静观察着围观者的表情反应。她总有这样的感觉，凶手可能就隐藏在这些围观者中。从犯罪心理学的角度看，许多罪犯在作案之后，都有一种复杂的心理。他们既想知道后果所引起的关注程度，也带有看看警方手里有无线索的好奇心。柳青注意地看着每一个人，然后就注意到了对面的另一条路边停着的一辆蓝色面包车。她感觉那车是有意停在那个位置的，那是一个很好的观察现场的视角。驾驶室里有一个男人在向这边看着，那个人也戴着墨镜，一支香烟叼在嘴角，好像烟灰还很长……就在柳青慢慢地向那辆面包车走去时，忽然她的手机响了。她看了看来电显示，是陈晖的号码。柳青就说：喂，陈晖吗？

　　陈晖说：当然是我，一直在等你的电话呢……

　　柳青说：我现在正出现场，出案子了。回头我和你联系。

　　电话挂断，等柳青再回头时，那辆蓝色的面包车已经不见踪影了。柳青感到那辆车有点问题，可惜没有看清牌照。她有些怅然，陈晖这个电话来得真是不合适宜。

　　两名女工的尸体被运回解剖室，已经是晚上十点多了。柳青和法医汪工对尸体进行了清洗，陈放在解剖台上。原本是当晚要进行解剖的，但由于尸体在地下掩埋了数日，尸体表面虽在腐败，但腹内组织还有部分的硬化，法医决定把解剖安排到翌日的上午，他对柳青说：你回家吧，我留下值班。

　　柳青犹豫了一下，说：汪工，还是你回吧，一大家子都在等着你呢。

　　汪工说：你行吗？

　　柳青说：我行。你走吧。

解剖室在支队办公大楼的三层最西角。值班室就在它的对面。法医走后，柳青给家里去了电话，说自己今晚值班，不回去了。电话是父亲接的，他只简单地询问了案件的进展，就没有多说什么。等柳青洗完澡，夜已经很深了。整个这一层楼没有其他人，柳青突然感到有些恐惧。她把子弹推上了膛，压上保险，去走廊上看了看。走廊里只有一个灯泡还亮着，显得很昏暗。她感到走廊里的风是凉飕飕的，觉得卫生间某个水龙头没有关严，总有滴水的声响。但她却不想去检查一下。她迅速回到值班室，合衣靠在床上，用毛巾擦着头发。这样的时刻，她会承认一个女人与生俱来的局限。她不能不感到害怕。越是睡不着，就越有去小便的感觉。可是她竟没有出来上卫生间的勇气。她忍了很久，把报架上的几份报纸都浏览遍了。然后她看着窗外的月光，想：我这是怎么了？我到底在害怕什么？我是为这些放在对面的冤魂来申冤的，是帮助她们找到正义的啊，她们怎么能恫吓我呢？

　　柳青再次从值班室走出来，先去上了卫生间，顺便把那个没有关好的水龙头关严实。出来的时候，月光已经从窗口射进了走廊。那月光确实令人胆寒。她都能感觉到自己的周围有那些屈死的亡灵像灰色的绸缎一样在身边飘动着，但她已经不再感到害怕了。不过，她又想，今晚如果有陈晖在这里陪她就太好了，她会老实地躺在男人的怀里，发生什么也不在乎。

　　尸体解剖认定，两名死者生前遭到了轮奸，因为柳青从体内所提取到的是混合精斑。同时，他们在死者的肺部还提取到了大量的灰尘和纤维的吸入物，这就说明，死者并不是在轮奸后致死（也没有找到钝器打击和勒死的迹象），而是当时被口腔里塞着的棉絮造成了窒息，直接拖到了土坑内，活埋了！那时她们的心跳微弱，呼吸还在！这种分析汇报上去，给刑警队增添了破案的难度。罪犯作案手段极其残忍，上级要求，立即成立"8·24"专案组，限期一个月内破案。更有压力的是，这种结论很快传到了社会上，激起了广大市民的愤怒。那些天总有很多电话直接打到刑警支队，询问破案的进展情况。有的还在电话里破口大骂，你们这些人全是饭桶！

　　可是直接的线索很少。或者说根本就没有线索。他们确定了死者的死因，却找不到凶手。案件的侦破实际上已经陷入了僵局。那些天，全刑警队的人都是连轴转，日夜加班，不知排查了多少人。但是案件还是没有进展，压力可想而知。连已经卸任的柳立中都坐立不安，每天柳青回家，父亲便会问上一句："8·24"有进展了吗？柳青摇摇头。今天晚饭之前，父亲没有问什么。饭后，他把女儿叫到书房里，语气深沉地问：你觉得你们能限期破案吗？

柳青想了想，说：我想知道的是，如果限期不能破案怎么办？

柳立中说：如果我还是你们的局长，我会主动向上级辞职的。然后再由新任的局长来处理你们。

柳青说：辞职是自责的方式，但你别忘了，也是推卸责任的方式。

说完这句话，柳青就出门了。外面已经是华灯初上，月色迷蒙。今晚队里没有安排加班，她想独自去蓝渡江边去散散心。连日的劳累使她感到自己陡然老了许多，在落城，既然找不到一个可以倾诉的对象，那就去找一个高声喊叫的地方好了。她真的打算站在大桥上对着开阔的江面纵情地喊上几嗓子。

刚走到街上，柳青就听见有人在喊她。不是一个人声音，是几个。循声看过去，一个街口大排档上坐着几个中学的同学，他们在对着她挥手。柳青便走了过去，大家很客气地腾出一个座位。柳青说自己刚在家里吃过了，同学说再喝点啤酒好了。不好推辞，柳青就坐下了。简短的寒暄一结束，大家便问起"8·24"案件。一个同学说：柳青，炼油厂的案子有眉目了吗？柳青摇摇头。又一个同学说：要是这样的案子你们都破不了，那么你们可真……他没有好意思说完，但谁都明白他想说什么。于是有人出来圆场，举起酒杯，说：来来，大家干一杯！

柳青把一杯啤酒慢慢喝了下去。冰镇的感觉就像一把锋利的刀子顺着食管往下切着。这酒好苦。是啊，干公安这一行，就像是作家写出了一部有争议性的作品，说什么的都有。你没见到110的苦衷吗？一个小子上马桶，家里没有手纸了，就给110打电话，说：110，我没有手纸了，你们帮我送过来吧。一个老太太喜欢去邻居家打麻将，总是忘记带钥匙，也不断打110，让警察替她翻窗户。但要是一个案子警方没有及时侦破，他们会骂你无能，骂你白痴，骂你吃干饭的。可是，你能想象，一个社会里没有警察的情形吗？如果全体警察放上一个月的假，那么大街上就会有公开的杀人、抢劫、强奸。一个家庭一旦出事你会首先想到的还是警察啊。所以，干这个职业有时真感到寒心。

离开同学的大排档，去江边的兴致已经败了。柳青去了一个公共电话亭，用磁卡拨通了陈晖的住宅电话，可是电话里只传出陈晖的录音效果：我是陈晖，请您在听见语音提示后留言，我会给您回电话的，谢谢。录音的声音虽然有点失真，却让柳青想起他们第一次见面的情形，陈晖就是那个样子，很礼貌，很健谈。于是柳青说：陈晖，你好。我是柳青，这几天一直在忙案子，没有和你多聊，再见。

其实这个时候，她非常想和陈晖在电话里聊上几句。

六

尸检结果得出的结论，虽然准确描述了犯罪的经过，但给柳青的心情投上了一层阴影。她意识到了同事之间也出现了那种微妙的变化。这个案子的尸检由她协助法医做的，那几天加班，与他们在食堂一起吃饭的就少了很多。他们有一种无形中被孤立的感觉。有一天柳青问汪工，是否也有这样的感受？汪工说，那是自然的。如果我们不提出"活埋"，那么上级也不会这么挤压我们了，社会上也没有这么多的指责。弄不好，整个刑警支队这个月的奖金会一笔勾销，要跟着背黑锅的啊。法医这样一说，柳青内心就更加不安了。她的工作就是这样的严肃，这样的严密。她是在尽责，但却要为此付出代价。

也就在这天的下午，陈晖又来电话了。电话还是打进了柳青的办公室。这回是柳青自己接的，一听是陈晖的声音，她就好高兴。她把办公室的门插上，想和陈晖好好聊聊。这个电话很及时。

电话里陈晖说自己刚从外地出差回来，没想到能听见柳青的留言。柳青的心不由得往下沉了一下，就说：怎么会没想到呢？

陈晖说：你这个人很矜持啊！

柳青就笑了，说：我最近确实忙得昏天黑地的，案子上压力很大。

陈晖说：这你可得悠着点，侦破总是滞后的，你无法预设犯罪，更不能超前制止犯罪。不过你们的乐趣也正在这里……

柳青觉得男人说得真好，让她好舒心，她说：这个案子真的让我很苦。

陈晖说：苦中作乐吧。凡是可以称作是事业的，都是苦中作乐。现在可以对我说说案情吗？

柳青说：案情已经不是秘密了，是一起轮奸杀人案，我们找到了被害人的尸体，发现是被活埋的，但是却很难找到有效的线索……

正说到这里，外面有人敲门。

柳青匆忙把陈晖的电话挂断，然后把门打开。

门外站着的是举报中心的小王，一个看上去很稚气的小伙子，神色似乎有点异样。柳青就问：小王，有事吗？

小王说：我刚才接到一个电话……

柳青问：说什么？

小王说：好像是一个男人……他什么也没说，但是呼吸很重，李队估计这个电话还会打进来，就让我来叫你……

柳青和小王一起去了举报中心的办公室。那里，已经有好几个人在了，副支队长李林皱着眉头说：柳工，你来接这部电话。

柳青说：为什么？

李林说：你的声音好听……能给人好感。

柳青笑着说：报案还分声音吗？

李林说：异性相吸嘛。我上学的时候，从来就不旷女老师的课。

大家哈哈大笑。李林又正色道：刚才的电话什么也没说，就挂断了。这说明对方在犹豫……如果这确实是个报案的人，那就对我们太有利了……

忽然，电话铃骤然响起，所有的人都把笑吞进了肚子，屏住了呼吸，感觉像有什么大事情要发生似的。李林向柳青使了个眼色，柳青便果断地拿起了话筒，说：这里是落城公安局刑警支队的案情举报中心，请说话。

柳青首先听到的还是一声沉重的喘息。

于是柳青立即重复了一遍。

这时对方才说：我想知道，炼油厂的那两个姑娘埋的时候确实还活着吗？

这样的语气，使柳青很自然地想到，电话的那端很有可能就是作案人。她内心一阵激动，又强迫自己冷静下来，以正常的语调说：你关心这个？

对方说：是的……

柳青说：能问一句为什么吗？我想你不是出于好奇吧？

对方抬高了声音说：我必须知道！

柳青想了想，说：我可以告诉你，她们是被活埋的。

对方没有说话了。接着又是一声喘息。

柳青还是平静地发问：你是谁？请自我介绍一下好吗？

那人没有回答。但也没有把电话挂上。

柳青意识到了事态的严重性，这时，她听见了电话里有火车站广播的背景声，正在提示一趟开往西安的列车剪票，便一边缓和地说话一边拿笔在纸上写下了"8·24——火车站"，推到了李林面前。

柳青再次问道：你是谁？能告诉我吗？

这时，对方才说：我是谁现在已经不重要了……

电话就此挂断了。

显然，这个电话极有可能是其中一名作案人打来的。李林立即作出决定：所有外勤全部出动，封锁火车站所有路口。李林担心这种临时性的布控人手不够，便把其他技术大队的人员也编入其中。

不到半个小时，各路赶来的刑警就到达了指定的位置。为了不惊动犯罪嫌疑人，李林吩咐各辆警车都不许鸣警笛。柳青把勘查箱放在车上，把六四式手枪推上膛，随着高逸明的小组开始在车站的南门外进行搜索。他们分散着向几个公共电话亭奔去。在靠近入口处的那个电话亭边上，柳青很快注意到一个戴着军用迷彩帽和宽边墨镜的男人在蹲着抽烟。凭直觉，柳青就感到这个人可能就是刚才打电话的家伙。柳青对高逸明使了个眼色，后者便直接向那人奔了过去。蹲着抽烟的青年男子把半截香烟在鞋底上按灭，然后站起身，他的身材不算高大，但很魁梧。他正准备把烟头扔到不远处的一个垃圾桶里。也就在这当儿，高逸明出手了，他的手迅速向那人的领口伸去，但是却被那人同样迅速地拦截住了。

高逸明拿枪指着那人的脑袋，大喊一声：别动！动就打死你！

那人说：等我把烟头扔了行吗？

说着，那人就把烟头像投飞镖似的准确地扔进了垃圾桶。

几个刑警一拥而上，把那人给铐住了。那人没有再作任何的挣扎与抵抗。他的墨镜已经被打落在地上，露出了极其疲惫的目光，那目光很快落在了柳青身上，女警官也用镇静而严肃的眼神直视着他，没有一点回避。那人被押着从柳青身边经过时，突然停住脚，对柳青说：刚才是你接的电话吗？

柳青的镇静被这突如其来的发问瓦解了一半，一时不知道该怎么回答，甚至感到有点紧张了。

高逸明上来抽了那人一耳光：是又怎么样？你这混蛋！

那人把嘴里的血吐掉，说：别这么横，我要是跑，就不会这么便宜地落在你们手上了。

然后就自己跳上了警车。

犯罪嫌疑人的情况很快就查清了。此人叫张华涛，二十六岁，曾在部队里服役，还是特种兵。三年前，这个张华涛由于在部队里偷看女兵洗澡被遣送回了落城，自然也没有得到地方上的安排，属于那种社会闲散人员。局里得知这个报告后非常高兴，要求连夜对张华涛进行突审。

负责突审的是高逸明。考虑到这个案子的突破，与柳青有着直接关系，副队长李林也安排她参加了这项工作。对张华涛的审讯开始很顺利，他招供自己是"8·24"大案的作案人，但没有说出他的同伙。审讯一直进行到午夜，张华涛还是那句话：我只说自己的事情。

高逸明说：张华涛，我们这是在给你机会，懂吗？

张华涛说：我不需要警察给我的机会。

高逸明拍案而起：你不说，我们照样能把你的同伙逮到！

张华涛冷笑道：那是另外一码事了。

尽管张华涛拒不交待自己的作案同伙，但他的捕获归案，毕竟还是为破案提供了有力支持。警方经过周密的侦查，很快找到了一些相关的线索。其他三名犯罪嫌疑人在一周内相继落网。其中一人是张华涛的弟弟张华山，是炼油厂内部的一个驾驶员。至此，一度陷入僵局的"8·24"轮奸杀人案宣布告破。四名案犯在侦查完毕后准备移交检察机关提起公诉。但是，在这之前，围绕张华涛那个电话是否带有自首性质的问题，刑警支队内部发生了严重的分歧。按照《刑法》规定，犯罪分子自动投案、如实交待罪行的属于自首，但同时也认定如实供述司法机关还未掌握的罪行的，也以自首论。那么，张华涛的这个电话是否属于自首就显得有点模棱两可了。

柳青在日记里有过这样的描述——

对张华涛那个电话引起的争论还在继续。主要焦点是，张华涛此举算不算是自首？如果算，那么他日后的量刑就会减轻；如果不算，那么他必死无疑。分歧就是这个。一种意见认为，张华涛还是应该属于自首的性质，否则他就不会主动给举报中心打那个使自己暴露的电话了。他是当过特种兵的，他怎么会选择火车站这样极其容易识别的场所来给举报中心打电话呢？反对的意见是，张华涛根本就不是想自首，他已经买好了去西安的车票，他不过是想上车之前证实一下，那两名女工是否真的像社会上传闻的那样，以缓解内心的压力。

我是第一种意见的支持者。我认为，张华涛之所以打这个电话，是罪责引起了他内心的严重不安。我能体会他当时的心情，他决不是侥幸，而是罪责难负，所以他需要寻求解脱。

高逸明立刻就站起来反驳：我不同意。如果当时我们不是按照李队的部署及时行动，你能保证他不上车吗？

我说：不能保证。但是也不能认为他就一定会上车逃跑。

高逸明说：难道我们还要听信他自己的辩解？

这时，副队长李林插话说：张华涛自始至终没有说自己这个行为意味着什么。他只说，我愿意偿命，你们早点送我上路。

刑警支队的意见反映到了局里。最后的结论是排除了张华涛自首的可能。这个结论虽然不是柳青的意料之外，但她还是觉得有失公平。今天下班回来，她对父亲说了自己对张华涛定性的看法，她说：其实像张华涛这样的罪行，即使是自首，也难免一死。但是我们得对他负责，让他死得清楚，死得服气。

父亲柳立中想了很久才说：这不能认为是自首。张华涛给举报中心打了电话，只是了解两名死者是否被活埋的。他心理有压力，所以想问个明白。但他没有说其他的，就把电话挂了，不是吗？

柳青说：这至少说明他是有自首倾向吧？

父亲说：但最后他还是放弃了。

柳青说：那他为什么不逃呢？

父亲说：法网恢恢，他能逃几天？

柳青说：他根本就没有想跑的意思，去抓他的时候，我看见他就坐在电话亭外面抽烟，好像是等着我们去抓似的。

父亲说：办案子主要是依照证据和事实，不能光靠推理。

柳青说：你是担心这样的解释，会让社会舆论对我们公安的形象不利吧？这么大的案子，久攻不下，结果还是靠罪犯自己提供线索才破获的。

父亲气得把手里的杯子一摔：混账话！

柳青也毫不示弱：本来就是这样。

这时，电话响了。单调的铃声使父女间的争执暂时停歇下来。柳青去接电话，听见一个陌生的男声：请问，柳青在吗？

柳青犹豫了一下，说：我就是。

对方说：我是李志扬……

柳青感到很意外：哦……

李志扬在电话里说：你现在有空吗？

柳青说：有事吗？

李志扬说：我想和你谈谈"8·24"案件，我是受我的当事人张华涛委托，想了解一点情况。

柳青立刻说：行。

李志扬说：那我在办公室等你吧。

"蓝天律师事务所"设在落城唯一的老街上，租用着一家小旅馆的一个套间。办公条件也很简陋，除了一辆桑塔纳和两台电脑，就看不出有什么值钱的家当了。见到李志扬，女警官觉得，面前这个男人和那次在商场门口见到的那个书生，不像是同一个人。那个人显得文弱，面前这个男人今天给她的感觉却很坚实，给人一种信赖和安全。

李志扬没有过多的寒暄，在给柳青倒上一杯水之后，他就切入了正题。他说：我初步了解到，张华涛给刑警队打的那个电话，是你接的？

柳青说：是的。我可以把当时的情况对你介绍一下。

李志扬打开笔记本：好，你说。

柳青说：你最好不要记录。今天我来，也不能理解为一次公务——如果是公务，你应该去队里办手续申请调卷。我们是私人会见，既然话题谈到了"8·24"，那就不妨说上几句好了。我们今天的谈话只能是一种观点上的交流，不能拿它当做呈堂证据。

李志扬笑着把眼镜摘下，擦了擦说：那好，你随便说好了。

于是柳青把接电话的经过说了一遍，又说了队里关于这个电话引起的争论，同时也没有掩饰自己的看法，她说：我是主张"自首"的一派，是少数派，保留意见派。

李志扬说：看来我们很默契，因为我们这个行当历来就是当"少数派"和"保留意见派"的。

柳青说：关于张华涛，有一点我脑子里始终有个症结。作为男人，他身上有那种豪爽的江湖气，也有一种男人气。我实在不懂的是，他怎么可能去犯那样的罪呢？而且作案手段竟是那样的残忍……

李志扬说：犯罪是一个复杂的社会问题，也是一门高深的学问。你那种感觉我也有。其实，为张华涛当辩护律师，不是我的选择，也不是他的要求。

柳青说：是法院指派的？

李志扬说：也不是。我是受一个老干部的委托——我暂时不想告诉你那个人是谁。但我可以告诉你，张华涛有恩于这一家，他曾经在蓝渡江里救起过老人的孙女。

柳青一愣：还有这样的事情？

李志扬说：是的，千真万确。所以那老人就找到我，希望我能出面为张华涛辩护。

柳青说：这个案子你接吗？

李志扬有点疑惑，说：为什么不接？

柳青说：你觉得还有胜诉的可能？

李志扬明白了，说：当律师并不只为胜诉，为的是一个公正。

柳青一下子觉得自己刚才说得太随便了。这个道理她懂，在中国，面对一起如此重大的将要提起公诉的恶性案件，律师几乎是不可能胜诉的。但他们的存在有利于司法程序的建立，有利于案件审理的公正。于是她喝了一口水，想借此掩饰自己轻微的不安，然后她叹道：一个人真是太复杂了，谁能想到这个曾经见义勇为的张华涛会堕落成一个强奸杀人的罪犯呢？按照他的罪行，想免除一死恐怕不现实。

李志扬沉默了片刻，说：他也未必想活啊。我去看守所接触过他一次，他丝毫没有表现出求生的愿望，这让我觉得很奇怪。也是以前没有遇见过的。这个案子上面追得很紧，很快就要开庭了，我预感到，可能不会让张华涛活到春节之后。

七

那年的秋天在落城留下的痕迹很浅显，几乎没有怎么感觉到它的气息，它就改变了颜色。城市的树仿佛一夜之间落去了叶子，很萧杀。然后冬天来了。

事情正如李志扬律师预料的那样，这起轰动一时的案件很快就进入了审判程序，一审的判决结果是，以强奸罪和故意杀人罪判处四名罪犯死刑，立即执行，剥夺政治权利终身。一审下来，三名罪犯都要求上诉，唯独这个张华涛保持着沉默，从后来的情况看，其实他是最有理由上诉的。得到这个消息，柳青内心很受震动。她想起那个晚上，在蓝天律师事务所内，李志扬对她介绍的情况。律师当时显得很不平静，又似乎很无奈。他后来在法庭上的辩护，不仅没有影响到法官对案件的判断，反而招来了听众的指责。有人当即在法庭上喊：替坏蛋说话的律师滚出去！在中国，律师往往就成了"替坏蛋说话的人"。甚至还有人把鞋子掷向他，险些就把他的眼镜给砸下来了。这个古老的国度似乎过多地痴迷于酷刑的设计，尤其是对执行死刑方式的设计，从车裂到凌迟再到斩首枪决，却从来没有想过即使是死囚，也有其正当的权利。

几天后的一个上午，柳青刚上班，就看见了在单位门口等候她的李志扬。连日的劳顿使律师看上去有一种沧桑感，柳青不由得对这个男人有点心疼了。那天在法庭上引起的混乱，她看着成了众矢之的律师那副无助的样子，几乎流出了眼泪。

李志扬走过来，说：你得和我去一趟监狱。

柳青就问怎么回事。

李志扬说：张华涛提出了要求，说要见一下那天接他电话的女警官。

柳青感到吃惊说：他要见我？为什么？

李志扬说：也许到了最后的时刻，他有些话想对一个可以信任的人说吧。

柳青说：我凭什么让他信任？

李志扬说：可能还是那个电话是你接的缘故吧。

柳青还是觉得纳闷。李志扬说他已经同有关方面协商好了，也征得了法院的同意。对即将被处决的死刑犯这样的要求，上级主管机关一般还是予以满足的。

柳青说：那我们去吧。

然后就上了李志扬的那辆桑塔纳。刚上车，天就下起了小雨。雨点打在玻璃上，城市仿佛变得虚幻而神秘。落城监狱位于城西郊外，通往那里的路是一条陈旧失修的砂石路，非常泥泞，也非常的颠簸，沿路很难看见一所房子。

在监狱长的安排下，他们去了审讯室。那个审讯室和电影电视里所见的差不多，隔着一张铁栅栏。犯人坐的椅子是用水泥浇注在地上的，不能挪动。椅子的扶手上安有活动的手铐。不一会，张华涛被带来了，戴着脚镣和手铐。柳青觉得，这个人给她的印象还是和那次在火车站抓获时差不多，看不出有多大的变化。只是他的额头上扎着一圈纱布绷带，柳青想起，李志扬前些天对她说过，张华涛曾想撞墙自杀，但没有成功。张华涛第一眼看见女警官时，似乎有点意外，显然，他来时并不清楚，自己的要求得到了满足。然后他就坐下了，他说：政府，可以把我的手铐暂时解开吗？我想抽支烟。

李志扬便和押解的狱警作了交涉，得到了同意。在张华涛的手铐被打开后，律师给了他一支烟，并为他点上。

张华涛使劲地吸了一口烟，过了一会，说：悔恨的话在这里我不想再说了。我要说的，也与案情无关。但我马上就要成一个死人了，和人说话的时间已经不多了，希望你们相信我所说的，是真话。

柳青问：张华涛，你想说什么？

张华涛看了看天花板，说：还是从那天晚上说起吧……那天，我是喝了酒的，喝了半斤还多，我平时几乎不喝酒。在喝酒的时候，有人说了一个黄段子，说一个老头，一辈子不知道女人是怎么回事，临死了，就是不断气，边上人就问他还有什么要求，于是老头就说了一句话——这是个谜语，刚才说的是谜面，谜底打一个有名的外国作家。我一下就猜到了，是英国的莎士比亚。

柳青没听明白，就问：什么？你再说一遍？

他摇摇头，说：不说了，你是个姑娘……可我就信任你。我今年二十六岁，确实没有见过女人……本来，我是想好好谈一个对象的，可是从部队踢回来，我发现自己慢慢地就不行了……

这句话引起了李志扬的注意，律师说：张华涛，你所说的"不行"，是特指你的性能力丧失吗？

张华涛没有说话，像是默认了。

这无疑是一个意外而重大的发现。如果张华涛是一个丧失性能力的男人，自然就无法实施强奸。柳青就问：张华涛，这一点你在接受审讯的时候为什么不说？

张华涛说：我不想说。我也不会接受你们的检查，不会的。因为我信任你，信任你们，所以就在死前对你们交一个底，至少世上还有人知道我究竟因什么罪名死的。

柳青说：那你就更应该接受检查。

张华涛说：不，决不。我也不会提起上诉的。

沉默了片刻，张华涛接着说：那天晚上，我们几个在小酒店里喝酒，喝完了，我弟弟就提出要去歌厅找小姐，我没搭理。正好遇上了那两个女工来买夜宵，他们就动了心思，说想不到炼油厂还有这样的美色……然后，他们就开车，跟着她们走，等到了她们值班的地方，我下去找地方撒尿去了，回来一看，他们几个不见了。那时我的酒劲过了，觉得事情有点不对头，就赶快跑进值班室，那两个女工已经被捂得脸色发青，不省人事了，他们也做完了，等着我来。我一看那场面，就觉得事情闹大了，这是犯罪，是天大的罪恶，我抽了弟弟两巴掌，他一下就跪到了地上，说哥你得救我啊，要不你打死我算了。我当时脑子乱极了，顾不了许多，就决定把那两个女工赶快埋了……

李志扬说：张华涛，这一点你为什么不对我说清楚？

张华涛说：说了也是没有人信的。何况后来埋人的事是我一手张罗的，我以为她们死了，真的以为她们死了，就用车把她们运走了……现在看来，是我杀了她们，但我确实没有强奸！

李志扬说：有人能证明这一点吗？

张华涛摇摇头，说：当时屋里就剩我一个人，他们吓得跑到了外面。我也不需要谁来证明了，今天我对你们说出来，算是对自己一个交代。你们信不信没关系。

柳青带着愤怒的语气说：张华涛，你还是当过兵的，也曾经做过好事，怎么当时这么糊涂？你还想说什么？

张华涛又接过了一支烟，续上，慢慢抬起头，说：我在部队里的处分，是个冤案。

柳青吃惊地问：冤案？

张华涛说：我没有偷看女兵洗澡……

1991年夏天的某个夜晚。张华涛所在的部队属于雷达站，驻扎在一个偏僻的山区。这天是个星期六，部队有电影，轮到张华涛站岗。大约在八点的光景，他听见有人在营房院子深处喊话，是一个女人的声音。那声音说：哨兵，你过来一下！你快点！于是张华涛就跑过去了，到了边上一看，才发现是部队的王工程师。暗淡的月光下的女工程师一丝不挂，用脸盆盖着自己的下部，很惊慌。张华涛被这个从未见过的场面吓住了，不知所措。这时候，女工程师才说：哨兵，我出来倒洗澡水，一阵风把房门给带上了。我进不去，请你帮我翻一下窗户好了，从里面把门给我打开。

张华涛就放下了枪，心里直埋怨这女人出来倒水竟然不穿衣服。他开始翻窗户。身手敏捷的他很快就从里面把门打开了。这件事本来到此就该结束了，谁知道偏偏这时有一道手电的光束照了过来，照在了王工程师身上，女人吓得尖叫了起来，脸盆咣当一声落到了地上。

来人是副团长和他的一个老乡朋友，他们就是来找王工程师的。显然，这是个意想不到的场面。王工程师吓得赶紧跑进屋里，而张华涛正一脸是汗地从里面走出来，他们在门口险些撞了个满怀。

副团长立刻厉声质问：张华涛，你在干什么？

张华涛就照直把刚才的事情说了。

副团长听过，想也没想就说：先回到岗位上去。明天给我写一份交代。

张华涛感到不理解，说：我写什么交代？我是帮助王工程师翻窗户的啊。不信你可以问问她……

副团长说：叫你写你就写！

张华涛后来才知道，副团长当时正在和这个王工程师谈恋爱。那晚他本来是领着自己的老乡到女人这里来叙叙的，来看看他这个未来的媳妇怎么样，不料竟发生了这种难堪的有失体面的事。他不能忍受自己热爱着的女人被人一丝不挂地看见，也不能忍受这个场面让自己的老乡目击，更担心会走漏消息成为一种永不消失的丑闻。

几天后的一个晚上，出来散步的张华涛被几个蒙面壮汉拖到树林子里暴打了一顿，他被打趴在地，看见几只军用球鞋正朝自己身上猛踢，顿时就明白了。张华涛的"不行"就是这样留下的。不久，他被部队除名了。理由是"不适合担任职务"和"思想作风有严重问题"。他受到了不该有的处分，而那个王工程师也竟然写了证明材料，说自己在洗澡的时候，有人趴窗户，她吓得赶紧跑了出来……

柳青不知道张华涛这最后的话是否是一面之词，但凭一个女人和警察的直觉，对张华涛的陈述她是相信的。不过在那个时候，女警官觉得说什么都已经晚了。她只说：张华涛，你今天找我来听你说这件事，是因为我是一个女人吗？

张华涛说：不，是因为你是一个很不错的警察。其实那天在掘尸现场，你已经向我走来了，我当时在车里……

柳青问：是那辆蓝色的面包车？

张华涛说：是的……你很棒……我很佩服你。

柳青停顿了一下，然后又问：你还有什么别的要求吗？

张华涛站起身说：我请求政府在行刑前不要剃掉我的头发。

八

　　1995年1月20日，落城是一个阴天。一个月前的那场雪还没有被融化，在凛冽的寒风中变得非常坚硬。今天是"8·24"案四名主犯被执行的日子。

　　刑车和警车七点整准时到达监狱。这个监狱，还是国民党执政时期的遗物，按照苏俄的设计模式建造的。高墙之内是几幢三层楼的监舍，围成一个四方形的院落。死囚则被羁押在地下室，有专门的通道。执行任务的武警和法官、检察官进入到里面，对四名死囚分别验明正身，准备押赴刑场执行枪决。很快，这几个人被押出来了。

　　第一个出来的就是张华涛。司法机关满足了他的愿望，没有剃掉他的头发，因此在柳青的感觉中，他的脸上不容易发现那种死亡的气息。柳青戴着墨镜，她的面部并不朝向他，但视线一直在注视着那个人。张华涛看看天空，用手理了理头发，然后他的双臂就被拇指粗的绳索捆绑起来了。一只写有"强奸杀人犯张华涛"的斩标插在了他的后背上。他的名字已经被打上了红色的叉。这个时候，发生了一件事。本来，张华涛是应该由武警战士押上警车的，但是他自己一个箭步跳了上去，身影轻捷如同表演，却弄得武警一场虚惊。他走到前面，又看了看天空，然后埋下了头。

　　他的几个同伙却表现得十分糟糕。三个人中间有两个已经尿湿了裤子。还有一个根本就站不直身子，完全是被搀着出来的。

　　警车在市区走得很隐蔽，是从监狱的后门出发的，那里有一条路直通刑场。一旦走出监狱，警车就拉响了警笛。一共是五辆车。前两辆是刑车，坐着武警和死囚。后三辆是警车，分别载着公、检、法等相关部门的监刑人员和有关工作人员。刑场设在市西郊的一片荒地，对面是同样荒芜的凤鸣山。那儿没有树木，只有野生的蒿草，长得很茂盛，风过时，就有那种轻微的唿哨声音。

　　到达刑场的时间是八点一刻，那时，太阳已经从人们的身后升起了，刑场上的蒿草被染上了一层橘色。四名死囚被押到了指定的位置，被按跪在地上，面对着凤鸣山。他们一字排开，彼此间隔大约在十米。然后，由法医对射击部位用粉笔画上标记——即在左背的心脏部位画上一个圆圈。执行的武警便把枪口对准它，进行近距离的射击。这样做，是最大的体现人道精神。死囚被剥夺生命，这是对他们进行的惩罚，他们需要对自己所犯下的罪行承担责任。但死囚照样是人，需要用最直接最迅速的方式结束他们的生命，减轻行刑过程中的痛苦。从前，执行枪决有射击头部的，现在这个做法已经被纠正了，因为这样死者的面目就很难看。死囚也同样有着人的尊严。

监刑的法官对每个死囚都要问上一句：你还有什么说的吗？

这是给他们提供最后的机会。有的案件，也有在这个时候发现新线索的。但有的死囚就是信口开河的胡说，目的是想多活几天吧。当然这也只是他们的一相情愿。

柳青站在距离张华涛不足十米的地方。她清楚地听见他说：我罪有应得。我愿意将我的尸体捐给医学院。

法官说：那需要你本人出示一份委托书。

张华涛大声说：我自愿将尸体捐给医学院！你们在场的人都可以证明的。

法官没有再说什么。

那天执行，是从右往左。每个执行任务的武警的枪膛里只允许装一发子弹。这是防止意外的情况发生。

当现场指挥发出执行死刑的命令之后，枪就响了。连续三枪响过，那三名死囚都是一枪毙命。最后一枪，射在张华涛身上，不料不仅没有把这个人撂倒，反而让他腾地转过身来了。他冲着执行任务的武警大喊了一声：哥们儿，再来啊！

那个执行任务的武警战士立刻就晕倒了。班长立刻上前把张华涛按倒，用脚踩住他的脖子，对着他的后胸连续打了三枪。张华涛像只包袱那样向前倒去，但身体还在往前挪动，他的头部像一把犁那样在荒地上"犁"出了一道辙。班长再次上去，又打了三枪。总算结束了这个罪人的生命。

行刑之后接着就是验尸。这时，法医会用一根钢尺插入死囚的后脑的枕骨部位，伸进去对延髓稍作搅动。再观察瞳孔是否已经扩散。死亡以犯人的意识消失为标志。有的犯人在意识消失之后，还尚存一丝呼吸。

张华涛就是这样的。行刑人员将他的尸体翻过来，看见他的几个弹出点还在不断地、有节奏地向外喷血，连同被击碎的肺组织一起喷出来。最后，他的呼吸完全停止了。

那天负责给张华涛划圈的法医汪工，在回来的路上，柳青这样问法医：你是故意把那个圈画错的吗？

法医没有回答。

柳青看着他，说：汪工，有必要这么干吗？

法医说：我恨这个家伙！

柳青说：他已经还债了。

每回从刑场回来，执行任务的同事都不怎么说话。那是一种极其复杂的心情。这里面既有对正义伸张后的那种扬眉吐气，也有对那些一失足成千古恨的罪人的惋惜。罪犯也是人啊，他们自然要为自己的罪行付出代价，但他们被剥夺的同样也是生命。

柳青第一次去刑场是在三年前。那次处决的是一个叫何小竹的年轻女人。她是因为谋杀丈夫而死的。女人谋杀亲夫，一般都是与私通有关，是现代版的"潘金莲"。但是，这个何小竹的情况不同。她是因为不堪忍受丈夫的折磨而这么做的。这个女人说，她几乎每天遭受丈夫马江的殴打和蹂躏，她说这个男人一喝酒就发疯，然后就无休止地折磨她。手段很没有人性，先是要行乐，接着就骂她是根木头，连哼哼都不会。然后便是拳脚相加，还把她赤脚撵到外面的雪地里。

妇联上了她家，找到了那个马江。可是，马江根本就不承认自己对老婆无礼，反而说何小竹脑子有毛病，应该送精神病院。弄得妇联也没有办法。何小竹后来也上过法院要求离婚，但法院居然也没有受理。

于是在8月的一个上午，刑警队接到邻居的报案，说好几天没有见到那个马江的身影了，又说他家里散发出一种臭味。刑警队赶到现场，发现死者正是马江，而且已经被分尸了，卸成了几大块，堆放在卫生间里。奇怪的是何小竹没有跑，警察敲开门的时候，她像什么事也没有似的在床上睡觉。见门外站着警察，她就明白了，说：你们来了，我去洗个脸，跟你们走。我总算好好睡了一觉。

何小竹后来被处以极刑。当她被押赴刑场执行枪决时，突然大喊了一声：叔叔啊，你们饶了我吧，我才二十五岁啊！

柳青在今天的日记中这样写道——

  我们是人间正道的捍卫者，同时又是剥夺他人生命的直接责任人。这种角色在特定的场合，对人的感受是不一样的。你在侦破一个案件的时候，当罪犯被捕获的时候，当他们被绳之以法的时候，你会为这份职业感到欣慰和自豪。但是在刑场上，你会感到不安。因为他们是你的同类，不是牲口。所以，执行任务的武警战士事先是不和死囚打照面的。那很残忍。死囚最后的目光会像一道恐惧的影子追随着你的一生。我自然理解那个年轻的武警战士。如果换上我，也会一样地晕倒。

  被处决的四名罪犯，张华涛的死还是让我感慨。我又想到了三年前被处决的那个何小竹。他们都是不该死的。如果张华涛没有遇见那桩倒霉的事，他不会就这么被部队退回来。他会在服完兵役后光荣地退伍到落城，找到一份体面的工作。他会遇见一个喜欢他的姑娘，过上正常的生活。如果何小竹的事情被一个部门所重视，使那种法西斯式的婚姻关系及时终结，她怎么会采取如此极端而残暴的手段来对付丈夫呢？然而现在说这些都已经太晚了。何小竹那最后的一声悲惨呼喊，至今还在我耳边回响着……

  第二天，李志扬来找柳青了。因为"8·24"这个案子，律师的脸上平添了几分憔悴。当那天在监狱中张华涛说出自己没有实施强奸的事实之后，律师便在积极奔走。他本来希望作为鉴证工程师的柳青能在物证上提供帮助，但柳青说：所提取的混合精斑由于量少，而且因为时间和气候因素，受到了很大程度的污染与毁坏，不能做出更详细的鉴定，也无法送到省城做DNA。他又要求法院安排对张华涛进行"性无能"的鉴定，法院的回答是，即使这个人没有实施强奸，仅凭活埋了两个人也是死罪难逃。况且张华涛已经自动放弃了上诉权。执行死刑的前一天，柳青曾给李志扬去过电话，她说如果律师愿意去现场，她可以帮这个忙。律师说：我不去了。这样或许会使我平静一些。现在他来，是想证实在刑场上，张华涛临刑前提出捐献尸体的要求的。

  柳青说：是的，我可以作证。当时我就站在他身后不远的地方，他说了"我自愿捐出自己的尸体给医学院"。

李志扬说：那你得给我写一份证明。

柳青说：可以。

李志扬说：犯人拥有对身体的处置权，我们应该尊重他的意愿。

柳青写完证明，不禁感叹道：这个案子让我太累了，心累，我真不知道自己还能不能继续干这行了。

李志扬说：别这么想，实际上你干得很出色。你忘了吗，那天在监狱里张华涛最后是怎么对你说的？在案子没有侦破之前，你就与他交锋了。说明你作为警察的素质很好，而且直觉也不错。

柳青苦笑道：直觉有什么用呢？法庭上连犯罪嫌疑人的口供都持怀疑态度，谁还理会你的直觉。

李志扬说：我想这个双休日去一趟山里，看看当年插队的地方。顺便再去距那里不远的玉秀山，见识一下新近发掘出来的石窟佛像。电视上这段时间一直在炒这个呢。

柳青说：这是个不错的主意。你带上我吧，城里真的有点闷了。

九

1995年1月24日，辛普森案正式开庭审理。首先由控方陈述。作为主控检察官，玛霞·克拉克女士一上场便显示出了不俗的专业水准。她以简洁的语言和高屋建瓴的气度对案情进行了陈述。她一点也不啰嗦，因为在她看来，这个案件并不复杂，证据充分，语言便显得多余。她的论证主要在于以下几个方面。其一，警方在北洛金汉街360号辛普森住宅发现的血迹、物证——特别是血手套，与案发现场吻合，足以说明辛普森与妮可和隆纳的死有直接关系。其二，至今没有人能够证明事发当晚的10点至11点之间，辛普森在什么地方。其三，辛普森的左手有被锐器割伤的痕迹，最后一点，就是辛普森有虐待前妻的前科。"不能认为警方的怀疑是没有道理的。"克拉克女士说，"我想，只要是一个正常的、稍有理性的人都会做出这样的判断——辛普森有罪，他以极其残忍的手段谋杀了与他共同生活了十年之久并且生育了两个孩子的妮可和这个女人的男友隆纳。辛普森的逻辑就是，这个女人虽然法律上已经不再属于他了，但仍然要像黑社会分子那样霸占着她。如果谁和这个女人有染，那么他就把他们杀了！"

玛霞·克拉克继续指出，1994年6月12日晚上10点左右，辛普森偷偷溜出了自己的住宅，开着他的白色野马车前去妮可的住处，然后他用自己早已预备好的钥匙打开了门，进行了谋杀。事毕之后，他又神不知鬼不觉地返回了自己的住地。有一个半小时的时间，他做完这一切完全够了。

证据似乎在有力地支持着检察官。在所有的证据中，最重要的自然是那一双分散两个现场恰好又是配对的带血的皮手套。而且，这种牌子的皮手套是辛普森所喜欢的，在过去妮可离婚前使用的信用卡购物记录上，也证明她的确为辛普森购买了这种品牌的皮手套。现在，这双皮手套上留有的血迹，经化验，血型和红细胞酶型都与辛普森相符。而辛普森的左手又确实被割伤了。另外，这只手套上还有妮可和隆纳的头发、隆纳衬衫的纤维以及辛普森车毯的纤维。

警方后来还在辛普森卧室里找到了一双深蓝色的袜子，那上面的血迹经过DNA鉴定，也是妮可的。

另外，在南班迪街875号现场，警方还发现了可疑的鞋印。后经检方痕迹专家鉴定，这种鞋印为意大利产的布鲁诺·马格利名牌鞋，规格为12号，与辛普森的鞋号一致。这种型号的鞋在全球只有299双的销量，而且销售地点也很有限。

玛霞·克拉克女士指出："来自数学的、物理的以及其他科学的证据，无不指向了被告O·J·辛普森。"

据此，检方要求辛普森本人对6月12日晚的活动出面作证。但是，辛普森援引了美利坚合众国宪法第五修正案有关条款，即不得强迫自证其罪，予以拒绝了。

辩方的陈述于第二天，也就是1月25日开场。

首席律师约翰·柯克伦的开场白同样是精彩的。这位著名的黑人律师素来以稳健的作风著称。他用一种看上去很轻松的语气说："这个案子最有趣的地方是有罪的证据太多了，但是多过了头，就到了可疑的地步。"

此语一出，法庭上就引起了唏嘘。

柯克伦指出：被害人妮可和隆纳皆为身强力壮的青年，身中了二十多刀。经过我们的法医专家波顿博士看过尸体解剖资料后的分析，他们在被害前与凶手是经过至少十五分钟时间的搏斗的，既然是搏斗，那么就是双方的殊死较量了，也就是说，凶手必然就会受伤。可是辛普森除了左手指处留有小伤外，别无他碍——他的身体经过专家检验，没有任何受到伤害的痕迹，这该怎样解释呢？

还有，柯克伦律师继续指出，这个辛普森给人留下的印象是非常愚蠢的一个作案者。他扔掉了血衣和凶器，却要执拗地带回一只血手套，而且还把另一只与其配对的留在另一个现场；他扔掉了血鞋，却要带回一只染血的袜子；他事先预谋了杀人，却还要坚持为自己找一个目击证人——他不是预约了出租车司机在6月12日晚上10点30分之前来接他去机场吗？试问，还有如此愚蠢的谋杀犯吗？

陈晖感觉到，这场世纪审判至此才是真正的开端。辛普森一案木雨绸缪到今天，总算是真的下雨了，而且一上来，雨势就很猛。但陈晖预感到这不会是一场暴风雨或者雷阵雨，极有可能像黄梅天气，时大时小的雨将持续很长一段时间，直到人心发霉。

这个春节记者去了一趟西藏。春节期间他人在雪域高原，手机信号几乎失灵，和所有的朋友都断了联系。那时他就觉得自己是一件无人认定的包裹，扔在了一个毫不起眼的角落，谁都不愿动手打开。好在阿里的风光还在，蓝天白云和雪山碧水使他抖落掉了久居城市的晦气。在那些明丽的黄昏，记者很容易想起落城女警官妩媚的身姿，并由此幻想出许多浪漫的情形。昨天陈晖一到家，第一件事就是注意电话的录音，他的人缘不错，春节期间的朋友拜年问候的电话，就听了近半个小时。但是在这些电话录音里没有出现柳青的声音，这让他多少有点失望。他想这个女人还真的有些骄傲，既然这样，那就自己主动拨过去好了。这一次，他还是直接打进了女警官的办公室，结果却拨错了分机号码。那边也是一个女声，问找谁？陈晖说我找柳青。对方就说，你等等，我去喊。过了会，柳青的声音就有了，女人上来就问：是陈晖吗？

陈晖说：你怎么就知道是我啊？

柳青说：我有预感。

陈晖说：我喜欢你这样的预感。

柳青说：你有什么事吗？

陈晖说：难道给你打电话就非得有事情吗？

柳青说：这是单位的电话啊。

陈晖说：这个时候你们也该下班了吧？再说春节刚过嘛。

柳青说：你这人很奇怪，春节的时候怎么就听不见你的声音呢？

陈晖说：我去西藏了，才回来。

柳青说：你可真滋润啊。

陈晖说：你最近过得好吗？

柳青说：我挺好的啊。

陈晖说：昨天我在西直门地铁口，遇见一个女的，侧面很像你……

柳青说：你大老远的来电话，就为这个？

陈晖说：这还不够吗？不过我得告诉你，也许过几天我就飞落城了。

记者还真不是在开玩笑，在那些电话录音里，有一个是《说法》杂志主编老何来的，他说落城大学最近有一件事值得关注：一对大学生，恋爱中出了点麻烦，女孩子怀孕了。校方认为这是不正当的男女关系，违反了校规，于是就将他们双双开除了。老何说如果陈晖对这件事感兴趣，应承了采访任务，编辑部就不再联系别人了。这倒是一个机会，陈晖想，可以去看看那位漂亮的女警官，问题是后者不买账怎么办？即便是一个男人勾引女人，也应该是事不过三的。但是刚才电话里一听到女人的声音，陈晖就觉得，男人的那点尊严在这个时候就未必显得重要了。

电话挂断，落城的柳青也一样感到心里不是滋味。这个电话是期待中的，但没说几句就这么挂断了，似乎意犹未尽。女人眼前浮现出的还是第一次见到男人的那个样子，戴着棒球帽，牛仔裤，夹克衫，口袋上挂着刚摘下来的墨镜，背着一只很大的包，总是一种行色匆匆的样子。对这个形象，女人说不上什么特殊的感觉来。她愿意欣赏这个形象，却又不能完全接受那个男人。

那时候大家都下班了，柳青还坐在沈蓉的办公室里。一会儿，沈蓉从食堂拿了两份盒饭回来了，陈晖的电话就是她接的。于是这女人进门就问：柳青，刚才那个男的，听口音像是北京的啊。

柳青就点点头。

沈蓉又问：是你男朋友？

柳青说不是。她说：我和这个人也就见过两面。

沈蓉突然就感叹道：这么远，人家还这么惦着你啊。

柳青说：他爱惦着就惦着吧。

沈蓉说：怪不得，上回肖秘书的事你一点也不感兴趣呢。

柳青说：这哪挨哪啊。

两个女人一边吃饭，一边聊。

柳青问：你怎么现在也在食堂吃盒饭了？

沈蓉说：我懒得回去。以前是儿子在家，现在孩子读大学了，我就不想回去了。一个人烧饭一个人吃，多没意思。

沈蓉的儿子是去年考取一所政法学院的。柳青就说：你看，你比我大不了多少，儿子都上大学了，真的好福气。

沈蓉说：我结婚早呢。我十五岁的时候，父母就都不在了，又带着弟弟，就想早点把自己嫁出去。我结婚时是瞒着年龄的，前夫是个司机，大我很多，那个年代司机很赚钱。说实话，那个人很疼我，对我弟弟也不错，一起过了那么多年，从来就没有动过我一根指头。后来……我提离婚，他也依了，对我说，要是觉得不好，还可以回去。

柳青说：这个人倒真像一个丈夫。

沈蓉的眼泪就流出来了，说：想想也真对不住他，是我的错，我这个人也许就是一个狐狸精投的胎。

柳青想了想，又问：沈蓉，你后悔吗？

沈蓉放下饭盒，说：不，我不后悔，走到这一步了，后悔又能有什么用？就是……这个日子打发起来太难了。柳青，老郁很快就要走了，去省委党校参加高级班学习，这一走就怕是回不来了。

柳青觉得沈蓉所说的"回不来"有两层意思。其一，是郁之光会继续高升，直接安排在省里；其二，或许分得久了，沈蓉这头就失去了女人天生希望得到的那种安全感。她说：我想，他总会抽空回来看看你的。

沈蓉慢慢平静下来，又笑了，说：都说女人是三十如狼，四十如虎，我这如狼似虎的年纪，还真是离不开男人的呢。

那天夜里，柳青没有睡好。她先是回想着白天陈晖的那个电话，想自己如果真去北京读研了，这个男人将以什么样的身份和自己接近。她还作了这样的假设，要是和陈晖处得不错，就和他同居，过一种标准的情人生活，若即若离。想想沈蓉那么离不开男人，柳青就觉得自己有点委屈了。这样每天和工作、父母面对的日子她实在已经厌倦了。她必须要改变，去北京就是改变的第一步，然后就地求职，这大概也没什么问题，即使不回公安系统，她自信也能够找到一份满意的工作。和陈晖一起生活应该是有情趣的，格调也不会差。只有一点让她担心，就是陈晖这样的男人见的世面太多，总不能给人充分的信赖。这个问题很原则，也很严重。

到了黎明的时候，柳青陷入了杂乱的梦境之中。她先是梦见和陈晖在一间空房子的地板上做爱。陈晖赤裸的身体对她一点也不陌生，只是觉得地板太硬，睡在上面不舒服。陈晖几乎是带有粗暴地进入到她的身体，可无论他们怎么折腾，就是达不到高潮，她被这个过程弄得很尴尬，就努力抓住男人的肩膀，却怎么也使不上劲。然后一切就都消失了，出现了一片蓝色。然后蓝色又变成了橙黄色，那是一个洒满阳光的广场。接着她看见了穿着碎花连衣裙的沈蓉，在爬一只很高的梯子。那梯子竖立在广场上，没有任何的支撑，沈蓉悬在中间仿佛是在玩杂技，显得摇摇欲坠，让一旁的她吓坏了。她大喊着"当心当心"，然后她就带着惊吓醒了过来，看见母亲站在门边说，有电话找她。

电话是李志扬来的。律师说一切都准备好了，打算明天就进山。

柳青懒散地说了声：好吧。

她似乎又有点犹豫了。

十

第二天黎明，李志扬开着那辆桑塔纳停到了柳青家的门前。他们要进山去了。那时候，城市还处在朦胧的睡意之中，空气中散发着湿润的甜味。柳青似乎第一次感到，自己生活居住的这个城市是这样的美好。偶尔看见有几个晨练的老人，也能听见在江边学京剧的孩子吊嗓声。那时她就想，如果社会这么安宁，该是多好！可作为一名刑事警察，几乎每天都要面对那些丑恶的、肮脏的、血腥的东西。她把这个感慨说给了李志扬，律师也一样感慨。他说：警察这个职业很特殊，某种意义上，我是极其不赞成一个女孩子去从事这样的职业的。在西方，刑事警察需要定期去看心理医生的。他们需要一种调剂，更需要一种安慰。

车驶出了市区，向西而去。这条路对柳青来说是太熟悉了，从前面向右拐过去，那就是经常去的刑场。她自然想到了几天前在这里被处决的张华涛。那个过于惨烈的行刑场面已经沉淀到了她记忆的深处，无法将它抹掉。

这时，李志扬把车停下，然后他下了车，点上了一支烟。柳青也跟着下来，她走到律师边上，知道他在想什么。但律师先说的是另外的事。

李志扬说：我第一次看枪毙人，是在家乡那个县里。那是1971年的8月底，我11岁，被枪毙的那个人是我们学校的会计，这个人因为母亲得了重病，就挪用了公家两万多块钱。

柳青很惊讶：贪污两万就判死刑？这也太过分了。

李志扬说：那时的两万就是一笔不小的数目了。何况这个人曾经是在国民党军队里当过教员的，按那时的划分，他是一个历史反革命。现在又出了这样的事情，就新账老账一把算了。

律师说到这里，不禁叹了口气。他接着说：枪毙他那天，县里召开了公判大会。然后把他绑赴刑场执行枪决。在临时物色的刑场边上，早早就围满了等待着观看的人。我也在里面，因为个子小，挤不到前面，就和几个同学爬到了一棵树上。刑车来了，我们看见他五花大绑着，还戴着一个大口罩，大概嘴里塞了什么东西吧。那时被执行的犯人临刑前是不允许说话的，担心他们会喊反动口号。他被带到指定的位置，刚跪下来，一个当兵的就对着他的后脑勺开了一枪，枪声非常的沉闷，就像受潮的爆竹。我看见一块东西飞了起来，接着他就倒下了……后来我才知道，飞起来的那块东西是他的右眼球……

柳青感到毛骨悚然，说：这太可怕了，现在执行死刑是不准射击犯人的头部的。

李志扬说：他被枪毙的当天，他母亲就悬梁自尽了……那真是一个不可理喻的年代，一个疯狂无比的年代。

柳青说：也是一个草菅人命的年代。

律师点了一支烟，然后低声问道：我听说，张华涛给打了七枪？

柳青有点难受，说：是的，可能是弹入点没有找准……

李志扬沉默了一会，说：说实话，当时你在边上，是怎样的感受？

柳青说：很复杂的。每次去刑场，我都觉得不是个滋味。那些死囚，当审判他们的时候，罪行可以说是罄竹难书。可是当他们在枪口下跪倒时，我又觉得他们是那样的无助，像只送进屠宰场的牲口……我这个人大概不适合当一名警察吧。

李志扬说：你是一个很好的警察。你所采取的也是一个警察的姿态，这种对同类的同情心很难得……我不喜欢死刑，甚至可以坦率地说，我是一个死刑的废除论者。

柳青感到很震惊。这样的话对于她来说，是从来没有听说过的。她说：可是，在中国，如果没有死刑的威慑，那么恶性的犯罪肯定是不能遏止的啊！

李志扬说：处死一个人就能起到震慑作用吗？即使是有，是否就意味着它是正当的呢？人的生命是神圣的，不应当被剥夺，无论是以怎样的名义。

柳青说：我想得很简单，如果有人剥夺了别人的生命，那么法律就应该剥夺他的生命，我觉得这很公平。

李志扬说：是啊，连上帝都曾这么说过。那么，对于偷盗者是否要砍断他的手，对于强奸犯是否还要恢复宫刑呢？

柳青一时语塞，她不能回答这个问题。

李志扬说：你这还是一种以血还血的等害报应观念。或者说，这是一种刑罚的功利思想，却不是刑罚的本质。刑罚作为手段，目的是要引起罪人的忏悔……

柳青说：这恐怕太难了，也过于理想化了。你这样说，想过那些被害者家属的心情吗？法律可以不讲感情，但却不能不考虑到一种大众的情绪。

李志扬说：杀掉一个人是否就使某些人得到安慰了吗？如果一个社会全都充满着仇恨，那么这个社会可爱吗？

柳青再次沉默了，她在思考律师的话。

李志扬说：好了，我们不讨论这个。这是一个学术问题，我们今天是出来玩的。

不久,他们进入到了凤鸣山脉的腹地。腊月里的乡村,到处弥漫着过年的气象。农民们辛勤耕耘了一年,只有到了年关,才显露出那种庄稼人特有的幸福感。他们忙着杀猪宰羊,忙着添置新衣,忙着盖房子娶媳妇,那种辞旧迎新的气氛热烈而隆重。

柳青说:这几年,农民确实比以前富裕了。

李志扬说:其实中国最困难的还是农民。他们的负担很重,我做过调查,这地方的一个农民每年上缴的各项费用超过了六百元,而他们的实际收入还不足两千元。

柳青说:也就是说,摊派给他们的费用超过了三分之一。

李志扬说:是啊,这不合理。我给市政府写过信,也给省里写过信,结果石沉大海。

柳青说:这个国家太大了,问题也就堆积成山了。

临近中午时分,他们到达了一个叫"桥头"的村子,当年李志扬就在这里当知青的。这是一个不大的村子,大约只有几十户人家。进村的路上有一座单孔的石桥,看上去很有年头了。1975年高中毕业的李志扬来这里插队时,才十六岁。先后住了三年,算起来,他离开这个地方恰好也是十六年了。以后只要有空闲,李志扬都会在春节前后到桥头村来看看。

他们把车停在村口一个老乡家门前,那家房东一见,就说:哟,是小李子来了!这个称呼在柳青听起来特别亲切。从气氛里她能感觉到,李志扬在这里的人缘很好。他们随老乡进屋了,那个老乡的老伴就一个劲地盯着柳青看,后者就知道对方把她当成什么人了。柳青还没有解释,李志扬倒是先开了口,他这个时候反倒显得大大咧咧,他说:二婶,你别琢磨了,这是我的一位朋友,叫柳青。我可没有这样的好福气,能娶这样的媳妇。

这一说,柳青的脸倒红了。

李志扬低声对她说:柳青,你别见怪,乡下人就这么好奇,也就想多看你几眼而已。

柳青笑着说:没事,人生来就是让人看的。

李志扬说:你可别说你是警察啊。

柳青说：为什么？

李志扬说：这会让他们晕倒的。你哪像个警察啊！

村子里的人听说小李子这回带着一个漂亮的姑娘来了，就一个劲地往这边涌。李志扬把随身带来的糖果分给孩子们，然后便开始给他们照相。有几个年轻的姑娘还拉着柳青一块照，她就大方地站到了她们中间。那时候她就觉得特别开心，她还想，假如自己真的成了李志扬的对象，也许会有另外一种情调的。

在老乡家吃完午饭，时间就已经到了下午。他们还得去玉秀山。

李志扬对柳青说：看来咱们得在山里住一宿了。

柳青说：好啊。如果不是因为工作，我真希望在这里多住些日子呢。这里的景色真的很美。

李志扬说：咱们来晚了，要是秋天来，满山都是红叶，那才叫美呢。走，先把住的地方安顿好。

于是，他们去了村子南边山坡上的一座学校。那是一个完全小学，还附设了三个初中班。不过学校已经放寒假了，看不见什么人。李志扬把车开到操场上，同时按了几声喇叭。那个看门的老头也不过来。李志扬说，那老头是个哑巴。他们走下车，不一会儿，就见一个矮个略胖的看上去有几分腼腆的青年男子向这边跑来。李志扬介绍说，他叫安小文。是这个学校唯一的从落城师范专科出来的师资。当年李志扬在桥头插队时，这个安小文还是一个毛头小男孩。是李志扬帮助他补习完小学课程的。

安小文喊李志扬叫"李哥"。然后就看着柳青，不知道该怎么称呼好。

柳青大方地伸出手：你好，我叫柳青，在市公安局工作。

安小文迟疑地问：你是警察？

李志扬说：柳青是我的朋友，她是落城刑警支队的工程师，你就叫她柳工好了。我们打算在这里住一宿，你好安排吗？

安小文说：学校里有一间客房，刚粉刷过，很干净的。

李志扬说：那就可以了。客房给柳工，我去你那里捣腿，行吗？

安小文说：我反正就一个人，没有什么不行的。

李志扬说：我倒是希望你说不行。小文，你比我小六岁，今年也该是小三十的人了吧？

安小文说：过了年就三十了。

李志扬说：那也该成个家了。

安小文有点不好意思地说：我不想在这里成家。

李志扬说：这里山清水秀的，有什么不好？

安小文说：那你为什么不回来？

李志扬被这句话给堵住了。

柳青在他们身后笑了起来，说：李志扬，你怎么不说话了？

李志扬也笑着回答：我有权保持沉默。

三个人就这样说笑着去了安小文的宿舍。那是夹在教室中间的一间简陋的平房，布置得却很有趣。墙的一侧挂着巨幅的中国地图和世界地图，另一侧贴着几张以女性为主体的电影海报，其中有美国的莎朗·斯通和香港的张曼玉，还有一张未完成的肖像素描，只画着一个女人的轮廓，却没有五官。

柳青问安小文：安老师，这是写生还是临摹？

安小文腼腆地说：都不是，我瞎画着玩的。

他一边回答一边给客人泡茶，然后就出去了，感觉是在逃出这个窘迫的气氛。

柳青的兴致还在那张未完成的肖像画上，依这个轮廓，这个女人还真是不丑的。如果自己没有猜错，这个叫安小文的乡村教师是在画他想象中的女人。看来，每个人骨子里都有一份浪漫情怀，在这样寂寞的大山里，一种人靠山吃山地活着，而另一种人则是靠梦活着。这个安小文属于后一种人，他拥有自己的理想，包括这想象中的女人。然后，柳青就意外地看见了安小文的枕头边上有一台笔记本电脑，拿起来一看，是宏基的牌子，好像是台湾的一个品牌，应该不便宜。一个乡村小学还能配备这样高档的东西？正纳闷着，安小文回来了，手里抱着一床那种带包装的真空棉被。

柳青就问：小文老师，你还专门去为我买了一床被子？

安小文说：我知道你们城里的女人爱干净。

柳青认真说了声谢谢，然后又问道：安老师，这电脑是学校给配的？

安小文的脸突然红了，说：学校哪能用得起这个，连学生的课桌想整修一下都办不到呢。这电脑是……一个朋友借给我用的，他是一个画家……秋天的时候还会来的，到时候我就还给他了。

柳青说：你这个朋友还真是慷慨啊。

但她不懂的是，怎么这个安小文突然脸就转红了，还带有一种近乎女孩子的那种羞涩。这有点奇怪。很多天之后，女警官回想起这个场面，才觉得那还不是一种羞涩，而是在掩饰着内心强烈的不安。

玉秀山距离桥头村大约还有二十公里，通往那里的路是在一条旧时的官道基础上改建的，正在施工中，不好走，一段路走下来竟用了近一个小时的时间。一路上，安小文对玉秀山下的石窟佛像作了比较详细的介绍。他说这件事情很奇怪，当地的人祖祖辈辈在这里生活了多少年，就是没有发现还藏有这样的宝贝，结果有一天，一场大雨造成了严重的山体滑坡，才被一个外来挖草药的哑巴意外发现了。这个人因此还获得了县政府颁发的一万元奖金。安小文说：人和人真是不一样，给我们学校看门的也是一个哑巴，他却没有这样的福气。

李志扬说：从电视新闻里知道，这个佛像年代已经很久了。

安小文说：据北京来的文物专家初步考证，玉秀山石窟佛像大都出于魏晋年间的，比山西大同的云冈石窟和洛阳的龙门石窟都早。目前已经发掘出五十几个窟了，大小佛像有两百来座。

柳青说：这儿的老百姓有盼头了。即便是现在这个规模，也够得上开辟一个国家级的旅游景点，旅游业会带动其他服务业。

李志扬说：那是。这也算是祖宗阴德啊。

安小文说：现在还没有对外开放。估计明年这时候差不多了。

李志扬说：我们就在很远的地方看看，拍几张照片，作个纪念。

到了石窟景地，果然一切都还在建设中，连个像样的大门也没有，也没有门票，只有两个保安模样的人在把着一个竹篱笆门，却不许人进去参观。安小文走过去与他们套近乎，说我们只是拍几张照片，一会儿就走。一边说着一边塞给了两人十块钱，问题便解决了。

柳青不懂石窟艺术，但是一走进去，就产生了一种豁然开朗的感觉。那一扇扇向她打开的石窟像孔雀打开的翅膀，让她觉得自己的身体也变得轻盈起来。她一眼就注意到那尊观音佛像，那佛像在整个石窟佛像中并不显得高大，大约只有三米的高度，却给人一种超凡脱俗的感觉，又非常的和蔼可亲。这个瞬间她又一次想到了北京的陈晖，她想如果今天是和那个男人一块来，肯定不是这样的情调。陈晖一定会说得天花乱坠，男人的夸夸其谈在这样的时候非但不讨厌，而且还能博得女人的欢心呢。她正忘情地想着，忽然听见李志扬的相机快门响了，律师说，这张以观音佛像为背景的照片效果应该不错。

  山里的天气总是瞬息万变。回来的路上天下起了一阵大雨。道路变得泥泞，更不好走了。等临近黄昏的时候他们才回到学校，而这时雨又止了，夕阳从云层中射出来，一道道光束非常强烈。那时的西天仿佛点燃了似的。晚霞在消失之前呈现出最后的也是惊人的美丽。
  吃过晚饭，柳青和李志扬出来散步。他们又一次来到了那座石桥上，来的时候柳青对这桥没有什么印象，现在却看出了它的美来，那古朴的表面雕刻着岁月的痕迹，散发出历史的沧桑感，而那四只立在桥两端的石狮子神态各异，生动活泼，又让人感觉它充满着生机。柳青说：这桥不错，明天我得在这里拍一张照片。
  李志扬答非所问地说：这桥对于我是一个纪念。
  柳青说：纪念那逝去的蹉跎岁月？
  李志扬想了想，说：是它见证了我的初恋……
  柳青很意外也很好奇，说：与爱情有关，那你得从实招来。
  于是，律师就对女警官说了一段往事——

  那是1977年的春天的一个下午，我正准备回到县里复习，参加第一届的高考。刚刚走出村子，来到这个桥头，忽然下起了大雨。我来不及回村，就赶快去了这个桥洞下面躲雨。那雨可真大啊，十米以外就见不到人影。一会儿，又来一个人，是个姑娘，看上去比我小点，梳着两根齐腰的辫子，还别着一枚红蜻蜓的发卡，很好看。从穿戴上看，也应该是小县城附近的。她的衣服差不多都淋湿了，还似乎有点发冷。我们就这样待着，谁也不说话。过了很长一段时间，雨势小了，但外面的天色也开始转黑了。我们走出来。这时她开口了，问我去哪，我说去沙河镇，等候开往县城的最后一班车。她说她也是的。

沙河镇离桥头还有八里的路，这一路上我们只顾着赶路，还是没怎么说话。等我们到了沙河，天就彻底黑了。往常，最后一班车应该在七点到的，结果这一天我们一直等到了九点，车还是没有来。我想大概是大雨冲坏了路面，这班车临时取消了。这时，她有点着急了，眼泪在眼眶里直打转。我就说，走不了，咱们去找个住的地方吧。她说她身上就只有买车票的钱，我就让她跟着我。我说，没事的，放心好了。我当时身上也没多余的钱，于是就找人家去好说。找了几处，都没有人搭理。等找到第四家，主人是个做豆腐的，看了看我们，问我们是什么关系。我说是兄妹。主人又问，是一个娘生的吗？我说是，要不怎么这么晚了还在外面呢？主人犹豫了一下，提出了一个交换条件，要我半夜里起来替他磨一缸豆腐，他就答应给我们下两碗面条，腾一张床。我连忙就答应了。

这样我就和她挤在了一张床上，我说，你睡里面，我半夜还要起来磨豆腐。见她还在犹豫着，我又说了句，姑娘，你放心睡好了。我说过了我是你哥。说着，我自己就先躺下了。等半夜里我被主人叫起来时，我才发现她也睡了，还抱着我的脚。我慢慢把脚抽出来，起了床，就到后院替主人磨豆腐去了。这一磨，就到了早晨七点多。

等我回到房间喊她时，已经不见她了。她给我留了一封信，用那只红蜻蜓的发卡别着。那信上说她家里有急事，所以一早就走了。她留下了她家的地址，是距离县城二十里地的一个镇子，让我有空去找她。我心里很热乎，觉得这是一种缘分。那时我因为忙着高考复习，所以直到两个月后才找到她那个镇子，可是一打听，她家已经在一周前搬走了……

律师说到这里，停顿了下来。

柳青说：就这么完了？后来呢？

李志扬说：后来，那已经是很多年之后了，我在一个城市里遇见了她……

柳青说：真的？于是她就嫁给你？是这样吗？

李志扬说：不是，她已经嫁给了别人，我看见她手里牵着一个小男孩，应该是她儿子吧。所以我就没有惊动她了。

柳青说：她呢？认不出你了？

李志扬说：我想是的。她没有认出我，毕竟那么多年过去了。不过这样也好……我后来也成家了，是我的同学，我们在一起生活还不到一年，她就不管我了……

这样的表达让柳青听起来还是相当的悲伤。她对这个男人第一次有了不同寻常的感觉。但她知道这不是爱，也不是同情，是什么呢？她自己也难以说得清楚。似乎是带着敬重的怜惜吧。通过"8·24"案件，女警官对律师增加了了解，这个男人很正派，很敬业，有责任心，给人一种安全感。这些可能会构成一个女人爱一个男人的基础，却不能成为爱的理由。爱需要燃烧，是一触即发的碰撞之后的那种燃烧，柳青感觉不到这一点。这个男人身上缺少的是一种很男人的东西，譬如说洒脱、豪爽与与生俱来的幽默感。而这个，北京的那个陈晖是不缺乏的。柳青想，假如这两个男人都是泥塑的，她会毫不犹豫地把他们捏在一起。她一点也不觉得这个念头近似荒唐。

柳青没有再说什么。

夕阳敛起最后的余晖，接踵而至的是苍茫的暮色。月亮已经在山脊上升出来了，慢慢地起风了，寒意开始转浓。他们离开了古朴的石桥，沉默着往回走，突然，听见了一声沙哑的叫声随风掠过，音调悲怆。

柳青警觉地问：什么声音？

李志扬把声音压低：是狼……

柳青还没有来得及惊慌，突然就从对面的林子里跳出了两匹灰狼，凶恶的眼光直瞪着他们。柳青吓坏了，下意识地把枪推上了膛。

李志扬连忙将女人护在了身后：别慌！

柳青竟有点口齿不清了，她说：真是狼吗？

她从来就没有真的见过狼。以前只听母亲说过，狼的模样和狗差不多，只是尾巴比狗粗壮。现在看来，狼和狗真正的区别还不是尾巴，而是眼光。狗的眼光没有这么阴沉，更看不出埋着凶险。李志扬装作没事的样子，侧着身掩护着她，慢慢从狼的身边走过。狼距离他们越来越近了，只有十五米的距离，随时会扑上来似的。它们的目光一直盯着他们。他们在走动，它们也在走动，二者之间的距离始终是相等的。突然，柳青的脚下一滑，踩到了一块圆石头，跌倒在地。这个举动惊动了跟踪的狼，它们掀起一阵风，向这边直扑过来。柳青就势一个侧滚，然后拔出了枪，来不及瞄准，就对着其中一匹冲在前面的灰狼连开了三枪。

枪声在山谷里竟是这样的响亮清脆。女警官看见那匹狼整个身体在面前竖立了起来，比她个头还要高，然后，它发出了一声惨叫——像个婴儿的啼哭，就摔倒了。另一匹狼则箭一般地跑回了丛林。柳青起身看了看，一发子弹正射入了狼的脑门。血和脑浆都迸出了。

她惊魂未定地看着还在抽搐的狼，那狼也凝视着她，狼的目光很坚定也很专注，女警官被惊吓得跳到一边。在与狼的对视中人最终败了下来。然后李志扬跑过来，伸手拿过她的枪，对着这狼的心窝又开了一枪，狼慢慢就不动了。

他们看着狼的尸体，都没有说话。

过了一会儿，李志扬才低声说：你不该开枪的。

柳青哭了起来：李志扬，你这是什么意思？

李志扬说：柳青，我没有怪你的意思。可以说你是为了救我——这匹狼本是冲着我来的，它是匹公狼，它在选择对手——因此它扑向了我。

柳青泣不成声地说：你这样说我不觉得不公平吗？

李志扬说：你听我说。本来，我只要打一个口哨，或者你朝天鸣枪，它就会吓着跑开……结果，你的枪倒先响了。

柳青喊道：我没有你那么理智！

李志扬没有再说什么，而是把这只还散发着热气的狼拖到了河边的沙滩上。他用手刨出了一个坑，然后把狼的尸体安放下去，再用沙把它埋了。

柳青继续哭着。她注视着律师做完这些，这时才觉得心里很不是滋味。

很多年后，女警官回忆起这次经历时还是感到情不自禁。这是她第一次也是唯一的一次，用枪射击活体，她以优秀的枪法成功地实施了一次杀戮。她清楚地记得，那个寒冷的冬夜，夜不能寐的她又听见了一声狼嚎——那是一个悠长的哭腔，凄惨的尾音在山谷中回响着。她知道，这一定是那只剩下的母狼的声音。她也许是这个山脉最后的一匹狼了，她似乎在对着惨淡的月光控诉：你们为什么要留下我？为什么让我这么孤独地活在这个世界上？为什么？！

十一

从山里回来，柳青病了一场。因为私自开枪的问题，她受到了支队的批评。她的父亲也很不痛快，又扯出上回在商场亮枪的事，把女儿教训了。住院期间，李志扬也经常来看望她，从律师的表情上，柳青看不出有什么异常。律师似乎很愿意为她做点什么，但她自己心里却想把二者之间的距离拉开。柳青知道律师的心事埋得很深，这个男人对待女人和处理案件的方式差不多，理智而谨慎，却不能带来那种属于男女之间的美妙感觉。既然这样，也就没有必要让人家有所期待。但是社会上已经传出了她和李志扬的故事，说一个女警官和一个男律师在山里过夜，躲在山洞里偷情，结果却遇上了狼……

沈蓉把听到的这些告诉柳青，后者就不以为然地笑了一下，说：人生来就是让人说的，谁爱说就让他说好了。

沈蓉又问：你和李志扬有没有……

柳青说：怎么可能呢？他是个不错的男人，但却不是我喜欢的那种男人。

沈蓉就没有再问什么了，而是掉头说自己的事。她还是说郁之光马上就要走了，按这个势头，这个人还要得到重用，也许就不回落城了。

柳青说：那你怎么办？跟他走还是拉倒？

沈蓉说：我也没想好，但心里老不踏实。

柳青说：沈蓉，我们处得不错，所以我今天把真实的看法对你说。你和郁之光的事该有一个结果了，无论怎样的结果，都不是坏事。至少比现在这样拖着强。其实老郁和老婆离婚，本来可以正大光明地去办的，即使女方不离，按照《婚姻法》，分居一段时间，法院还是可以裁定的啊。我想这些，他这个政法委的书记不可能不懂吧？

沈蓉说：我何尝不想这样呢？要不我怎么先行一步把自己这边摆平了呢？可这个时候对他提出这么绝对的问题，他会有负担的，也会影响到他的前程。这个我怕。他有他的顾虑，虽然没对我说，我还是能想象得出来的。

那时柳青就想，沈蓉这个女人还是很善解人意的。

春节后，刑警支队没有遇上什么大的案子。到了三月初，省里统一安排了一次"打拐"行动，就是集中打击拐卖妇女的行动，似乎是以这样的方式纪念三八妇女节。"打拐"行动声势很大，落城的各个警种都抽了人，奔赴山里，去解救那些从外地被拐卖到这里的妇女。行动的前一天，市政法委书记郁之光亲自来为大家送行。这是柳青第一次近距离地看见这个男人。这是一个看上去很儒雅也很和蔼的中年男子，仪表堂堂，出口成章。他即兴的讲话却很具煽动性，他说"打拐"是一项专项斗争，我们的任务不仅是要打击那些不法分子，而且还要给那些被拐卖的妇女一个"回家"的感觉。那时柳青就觉得，这个人怎么就不给沈蓉一个"回家"的感觉呢？

柳青随副队长李林那个小组去了一个偏僻的山乡，很顺利地抓捕了两名人贩子，也解救出了三名被拐卖的妇女。等解救第四名时，出现了意想不到的问题。那个从四川乡下被拐卖来的妇女，对来访的警察非常热情。李林问她，怎么来的？她说是卖过来的。李林问卖了多少？她说五千，人贩子得了两千，她父亲得了三千。李林说，我们今天是来解救你的。女人就仰着脸看着李林，问什么是解救？李林说，就是送你回家。那女人一听说警察要送她回家，就一下子坐在了地上，死活哭着说不想回去。她说我在家里吃不饱，我在这里日子过得好好的，我不回去。再说我要是回去，娃怎么办？世上哪有扔下娃不管的娘呢？我的家就是在这里啊！李林一下就没了辙，就让柳青去劝。柳青说：李队，别劝了，人家现在过得挺好的，你还解救什么？我们要解救的，是那些被哄骗的或者过得不好的。李林一想也对，就不再纠缠，带队离开了。等他们回来后，不久的一天，那个四川女人和老实巴交的丈夫登门给刑警支队送来了一面锦旗，上面写着金光闪闪的四个大字："成人之美"。大家一看，全都笑了起来。

那些天柳青在办公室看业务书，突然有了想去北京深造读学位的念头。她想依自己的专业基础，集中精力把外语抓一下，考研应该不是问题。她在这个城市待得太久，也该挪一个地方了。一辈子守着这个城市，走上街一路都是熟人，这个感觉不好。自己二十六了，如果再不成家，在落城就成了话柄。而在北京，你就是四十六岁还是单身，那也没有人会觉得有什么不正常。这就是大城市和小地方的区别。然后,她就想到了陈晖。他们之间已经有一段时间没有联系了。看来人都是现实的,彼此既然没有走近的意思,那就干脆疏远点,没有必要陷在那种并不存在的关系之中。这样一想,女人又觉得心里有点酸了。

那个时候,居住北京的记者还在一门心思地追踪着美国的辛普森。

1995年1月31日,控方证人开始出庭作证。在已经出场的几十位证人中,最让陈晖关注的是来自三方面的证言。第一个,是洛杉矶一家刀具店的老板和售货员。他们证实,1994年5月间,辛普森在这家店里买下了一把35厘米长的德国匕首,而且还当场开了刃。这自然不是一把普通的匕首,它与案发现场死者身上的多处刀伤完全吻合。尽管这把沦为凶器的刀至今没有下落,然而在控方眼中,如此的人格证据足以让辛普森的"梦之队"有口难辩。前几天一群记者遇上控方的威廉·哈奇曼检察官,当记者们问起辛普森一案的进展时,这位起诉组的首席检察官说:"下个礼拜就会水落石出。"哈奇曼的自信溢于言表,让你觉得他们这回真的就是胜券在握了。

更为严重的是另一个叫夏夫的证人说,案发当晚10点多,他出来溜达,亲眼看见辛普森驾驶着白色的野马车经过南班迪街875号门前的。如果此言是真,那么该案就等于获得了直接证据。还有什么比目击者更具权威的证人呢?

夏夫的证言恰好与另外几方面的证言构成了一种呼应。辛普森本人不能很好地说明,1994年6月12日晚上的10点至11点之间他在干什么,而当时留在他家里的一个叫做卡伦的食客却一再表示,那个晚上,辛普森的情绪"很低落",他感觉在这段时间里,辛普森"好像不在家"。那辆礼车的司机阿伦·帕克也证实,当晚10点25分他到达北洛金汉街辛普森的住宅前,准备送他到机场。他一直在按门铃,却没有人来开门。于是他就等待,并没有看见这周围停有辛普森的那辆白色野马车。直到临近11点的时候,他才看见一个体重大约两百磅的黑人背影,从车道走进了宅子。然后,辛普森就出来了。帕克说辛普森上车时"情绪烦躁,满脸是汗"。

1995年3月13日，马克·福尔曼警官出庭作证。作为辛普森一案最早发现证据的警官，他在法庭上的证言听起来就显得相当的逼真。奇怪的是，辩方律师夏皮罗·李·贝利对福尔曼警官的询问轻描淡写，在简单询问过一些情况之后，律师突然提出了一个看似与案件没有关系的问题。他以平淡的语气这样问道：福尔曼警官，你在描述一个黑人时，使用过"黑鬼"这样的词语吗？

福尔曼从容应对，说：从来没有。

贝利律师说：那么，也就是说，当有人在法庭上指证你曾经使用过这个词，也就意味着那些人是在说谎了？

福尔曼说：是的，他们肯定是在撒谎。

贝利律师接着说：作为一名警官，在失去了一个在你看来很有趣的案子时，是不是会很失望呢？

福尔曼说：是的，会很失望的。

贝利律师进一步指出：那么，面对这种失望，你是否会决定干点什么呢？

福尔曼意识到这可能是一个圈套，立刻就回答道：不！

看到这里，陈晖为辩方的担忧又加重了。控方一切做得井井有条，似乎无懈可击。不过，记者又想，既然辛普森的律师团被称为"梦之队"，那么也就意味着这帮人决不是吃素的，他有一种感觉，辩方将在适当的时候打出一张王牌来。很多天后，记者才恍然大悟，其实这一天贝利律师和福尔曼警官这场貌似没有锋芒的简单答问，实际上暗藏着杀机。辩方手里的那张王牌正是白人警官马克·福尔曼。

记者站起来伸了个懒腰，然后就听见门铃声。他估计是票务公司的人送票上门，这才觉得该打点一下行装，明天又该出发了。

落城的三月，竟还是春寒料峭。背阴的地方，春节前的那场雪还没有完全融化。残雪早已被尘土染黑了，街上看上去异常清冷。这是一个星期天的上午，轮到柳青值班，她本想利用这个时间看点书，结果李志扬来了电话，说电视里正播一部叫做《弃船》的美国老片子，是根据一件真实的事件改编的。律师说这部片子他在读研究生的时候就看过，觉得很不错。于是柳青就将电视机打开了，影片刚刚开始。

一艘海轮在航行中不幸遭遇了战争时期遗下的水雷，船长阿里克斯下令弃船，有二十五个人挤到了逃生的小舢板。但是，这艘船的设计标准是九个人，那么剩下的十六个人就是超载了。阿里克斯于是作出这样的安排，他让一部分乘客下到水中，与船上的乘客做每隔两小时的轮换，以保证舢板的正常负荷。但是，随着海上气候的恶劣变化，这种轮换还是不能继续下去。不久，巨大的风浪来了，舢板若想稳定航行就得迎风拼命摇桨。在这样的情况下，船长面临着这样一种选择：要不抛弃一些乘客，要不全体沉没。而且，更加残酷的是，所要抛弃的不是按照航海常规，让妇女与儿童们留下。阿里克斯做的正好相反，他要抛弃的是那些没有能力或者没有可能战胜惊涛骇浪的老弱病残，留下的是那些比较强壮的人。他所遵循的是适者生存的法则。这个决定立刻遭到了一部分人的反对，有人认为阿里克斯船长正在做出的行为无疑是一次谋杀。但后者还是用一把左轮手枪保证了命令的执行。船长坚决地把成为超重的负荷抛进了大海。后来他本人也因负伤成为被抛弃的对象，于是就自动跳进了海里，不过还是被人救上了舢板，他们离不开船长的指挥安排。经过一次次与狂风激浪的搏击，船上的十三个人终于活下来了。他们这才感谢船长的英明决策。不久，舢板上的人看见了希望，一艘海轮发现了他们并向他们伸出了援手。

影片到这里，突然出现了戏剧性的变化。那几个最初反对，后来又感谢的乘客，现在又翻脸了。他们说出种种理由来排除自己参与谋杀的干系。他们将要出庭作证来指控船长是这起谋杀案的元凶。阿里克斯感到十分震惊，但此时的他却选择了沉默。

最后的解说与字幕是：这是一个真实的故事。当船长等人遇救之后，法庭宣判了阿里克斯有罪，但仅处以六个月的刑罚。

柳青关了电视机，觉得这部电影虽然拍摄的方法陈旧，但看后还是觉得不错。这部电影让她觉出了人生的沉重。看来人生就是一个选择的过程，每个人都会面临着选择，虽然不会像阿里克斯船长那样的艰难，但就选择的性质而言，它们是一致的。它们一样沉重。她还想到，两小时前律师通知她看这部电影可能是一种体面的借口,他希望与她的联系不要因为那只狼的毙命而终止。他有理由这么认为。是的,柳青眼下就存在着选择,她感到自己无意之中站到了两个男人之间,有一种不知所措的感觉。其实她并没有做什么,甚至连一点暗示也没有,就形成了这种比较复杂的局面。

这时,听见外面有传达的声音:小柳,有人找。

柳青从办公室走出来,见到走廊那边站着一个穿风衣的身影。由于是逆光,柳青看不清来人的脸,但觉得这个身影非常熟悉。那人向她走过来,柳青感觉他在笑,近了,才看清来人竟是北京的陈晖,他真的说来就来了。

柳青说:好啊,陈晖!来了也不提前打声招呼。

陈晖说:说给你惊喜吧很矫情,但我确实想给你一个意外。

柳青说:你这人太神了,怎么像是从天上掉下来的似的。

两人走进办公室。柳青忙着给陈晖沏茶,又把从家里带来的那些瓜子什么的拿出来,招待北京的朋友。刚才的烦恼已经不知不觉地消失了。

陈晖说,他先找到了柳青的家,再上这里来的。陈晖说:我觉得你爸爸一直用狐疑的眼光打量着我。

柳青说:你这个人本来就让人狐疑。

她拿起一把椅子在陈晖对面坐下,问:你这次来,是因为工作吧?

陈晖说:我要是说为你来的,怎么样?

柳青说:我消受不起,但我感谢。说真的,你是有事情吧?

陈晖喝了口水说:算是公私兼顾吧。一来想看看你——你别烦,明人不说暗话,我确实带着这份心思;二来是了解一个事情。

柳青就问:是案子吗?

陈晖说:差不多就是一个案子了,但不是刑事案件。落城大学一对大学生,谈恋爱谈出了麻烦,女方怀孕了,校方就以"发生不正当男女关系"为由将他们双双开除了。

柳青说:这件事我听说过。你就是为这个来的?

陈晖说:是我单位安排的,但我觉得很有意思。连谈恋爱发生关系都叫不正当,那我就不明白什么样的男女关系才叫正当的了。

这话一说,柳青就觉得有点不自在,因为类似的经历她也有过,只是当初她比较谨慎，没有造成什么后果。更因为几天前的那个梦境，她好像觉得与陈晖之间真有过什么似的。她就用续水来加以掩饰，说：你们这种人就爱打听这些事。

陈晖说：这是个值得做的文章。性爱是成人的一种权利，需要得到尊重。怎么居然就被校方开除了呢？太不可思议了。

柳青说：你也不能这么说，他们总是违反了校规了的。如果学校不采取行政措施，女生都挺着大肚子去上课，那不乱了吗？

陈晖说：那也不能叫乱。可以劝说她去做人流，也可以让她休学把孩子生了。国外这些事多得很呢。怎么说也摊不上开除的。你想想看，就因为年轻人的一点冲动，学校就把两个人的前程给毁了，这既不人道，也不仁义。倒是两位当事人做得很潇洒，听说那女生居然就公开提出要把孩子生下来，家里人也很难拦得住。

柳青说：看来时代变得很快。我想，那个女生比我小不了几岁吧，给我感觉就几乎是两代人了。

陈晖说：我曾经在北京的几个大学对女生做过一次调查，结果是，想将来有婚姻有家庭有小孩的占32%，想过单身生活，但要找情人的占34%，还有部分女生，更前卫，说要小孩但不要婚姻。

柳青说：打算在这里住几天呢？

陈晖说：想速战速决，主要就是想和校方以及两位当事人谈谈。要是你不忙的话，我想我们一起去。

柳青说：那得看我的时间了。我这里说有事就有事的。不过，我很想随你去听听。

当天下午，他们就找到了两位当事人所住的地方，是市郊的一座临时租借的民房。一见面，柳青吃了一惊，原来那个女生就是曾经和她在一个大院里居住过的小环子，本名魏环。她的父亲好像是一个什么局的副局长，多年前就去世了。现在她叔叔魏如柏是刚当选不久的副市长。柳青自从上大学之后就再也没有见过这个小环子，而且，后者也居然不认识柳青，或者是装作不认识吧。

陈晖先自我作了介绍，然后说明了来意，那魏环就浅淡地笑了笑，说：你想帮我们？

陈晖说：尽量吧，我准备找校方谈谈，看看是否还有更改的可能性。

魏环说：其实站在校方的立场上，对我们的处分没有错。

陈晖有点惊讶，说：是吗？

魏环说：国有国法，校有校规。既然我们违反了校规，那就处分好了。

陈晖说：那你们为什么还要向有关方面申诉呢？

魏环说：我们只是不能容忍处分的理由。我们是很圣洁的爱情，绝非他们所说的那种"不正当的男女关系"，那是对我们的污蔑和诋毁。

陈晖点了点头，想抽支烟，不料魏环却说：很抱歉，我不希望这屋子里有烟味，这样对孩子的发育不好。

陈晖有点尴尬地把烟收起来，说：我想知道除了进一步申诉，你们还将有何打算？

魏环说：我们白手起家，把孩子生下来……

看着陈晖拿出采访机，魏环就说：请别这样，我可能会让你失望的。我不愿意接受任何媒体的采访，因为这是我的私生活，不想引起舆论的关注。公民的隐私是受法律保护的，不是吗？

正说着，那个男生回来了，手里抱着一只电取暖器。看见屋里有生人，那男生的目光变得锐利起来。

魏环介绍说：这是我爱人江旭初。

陈晖对那男生笑了一下，再次说明了来意。

江旭初有点不耐烦地说：小环最近身体不舒服，你们最好别打扰她。

一旁的柳青早就有气了，一听这话更觉得不近情理，连忙说：那我们就走吧。

话音未落，她自己先走了出来。过了会，陈晖也出来了。他在屋檐下点上香烟，然后笑着对柳青说：怎么这么沉不住气呢？

柳青有点气愤地说：这两口子不懂事。咱们是为着他们好才来的，却成了"打扰"了！那女孩我认识，以前和我们家住一个大院，小时候还挺温顺的，几年不见，就变成这样了。她那些话，听起来倒很豪迈，但总有一天连哭都来不及。白手起家？怎么起？那么容易？把孩子生下来，靠什么养？连孩子户口都没着落呢！

陈晖说：人也未必那么现实吧？

柳青说：浪漫是靠现实养着的。你觉得这样下去他们能幸福吗？

陈晖说：我只能说，我希望他们幸福。

晚上，柳青请陈晖在一个叫"临江仙"的小酒楼吃饭，算是为陈晖接风。这个地方比较隐蔽，在蓝渡江的南岸，需要经过一座大桥。与北岸的市区相比，这里目前还处于被开发阶段，要清冷许多，曾经有几家南边来的公司想在这里从事房地产开发，结果"宏观调控"一来，立刻就没戏了。看得出，柳青选择这个地方是不想引起外界的注意。本来她还打算让李志扬一起来，又觉得这样会引起陈晖的误解和不高兴。陈晖这种男人很敏感，也是很要面子的。

他们坐在二楼靠窗的位置上，看着外面江上的月色和帆影，边吃边聊。两人没有继续白天走访的话题，而是一上来就抓住了辛普森的案子。陈晖简明扼要地介绍了案件的进展情况，柳青就说她还是相信辛普森有罪。这或许是受到专业的影响吧，她说，我是搞证据鉴定的。这案子要是出在中国，早就审理结束了。陈晖笑了笑，说中国的事情有时候看起来似乎特别简单，辛普森这个案子看来不是一时半刻能够审理完结的，他也被拖烦了。柳青说，也许好戏还在后头呢。柳青希望陈晖能把这个案子善始善终地写出来，并表示自己愿意做第一个读者。等这些话说得差不多的时候，才谈到了各自的一些情况。陈晖先问柳青，是否还是一个人？柳青稍加迟疑，但点了点头，说：陈晖，咱们今晚不重复在三里屯说过的话好吗？

陈晖倒也坦率，说：其实我这个阶段内心也特矛盾，一方面，我对你还不想死心，另一方面在北京也偶感寂寞难耐。

柳青说：那你还是尽早消除寂寞的好。

陈晖说：这个年头，消除寂寞的方式倒是很多，也不难，可是想物色到一个适合自己的伴侣，还真不是一件容易事。你呢？在谈恋爱吗？

柳青说：我暂时还不想多花心思。不过，一旦遇上，可能就风风火火了。

陈晖说：这我能想象得出，你骨子里是个浪漫的女人，只是你很挑剔。

柳青说：当然要挑剔，我至少要想象得出，日后和我同床共枕的那个人有没有意思吧?

陈晖说:这我理解。不过我纳闷的是,难道你对我一点也没想法?

柳青说:那也不是,我时常想到你的才华,你的谈吐和风度呢。但说实在的,我们是两种人,过不到一块去。即使我们之间有过亲密接触,我想好景也是不长。所以我就不多想了。当然,如果方便的话,我也不想失去你这样的一位朋友。

陈晖说:什么叫"方便"?

柳青笑了笑,说:比如说你有新太太了,她不介意啊。

陈晖说:要是介意呢?

柳青说:那就拉倒。你不觉得我这样的材料,让人当"第三者"看待太委屈了吗?

陈晖把身体往后一靠,说:你看,这左也不是,右又不是。

柳青本来还想把准备上北京考研的打算说出来,结果却没有说。她担心这个男人会因此产生幻想。那样的话,她就有压力,她不希望有这样的压力。但是,倘若有一天自己真的去北京读书了,那也不能把话说死。陈晖这次来看她,她还是有几分激动和得意的。男人现在的眼神就是一种勾引,也可以说是一种诱惑。她喜欢这种暗送秋波的感觉,毕竟,坐在她对面的还是一个有魅力的男人。要是自己不是和父母一起住,没准儿今晚就会有故事了。这也未必不是好事,但一场风花雪月之后,男人又走了,那她就有点惨了。这样一想,她就希望自己能冷静一下,于是就起身去上洗手间。

刚从楼梯口拐过去,柳青无意中看见了那边同事沈蓉的背影,她也在和一个男人一起吃饭。那个男人就是郁之光。柳青自然没有惊动沈蓉,悄然从她身后走过了。

十二

年轻时代的郁之光曾经是报考飞行员的人选,因为视力问题最后被刷下来,就去了一个空军后勤学校学习。那个学校的校长,就是他后来的岳父,军衔是大校。1977年秋后的一天黄昏,大校陪同他的宝贝女儿王佩霞在校园里散步,一路都有战士向他们敬礼。那一年,王佩霞刚满二十，是该谈恋爱的年纪了。大校有心在学员中为女儿挑选一个乘龙快婿。路过宣传栏，看见新出的"光荣榜"。王佩霞就对着一名英俊的战士照片驻足了。父亲看出了女儿的心事，于是第二天，他让警卫员把一个叫郁之光的毕业班学员喊到了自己家里。

郁之光就这样被选中了。但是他一点也不高兴，他不满意女方的长相，觉得这个姑娘个头矮，皮肤也嫌黑，眼睛是单眼皮，而且年纪只比自己小两岁。可是，女方却对他十分满意。郁之光虽然来自农村，但天性聪明，成绩优良。他本来看上的是学校医院里的一名护士。现在，他似乎只剩下"执行命令"的份儿了，尽管大校嘴里一直说着恋爱自由。郁之光一毕业，就和大校的女儿结了婚，成了一个"倒插门"的女婿。第二年，他们有了一个女儿，取名郁兰。郁之光后来的生活就随着大校个人的变迁而变化。大校在部队他在部队，大校到地方他到地方。1984年，这一家子因大校的转业来到了落城。过去的大校成了落城的纪检委书记，以后又成了市委副书记。在他即将卸任之前，潜伏多年的肝癌突然发作，很快就送他走完了人间的旅程。据说老人临终的遗言是，希望组织上把在县里挂职当副县长的"第三梯队"女婿调回落城。组织上满口答应下来，然而郁之光本人却很不情愿。

关于郁之光的这些事情，柳青是从父亲那里听来的。因为郁之光的岳父和柳青的父亲是战友，都是当年四野下来的人。昨晚在"临江仙"的事，柳青自然不会说出去。但是今天快下班的时候，沈蓉突然来到了她的办公室，从女人的眼神中，柳青知道昨晚的事还是让沈蓉知道了。她在等待着沈蓉的开口。

沈蓉把门关上，坐到柳青对面，说：你昨天去"临江仙"了？

柳青说：是啊。

沈蓉说：我看见玻璃上闪过一个人影，我想这样漂亮的身影在落城，恐怕只有我们单位的小柳了。

柳青说：好个沈蓉，你可真会先发制人啊，我还没说什么，你倒先一梭子扫过来了。我当时是怕打搅领导，所以就……

沈蓉说：其实也没什么好说的，老郁明天要去省里学习，就约我出来聚聚。他在这个职务上，凡事总是那么谨慎，我也不想搞得满城风雨。

沈蓉的坦率让柳青感到吃惊,她想这个女人现在一点也不含蓄了,柳青说:你和郁书记很早就熟悉了吧?

沈蓉说:从认识到现在,前后八年了。我认识他时,还不满三十岁……

柳青说:哦,那可不算短了。

沈蓉说:你今晚有安排吗?

柳青看得出沈蓉有一种急切的幸福的倾诉欲,不想扫她的兴,就问:没有啊。

沈蓉说:那我们出去吃饭吧。有一家新开的韩国烧烤,老板是我的朋友,咱们去他那里聊聊。

柳青说:我不能天天在外面吃饭,老爷子会教训的。

沈蓉说:还要我给老爷子打电话请假吗?走吧。

柳青就只好点点头,跟随沈蓉离开。临出门,沈蓉又问:北京那个帅哥不会有意见吧?人家千里迢迢的……你们认识多久了?

柳青说:当然不会有八年了。

沈蓉笑着推了柳青一把,说:好啊,敢拿你大姐开涮啊!

那一年,四十一岁的郁之光得知岳父因病去世的消息之后,心里产生了一种很复杂的感情。他自然要感谢这个岳父,无论人家今天怎样评价自己的工作能力,但如果失去了岳父这道光环,他这个农民的儿子是走不到今天这一步的。这一点他很清楚。但他也怨恨这个老人,他的权威善意地毁掉了自己一生的幸福,他一点也不爱他那个女儿。事实上,自他到县里来挂职后,就很少回落城那个家了,他与妻子过着准分居的生活,却觉得心情不错。现在岳父去世了,组织上又有提前让他回来的意思,准备让他去一个局当副局长,但他直接给市委书记去了报告,明确表示自己愿意继续在县里锻炼,他说,这种"走过场"的做法对工作会造成损失,也使老百姓感到不满。他的报告不仅得到同意,而且还受到了上级机关的表扬。

只有一个人心里清楚,郁之光不想回落城的真正原因是什么。这个人就是沈蓉。那个时候,沈蓉才二十九岁,却已是一个十岁男孩的母亲了。

在沈蓉的记忆里，她和郁之光的第一次见面，那是一个夏天的周末。学校要开家长会，布置学生暑假活动的事。那天是个阴天，又非常闷热，家长们集中在学校会议室里，听校长的广播讲话。正好，沈蓉和郁之光坐到了一起。沈蓉那天穿着的不是警服，是一条紫罗兰的连衣裙，看上去很动人。她一坐下，眼角的余光就注意到边上有个男人在打量着自己，但他们自始至终没有交谈。到了散会的时候，外面下雨了，一上来就是很大。带伞的家长纷纷离开了。没有伞的，就站在走廊上随便闲聊着，等候雨势减小。沈蓉也站在走廊上，但她没有和人聊天，一个人站在一边，有点茫然地看着天色。这时候，一个男人主动对她说话了：这雨怕一时半刻停不下来，你用我的伞吧。

女人回过头，看男人正把一把紫色碎花伞递过来。

女人说：那你怎么办？

男人说：我单位离这不远，跑几步就到了。

女人似乎还在犹豫，男人又说：你用吧，别把你这身衣服弄脏了。

说着就把伞放在了女人边上。

女人说：那我怎么还你啊？

男人说：还什么？这把伞很配你这身衣服啊。

然后男人就跑进了雨中，很快就消失了，但留在女人心中的那份温暖却很难消失。很多天之后，女人才了解到，那个男人叫郁之光，是市委组织部的一个科长。她就找到了组织部，一打听，这个男人刚刚被派到县里挂职当副县长去了。那个县是女人的故乡。女人不无遗憾地离开了。但她的脚还没有走出组织部的门槛，脑子里就已经产生了这样的一个念头：应该回一趟老家了。

很快，沈蓉就利用一次公差的机会到了县里。她随身带着那把紫色的碎花伞。当天的黄昏，她就去了县政府的院子，然后就在后面的那条河边见到了散步的郁之光。她喊了一声"郁县长"，郁之光就回过身来，他一眼就注意到了女人手里的那把伞。情绪很激动地说：是你啊！你……

沈蓉说：我是来还你这把伞的。我叫沈蓉，在市公安局工作……

郁之光说：我说过了，这把伞和你很配的。

很长时间过去后，柳青再次幻想出这个场面，内心还是显得有些激动，她能想象得出，那些日子沈蓉忙里偷闲经常搭乘末班车去县里和郁之光幽会，是怎样的一种情形。她在那一天的日记中这样写道：

多么浪漫的当初，伞的故事简直就是现代版的《白蛇传》了。然而这个故事呈现的温馨很短暂，留下的是无限的凄美。大团圆的结局只是为了满足观众的愿望，却不是故事本身能够具有的。那故事注定就是一个人间的悲剧。

陈晖在落城住了不到一周，就飞回北京了。这个周末的下午，柳青去了他所住的宾馆，得到的回答是客人今天上午已经退房了。陈晖的不辞而别，让柳青很意外，也让她很担心。她想这个男人一定是因为什么急事才这样做的。那么，究竟是什么事呢？与女人有关吗？然后她就打陈晖的手机，里面一个娇滴滴的声音说手机欠费暂停使用。柳青的不安越发强烈，连晚饭都没有吃。等到了晚上九点多，陈晖的电话打到家里来了，上来就说自己因为急事刚刚飞回了北京。

柳青有点不悦，说：你这人可真逗，说来就来，说走就走，一阵风似的刮过来吹过去。我还准备这个双休日陪你去看玉秀山呢。

陈晖听出了女人带有一点埋怨，就说：谢谢，落城我肯定还是要去的。下次，你得陪我去看看玉秀山，听说那里发现的石窟艺术很惊人……

柳青打断了男人的话，说：下回，我也许就不在落城了。

陈晖说：你要调动？

柳青说：你就别瞎猜了。这回你的事情忙得怎么样？

陈晖叹了口气说：没有什么收获。或者说什么都没有收获。

柳青也听出了弦外之音，就说：你去学校了吗？

陈晖说：去了，他们也是拒绝一切媒体采访，我是到处吃闭门羹啊，这在我十几年的记者生涯里，还从未有过。

柳青说：你这人走点弯路也好。

陈晖说：不过，这件事倘若有什么进展，还麻烦你和我通通气。

柳青说：我怕是帮不了你什么了。

陈晖说：那我们先这样吧，回头我把辛普森案子的一部分给你发过去。

放下电话，柳青似乎感觉出了一点异常。每回和陈晖通电话，总是她把握着主动，决定其通话的内容和时间，这回却不是这样，男人好像纯粹因为礼节才拨了这个电话，难道此刻他身边有什么不便？那可是一个精力旺盛的男人啊！这样一想，女人就觉得好沮丧。她一方面反感这个男人的草率，一方面为自己的谨慎庆幸。还有一方面，就是茫然。她觉得自己这回接待陈晖，没有什么不周到的地方，男人不该是这样的，其中应该另有原因。

女人的敏感往往正确。陈晖这么急着离开是因为他亲眼目睹了一个场面。

那是昨天的下午，陈晖一无所获地从落城大学回来，看看表，也差不多到了机关快下班的时候了，就让出租车往公安局门口去，他想晚上和柳青再换一个地方吃饭，由他做东，算是答谢。他还想在这个女人身上做点努力。这个自信，他一天也没动摇过。陈晖不准备再进刑警支队办公楼去找柳青，他看得出，这个女人目前对自己还没有什么意思，也就不必在这个地方给人家带来什么负面的影响。出租车开到公安局对面，陈晖正准备下车，忽然看见门前那棵梧桐树下，柳青正和一个男人在说话。那个男人身边停着一辆桑塔纳，手里拿着尼康的相机，感觉他们之间很熟悉。

陈晖犹豫了一下，觉得还是应该从车上下来，走过去。他就这样做了，迎着柳青的背影缓慢地走过去。但是他听见了女人说了这样一句话——

咱们别在这儿说了，让人看见不好，上车。

说着，女人就和那个男人进了桑塔纳，很快开走了。

陈晖心里一咯噔，似乎明白了。他自然没有去叫住女人，而是侧过身去点了一支烟，此刻，他才觉得自己实在有点自作多情，也实在好可笑。像柳青这样一个漂亮女人，这么大的一个落城，怎么可能没有男人走进她的视野呢？这样一想，陈晖也就释然了。他不想生发出更多的感慨，但是，他也不愿意继续逗留了。记者自然没有想到，这完全是一次误会。真实的情况是，那个下午，柳青是为李志扬律师借长焦镜头的。

按照支队的规定,像这种珍贵的器材一般不外借,她是从摄影员小朱那里偷偷弄出来的。所以柳青觉得"让人看见不好",才换一个地方。后来柳青就搭律师的车去了蓝天律师事务所,让他写好借条,并加盖了公章。然后,她对他说:我也有一件事麻烦你呢。我有一个从北京来的朋友,想这个双休日去玉秀山看看石窟佛像,搭你的车行吗?

李志扬说:那不正好顺路吗?行,你把出发的时间通知我。

柳青说:回头我电话里告诉你。

这是个不错的安排,柳青想,然后就想去和陈晖约定时间。考虑到这个下午陈晖去了落城大学采访,就没有去惊动他。她想晚上和陈晖在电话里说,结果宾馆的房间里电话一直就没有人接听。柳青想这个陈晖玩性很大,也就没有再想。等第二天她去宾馆,才知道事情真的发生了变化。

十三

大约是陈晖离开落城后的半个月,记者所关注的事件真的演变成了一起重大的刑事案件,使女警官从一个沉睡的梦境中惊醒。

那是3月27日的半夜,柳青的手机突然响了。她一接听,是副队长李林来的,说有案子了。要柳青五分钟后赶到大院门口,高逸明的车过来接她。

柳青提醒道:让他别忘了带上我的勘查箱。

作为一名技术刑警,工作要求所配备的手机是二十四小时不许关机的。像这样半夜时分响起的电话,柳青早就习惯了。而这一次却让她感到紧张。春节期间,落城没有发生什么恶性案件,整个城市显得非常安详。柳青很快进行了梳洗,带上枪向大院的门口去了。不一会,高逸明的车到了,柳青便上了车。

柳青问:什么案子?

高逸明说:好像是凶杀吧。我听说本来是郊区刑警大队管的,局里却要让我们直接插手……

柳青说:那应该很严重了。

高逸明说:其实就死了一个人。好像是市里魏市长家的什么亲戚……

柳青一下就想到了魏环，就问：是他的侄女吗？

高逸明说：好像是吧……

柳青差点喊了出来。她觉得自己几乎快窒息了，连忙把车窗打开。这一带的路灯坏了，窗外黑漆漆的，警车呼啸着向黑暗中奔去，果然就是那天她和陈晖去的方向。他们到的时候，郊区刑警大队已经对现场实行了封锁。柳青很快大致知道了案情——

死者正是魏环，而杀她的人竟然是她认为可以白头偕老的那个江旭初。凌晨一点多，郊区刑警大队接到一个报案电话，是一个男人有气无力的声音，他说：你们快来吧，我刚才把我爱人杀了……

当刑警们敲开一扇门时，见到的是一个死去不久的女人，躺在一头部还在流血的男人怀里。这对年轻的恋人是落城大学被开除的学生，男的叫江旭初，女的叫魏环。两人的年纪都是二十二岁。刑警们一进去，江旭初把手伸过来，沙哑着声音说：是我杀死了魏环，你们铐我吧。

江旭初已经被带走。而死去的魏环还躺在床上，等待着市刑警支队的进一步勘查。柳青怀着强烈的怜悯和不安走近那具不久前还是那么从容自若、无所畏惧的身体，感觉这个从小一起长大的女孩并没有真的死去，仿佛醉酒后慵懒的沉睡。

经勘查，魏环是被一把三角刮刀直捅心脏致死的。刮刀上的指纹与江旭初完全吻合。对此，江旭初供认不讳。柳青很快调看了对江旭初的审讯笔录——

审讯江旭初笔录

问：你和魏环是什么关系？

答：我们是大学同学，后来在谈恋爱。

问：那么，学校怎么把你们给开除了？

答：因为魏环怀孕了。校方认为这是不正当的男女关系，我们不服。

问：不服可以申诉，为什么要采取这种极端手段？

答：我们申诉了，可是没有得到任何答复，我们还是被开除了。本来，我们想过一份正常人的日子，结果前些天他们硬把小环拖到了医院，做了人流……

问：他们是指谁？

答：我不认识，是她叔叔派来的人。

问：她叔叔？

答：她叔叔叫魏如柏，是落城的副市长。

问：你不要把事情扯远了。

答：我没有扯远。小环做了人流之后，就不想活了，我也不想……

问：这就是你行凶杀人的理由吗？

答：我已经承认把她杀了，但这不是行凶……

问：杀人还不是行凶？你觉得这样能够自圆其说吗？

答：我们是自动放弃生存权的，是她让我先杀了她……

问：什么？

答：我没有撒谎。既然我们在这个世界上找不到立锥之地，我们就到另一个世界上去。我先杀了她，然后自杀——只是没有成功。

问：你具体说清楚。

答：那天，就是3月17日晚上，像平时一样，我们在一起吃过饭，她突然说，旭初，要是我们去死，你怕吗？我说不怕。她看看我，然后就从包里拿出了一把三角刮刀，递到我手上。我没有接，我说，环子，我们逃走算了，到外面打工，我能养活你的。她说，不，我就是想死，想死给他们看。他们，指的是魏环的母亲，还有她的叔叔……魏环说，他们不要以为给了我一条命，就当我什么都是他们的了。我还他们好了。旭初，我这辈子不是你的人，下辈子还是你的。你不要怪我……你要是不想死，就算了，但你无论如何要帮我这个忙，我自己下不了手的。我们抱头痛哭了一会，她突然大叫了一声：你快点啊！我就一刀上去了……她的血喷到了我的眼睛上，我看不见她的脸。后来，我就撞了墙……等我醒来，才发现自己还没有死……然后我就报案了……

　　没有证据能够说明，这对年轻人不是殉情。但也没有任何证据，能够证明江旭初不是在犯故意杀人罪。有的同事私下议论，说魏环要是留下一封遗书，把事情说清楚就好了。可是，即使魏环这么做了又能起什么作用呢？法律不承认"委托杀人"一说。这个案件一点也不复杂。却能让柳青难以忘怀。几年后的一个冬天,柳青看到了据说风靡日本的一部电影《失乐园》,剧中的男女主人公的命运让她自然地想到了江旭初和魏环。区别是,那是电影,是一种依靠光影制造的艺术,因此他们的殉情是那样地诗情画意,那样地散发着人世间的凄美。而她在1995年春天所目击的却是活生生的现实。它更多地带给她是惨烈,是震撼。她知道很多人都会说,这对青年是多么的无知。可柳青不这么认为。当她从已经凉透的魏环身体上检测完毕,她承认自己受到了一种震撼。她从他们的血迹中分明看见了一种不可思议的圣洁。这不像是今天的故事,一点也不像。它似乎过于古老,超出了人们的想象。但她应该负责地为他们证明,这是事实。尽管是人们不愿意看见的事实。

柳青本来想及时把这件事告诉北京的陈晖,可是支队长刘勇茂在案情分析会上一再强调说,这个案子不许对外界透露,这是纪律。柳青就明白了,是因为涉及到了副市长魏如柏。后来,当柳青想私自将那份审讯笔录复印下来时,结果意外地发现,其中的一页被篡改了!那上面没有出现魏如柏的名字,也看不出多少外来的压力。柳青被这个事实震惊了,以前她只是听说过,某些地方办案,有篡改笔录的事情,想不到这回竟发生在自己单位内部。她不能不震惊,但她不敢把这些说出来。这个案件,从一开始,上面就授意刑警支队来办,其用意相当明显了。从一个方面看,这是一个并不复杂的案件,犯罪嫌疑人的口供,现场勘查物证,作案的工具,都清清楚楚。但是,你要是换一个角度,就会觉得它又特别复杂。譬如,这算殉情还是故意杀人?前者充其量是年轻人的糊涂,是一种道德选择,并没有触犯刑律,后者就会被判死罪。再譬如,导致这个悲惨结局的难道是江旭初一人吗?学校、家庭、那个魏如柏派来把侄女魏环绑去人流的"他们",难道就没有一点责任?

对江旭初杀人案的审判很快就开始了。法院本来要为他指派律师,他拒绝了。他说,我不需要辩护。但是,有人却自动站了出来,要求免费担任此案的辩护律师。这个人还是李志扬。

6月25日,柳青清楚地记得,落城是一个阳光灿烂的日子。女警官在日记中有这样的记载——

今天是审判江旭初的日子。我和李志扬还是第一次在法庭上见面，事先，他没有找过我。人很奇怪，以前和他接触，并没有觉得这个人有多少魅力，而现在他坐在辩护席上，却有一种气宇轩昂的风度。我喜欢男人的这种风度。而且，他的声音也很好听，是那种低沉但不沙哑的男中音，普通话很标准。而措辞严密的发言给人一种信服力。他给我的感觉就是，这样的人不做律师真是太可惜了。他似乎天生就是一个律师的坯子。但是，我完全没有料到，第一个被他打败的人竟然是我……

那天，柳青是以本案鉴定人员的身份出庭作证的。她当庭列举了现场所提取的物证并一一作出了说明，最后宣读了鉴定结论：魏环系江旭初用三角刮刀刺破心脏，一刀致命。对此，被告也供认不讳。

当她作完现场陈述之后，李志扬律师举起了手，他说：审判长，我有几个问题想问检方证人。

审判长说：你说。

李志扬走出自己的座位，向柳青走来。他的第一个问题是：鉴定人员对刚才的解释有怎样的把握？

柳青立刻回答：百分之百。

李志扬说：你这么肯定？我很欣赏你的自信。

柳青说：这不是什么自信和不自信的问题。鉴定是运用现代科学手段所进行的分析，它的结论是完全客观的，只能是百分之百。

李志扬对这个回答感到满意，但他话锋一转：我没有理由否定魏环的死与我的当事人无关。我想知道的，如果说这是一次故意杀人罪，那么它的动机何在？众所周知，魏环和江旭初是一对恋人，他们是在自由恋爱遭到干预，又因为魏环腹内的孩子被强迫流产的情况下，选择这种不可思议的殉情方式的。当然，法律对殉情是不加以保护的。但殉情才是事实的真相，既然我们认为是殉情，那么就不应该是故意杀人罪。如果说他们有罪，那就是这对年轻人对养育他们的亲人犯了罪，他们辜负了亲人。但是他们没有对社会构成犯罪。这就像一个人的自杀，他们不应该地放弃了自己的生命。

公诉人立即举手说：反对！辩方律师这是有意混淆视听，是有意替被告开脱罪责。

律师继之又说：我的第二个问题是，按照鉴定人员刚才的陈述，我的当事人是先刺死魏环，而且是一刀致命。死者在被杀之前和他还有过最后的性关系。那么，我想请问，对于一个从未杀过人的书生，做到一刀致命是不是一件很不容易的事情？

公诉人再次提出反对，认为律师是极端不负责任地歪曲了事实真相。

李志扬说：请让我把话说完。我之所以说很不容易，并非是在掩盖事实真相，而是尽可能说出事实真相。刚才我们已经看了现场的录像，也听了鉴定人员的陈述，现在我想请问鉴定人，那把三角刮刀上是否留有我的当事人的指纹？

柳青说：是的，指纹比对完全符合。

李志扬问：是左手还是右手？

柳青说：当然是右手。

李志扬问：确定吗？

柳青说：当然。

李志扬微微笑了一下，说：很遗憾，我的当事人江旭初是一个左撇子。

此言一出，法庭内一片唏嘘。然后又是一片寂静。柳青刹时明白了律师的用意所在。显然，这不仅是对他们刑侦工作的嘲笑，而且是在为犯罪嫌疑人进行开脱。柳青想，真是窝囊啊，这是一个低级的错误，怎么忽视了这个细节？

说着，李志扬从口袋里拿出了一把事先准备好的玩具匕首，开始了示范。他说：从现场的情况看，3月27日夜，江旭初和魏环在情绪极度悲伤和波动的情况下，选择了做爱之后的殉情。当时他们是在床上，魏环睡在里面，是她把三角刮刀交到了江旭初的右手，而对于习惯左手持任何器械的江旭初来说，想在这个位置并且用右手完成一次刺杀，无论是角度还是力度，都受到了很大的限制。所以，真实的情况应该是，生性刚烈且死念已定的魏环把三角刮刀塞到江旭初手里，就强烈要求他结束自己的生命，当后者还在迟疑不决的时候，魏环本人出其不意地用双手抓住那把刀向自己的心脏部位猛刺下来——这才是仅有的也是致命的一刀。突然迸发的血腥让我的当事人受到了前所未有的惊慌和恐惧，他扔掉了那把刀，但他没有忘记履行诺言，然后这个年轻人选择了撞墙的方式进行自我了断。他随即昏了过去，等醒来后才发现大错已经铸定，遂向警方报了案——这就是整个案件的真相，也是我的当事人至今还活着的并且还应该继续活下去的理由。我的话完了。

法庭最后以"择日宣判"的方式休庭。

十四

李志扬在法庭上的辩护，很快在落城传开了。那些天，人们总是在说，一个律师在法庭上把公安和检察院一起玩了，关于"左撇子杀人"已经成了街头巷尾的笑料谈资。

这天晚上，李志扬邀请柳青去一家新开的茶餐厅吃饭，说是感谢她上回帮他借了长焦镜头。柳青知道这是一个借口，真实的情况是李志扬想解释一下在法庭上的交锋。她知道尽管拉开了一段距离，律师对自己依然有好感。柳青自然不会点破这一点，她答应了。这种茶餐厅，顾名思义，是可以边吃边聊的场所。柳青到的时候，李志扬已经把茶要好了，是那种冻顶乌龙的功夫茶。柳青忽然想起，去年这个时候在北京，陈晖在三里屯请她喝的，也是这种福建安溪产的茶，味道清香而醇厚。

李志扬上来就说长焦镜头，他说这个镜头使他在山里拍到了一些意想不到的画面。

柳青笑了笑，说：没想到你的兴趣还很广泛。这与你的专业可没有什么联系。

李志扬说：不，我觉得摄影和律师行业很相似。二者都是要求把最客观、最真实的东西反映出来，不是吗？

柳青心里暗暗佩服这个男人，你看，两句话一说，就绕到了江旭初的案子上。但是女人并没有说话，似乎在认真地品茶。

男人接着说：但无论是摄影还是辩护，这里面还是有一个主观的倾向问题。也就是一个立场的问题。比如说，一张照片的取景、角度、用光以及拍法，都会影响到照片的效果，这都是摄影师的主观选择。案子辩护也同样如此。立场的选择虽然不会改变事实的公正性，却能影响到诉讼的结果。

柳青放下杯子，说：李志扬，你想说什么，就直截了当好了。

李志扬也笑了，说：那天在法庭上，我不是故意出你们公安的洋相，目的是想为江旭初进行无罪的辩护。说实话，当我接手这个案子时，我很感动……

我也是的。柳青说，但是你在法庭上，关于魏环自己杀死自己的推断，估计法庭不会采信。这一点，江旭初自己的口供也没有。

江旭初当然不会这么说的，无论魏环是怎么死的，他都会感到有不可推卸的责任。李志扬把眼镜取下来，用纸巾拭擦后再戴上，接着说：柳青，你们在那把三角刮刀上难道就没有发现魏环的指纹吗？

柳青说：有她的指纹，这把刀就是魏环在五金店买的。可是，仅此是不能支持你那种推断的。

看律师沉默不语，柳青又说：李志扬，你得有思想准备。这个案子来头不小……

李志扬说：这我知道。但我不会放弃自己的努力和责任。

柳青叹了口气，说：让江旭初这么独自活着，也是比死还难受啊。

李志扬点了支烟，说：这是两回事啊，柳青。如果江旭初当时的殉情成功了，给我们留下的除了惋惜就是一种敬佩。但他的生命被法律剥夺，就是另外的问题了。

柳青点点头。

即使法庭最终裁定他有罪，但也还是罪不至死啊。李志扬说，所以我得豁出去打这场官司。我想合议庭会充分考虑我的辩护的，对此，我有足够的信心。

说到这里，李志扬的呼机响了。他看了看，对柳青说：你猜是谁在呼我吗？

柳青说：我怎么知道？

李志扬说：是魏环那边的人啊！

这是女警官意想不到的。她不解地问：为什么？

李志扬说：他们可是希望这个江旭初被枪毙啊！

柳青感到很惊讶：什么？事情都搞成这样了，他们还不想罢手？如果魏环不是被强行流产，她是绝对不会死的！

李志扬说：在他们眼里，这一家的幸福都是被这个江旭初给毁了。其实当初落城大学开除江旭初和魏环，也是有背景的。落大的那个分管行政的副校长曾经是和魏如柏一起竞选副市长的,那个人一直在说选举的过程中,魏如柏做了手脚,所以他上去了,自己被塞进了落城大学。这回呢,魏如柏的侄女又恰好落到了他的手上,所以那个人一开始就摆出整治校风、严肃处理的姿态——你能排除公报私仇的可能性吗?

柳青说:这太可怕了。

李志扬说:现在事情到了这一步,魏如柏能善罢甘休吗?

柳青有点气愤:这叫什么逻辑?本来是他们毁了这两个年轻人的前途,把他们逼上了绝路,怎么还这么倒打一耙?

李志扬说:你可别小看这个力量啊。他们是有后台的,可能还不止是一个魏如柏。我听说魏如柏还去省里找了郁之光,去省高法那边活动了,否则这个一审也不至于定下这个调子的。

柳青想了想,说:你还是去回个电话吧。

李志扬说:我不想回。我倒要见识一下,他们到底有多大的能耐。

柳青说:这恐怕不好吧,你毕竟是在落城开律师事务所啊。

李志扬沉默了片刻,说:柳青,这个案子我们是赔了钱的。江旭初家里很穷,母亲又有病,我们实行的是免费辩护,也可以说是一种法律援助吧。

柳青说:这我明白。你是在尽职。

李志扬说:这些天我总有一种不祥的预感,觉得一审下来对我们会很不利的。

柳青说:不至于会判死刑吧?

李志扬说:难说啊,我们的司法体制,虽说逐步在完善,但某些地方还是可恶的权大于法。

律师的预料没有错,江旭初的案子一审判决很快就下达了,以故意杀人罪判处江旭初死刑,立即执行,剥夺政治权利终身。李志扬当然要求当事人提出上诉,于接到判决书的第二天就将上诉状呈送二审法院即省高级法院。但二审法院实际上实行的是书面审,并不开庭。一般情况下,其结果与一审的出入不会很大。这一点,律师估计到了。不久,二审的结果就到了落城,认为一审量刑适当,适用法律条文准确,故作出了驳回上诉、维持原判的裁定。本来,对待死刑罪,最高人民法院是设立了复核程序的，然而此时却已经下放到了省高级法院。对这种权力的下放，李志扬早就有不同的看法。他曾经在一次学术会议上公开表达了自己的观点，他说：死刑复核程序设立的初衷是为了慎重起见，防止错杀。现在最高人民法院将这一程序授予高级人民法院行使，也就等于是让二审与复核合而为一，那么复核程序就等于是形同虚设了。死刑的复核程序应该具有其独立性。中国的死刑案越来越多，最高法院自然就忙不过来。那么是否可以按大区设一个专门负责死刑复核的巡回法院呢？

几天后，律师再次赶赴省城，请求高级法院重视江旭初一案的复核。但他没有想到，省高级法院对他的请求予以冷落。接待他的人只是让他把上诉状留下，就没有和他多说一句话。律师感到，这个案子所有的关节都被人提前打通了，他只能沮丧地回到了落城。律师回来后就直接先去找了副市长魏如柏。

魏如柏，一个五十四岁的男人，从前是个话剧演员，据说是因为演了一部抗洪救灾的话剧受到了某个要人的重视。那个话剧是以那个要人为模特写的，说他带病指挥，说他三过家门而不入，说他把救生衣给了别人。这个戏由当时的话剧团副团长魏如柏自编自导自演，还拿到北京去参加了汇报演出，最终得了什么奖。没过多久，这个魏如柏调任落城文化局副局长，然后是局长、宣传部长，去年当选为落城市的副市长，分管文化教育卫生。

李志扬走进市政府大院魏副市长的办公室时，体态略嫌臃肿的副市长刚刚放下电话。他客气地接待了律师，并夸奖了律师当初毅然辞职的举动，认为这是砸烂铁饭碗的有效尝试。副市长闭口不谈侄女的案件，其和蔼可亲与律师的焦灼不安使得会见的气氛很不协调。同时也使律师相信了自己的预感。面前这个男人真是一个好演员啊，演什么像什么。律师内心这么感叹，但还是把自己想说的话说了出来。

魏副市长，律师说，我今天是为江旭初的案子来的。这个案子一审判决下来了，是执行死刑。二审也是维持原判。

副市长的眉头习惯性地皱了一下，像是陷入了遥远的回忆。他暂时还不想发表任何意见，想听听本案律师的观点。

律师接着说：作为本案的辩护律师，我认为这样的判决有失公正。江旭初和魏环是恋爱关系，他们是在不得已的情况下犯下了错误，已经让人痛心了。

副市长打断律师的话：如果我没听错的话，你刚才说，那个杀死魏环的凶手只是"犯了错误"？这样的表述公正吗？

律师说：我指的是他们殉情的选择。

不，那不是殉情，是谋杀。副市长站了起来，愤怒地说：江旭初趁魏环熟睡之机实施了可耻的残忍的谋杀！

然后他又坐下，换上一种悲凉的语气接着说：魏环的父亲死得早，母亲又改嫁，是我一手把她抚养成人的。她才二十二岁……杀人偿命，天经地义，法院的判决是伸张了正义。如果连这样罪大恶极的罪犯都不除掉，那才是最大的不公了！

说着，副市长用茶几上的纸巾擦了擦眼泪。

律师说：魏副市长，我完全能够理解您失去亲侄女的心情。但是，如果我们混淆了事情的性质，或者不是按罪量刑，那么不仅是对活着的江旭初不负责，而且对死去的魏环也没有个交代，他们是相爱的啊！

说到这里，魏副市长再次站了起来，在律师面前来回踱了几步。他说：小李同志，作为律师，你履行自己的职责无可厚非，不过我要提醒你，我们是一个社会主义的法制国家，对司法程序不能随便怀疑。如果只相信自己的推断，不顾事实，这样下去是很危险的。尤其是全省"严打"斗争刚刚作出部署的时候，你这种情绪和行为，是违背了党性原则的。

律师无言以对，只好悻然离去。外面的天色开始转暗了，这一整天，律师都在为一个已经成为死囚的人在奔波，而得到的不是冷遇就是谴责。他感觉自己已经是心力交瘁、疲惫不堪，但是就这么放下，也还是于心不甘。他在街上公共电话亭里拨通了柳青的手机，说自己希望晚上能在蓝渡江那座大桥上见到她，他说：我有许多话要对你说。

那时柳青刚刚从市文化宫礼堂走出来。她开了一下午的会，市委主要负责人为开展"严打"整治斗争作动员报告，要求全体司法战线上的同志要有战斗的姿态，发扬连续作战的精神，对犯罪分子决不手软，切实担负起惩治犯罪、维护稳定、保障人民群众生命财产安全的重大责任。最后，这位负责人说：同志们，我们要打出声势，打出声威，夺取"严打"整治斗争的全面胜利。听到这里，柳青忽然就想起了江旭初的案子，她想，这个案子这么裁定，应该是与即将展开的"严打"有关的。以往的经验提示她，只要是"严打"时期，不可多杀的死刑政策在某些地方便会发生动摇，甚至就会从"可杀可不杀的不杀"突变成为"可杀可不杀也杀"。这个江旭初运气真是不好啊，她无法排除这种担忧，所以律师的电话一说，她就马上答应了。她从电话里听出了律师省城之行的不顺利，也听出了这个男人内心充满的苦涩。

回到家，柳青看见支队长刘勇茂正在陪父亲下象棋，觉得有些意外，就说：刘队，您下午没去开会啊？

刘勇茂说：我来看看老局长。会上还是老一套吧？

柳青想了想说：差不多。

刘勇茂又问：队里有什么事吗？

柳青说：没事……大家在议论江旭初那个案子。现在案子结了，大家再议论，不违反纪律了吧？

刘勇茂看了看柳青，问道：都说些什么呢？

柳青说：说我们好被动呗，对江旭初很同情。

刘勇茂说：现在说什么都晚了。年轻人，糊涂啊。

柳青给支队长续了水，坐在边上，突然问：刘队，你对这个案子怎么看？

刘勇茂说：你是问"刘队"的意见，还是问刘勇茂的意见？

柳青说：我问刘勇茂的意见。

刘勇茂说：那我刚才已经说过了，回头让老爷子告诉你吧。

说着，这盘棋也结束了，是个平局。

柳立中这时才说：你看，咱们好不容易一起下盘棋，还是平局。我最讨厌平局。

刘勇茂站起身说：老爷子，我本来是可以赢你的，可怕扫你的兴啊。你看，我什么时候也学得这样滑头了。

柳立中说：这可不像是你啊。好吧，你是个忙人，我也领情了。

柳青说：刘队，就在家吃饭吧。

柳立中说：人家有饭局等着呢。

刘勇茂说：是啊，还不敢推掉。好了，我走了。小青，你不送送我？

柳青就知道支队长有话要说，答道：好，我给您开车门。

刘勇茂说：我今天没开车。

柳青说：那我就送你到院子门口吧。

两人从家中走出来，下了楼，刘勇茂就在一棵树下站住了，点上一支烟，说：关于江旭初的案子，既然我们已经移交，就别再费心思了。你还年轻，不要想那么多。

柳青笑了笑说：你平时不是说，年轻人要多动脑筋，多想问题吗？

刘勇茂吸了口烟说：那是在会上说的……

柳青说：说实话，这个案子有失公正。

刘勇茂说：这我难道还看不出来吗？问题是，我们就是看出来了，究竟能起多少作用呢？"严打"即将开始，目前这种形势你是知道的啊。江旭初现在就像一只鹿，瞄准他的还不是一支枪，我们能救得下他吗？

这时，支队长的手机响了，他看了看来电显示，却没有接听。他说：我过去是你父亲的部下，你现在是我的部下，别把我的话当耳旁风。

支队长说完这句话，就离开了。他没有直接从大路走，而是从屋子后面绕了过去。柳青就想，这个人今天是秘密到这里来的，他不想惊动其他人，连车都没有开。

柳青不愿意看到这样的场面。她一直在想着支队长刚才那句话——"江旭初现在就像是一只鹿，瞄准他的还不是一支枪"，这个比喻让女警官在暮色中不禁打了个寒战。

夏天又来了，今夜无风，街上到处游动着出来乘凉的人。街边的排档也摆出来了，啤酒的馊味弥漫在狭窄的街道上。那是一条没有人行道的街。昏黄的路灯下，还有不少人支起了麻将桌。这个城市无论在什么时候，都散发着悠闲的气息。

柳青很快就到达了约定的位置。远远地她就看见李志扬的那辆布满灰尘的车停在桥头，律师一脸倦容，正坐在车里吃面包、喝矿泉水。

柳青敲敲车门，说：要不要上饭馆正式吃点？

李志扬说：我已经够了。咱们换个地方说话吧。

说着，就把车门从里面打开，让柳青上去。李志扬把车开上了大桥，向江的南岸驶去，那边的人影稀疏，灯光也比较暗淡。车过大桥时，柳青把车窗打开，感受那从江面上刮过来的风，那风非常微弱，却还凉爽，这本来是一个闲适的夜晚，他们却揣着沉重的心情。

到了南岸，李志扬把车停到了一排树林的前面。然后他们下了车，李志扬便把这一天的经历都说了出来。他说得很动情，像是倾诉。最后的结论是：这个案子有人做了手脚，目的就是要取江旭初的性命。那些人是在以法律的名义草菅人命。

柳青说：你冷静点，看看能不能再想想别的办法。

李志扬想了一会，说：现在，只剩下最好一搏了，就是去北京最高人民法院紧急申诉。

对律师这样的敬业尽责，柳青内心很敬佩。如果每一个从事司法工作的人都能这样，中国的冤假错案就会大幅度地减少。于是她说：李志扬，要去就得赶早。下午，市里召开了"严打"的动员会，这个形势，我预感到对江旭初很不利。

李志扬说：我也有这种担忧。你在公安部受过培训的，你能帮我找个能顺利进入最高院的人吗？

柳青就想到了陈晖。她说：上回来落城的那个朋友，实际上就是冲着这个案子来的，只是当时事情还没有发生根本变化。他是一个小有名气的记者，与政法部门很熟，我想也许他能帮上这个忙。

李志扬说：那太好了。

柳青说：我回去就给他打电话。

十五

《美国联邦证据法》第608条规定：证人的可信性得以意见或名声证据予以攻击或支持，但受以下限制：（1）证据只能针对倾向于真实性或不真实性的品性。（2）关于真实品性的证据只在证人的倾向于真实性的品性遭到意见或名声证据或其他方式的攻击之后，才可以采纳。这就意味着，证人的品格与证言的真实性密切相关。

1995年7月10日，在控方92天传唤了58位证人之后，轮到辩方证人出庭了。在罗伯特·L·夏皮罗的精心策划下，律师团采取的是后发制人的战略。他们并没有及时打出一张王牌，而是先"消灭"那些没有分量的对手。

辩方对控方两名至关重要的证人进行了有力的人格质疑与攻击。他们了解到那个刀具店的老板和伙计，私下里接受了《国家装备》杂志12500美金的好处费，是这家杂志要求他们在法庭上"说出真相"的，这难道不带有商业目的吗？而那个叫夏夫的证人，事先也同样接受了一家小报5000美金的独家采访费。这种人格缺陷的揭露自然使他们的证言受到怀疑和鄙视，法庭立即取消了他们的作证资格。

与此同时，辩方一样找到了"直接证据"，也一样推出了两个证人。一位是辛普森邻居家的女佣，她证明在事发当晚的10点至11点，亲眼看见辛普森的白色野马车停在自己家的门外，这似乎暗示着辛普森不可能驱车前往南班迪街875号作案。第二位是一个叫玛丽·安妮·格查斯的女人，她声称在案发时间里亲眼见到过4名男子从妮可的宅子离开，她强调说："其中没有一个黑人。"

控方自然也不会轻饶辩方，以其人之道还治其人之身，他们很快查实，那个南美移民身份的女佣在入境时篡改了自己的年龄，而那个叫查格斯的女人曾经因欠债、开空头支票、诈骗吃过34次官司，这样一身劣迹的人出庭作证能让人相信吗？

陈晖看到这里不禁笑了起来，他想所谓"人格证据"其实就是一把双刃剑，就看谁舞得漂亮了。官司打到这里，控辩双方应该说是打了个平手，鹿死谁手还未可知。而他却像一只钟摆左右摇晃着，这不是他的风格，可是面对这样一场"世纪审判"，不到最后的关头，谁还敢斗胆超前言胜呢？

这时，电话响了。

陈晖拿起话筒，听到是落城那个女警官的声音，很意外，说：天哪，你居然还想起了我，我真是受宠若惊了。

柳青说：陈晖，我想你今天大概是喝酒了吧？

陈晖说：自然是喝了一点，我不胜酒力，但脑子还清楚，有什么话，说吧。

柳青说：我们是有约在先的。凡是答应过你的事，我都会负责。

接着，她就简介了一下魏环和江旭初的案子。

陈晖立刻就叫了起来：简直是骇人听闻啊！我离开落城这才几个月，就酿成了如此大祸！你应该早告诉我啊！

柳青说：我现在这样做，已经是违反纪律了。好在判决下来了，没有什么可再保密的……

陈晖说：那是什么狗屁判决？殉情何罪之有？

柳青说：法庭不会认定这个的，坚持认为是故意杀人。

然后柳青就说出了李志扬要去北京的事。

陈晖问：这个忙我愿意帮的。不过，请容我冒昧地问一句无聊的话，这个李志扬和你是什么关系？

柳青说：他是本案的律师，也是我的朋友。

陈晖又问：什么性质的朋友？

柳青说：我这里就一种性质的朋友。

陈晖说：是你的朋友，也就是我的朋友。让他来吧，我亲自开车去机场接他好了。

柳青说：陈晖，我谢谢你！

陈晖说：你今天怎么这么客气？倒让我觉得生分了。

柳青说：不，陈晖，我是拿你当做可靠的朋友的。

这个电话打过，柳青才觉得如释重负。同时，她对陈晖也有了新的认识。她想这个看起来吊儿郎当的男人，其实很有正义感，也有义气，她真想这次就和李志扬一块飞往北京，她不是为案子，只是为见见思念中的那个男人。她后悔上回陈晖来，没有多抽出时间来陪陪他，也没有和他一起拍张照片。她害怕时间一长，不知不觉地就把这个男人的模样给忘了。她不希望这样。

这时，父亲柳立中推门进来了。

父亲说：我听见你的电话了。

女儿说：我并不想背着你干什么啊。

父亲说：我知道，你是为了这个案子。

女儿说：爸，你是怎么看的？

父亲沉默了一会儿才说：我也不赞成一审的结果。那天开庭，我也在场，那个姓李的律师有两下子，以我从事公安工作三十多年的经验，事情的真相应该是他所说的那样。问题是，我们证实不了他的推断。而有些案件所证实的，又总让我心里不踏实……

女儿说：你还是惦着吴长春那个案子？

父亲点点头，说：这几天我反复看了吴全印的状子，越想越觉得不安。那个案子有问题吗？我老这样问自己。可又不知道问题究竟出在什么地方……今天我又把刘勇茂约来了，当初，是他负责这个案子的。我们仔细检查了各方面，还是没有发现什么……我一想到那个喷溅状血迹的鉴定，就丧失了信心。可吴长春已经服刑十二年了，今年是十三年了，万一是被冤枉的呢？那这个人一辈子不就彻底被我们给毁了吗？

女儿说：爸，要是吴长春知道你这样对待他，是会感激你的。

父亲说：我都这把年纪了，从前的奖章有半斤多重，还要什么感激呢？一个人做事，对或者错，不是上面怎么说，别人怎么看，而是自己的良心是否过得去。人命关天，天底下没有比这个更大的事了……我只要一个公正，无论是对他，还是对我。

女儿看着父亲，突然眼泪涌出了眼眶。

几天后的下午，李志扬律师搭乘东方航空公司的航班，由落城飞抵北京。陈晖如约前往机场迎接。当他第一眼见到李志扬时，就发现此人正是自己在落城见到的那个手拿照相机的瘦高个。尽管柳青在电话里说"我这里只有一种性质的朋友"，记者在这个瞬间心里还是觉得有点别扭。他不知道当时柳青的那句"让人家看见不好"该怎样解释。不过，这件事已经成为过去，在他心里留下的痕迹也越发浅显，他还是践约了。

在机场高速公路上，李志扬对陈晖简单地说了江旭初一案的进展情况，二审驳回了上诉，维持原判。记者对这样的律师产生了由衷的好感。他说：哥们儿，你这是在演一出现代的"刀下留人"啊！

李志扬说：我想不管结果怎么样，对生者和死者都有一个交代吧。

陈晖说：这事有点刺激。

李志扬说：那还得靠你帮助了，我对北京还真是两眼一抹黑啊。

陈晖问：以前来过北京吗？

李志扬说：还是大学毕业那年来的。这都十好几年过去了。原来是想到北京读研究生的，结果人家看不上我。

陈晖把李志扬直接带到了琉璃厂附近自己的寓所。两人沏上茶、点上烟,陈晖这才说:我听柳青说,你这次是自费来北京为当事人申诉的?

李志扬说:是啊,为这个案子也确实花了些钱。

陈晖说:那就住到我这里吧,一来省点费用,二来我们可以好好聊聊,我们有很多相似的背景,比如说,你是学政法的,我也是;你爱摄影,我喜欢写作;你是律师,我呢,是兼职律师,只是现在很少接案子了……

其实陈晖本来最想说的,是我们眼下都对一个女人有想法。

李志扬说:你现在对专业还做些研究吧?

陈晖说:研究是谈不上了。北京这地方人很浮躁,诱惑又特别的多,很难安心做点学问,不过我对刑罚的兴趣一直还在,我的毕业论文是论死刑的。

李志扬说:那我们应该可以说到一起了,我的硕士论文也是谈论死刑的。

陈晖说:看来我们相似的地方越来越多了。我现在住的这个地方距离菜市口很近,那里就是从前杀人的场所。每回开车路过,我总忍不住地要想到死刑的问题。志扬,你对死刑制度怎么看?

李志扬说:你是指对死刑存废的立场?

陈晖说:可以这么说。或者说态度也行。

李志扬抽了口烟,说:不瞒你说,我曾经是为死刑制度大唱赞歌的。

陈晖说:这一点也不奇怪,现在不还是大有人在吗?

李志扬说:我在读研究生的时候,最初迷恋的还是洛克、康德和黑格尔的著作,这三位经典性的作家从报应和功利的角度论述了死刑的正当性,我很赞同。

陈晖说:后来是谁影响了你?意大利的贝卡利亚还是英国的边沁?

李志扬说:是贝卡利亚。有一天,我记得那是读研究生的第二年,我的导师向我推荐了贝卡利亚二十六岁写下的《犯罪和刑罚》,这是我第一次听见有人向这个世界发出了"废除死刑"的呼声,称得上是振聋发聩。

陈晖说:那一年是公元1764年,距今天已经有二百三十一年了。

李志扬说:说实话,我受到了前所未有的震撼。贝卡利亚此后毕生致力于这项非凡的事业，直到临终前的两年，还躺在病床上向意大利的立法者们提出了废除死刑的议案，就是那篇著名的《对死刑的表态》。我那时才觉得，那种"以血还血"的等害报应是最原始的同态复仇的一个遗迹，不能成为维护死刑的一个理由。无论怎么看，死刑都是不人道的。

陈晖说：杰里米·边沁又从几个方面否定了死刑的功利性，到临死前的一年，那时都已经老得不行了，还颤颤巍巍地用那种"电报体"写下了《论死刑——边沁致法国同胞》，表达了要求废除死刑的愿望。

李志扬说：他的愿望实现了，今天的法兰西，今天的欧洲，都已经废除了死刑。

陈晖说：是啊，我从一份资料上看见，欧盟如果东扩，首要条件就是要东欧的那些想进来的国家废除死刑，否则免谈。所以，有时候我觉得，这死刑的存废，与宗教信仰有很大的关系，基督教文明中，保留死刑的大概只有美国的部分州了。

李志扬说：保留死刑的主要还是亚洲和伊斯兰国家。

陈晖说：是啊，这个现实让我十分困惑，因而联想到文明的差异……

李志扬说：其实亚洲像中国的香港、菲律宾、柬埔寨和巴比亚新几内亚这样的国家，都已经废除死刑，尽管有的一直在存废之间转圈。

陈晖说：其实中国古代就曾经多次废除过死刑。唐代就先后有过两次，把作为死罪的绞与斩改作流放，那是元和八年的事，距今已经一千二百多年了。

李志扬说：最著名的还是同一时期的日本，平安王朝的圣武天皇，于神龟二年下诏，停止了死刑的适用。一直延续到了嵯峨时代，留下了三百四十七年没有死刑的奇迹。

两人一直就这么情趣昂然地交谈着，不觉外面已经起了暮色。陈晖说：咱们去吃东来顺的涮羊肉，一边吃一边接着聊。明天想办法打进最高法院去，把事办了。

等到了羊肉馆子，两人才想起来把手机都落在了家里。

尽管这两年北京城装了不少的灯，但夜晚感觉还是不明亮。这个城市太大了，而人口又太多，似乎到处都是一个露天的菜市，总让人喘不过气来。陈晖本来想带李志扬去天安门广场和西单那边转转，结果车一上长安街就被堵了，只好从南池子再拐过去，到了故宫后面的那条护城河。那里也被出来乘凉的人占得差不多了，两个人忙乎半天，才勉强找到一块停车的地儿。陈晖想和李志扬在这里谈谈，现在他想谈的不再是死刑的话题，而是落城的那个女警官。那句在公安局门前的场面和简短的对话，总横在他心里。他觉得有必要弄清真相，这对他十分重要。于是，在互相点上香烟之后，他就直率地问道：李志扬，我想问你一个私人的话题——你和柳青之间，是恋爱关系吗？

李志扬自然有些意外，笑了笑，说：你怎么会这么看呢？

陈晖说：我是瞎琢磨。柳青在电话里谈了你很多。

李志扬说：柳青是个出色的姑娘，开始，我对她也有一点幻想，但很快就打消了。

陈晖问：为什么要打消呢？

李志扬说：我不是不喜欢她，而是感觉到自己不是她想象中的那种类型的男人。我这人没有什么情调的，有点土气。

陈晖说：你搞摄影很专业，怎么能说没情调呢？

李志扬说：那只是个人的一种爱好而已。我说的情调，是女人眼中那种男人的味道，这个我身上没有，你倒是有。

陈晖说：我有？可我并没有感受到什么啊。

李志扬说：陈晖，柳青这个人不错，要是你有心，我倒觉得你应该争取一下……不过……

陈晖说：不过什么？

李志扬说：她这种女人是要归宿的。

陈晖说：这我早看出来了。我也没有觉得不好。其实每个人都是希望有一个归宿的，只是现在谈这一步似乎很遥远，也不现实。我倒是不想错过的，就不知道她心里怎么想了。

两人这么说着，就往停车的地方走。这时陈晖突然发现，自己的车已经不见了。李志扬很吃惊，说：难道被盗了？

陈晖说：谁要我这辆破车？肯定是被警察拖走了，这地方也是不许停车，却没有看见任何的标志。走吧，花点钱弄回来。

于是两人拦了辆出租，找到了那一片的交警队，那车果然就停在院子里。好在陈晖是这地头上的，就在那里给管事的打了个电话，然后交了一半的钱，把车弄回来了。这么一折腾，就到了临近子夜的时间。两个人摇摇晃晃地上了楼，陈晖还没进门，就听见了屋里的电话铃在响，过了会儿，手机又接着响起来了。陈晖跳着去接电话，刚拿起，就听见了柳青的声音。柳青说：是陈晖吗？我找了你们一晚上啊！

陈晖说：我们刚进屋，怎么了？

柳青说：事情起了变化。

女人在电话里说的事情，让两个男人一下紧张了起来。省高法已经核准了江旭初的死刑。本来死刑执行的时间是在7月20日，昨天省里来了电话，把执行时间提前到7月13日，也就是明天，目的是为即将展开的"严打"进行气氛上的渲染，对不法分子起到震慑的作用。

李志扬焦急地：想不到动手这么快……

陈晖把双手放在律师的肩上，说：别急，这个时候我们一点都不能急……

然后陈晖就开始打电话了。本来他是想通过一个报社的朋友，去疏通最高院的一位司长的，结果那位朋友出差在外。他又拨了一个专门采访政法系统的记者的电话，此人的电话一直关机。陈晖又想到了那位主编老何，电话接通了，但是对方一听说是人命官司，就明确地表示，自己不愿介入到这样的案件中来，还劝陈晖也最好少沾。即使人家给你好处，我们也不敢要啊，老何这样说。陈晖生气地说：当初不是你们出费用让我去落城采访的吗？怎么现在又把头缩回去了？老何说：情况发生了本质的变化嘛！陈晖立刻就把电话给挂了。那个晚上陈晖把电话簿翻来翻去，却找不到一个特别的关系。记者这时的脸色变得严峻了，不断地抽着烟。时间很快进入到最黑暗的时刻，外面一下寂静下来，只有一辆洒水车缓慢地从眼前通过。

李志扬说：要不，我们明天一早就直接去闯吧。也许还有眉目。

陈晖一摆手说：这怎么行呢？门前的武警会立即把你拘了。

李志扬说：既然来了，就得豁出去。

陈晖说：那也得有招，这么大事，不想招儿都没有。

这么争了几句，又陷入了沉默。这时，电话铃骤然响起，陈晖吓了一跳。

还是柳青的电话，她再次证实了消息，说：死刑的执行令已经下达，时间在明天上午九点。

陈晖说：你别急，我们正在想办法。

柳青很迟疑地、带着试探性地问了句：陈晖，你如实告诉我，有办法吗？

陈晖也犹豫不决地说：尽我们所能吧……你睡吧，不要再来电话了……

他对李志扬做了个手势，意思是问他是否还有说的？律师摇了摇手，再次点上了一支烟。

柳青在电话里说：你们保重吧。

这个电话过后，屋子里也安静下来。陈晖把柳青的话转达了，李志扬叹息道：即使是明天我们能顺利进入最高法，时间也是来不及了啊！

陈晖没有接过话头，而是从床底下找出了围棋，又从冰箱里拿出啤酒，对李志扬说：咱们摆一盘吧，也许这么摆摆，会产生新的思路。

李志扬说：难道上帝留给江旭初的时间就只剩下最后的几个钟头了？我怎么老觉得是个梦幻……

陈晖说：是现实，铁一般的现实。我们白天那些关于废除死刑的闲扯，那才是梦幻。

李志扬慢慢摘下眼镜，揉了揉眼睛，说：我现在觉得，当初我选择律师这个行当，很幼稚。就像是选择去做一名足球运动员，把毕生的精力献给了一个看不见一点前途的事业。现在的法庭，好比一条流水线，有做饭的、端饭的、吃饭的。律师呢，就像一个要饭的。所谓的审判还是不能脱离欧洲中世纪那种纠问制的基本特征，根本就容不得什么控辩对抗，而仅仅是对公安、检察部门办案结果的一种确认，体现的全是控方的利益。

陈晖说：因为他们代表着国家啊。就像代表着国家的杀人有别于谋杀，穿着法律外衣的杀人往往就装作了正义……算了，咱们别想这些丧气的话了，下棋吧……

李志扬说：你倒是具有大将风度啊。

陈晖说：要不这时间怎么过去呢？

李志扬说：围棋这东西也一样折磨人。我已经很久没下了。

陈晖说：怎么事情这么不凑巧呢？我认识的几个人，都不在北京……而落城搞"严打"，把江旭初当做成果，拉出来提前问斩，真可笑。你对"严打"怎么看？

李志扬说："严打"给我的印象，是政治功能大于司法功能，这既有损中国在国际舞台上的形象，也不利于长远的司法建设。我还专门给立法机关写过信，结果自然是石沉大海。

陈晖叹道：中国的事情，总那么说不清楚。

忽然，一个尖锐的声音响了，是有电传过来。陈晖走近电传机，又是美国的王可给他发来的辛普森案件的最新进展。他扫了一眼，把它递给了李志扬。

李志扬也把电传草草看了看，说：你在追踪这个案子？

陈晖说：是的，但这个案子目前看来也是云遮雾障，写起来费了老劲……突然大叫了一声：有门了！

李志扬觉得蹊跷，就问：怎么，这和辛普森还有关联？

陈晖高兴地把啤酒一饮而尽，说出了自己的兴奋理由。原来王可的一个堂叔就在最高院工作，好像是一个什么庭的庭长。去年他从美国回来，还替王可给那人捎去了一台数码相机。那位王庭长的家就在小西天，离陈晖所住的琉璃厂不远。陈晖把这些告诉李志扬后，律师这才长长吁了口气，说：总还是有点希望吧。至少，那位王庭长会领我们走进最高院的大门。

陈晖觉得这件事还是得先把王可拖出来，就立即给那边去了电话，把事情一口气告诉了对方。王可大致听出了原委，就说：你这小子就爱瞎掺和。

陈晖说：你不是一直对我说你最崇拜的人是圣雄甘地吗？你这个基督徒不是常说"我们都是上帝的儿子"吗？

王可说：行了，你想让我怎么着？

陈晖说：你得尽快给王庭长打这个电话，我们马上就动身去他家。

王可说：你们那边还黑着呢，等天亮不行吗？

陈晖说：人命关天，刻不容缓。

不等王可讲价，陈晖就把电话挂了，然后，又把李志扬所写的紧急申诉状往那边电传了一份。做完这一些，外面的天色差不多已经显白了。两人先冲了个凉，然后就开车前往小西天。这个时间，道路上几乎看不见车辆，陈晖很快上了二环，然后挂上最高挡向前驰去。他觉得在北京驾车多年来，数今夜最过瘾。

半小时后，陈晖把车停在了小西天一栋灰色的公寓楼前，然后和李志扬走进了第三单元的门洞。这里的电梯已经关闭了，他们只好爬上十六层。等他们刚从楼梯间走过来，正准备喘一口气的时候，最东头的一扇门已经向他们打开了。然后听见一个中年男人的声音在说：你们来了？

十六

柳青的日记：1995年7月13日，多云

　　昨天对于我，是漫长的一日。给陈晖最后的电话拨过，已经是午夜的两点多了。其实也就是今天的凌晨——人们总喜欢把这个时间看成是前一天的延续，是因为它黑暗吗？

　　从陈晖的语气里，我听出来北京的事情仍然没有头绪，那是很无奈也很无助的语气，可见他是受了委屈的，这么骄傲的男人。李志扬却没有和我说话。我们都是微不足道的小人物，自然手中没有生死予夺的权力，唯一的所有，是一份好人的良心。我能做的还有什么呢？也许就是向时间祈祷吧，请它在这一刻凝固，好让他们顺利找到最高院的人，为二十二岁的江旭初寻求最后的一线生机。但是，时间不会因为我们的焦虑而停止，天很快就亮了。像平时那样，母亲来到我的房间，叫我起床。我坐起来，母亲便有点吃惊，她问：你怎么了，眼睛红成这样？

　　我说昨晚没有睡好。

　　母亲说：你根本就没睡，那么晚了，你还和谁通电话呢？

　　我说：一个朋友。

　　我匆匆吃过早饭，就开着摩托去了单位。我到的时候，同事们已经在院子里集中了，汪工把我的箱子已经放进了车里。很快，警车向着监狱的方向开去了。

今天主持现场的首长，是市法院的程副院长。这仿佛是一种规格，显示着落城在"严打"中的领导重视程度，连法院的副院长都亲自上刑场监刑了。法医和法警进监狱对江旭初验明了正身，很快被带了出来。他今天收拾得很清洁，面色也很从容。他不时地在看着我，我却回避了他的目光，私下里看了看表，已经是八点十分了。我就想，北京上班的时间通常是在九点之后，看来不会有什么动静了。这一刻，我有了一种悲凉的感觉。

江旭初是哼着一支流行的歌曲《萍聚》走上刑场的。那歌词是这样的——

不管以后将怎样结束，
毕竟我们曾经相聚过。
不需要彼此费心约束，
也不需要言语的承诺。
只要我们曾经拥有过，
对你我来说已经足够。
人的一生有许多回忆，
但愿你的追忆中有我。

这首平时没觉得怎么样的歌，现在经江旭初一哼，我的心发颤了。江旭初走下刑车，自己找了一块干净的地方，跪下来，嘴里依然在哼着。汪工上前，给他画圈。这个汪工，像是第一次做这种事情似的，竟然用尺子在江旭初的后背上比画了一阵，最后才确定了射击点。

监刑的法官走近他，问他还有什么话说。他还是在哼着。

法官一走开，行刑的武警就把子弹推上了膛。

我不忍再看下去了，转过身去。时间已经到了八点五十五分，这时，我听见程副院长的手机响了。

他接电话。我听见他说：哦，是王庭长……

我听不见对方在说什么，但是我似乎有了一种预感。

程副院长说：枪还没响……好的，我们执行命令。

他关上了手机。然后，他把几个头头招到了一起，说了几句话。接着，他正式宣布：遵照最高院的指示，对江旭初的死刑暂缓执行，将犯人收监。

在场的人无不意外,大概只有我心里有数。我知道李志扬和陈晖他们成功了。这时,江旭初突然大喊道:你们为什么这样?为什么不送我上路?

多年后,作为这场"刀下留人"的目击者,女警官一想到这天的情形,还是感到触目惊心。那是最后的五分钟,是正义暂时赢得的五分钟,风声鹤唳的凤鸣山下,枪声最终没有响起。她完整地保存着这一页日记,对她而言,无疑是为了忘却的纪念了。

几天后的下午,李志扬律师从北京回来了。柳青开着那辆桑塔纳车去机场迎接。走出机场的律师显得精神振奋,首先把一束红玫瑰献给了女警官。但他解释说:这是陈晖送给你的。

柳青心头忽然一酸,不禁流出了眼泪,她接过红玫瑰,说:他不来落城了吗?

李志扬说:他说会来的。

回来的路上,李志扬向柳青讲叙了在北京的那一幕。

凌晨五点多,他们赶到了最高院的那位王庭长的家。那位看上去不苟言笑的中年人已经在等候他们了。这之前,他刚刚被一个来自美国洛杉矶的电话惊醒。王庭长认真听完李志扬律师对江旭初一案的介绍,又翻阅了判决书等有关资料,没有发表任何意见。但他去了自己的书房,连续打了几个电话。从语气上看,他是在向某人汇报,也可能是在和某人商量。等他从里面出来的时候,才说:这个案子有量刑不当的可能,应该暂缓下来,有待进一步的审理、核实。你们可以回去了。

陈晖站起来说:王叔叔,现在距离行刑的时间……

王庭长说:我会直接给落城法院的领导打电话的,你们放心。

律师说,直到这个时候,自己那颗悬着的心才逐渐回落下来,他说那时外面的天彻底亮了,天空很透明,还泛出了几缕朝霞,这样的天空在北京应该是难得一见的,但他见到了。

柳青说:你知道吗?程副院长接电话的时候我就站在边上,当时我就有了一种预感。

李志扬问:离枪响还有多少时间?

柳青说:五分钟!

律师就被震惊了，他没有想到在自己不长的职业生涯里，竟然会遇上这样的事情，那情形完全就像一部好莱坞的惊险大片。然而这是真实的，不是一种虚构。

那天晚上，陈晖再次失眠了。几天前经历的那件事使记者不仅不感到刺激，反而弄得他有点神经衰弱了。一连几天他都是哈欠连天却怎么也睡不着，只要闭上眼，仿佛就出现了这样一个场面：在一个阴霾四伏的早晨，一个瘦弱的青年被押赴荒凉的刑场，一支半自动步枪抵向他的后背……这个画面让他不寒而栗，因为它几乎就成了现实。记者想等辛普森的案子告一段落，就把这个案子的始末写出来，但他可能会淡化"刀下留人"的那一幕，他不想再被这个触目惊心的画面所纠缠。很长时间过去后，当有人向陈晖打听这件事时，面对那些好奇的面容，陈晖会冷漠地作出这样的回答：我不知道。

电话又响了，是柳青的电话。女人知道李志扬已经把案子的进展情况对记者说了，所以现在她在电话里只想说，陈晖，谢谢你的玫瑰。

男人觉得女人的声音好遥远，而且这个原本好听的声音今天听起来显得喑哑，他说：你今天怎么这么温柔啊？

柳青说：我是女人啊。

陈晖说：这个案子让你太累了吧？

柳青说：是的，我很累，但也值得。

陈晖说：不知道这个案子的下一步将怎样审理。

柳青说：到时候，你会再来吗？

陈晖说：争取吧。万一去不了，还得请你把结果告诉我。

柳青说：我怎么觉得这语气是你不准备来了？

陈晖说：老实说，这个案子让我想到了很多，无论是现行的司法体制还是大众的刑罚观念，这些天一直在想这些，脑子都乱了。我是想把它写出来，但问题是，如果我按照自己的意志去写，大概没有多少人会赞成的。

柳青说：你写文章难道就是为了博得一种赞扬？我想不至于吧。那可不像是你陈晖了。

后来柳青又说，我把你的花养在花瓶里，希望在它没有完全凋谢前见到你。

无疑，江旭初一案的反复在古老的落城引起了很大的反响。那些天，人们公开谈论它，说什么的都有。人们在抱怨年轻人糊涂的同时又生发出普遍的同情心。人们夸奖本案的律师，说正是这个叫李志扬的人自费到北京上访，从黄泉路上给江旭初捡回了一条命。也有人说，这其实还是权大于法，如果不是最高法院出面喊停，还会出现这种局面吗？还有人公然提出应该搞一次民意测验，把案件的始末完全公开，让市民来决定江旭初的生死。消息灵通人士带有权威性的发言说，从中央到省，这个案子都引起了关注，说某个要人已经作出了批示，还说有一个上面的联合调查组秘密地来到了落城。

1995年8月12日，落城中级人民法院开庭重新审理江旭初杀人一案。那天本来是个晴天，但是开庭不到一会儿，外面的天色就转变了，先是四面的乌云向中间聚集，随着一声沉闷的雷鸣便下起了大雨。那是一场突如其来的雷阵雨，顷刻间天地就失去了界限，世界仿佛笼罩在烟雨之中。

法庭内座无虚席，在法庭的外面还集中了很多人，其中有不少是落城大学的学生，他们得知江旭初一案出现了转机，便放弃了暑假的安排，没有离校。这些学生今天很早就来到了法庭外面，但只允许少数几个人进去。学生们一开始还打出了"还我同学"的标语，但很快以妨碍司法为由被值勤的武警撤销了。落城电视台和落城广播电台一开始都想对案件的审理进行现场直播，也因此被临时取消。市委担心局面会不好控制，只同意记者按照新闻纪律和法庭规定进行适当的采访报道。

柳青还是作为控方证人出庭了。除了回答和以前相同或相似的问题之外，她所补充的，就是经过重新侦查鉴定，警方接受辩方律师"左撇子杀人"的判断。但她说，不能就此认定导致魏环死亡的主要因素就是魏环本人，江旭初仍然需要对此承担应有的责任。那时李志扬就问：那么什么是我的当事人需要承担的"应有的责任"呢？柳青没有回答。事先，支队长刘勇茂就找柳青谈过，来自辩方律师的这种判断决不允许在法庭上讨论，她可以选择沉默。事实上，律师这个问题还没来得及展开，就被法官终止了，法官说，这个问题已经清楚，警方证人可以下去了。

案件的审理完全出乎人们的预料，审判长严格掌握了时间，没有让控辩双方充分表示意见，就匆忙宣布了审判结果：江旭初犯故意杀人罪，但考虑到犯罪之后能够自首，认罪态度较好，依法判处死刑，缓期两年执行。

对这个结果，除了现场的一些观众报以热烈的掌声外，几方面的人都是感到失望的。站在辩护席上的李志扬保持着沉默，从律师严峻的面色中，可以明显地感觉到，对这样的判决仍然难以理解，他清楚这样的审判已经脱离了案件本身，只是一种行政干预和平衡的结果。案件的性质丝毫没有改变，甚至可以说，这根本就不是一场审判。但是，毕竟能够使他的当事人活下来了，在这样的形势下，他还能说什么呢？来自死者魏环那边的人一听到宣判，便气急败坏地离开了。在这些人影中，没有看见那位作为副市长的叔叔魏如柏。

现在面对这个判决，柳青突然产生了一种很复杂的感情。一方面，她对法庭的纠正、对江旭初重新拥有生命权感到欣慰，因为这里面也凝聚了她的一份心血。而另一方面，她似乎有点失望。她不是觉得那个青年受到的惩罚过于轻微，而是觉得，这不是他的愿望。他罪不该死，那么他是否就愿意继续活着？多天前在刑场上的那一幕再次浮现在女警官眼前，她的耳边仿佛还响着江旭初哼唱的那首《萍聚》，那并不是一首悦耳的歌，但经由一个行将就毙的死囚唱出，竟是那样的感人。她记得当宣布死刑暂缓执行，把犯人收监时，这个瘦弱的青年突然大喊了一声"你们为什么不送我上路"……

被告人江旭初，你还有什么要说的？

审判长的声音打断了柳青的思绪。她抬起头来，朝被告席上望去。在整个审判中，这个叫江旭初的青年一直坐在被告席上低头不语，他的头上还缠着纱布。现在，他站起来了，转过身看着所有的观众，说了一句话——

我可以死，但是我没有罪！

这句话让柳青为之一颤，她想起了很久以前有一位诗人。曾经写过这样的诗句：我宣告无罪，然后我凋谢。

这个瞬间，女警官感觉自己的眼睛潸然湿润了。她担心自己的情不自禁被同事们看见，就悄悄低下头用手背将眼泪抹掉。然后，她就看见一只手从后面伸了过来,紧紧地握住了自己刚刚放下的那只手。她本能地回过头,看见了一副宽边墨镜后面陈晖冷静的眼神。他来了。这个男人还是来了,就坐在她的身后。他们什么也没说。女人也没有把手抽回来。很多天后,女人这样对男人说:我那时真想扑到你的怀里大哭一场。

外面的雨还在淅沥地下着,那些在屋檐下等候着江旭初出来的大学生们,已经浑身淋透。当他们听见江旭初最后那句话时,开始是鼓掌,然后就沉默了。不一会儿,戴着手铐的江旭初被法警押出来了,大学生中突然响起一个高亢的声音:江旭初,我们是你的同学!

江旭初就朝那边看了,对大家深深地鞠了一躬。大学生们个个热泪盈眶,一个劲地往江旭初这边挤过来,秩序开始混乱,值勤的武警和警察立即组成一道人墙,把涌向江旭初这边的学生死死拦住。就在这时,江旭初突然挣脱了看守的法警,拼命向马路中间跑去。还没有轮到法警拿出警械阻拦,就看见他那瘦弱的身体被一辆迎面驶来的大卡车掀了起来,那身体非常轻盈地在空中划了一道优美的光弧,然后抛在了车后,发出了砰的一声大响。他的身体落在了一摊泥水里,很快,血已经把那摊水染红了……

柳青在日记中这样写道——

二十二岁的江旭初就这样结束了自己在人间的独步旅行。现在,他不再孤独了。

十七

江旭初的撞车而死,并没有给这个案件画上最后的句号。尽管后来连续几天里,落城大学的学生群情激奋,要求校方撤销对江旭初、魏环开除处分的决定,要求法院撤销对江旭初的判决并宣布江旭初无罪,但这些都已无济于事。对一个政权而言,它所制定的法律自然是神圣而严肃的,法庭不可能因此撤销对江旭初的判决,他的死只能看成是畏罪自杀。但是,为了防止事态的扩大,市委和市政府采取了"冷处理"的方式,有关领导亲切接见了学生代表,耐心地做了说服的工作,希望大学生们保持清醒与理智,不要做出不利于安定团结大好局面的事来。另外,省委和市委主要负责人亲自找副市长魏如柏进行了谈话，让他顾大局，舍小我，做出让步，同意学生们把江旭初和魏环的骨灰合葬的要求。后者先是不答应，最后以一阵号啕大哭的方式予以默认了。

葬礼是在几天后一个细雨迷蒙的早晨进行的。地点是落城西郊的墓地。参加葬礼的人，除了江旭初和魏环的同学，还有一些自发前来的普通市民。人们怀着极大的同情来悼念这对殉情的大学生。他们的死唤起了一种朴素动人的古典情怀。那天来墓地的人，都打着一把黑伞，胸前佩戴着一朵白色的纸花，气氛清冷而肃穆。在参加葬礼的人群里，还有本案的律师李志扬、从北京专程赶来的记者陈晖和女警官柳青。他们开车到达现场的时候，葬礼还没有开始。陈晖对柳青说：你今天穿着警服，就在车里待着吧。柳青却还是下车了，说：如果今后谁揪住我这一点，那么我就脱掉这身衣服。

随着录音机里响起的小提琴协奏曲《梁祝》，葬礼开始了。他们听不清主持人在宣读着什么，只听见周围有很多的呜咽。细雨霏霏，墓地的上空弥漫着氤氲的雾气，让人感到悲凉。接着，学生们把魏环原先的墓掘开，把江旭初的骨灰盒放进去，再用一根红丝带将两个骨灰盒拴在一起。然后，人们收起雨伞，用手捧土从墓前经过，把土均匀地撒下。如果这个场面出现在某部电视剧里，柳青肯定会觉得过于煽情，但眼前这一切发生在真实的世界里，她心中就有了非常的悲痛。李志扬认真拍下了这个场面，他连拍了几张，然后又把相机交给陈晖，说：你来拍几张，我的手抖得厉害。陈晖就接过了相机。那相机的快门声在音乐淡出的时候显得格外清脆。

安葬结束，人们陆续离开。他们三个还站在墓前，似乎没有离去的意思。天色在这个时候突然转亮了，阳光从逐渐稀薄的云层中透露出来，形成几道明显的光束。柳青抬起头，看见被雨洗过的天空，竟是那样的清澈，雨却还在下着。冰凉的雨落在女人的脸上，让她从连日的辛劳中获得了仅有的舒适。

李志扬把相机支在三角架上，提议大家拍一张合影。律师说：虽然我们最终没有救下埋在地下的这个人，但我们是在为制止悲剧努力着。

于是，三个人把手都放在了那块新立的石碑上，等待着相机的"咔嚓"一声。那块石碑上只刻着死者的名字，在立碑人的位置上刻着"你们的朋友"。在墓碑的上方，还雕刻着一对比翼双飞的蝴蝶，显然是暗示传说中"梁祝"那是个凄美的传说，而这里则埋葬着一个过于惨烈的故事。

她问陈晖：你相信灵魂吗？

陈晖说：我相信的……你看，现在不是雨过天晴了吗？

李志扬说：这个故事发生在世纪之末，可我还是不愿去说他们愚昧……我不想说。愿他们安息吧，在天愿做比翼鸟，在地愿做连理枝。

他们计划第二天去玉秀山。那里的景区虽然还不成规模，但是能允许游客参观了。上回陈晖来没有看成，这次柳青一直放在心上。她把这个安排告诉了李志扬，后者也很赞成。然而今天临出发时，李志扬给柳青来了电话，说自己还得去法院处理一下江旭初的后事，就不准备陪同了。他说：我已经让人把车和相机都交给了陈晖，祝你们玩得开心。

柳青说：既然你都安排好了，那就这样吧。

女人觉得律师是有意这么做的。就是说他在回避。这不是法庭，有什么可回避的呢？男人是不是都很在意自己在某一个女人心目中的位置？像李志扬这样的男人不该这么小心眼的，不过她又觉得，男人有一点小心眼也不是什么坏事。

不一会儿，陈晖就开着李志扬的那辆桑塔纳到了柳青家的楼下。他鸣了几声喇叭，柳青就下楼来了。柳青说，要不要先到家里坐会？

陈晖说：不了，我怕你爸爸那副老公安的眼神呢。

柳青就笑了：怪不得我嫁不出去呢，原来上门的男人都让我爸爸给吓跑了。

陈晖说：这不能不说是一个原因啊。

然后他就问李志扬是否来过电话？柳青说：他忙他的吧。我们走。

柳青接过方向盘，从一条僻静的小路驶出了城市。在经过凤鸣山山前的刑场时，她放慢了速度，对身边的陈晖说：那儿就是刑场。那天，我们就是从那里把江旭初带回来的。

陈晖说：可惜啊，我们是同属一个生肖，他正好小我一轮。

柳青说：现在我只能这样去想，对于他而言，也许是最好的归宿了。

陈晖点了点头，说：你把车停下，我想拍张照片。

柳青就把车停到了路边一棵扭曲的槐树下。陈晖走下车，把镜头对准刑场。取景框里那片开阔地很宁静，作为背景的凤鸣山的一侧正沐浴在朝阳下，呈现出鲜艳的橘色。这本是一片极好的风景，谁能想到它是执行死刑的场所？

陈晖拍完照片，又点上了一支烟，说：你知道那首《铁窗泪》是谁写的吗？

柳青说：好像是以前一个被判刑的电影演员吧？

陈晖说：不是的。那个演员只是把它唱红了……这首歌真实的名字叫《囚车行》，真正的作者是一个死囚，在1983年"严打"中被枪决了。那时我刚刚到新闻单位，他是我采访的第一个对象。我最后也随那辆囚车到了刑场，他就是唱着这支歌上路的。原来的歌词是："囚车驰过，尘土飞扬，囚车里正把我捆绑。囚车，囚车，你慢些走，让我再看一眼我的故乡。囚车，囚车，你慢些走，让我再看一眼我的爹娘……"

柳青说：这歌写得很好啊！

陈晖说：没有被判死刑的人怎么能写出这样的歌呢？他当时在刑场上唱，真是长歌当哭啊！

他们继续向山的腹地前行。8月的山里正是农忙季节，田野里一片金黄，稻子熟了，农民们在忙着"双抢"。这里的农民现在还做着一种副业，就是将山石开采出来，制作成各式各样的墓碑。这沿路都摆置着墓碑，好让客户随时拉走。从石材上看，江旭初和魏环的那块碑就出自这里，可能就是李志扬亲自来置办的。路过桥头村，柳青没有停下来。她想直接抵达玉秀山，等看完石窟佛像，回头再上安小文的学校吃晚饭。那个腼腆的乡村教师给她留下了很好的印象，她尤其忘不掉那间屋子里，挂着一幅没有五官的女人轮廓。但这回她不准备在山里过夜了。

通往玉秀山石窟的路还在修着。政府缺资金，又不允许私人投资公路，政府虽说实行的是边开放边完善的策略，但效果不理想，使这个本来应该赚出大钱的旅游风景区陷于瘫痪的境地。目前到这里来游玩的人还是很少。这一路上，他们就几乎看不见旅游公司的大巴。等他们到达时，已经过了下午一点了。柳青和陈晖在车里吃了点随身带来的面包和水果，就买好门票进去了。刚进去，就有许多卖东西的小贩围了上来，向他们热情兜售着一些当地的土特产、仿制的古钱币和粗糙的纪念品。

陈晖没有买这些，而是用十块钱买下了一个小女孩的一束叫不出名字的野花。陈晖问小女孩上几年级，小女孩说，她没上学，家里没有钱。他把花送给了柳青。还没走两步，一群孩子从四面围了过来，把手里五颜六色的花全都举向陈晖。柳青便笑了起来，说：你买得起，我还拿不动呢。陈晖定了定神，突然拉起柳青的手跑开了。跑了很大一段路，才停下来，说：这些孩子还真有点心计呢。然后又说：这个年纪的孩子，真该去上学读书啊。

这里的石窟虽然没有洛阳的龙门石窟、大同的云冈石窟名气大，但有其独到的东西。陈晖这样告诉柳青，它少了很多人工的斧琢，多了一些天然的情趣。这很可贵。

柳青说：我不懂你的这些高谈阔论，只觉得他们很生动。我想等以后修复好了，应该会吸引住四面八方的游客的。

陈晖说：其实对待文物，我历来是反对那种再造式的修复的，我主张维护。政府的投资用在维护上比用在修复上要得当。

柳青说：其实都是一个意思吧？如果一尊佛像毁坏了，不修复怎么能保留下去呢？

陈晖说：照你的意思，那么应该把断臂维纳斯的两只胳膊再安起来？

柳青说：你这是偷换概念呢。我没有这么愚蠢。

陈晖说：你没有听说北京有人主张重新修复圆明园吗？

柳青说：我听说过。

陈晖说：那你赞成吗？

柳青说：不，留下那几根耻辱柱子不是很好吗？

陈晖说：这我们就说到一块了。我就是这个意思。但愿这个名气不大的石窟不要在以后的日子里为名声所累。更不要再在这样的地方多添一些玻璃的、铝合金的东西了。

他们最后来到了那尊观音佛像面前。柳青现在更相信自己的眼光了，在整个石窟佛像中，数这一尊雕刻得最为精细也最为传神。柳青说：我喜欢她，仪态安详，超凡脱俗。

陈晖认真地看了看，说：这我不同意。这尊观音不是超凡脱俗，而是有一种人气，你注意看她的眼睛，仿佛含着眼泪，不仅是大慈，还是大悲。这就使她区别于其他的地方，观音都是那么高高在上，没有一点食人间烟火的味道。

柳青说：本来观音就不食人间烟火啊。

陈晖说：这是你们女人眼中的观音。我是男人，还是喜欢观音现在的这个样子，很温柔，很母性，很女人味。

柳青说：唉，再往下说可就有亵渎之嫌了。在佛面前，无论男女，都应该虔诚点。

陈晖说：你站好，我先来为你拍几张。

说着就从不同的角度为女人拍照。柳青今天穿的是一条粉红格子的连衣裙，现出了身体很好的曲线。而梳的那根独辫，看上去很纯情的样子。陈晖很喜欢这个形象，他想要是这个女人再放开点就好了。他们可以在这山里多住上几天，然后就一同飞回北京去。

陈晖一气拍了十几张，然后又支好三脚架，对好焦距和光圈，就立刻闪到了柳青的身边，把手自然地放在了女人的肩上。等快门声响过，他说：我觉得这张特别好。

女人笑了笑，没有说什么。她扬起脸，看着男人。于是男人就把她紧紧拥抱了，然后在她耳边说：咱们今晚就在山里，如何？

女人慢慢摇了摇头，离开了男人的怀抱。过了一会，女人说：我是不是一个很乏味的女人？

男人只是笑了笑。

柳青本来打算在桥头村小学提前吃过晚饭，再连夜赶回落城的。结果车开到学校，除了一个年迈的油漆匠在操场上在刷着课桌，就没有见到其他人。柳青就问，学校的安老师在哪里？那老漆匠说，安老师前几天出差了，学校也放暑假了，只留一个哑巴看门。柳青看看陈晖，意思是等待着他的决定。陈晖说这山里的景色很不错，如果不是柳青有事，他真想在这里住上几天。陈晖说：看来我们只能赶回落城吃饭了。柳青点点头，站在走廊里喝水，顺便走到安小文的房间从窗户向里面看了看。接着她就发现了一个改变，那墙上的那张女人轮廓的素描不见了。那个时候，女警官还没有意识到这个改变意味着什么，她只是觉得那个腼腆的乡村教师很有趣。她把上回来的事情告诉陈晖，问陈晖怎样看待这一幅未完成的肖像？陈晖说，要是我，肯定是在默写自己心中的那个女人。

柳青说：你能想象得出，这大山里还有这样的浪漫情怀吗？陈晖说：我能想象，每个男人都是在为女人活着，都在寻找自己心目中的那个女人。但是我不能想象今天还会有江旭初和魏环那样惨烈的殉情。

一提到这个案子，两人便陷入了沉默。

回来的路上，由陈晖开车。柳青坐在边上，又说起了上回打死那只狼的故事。陈晖把车一停，有点惊讶地看着柳青，说：真的？

柳青说：就是几个月前的事情。

陈晖说：我简直不敢相信这是真的。

柳青说：你害怕了？

陈晖说：我怕什么？我又不是那只狼。可是我得告诉你，你还算走运，没有打死一只大熊猫，要是你打死了一只大熊猫，那你可就……

柳青说：枪毙我？

陈晖说：别以为我在吓唬你，真有这样的案例啊，我就采访过的。

柳青说：怎么，杀死一只动物能判死刑？这听起来多么可笑。

陈晖说：中国可笑的事情真太多了，山里的孩子上不了学，城里的女人却迷恋养宠物，超市里的宠物食品比人吃的东西还贵，高档写字楼里还设有"宠物门诊"，可就是人不受宠，也许是人太多了吧，自古都是物以稀为贵。你还记得有一首歌吗？唱的是一个小女孩为救一只丹顶鹤淹死了。

柳青说：我记得，还很好听。

陈晖说：这个小女孩的行为让我感动，但我又想，难道还要鼓励孩子们为一只鸟去送命吗？为什么就没有人站出来对孩子们说，今后遇上这样的情况，完全可以不管呢？以前，我们居然还在大力宣传反劫机的英雄，难道就不怕引起坠机的后果吗？太不负责了。人毕竟不是物，不是东西，可以随便处置……可如果那天你杀死的真是一只大熊猫，法律就得让你掉脑袋……

柳青说：假如那只熊猫袭击我，或者正在袭击别人，那你说，我怎么办？

陈晖说：那就……打断它的腿吧。

柳青笑了起来，说：你太滑头了。

陈晖说：不是我滑头，是我们的《刑法》问题太多，得赶快修改。

尤其是现在的死刑,涉及的罪名太多了,这是很荒唐的。譬如经济犯罪,我就主张一律废除死刑。把钱追回来,把人拘起来,让他悔过,不就得了吗?

柳青说:要是钱追不回来呢?

陈晖说:那也别杀人。因为杀了人,钱照样也追不回来。

忽然,柳青仿佛想起什么似的下了车,然后就走到了那条河边。陈晖跟随其后,他以为女人是想在这河边洗把脸。可是从女人的神色上看,显然是在寻找一个东西。接着他就看见女人指着一个被刨开的沙坑说:它不在了。

陈晖就问什么不在了。

柳青说:狼,那只狼。李志扬当时就是把它埋在这里的啊。谁把它弄走了?

陈晖点上香烟,说:我觉得是它的同类,更有可能是它的爱人。

柳青就想起了那只母狼,竟一时没了话。

陈晖说:动物很讲清洁的,譬如说那些鸟,除了被人类射杀,你几乎就很难找见它们的尸体——它会飞到一个很远的、很僻静的地方去死。狼就更特殊了……

柳青问:怎么个特殊?

陈晖说:狼是很讲尊严的,通常的情况下,当它们意识到死到临头的时刻,就会顺着一条河走到它的尽头,或者是走进密林深处。它们不希望死后遭到任何一种侮辱……

柳青认真听着,她不觉得陈晖的这些解释是一种随意性的发挥。她仔细察看了那个沙坑的周围,好像真的看出了那只狼有被拖走的痕迹。但她无法想象那只活着的母狼是怎样把爱人的尸体搬走的。那需要信念,需要力量,还有什么比这两点更强大的呢?

重新回到车边,陈晖环顾四周,感叹道:这山里的景色,匆匆一瞥怪可惜的。要是你愿意,我们应该在这里住上一些日子。

柳青对这句试探的话付之一笑,说:我可没你那么浪漫,也没你那么自由。明天一早就得上班了。

陈晖说:这算是原因吗?

柳青说:这是最大的原因。

陈晖说：柳青，怎么样，跟我回北京吧？

柳青说：你口气好大啊。跟你？我为什么要跟你？我是一个独立的女人，每月有近两千元的收入，从来就不想依附于任何男人。

陈晖就笑了，说：你看，还这么较真儿。

柳青说：陈晖，我已经说过了，我们的事情不现实。

陈晖有些激动地说：你这个人就知道现实现实！

柳青说：我当然注重现实，因为我们就生活在现实当中。

陈晖说：我不和你争了。你应该知道，任何现实都是可以改变的，除非你不想改变。

柳青看着远方的山峦说：也许我就是不想改变吧！这里的一切我太熟悉了，这里有我的亲人，有我喜爱的工作……

陈晖打断说：但是这里并没有你喜欢的男人。

十八

第二天，陈晖把照片洗印出来，准备晚上吃饭的时候交给柳青。同时他已经订好了回北京的机票，是晚上九点多的航班。晚饭一过，就直接可以奔机场了。照片的效果不错，照片上的女人比生活中的她平添了几分妩媚，少了一种从骨子里散发出来的傲气，这样的女人还是很能让男人动心的。不过，此刻男人已经不觉得激动了，他相信自己与这个女人之间，可能就这么一点缘分。这个女人是一个鲜明的矛盾，内心的浪漫与行为的理智集于一身，却又是那么不可思议地和谐。这个女人原本是可以把人生写成一首诗的，现在却不经意地把它作成了一篇论文，每一个段落都那么慎重推敲。这样的女人在情感上所要求的万无一失，是要稳操胜券，在她眼里，和一个远隔千里的男人谈情说爱无疑是一次冒险，她宁可不要这份也许是最理想的感情。这种感觉，在他于那尊优美的观音佛像面前拥抱女人的时刻就有了，他相信他的感觉没有错。

事先说好了，今晚由李志扬埋单。吃饭的地点则是柳青选的，选在城市东区的一家湘菜馆。这里靠近机场的高速公路，离陈晖下榻的宾馆也不远，溜达着就过来了。下班之后，柳青就给陈晖和李志扬分别去了电话，说好了地方。本来她想送陈晖一件礼物，她在商店里见过一种造型别致的旅行水壶,对陈晖这种浪迹四方的男人,应该非常适用。与他那只帆布的大背囊也很协调。她想以这种方式纪念他们的拥抱。但是又觉得当着李志扬的面送这礼物有点不妥,就临时取消了,换成了一条三五烟。陈晖一直就抽这个牌子的。柳青想如果顺利,明年去北京读书的时候,再给陈晖捎去。一想到明年,柳青就不禁叹了口气,自己又长了一岁,或者说又老了一岁,而且时间可能会悄悄改变某些东西,包括人心。一年后的陈晖还是现在的陈晖吗?如果是,那么她就会再次投入他的怀抱。柳青走在街上,看着从身边穿过的男男女女,忽然觉得有一种很伤感的东西在鼻腔中涌动着,持续了很久才逐渐消失。

她到的时候,陈晖已经在楼上占下一个临街的位置了。男人在看女人的照片,一边抽着烟,那姿态就像是在进行一次鉴赏。柳青在他身后轻轻咳了声,说:你手艺如何啊?

陈晖回过头,把照片递给柳青,说:看看,你多上镜。

柳青笑了笑说:陈晖,对女人说这种话可不算是恭维啊。

陈晖马上意识到了,说:我这可不是人不如照的意思啊。

照片的效果有点出乎柳青的意料,她觉得照片上逆光下的那个女人有几分端庄,也有几分妩媚。这样的女人男人是不肯错过的,柳青这么想着,不禁笑了笑。

陈晖问:你笑什么?

柳青说:我这人有时候就喜欢傻笑。

陈晖说:不对,你是有内容的笑,是嘲笑吗?

柳青说:你这人怎么比女人还敏感?我们的合影呢?怎么没见到?

陈晖说:我照得不好……

柳青说:那也得拿出来看看啊,我至少还有一半的知识产权吧?

陈晖就把那张合影从口袋里拿了出来,照片上的他闭着眼睛,但面带笑容。

柳青说:不就是闭着眼吗?

说着就把钢笔拿出来,开始涂改照片,在陈晖的眼睛上认真描成了一副墨镜,再把照片递给陈晖:这样很酷了吧?

陈晖说:我其实历来是戴着墨镜的,那天主要是为了看清你,就临时摘了。

柳青又笑了，说：这话我爱听。

陈晖指着柳青的一张照片说：我觉得这张最好，你和观音都那么食人间烟火的样子，我喜欢……

柳青看了男人一眼：你又来了！

陈晖说：我特地为自己放了一张。回头挂到我书房里去。

说着，就从背包里取出了一张放大成十二吋的照片，放在了柳青面前。

柳青说：你这人，还这么藏着掖着，这张照片你可以拿去，但不许挂在你屋子里，免得给你招来麻烦。

陈晖说：是你自己怕麻烦吧？

柳青说：是的，我也怕，行了吧？

陈晖说：你放心，我不会那么草率的。除非你同意……我带走，不仅因为照片上的人是我的朋友，还在于照片本身是我的作品。

柳青一边看着照片一边说：那我是否也存在着一个肖像权的问题啊？

陈晖说：你放心，我不会拿出去发表的。

两人说着都笑了起来，柳青笑得很开心，突然，她好像发现了什么似的凝起了眉头，说：不好……

陈晖急着站起来：哪儿不好？

柳青说：我不是说照片不好，是……

她没有继续解释，而是拿起了手机，拨通了李志扬的电话。她说：李志扬吗？你现在在哪个位置？

李志扬说：正准备离开办公室呢，你们都到了吧？

柳青答非所问：你上回在玉秀山拍的石窟佛像，就是那尊观音的，手头有吗？

李志扬说：抽屉里就有。

柳青说：那你赶快带着它一道来。

李志扬问：出什么事了？

柳青说：你来了就知道了。快点。

一旁的陈晖不知道柳青想干什么，但从女人凝重的表情看，他觉得这张照片暴露出了什么重大的问题。但他又不便打听，就又抽起了烟。

不到一刻钟，李志扬就驱车赶来了。

李志扬把照片还没有完全从提包里取出来，柳青就一把夺了过去，然后随手关上了包厢的门。柳青把两张照片放在灯下进行比较，两个男人此时还不知道这是什么意思。但是经柳青一指点，问题暴露得明白无遗。

柳青说：你们看，这两张照片是在同一个位置拍摄的，相隔不过几个月，却有着不同。

陈晖就觉得奇怪，问：哪儿不同呢？

柳青说：这张放大的照片，大佛的脖子上有一道不容易发现的痕迹——这个佛头是假的，真的已经被人偷了！

两个男人这才大吃一惊，他们也都仔细辨认着两张照片细微的差别，认为柳青的判断基本上没有什么问题。

陈晖不禁摇摇头，说：真是个高手，几乎可以乱真，看来我得赶快去把机票退了。

李志扬说：马上报案吧！

翌日黎明，落城刑警支队出动了三辆警车，前往事发现场——玉秀山石窟。鉴于这个案子发现的原因，支队领导同意李志扬和陈晖同行。因为江旭初的案子，李志扬已经成了落城家喻户晓的人物，而北京来的这个记者，也一直受到大家的关注。刑警们对陈晖的风度很欣赏，同时也私下议论，这个男人表面上是来采访案件的，真实的目的却是想企图摘走他们的警花。这些议论，最先可能是沈蓉添油加醋地说起的，不过柳青压根儿没当回事。类似这种议论从她来刑警支队的那一天起就没有停止过，她没觉得损失什么。她还是保持着那种我行我素的态度。

经过三个多小时的高速行驶，这支刑侦队伍于上午九点就到达了现场。当地的有关人员已经在石窟佛像门前等候了。按照事先的部署，副支队长李林把刑警分为两组，一组直接侦查有可能被盗的观音佛像，一组会同当地公安与保安人员将全部佛像逐一清查，看看还有什么被盗迹象。柳青分在第一组，她和痕迹员老赵负责对观音佛像进行勘查。很快，他们就对佛头被切割、调换作出了肯定性的解释，现在这个佛头就是一个复制品，是用一种高能胶水粘上去的。

李林听完柳青的介绍，说：可以立案了。今天是几号？

柳青说：8月18日。

李林说：那就叫"8·18"案吧。这倒是一个很吉利的数字，案子肯定要破了它！

接着，痕迹员老赵在佛像的身上提取到了两只脚印。这应该是两个人的脚印，老赵说，虽然时间过去了一些日子，由于作案的时候是雨天，鞋上有泥，所以留在大佛身后的脚印基本上还是清晰的。

陈晖和李志扬始终站在一旁，冷静地观察着刑警们的工作。当柳青的判断得到证实之后，两个男人便很惊讶。陈晖低声对李志扬说：这个女人不简单吧？

李志扬说：她确实是干刑警的材料，有一种非常敏锐的职业眼光。

陈晖说：娶这样的媳妇，男人在外面可得规矩点。

李志扬笑了笑，说：怎么，提前担心了？

陈晖说：我怕没这个能耐。

李志扬说：陈晖，你应该是有这个能耐的。我觉得，你可以大胆试一把。别错过了机会，人与人的相识，往往就是一瞬间的事情。

陈晖说：我明天就得飞走了……

过了一段时间，第二组报告，其他石窟没有发现被盗迹象。

李林宣布，对现场实行完全封锁，交由当地派出所看护。另外，留下几个人进一步调查，其他人员返回落城。他说：这个案子以前没有遇见过，我们要及时向局里汇报，说不定还要上报省厅呢。

柳青说：我也留下吧，我对情况应该熟悉一些。

李林同意了，又问两位客人什么意见。

李志扬说：我是在这里插过队的，或许能给你们帮点忙。

李林说：那就谢谢了。你们是柳工的朋友，帮着照顾点。

这话一说，柳青心里顿时就生出了另一种滋味。

刑警队留下的人员对现场进一步勘查过后，于黄昏时分住进了桥头村小学。安小文的屋子还锁着，看样子人还没有回来。这个时候，柳青忽然想到了一件事。她和李志扬、陈晖到外面山坡上散步的时候，说出了自己的困惑。

柳青说：李志扬，你还记得吗？上回我们来这里的时候，安小文屋子里有一台宏基笔记本电脑。

李志扬说：我当然记得。他说是一个到这个地方来采风的画家借给他的，还说那个人秋天的时候还会来……你是说？

律师一下子意识到了女警官的思考。

柳青说：一路上我都在想这个问题。宏基是台湾的品牌，对吗，陈晖？

陈晖点点头：很不错的牌子，像这样牌子的笔记本，即使配置不高，在中关村一台也得卖一万五六吧。

柳青说：要是你是那个画家，你会把这样贵重的东西借给一个素昧平生的乡村教师吗？

陈晖说：那决不可能，除非是有求于他，或者是答谢……

柳青说：问题就在这里，那个人有求安小文什么？又答谢他什么？而且，那个人是个画家，具备复制佛像的条件，而现在，这个安小文已经离开学校有好几天了，他会去哪里呢？

李志扬认真听着女警官的分析，觉得很有道理。他说：你的意思是说，那个画家早就打好佛像的主意了，春节前是来采点的，顺便为自己下一步的行动物色一名助手……

柳青说：你不觉得这种关联逻辑性很强吗？

李志扬说：当时小文说那个人会在秋天来的，现在是夏天……

柳青说：那只是一个大概的说法。现在，正是农忙季节，学校又放了暑假，时机应该更有利。

陈晖说：我同意柳青的分析。如果找到安小文，再通过他找到那个画家，我看什么都清楚了。

李志扬有点焦急了，说：我们再去向校长打听一下好了，看看小文去了哪里。

三个人重新折回学校，看见校长正和油漆匠说着什么。等走近了，才知道是因为工钱的事。校长说这批重新油漆的课桌，还有一些新打的课桌，都是安小文老师出钱置办的。

柳青暗自吃惊，她初步估算了一下，这些桌椅的置办至少要花费近两千元的，这更证实了她来之前的预感。但是，她的表情变得有些呆滞，她似乎有点不愿意接受自己的预感被证实后的那种快乐的到来。柳青问：

校长，安老师每个月的工资有多少？

校长说：工资表上是六百多块，可到手的只有四百多。

陈晖说：为什么？

校长说：这地方很穷啊，教师工资只能兑现百分之七十。

柳青继续问：那安老师哪来这些钱来做这些呢？我粗略算了一下，可能有两千元吧？

校长说：总共花了一千七百多块。学校的教学设备很差劲，我们一直打报告向乡里要钱，就是批不下来。

李志扬说：安老师的钱是哪里来的？

校长舔了舔嘴唇，说：听起来很邪乎，他对我说是到落城买体育彩票，结果中了一个大奖，就交给我两千块，让把学生的桌椅办一下……

柳青看了看李志扬，意思是这应该是谎言，而自己的判断已经得到了进一步的证实。律师的表情越发严肃了，他沉默着，目光第一次显得复杂。

柳青接着问：安老师去哪了？

校长说：说是去省城会一个同学……

柳青没有再问，谢了校长，准备离开操场，再去安小文的房间里看看。

校长却跟在后面，有些胆怯地问：警察同志，安老师他没出什么事吧？

柳青想了想，说：我们是想找他了解一点情况。你有他房间的钥匙吗？

校长说有。说着，就去办公室拿钥匙去了。这时，柳青才对边上的两个男人说：事情差不多有眉目了。眼下最要紧的，就是尽快找到安小文。

李志扬很担忧地说：小文难道会这么糊涂？

柳青说：目前我们只是在推测，但我的感觉是，安小文有很大的嫌疑。

陈晖说：志扬，我觉得柳青说的有道理。

校长带着钥匙来了。

安小文的房间收拾得更显得简单了。床上的铺盖卷起了，桌上的书本也被几张报纸遮盖着。柳青在枕头边上发现了那张曾经是轮廓的素描，现在它已经被安小文画上了五官。那是一个梳着长发的年轻女子，谈不上怎么漂亮，但却有点清秀与文静。

柳青把肖像递给李志扬，问：是他的女友？

李志扬说：他哪来的女友？以前在师范读书时和班上一个同学谈过恋爱，毕业的时候就吹了，因为他分回来了。这事我听他说过。

陈晖说：那个女生现在在哪里呢？

李志扬说：这个就不清楚了。不过我可以肯定，画上的这个女子，不是小文的女同学。日子过去这么久了，那个女同学据说也结婚了，他不会还这么痴情的。

柳青说：那么这个女人是谁呢？难道真是他想象中的？

陈晖点了一支烟，悠闲地说：是的，我觉得就是安小文想象中的女人。你们看，这张画有很多的修改痕迹。既然不是临摹，那还修改什么呢？这说明他是在根据自己的想象进行着修改……

记者的话虽然听起来有点悬乎，但是经过后来的证实，却完全是对的。

十九

马克·福尔曼警官并非是洛杉矶重案组的成员，他只是在1994年6月12日夜间值班，碰巧介入到这个案子之中。这个人后来未经正常的手续就私自闯入了北洛金汉街360号辛普森的住宅，之后的一切又基本上是单独行动，因此这一系列反常的举动都没有逃过辩方犀利的眼光。但是几个月前陈晖还不知道，此人就是辩方手里紧紧攥着的一张王牌。现在看来，在案件审理初期，辩方似乎是有意放过了他。1995年3月13日，辩方律师夏皮罗·李·贝利看似轻描淡写的询问，实际上预示着辩方设下的圈套已经在逐渐收拢了。

五个月后，法庭风云突变。福尔曼警官再次受到辩方的质询。这一次，辩方律师没有多说什么，而是在法庭上公布了13盘录音带，它的提供者是福尔曼自认为私交甚好的一位叫劳拉·哈特·麦金尼的女剧作家，来自北卡罗兰纳州。这些录音带是麦金尼在过去十年间采访福尔曼的录音,尽管是断断续续的,但内容却令所有关注此案的美国人大为惊讶。马克·福尔曼在这些谈话中竟41次使用了"黑鬼",而且他还把自己曾经作伪证和虐待黑人的行为视作荣誉和天经地义,他可以把黑人的驾照当场撕毁而反诬对方无照驾驶,他可以揭掉黑人身上因吸毒留下的旧疤而指控其重新吸毒。他恬不知耻地说,所谓好警察,就是喜欢把那些特别的人——黑人,拖到路边并痛击他们脑瓜的人。他甚至扬言,自己一直幻想着有朝一日把在洛杉矶市政府里供职的黑人统统枪毙或者一把火烧死。够了,对福尔曼的所作所为,已经不需要再加解释了。就连控方也不得不承认"福尔曼是一个种族主义者,是一个坏警察,他根本不配当警察,这个世界上最好没有这个人"。

福尔曼将面临的是伪证罪的指控,而在录音带曝光的第二天,他就申请退职了。当他后来随律师再次站到法庭上时,他只是不断重复着这样的一句话:我想坚持我第五条修正案的权利。福尔曼彻底毁灭了警方的证据。

现在,陈晖似乎能看出辛普森一案的冰山一角了。虽然控方在92天里传唤了58位证人,但都难以抵挡辩方出其不意打出来的福尔曼这张牌。形势至此开始急转直下,还有什么比福尔曼的那番丑恶表演更能激怒陪审团的呢?

本来他想把王可发来的这一堆材料作一个初步的整理,但看过了就有些头晕,似乎还有点低烧。一连几天他都觉得抽烟没有味道,感觉自己这回真的闹病了。此番去落城,陈晖有了不少的感慨。首先是江旭初的悲惨遭遇,以及由此引发的学生游行和葬礼,都让他深思不已。其次是玉秀山石窟佛像被盗,让他亲眼目击了柳青作为一名警官的干练和智慧。他忽然有了这样一种感觉,面对柳青,就像是在阅读一部小说里塑造的人物。这个形象虽然鲜明,却仅限于欣赏。但她又不是平面的,她很生动。他越发觉得,尽管眼下自己和女人之间存在着不小的距离,但发展的趋势令人鼓舞。那些天里,躺在床上病恹恹的记者不断地给女警官去电话,他想听听她的声音,想从中探出一种思念的情怀。同时他也在探听"8·18"一案的进展情况。这个奇特的案件一样诱惑着他。

这起"8·18"案件被省里列为特大案件，并要求落城警方成立专案组，完全出乎大家的意料。在老百姓甚至是在刑警队伍中，大家普遍认为，只有命案才是特大案件。所以当上面的指示传到刑警支队时，几乎所有的干警都有些吃惊。不就是一个石头佛像吗？至于如此兴师动众？

诚然，这是一起特殊的案件，在落城刑侦史上，还没有过类似的案件。1981年，当时落城的文物所被盗过一次，被盗的只是几件国家二级文物，案子很快也破了，是几个少年和一个文物贩子干的，少年得到了三百元。此案之所以重大，是被盗的这尊佛像在国内属于独一无二，很少有魏晋时期的观音佛像，何况这尊佛像是那么的完美。它无疑属于国宝级的文物。从经济发展上看，由于佛像的被盗，玉秀山石窟艺术失去了标志性的作品，使正待开发的玉秀山旅游风景区计划遭到了毁灭性的打击。这就如同龙门石窟那尊卢舍那佛像被盗一样。它造成的损失是无法估量的。

让局领导和刑警支队感到安慰的是，这起案件是由他们自己人发现的，而不是由他人举报，这在落城的刑侦史上也一样是史无前例的。刑警支队认可了柳青对案情的分析，又鉴定了留在佛像身上的那只鞋印，正式确定桥头乡小学教师安小文为本案的主要犯罪嫌疑人。作为发现案件的主要人员柳青因此立下了三等功，警衔也从二级警司提升到了一级。但是，落城警方手中没有其他线索，案件的侦破一开始就陷入了困境。那时学校也已经开学了，警方原想守株待兔，然而一段时间过去，仍然不见安小文的踪影。落城警方就此认定安小文已经负罪在逃，遂向全国发出了通缉令。

9月6日，也就是立案后的第19天，落城刑警支队突然接到了北京警方的报告，说前一日他们在人民英雄纪念碑前发现了一个神情怪异的青年男子，经拘留审查，正是落城警方通缉的"8·18特大文物盗窃案"的主要犯罪嫌疑人安小文。这个消息传到落城，大家大大松了口气。支队长刘勇茂立即召开会议，决定组成赴京的抓捕小组，由副队长李林带队，柳青、高逸明等四人参加。为了进一步摸清佛像的下落，决定在北京就地审讯安小文，看看能否顺藤摸瓜。

当晚九点，行动小组搭乘东航的班机，飞向了北京。经过两小时十分钟的飞行，飞机安全降落在首都机场。走出机场的时候，柳青趁着上卫生间的空隙，给陈晖的住处去了电话。可是陈晖不在家，柳青就对着录音电话说：陈晖，我在北京。"8·18"有了突破。

行动小组连夜举行会议，确定第二天审讯安小文的方案。副队长李林提出由柳青来主持这场审讯工作，他说：犯罪嫌疑人安小文与柳青认识，我们可以很好地利用这一点。

柳青说：李队，我怕做不好的，还是你自己来吧，我配合。

李林说：你会做得好的，我们这回就来他一个以柔克刚。我已经请示刘队了，他完全同意。

柳青就没有再说什么了。会议结束，她就一直在房间里准备这项工作，但是她的心绪却很杂乱。那个冬日的下午，乡村教师抱着新买的棉被腼腆地向她走来的形象总在她眼前晃动着，折磨着她的内心。她已经在这种尖锐的矛盾中度过了很多天了。如果没有自己的及时发现，这个案件究竟什么时候浮出水面，还真的不好料定。于是她成了"8·18案件"的有功人员，那个安小文将沦为阶下囚。这正是女警官不安的所在。对安小文的通缉令发出的那天，她在日记中这样写道——

我或许不够一个警察的条件。对这起案件，我最初所采取的是一个警察的姿态，那是我在尽责。当目标锁定之后，我所用的似乎又不是一个警察的眼光了。在我不长的工作经历里，我好像不喜欢那种"大义灭亲"的感觉。而现在，我自己竟成了一个举报者，一个出卖者，甚至由出卖而立功，这让我内心感到异常不安。

我又一次想到了那部叫做《弃船》的老电影，现在，我甚至觉得，自己就是那位阿里克斯船长……

午夜两点，陈晖的电话来了。他说刚刚从朋友那里打麻将回来，这个电话给了他意外的惊喜。陈晖说：我现在去看你，方便吗？

柳青说：不可以。我已经睡下了，明天一早就得干活。

陈晖说：真是安小文吗？

柳青迟疑了一下，说：是，但他可能不是主谋……

陈晖说：那我明天过去听听吧。

柳青说：这恐怕不行的。

陈晖说：我知道你有你的纪律，但我有我的办法。

柳青说：陈晖，明天由我主持审讯……我担心……

陈晖说：我理解你的心情。你的发现使一个人身陷囹圄，而这个人是李志扬的小兄弟，除了不该做那件事外，他各个方面都很不错。你们本来是平起平坐的朋友，而明天，这个人却戴着手铐坐到了你的对面，被你问讯……

柳青说：是的，这就是我心理的障碍……

陈晖说：柳青，人生对每个人来说，都是磨难。我这话可能有点书生气，但却是真话。你有很好的素质，该怎么做，你会清楚的。我只想提醒你一句，无论你面对谁，都要说人话……

柳青很感激地说：陈晖，谢谢你……

翌日上午九点，对安小文的审讯开始了。

第一眼看上去，柳青觉得这个乡村教师的最大变化，不是形容的憔悴，而是那张还带着稚气的脸上那份腼腆荡然无存了。这使他看上去与以前判若两人，也让女警官产生了短暂的陌生。

安小文没有认出身着警服的柳青，他的目光一直虚着，看着脚前一步的地方。被带进来之后，就站在椅子边上，似乎在想着什么心事。

柳青平静了一下，用平时说话的声音随便说了句：小安老师，坐下谈吧。

边上的高逸明看了看柳青，那意思很明显：怎么能这么叫呢？

柳青继续说：把他的手铐打开。

安小文慢慢坐下，过长的衬衫袖子如同两只假手无力下垂着。刚才那声"小安老师"让他心里一颤，让他几乎忘记了自己是被警察押解到了这间审讯室，而是重新回到了课堂上。他想那座被自己反复诅咒过的学校，现在摆上新漆过的桌椅应该变得好看一些了。问题是，他再也回不去了。他轻声叹了口气，慢慢抬起头，这时他认出了面前的女警官，正是半年前和李哥一起来桥头村的"柳工"，那个睡过自己新被子的漂亮女人。但他似乎不相信眼前的事实，仿佛是梦中相遇，那自然是一个焦灼不安的梦。

柳青说：今天我们找你来，是想了解玉秀山石窟观音佛像被盗的情况。我想你应该知道这件事的，对吗？

安小文点点头。

柳青说：那就请你向我们介绍一下，想到哪说哪；一时想不起来的，还可以补充，我只有一点要求，就是要说真话——你平时是这样要求你的学生的吗？

安小文说：我会的……我会的……

那个时候，陈晖就在隔壁的房间里。记者一早就赶到了这里，拉上北京警方的朋友，直接找到了带队的李林。他对李林说，自己和这个案子有特殊的联系，因此要尽可能地掌握第一手材料。并且保证，案子不结，决不会擅自先捅给媒体曝光。

李林对陈晖也有好感，以前还读过他写的报告文学，就没有多加犹豫。整个审讯过程他们都在隔壁通过录像看得一清二楚。女警官的那句开场白，使记者眼睛一亮。这个女人放弃了居高临下的位置，也放弃了审与被审的关系，以"谈"的方式进行着"审"的工作，竟达到了出奇制胜的效果。这正是昨夜他所提醒的"要说人话"。

陈晖对李林说：你们这个柳青很不简单啊。

李林有点得意地说：那是。我今天采取的就是以柔克刚的战术。

陈晖说：这样的女人不当警察太可惜了。

李林说：我们的人，素质都不会错的。

陈晖说：可是当警察，也太可惜了。

李林回头看看陈晖，低声说：你这什么意思？是不是嫁给你就不可惜了？

陈晖笑而不答。

二十

那个感觉非常遥远的冬天，那个显得阴沉的下午，一场大雨让一个长相斯文的男子走进了乡村教师安小文的视线。那个人开始说是来学校临时躲雨的。他穿了一件显得过时的米色风衣，却戴着相当考究的眼镜。他随身携带着一台高级的照相机和一台宏基牌笔记本电脑，还有一个写生的油画箱。他自我介绍说他叫路一达,听起来像是一个化名。在见到安小文的最初几分钟里,这个人显得有些不安,他不断地搓捏着风衣的一角,似乎有什么难以启齿的话要说。安小文热情地接待了这个陌生人,但他没有想到的是,在以后不长时间的相处中,他会把此人当做莫逆之交。

我是来这地方写生的,自称路一达的男子说,这儿的风景很让我着迷。

热情而孤独的安小文说:那你就多住几天吧,就住在学校,很方便的。

随后,路一达就随乡村教师住到了学校的客房。那时正值学校放寒假,学生们和家在各村的教师都回家忙着过年了。学校里就只剩下了安小文,他是个孤儿,从小是随外公长大的。两年前,这个老人因为一场喜酒而沉睡不醒。安葬好外公之后,安小文就把家搬到了学校。但他认为,这里不是他最后的归宿,他不想将来到了自己做外公的时候也把骨头埋在这里。所以路一达夸赞这里的风光时,他没有做出应有的呼应。但他愿意这个看上去很有教养的男人多住些日子,听他谈谈山外的世界。那天晚上,路一达带着笔记本电脑去了安小文的房间,想借学校里的电话线路上网。他说:山里消息很闭塞,我想看看新闻,再查点资料。我可以支付你一个月的电话费。

安小文是第一次见到这么袖珍的电脑,也是第一次看见人当面上网。他很好奇。他就问:上网电话费很贵吗?

路一达说:也就是按市内的话费计算而已。

安小文说:那就算了吧。学校虽穷,这点钱还是可以支付的。

路一达说:那不合适。我是经常要上网的。

安小文也就没有多说。他在一旁看着路一达上网,觉得操作比他想象的要简单。于是他就问:我听说网上可以聊天,是这样吗?

路一达说:这很容易的。

说着,他就把一个网站的"聊天室"打开,化名"婵娟",进入了。

安小文说:你怎么取了个女人的名字?

路一达说:我就是要这个效果,如果你取名"大勇"、"志国"什么的,可能半天也没有人搭理你。你看,这不都来了……

安小文果然就看见有很多献媚的"男人"围上来了,觉得很好玩。

路一达说:网络是虚幻的。不过,也有因聊天而交上朋友的。还可以网恋,甚至可以网上做爱。

安小文有点吃惊:网上做爱?

路一达说:是啊,就是互相把性行为的细节以及想象中的那种性感觉用文字表达出来。这有什么呢?

安小文的神色有些难堪,不是因为涉及到性的话题,而是为自己的孤陋寡闻。

看安小文那种好奇劲,路一达就把笔记本电脑推到了他跟前,说:你来玩会儿吧,很简单的。

安小文说:我可没有玩过笔记本电脑。

路一达说:和台式的没有任何差别,你试试好了。

安小文就紧张地坐到了电脑面前。他不会用"五笔",但拼音的基础很好。去年他去落城参加了一个电脑培训班,对电脑打字有初步的掌握。没过多会儿,他就能"聊天"了。但找的人多了,他便有些手忙脚乱。路一达在边上说:你别急,有的就别理会了。

安小文说:那恐怕不礼貌吧?

路一达说:在网上没有人在乎你是一只狗——这句话你听说过吗?

安小文脸红了,这已经不再是羞涩,而是兴奋。这种奇妙的兴奋对他这个乡村教师而言真是久违了。

那些天,路一达每天一早就出门"写生"去了。他把笔记本电脑留给安小文上网。开始,安小文想陪同他,但路一达说,这一带他以前来过,路还比较熟悉。他说:你给我安排好一顿晚饭就行了,余下的时间去聊天吧。

安小文自然还是要聊天的,但他不想取一个女性的昵称,莫名其妙地在网上消磨时间。他内心希望的,是能够赢得一次网恋,于是就取名"诗剑",觉得这个名字能给人一种文武双全、少年才俊的感觉。果然,在当天下午,他就认识了一个叫"青萍"的人。他内心断定对方是个女人。几个回合之后,他觉得自己与对方聊得很投机。对方开始问他一些基本情况,他都一一作答了,然而也大大打了折扣。他说自己是从事教育工作的,工作的环境在一个山清水秀的地方。而对方说自己也是搞教育的，在离北京不远的一个小城市工作。安小文基本上如实说了自己的个人条件，说自己是男性，29岁，身高1米70，五官端正。女方说自己比他小，身高体重与相貌应该都还过得去。但强调说，她不是一个漂亮的女孩。这句话让安小文很感动，他想远在他乡的那个女孩应该很诚实。

一周过去之后，路一达要离开了。安小文似乎有点留恋。准确地说，他不是留恋路一达，而是留恋那台宏基牌的笔记本电脑。因为电脑一旦失去，他与远方那位"青萍"的路也就从此断了。聪明人路一达准确地看出了这一点。于是就主动说：安老师，这些天来给你添了不少麻烦，这台电脑就算是我的答谢吧。

安小文很意外，说：这怎么可以？不不，我实在不敢领受的。

路一达说：山里很寂寞，有台电脑可以陪你轻松一会儿。

安小文说：那也不行……

路一达说：小文，我们交个朋友就是了。

安小文说：我乐意与你做朋友，但真的不能收你这么贵重的礼物。

路一达说：这样吧，这台电脑就算是我借给你用的。秋天的时候我还会来的。

安小文自然没有想到路一达的秋天意味着阴谋，那个时候，他完全被这个路一达的豪爽和那台宏基笔记本电脑深深吸引住了。

如果记忆不错，柳青觉得在自称路一达的男人离开后的第三天或者第四天的头上，她与李志扬来到了桥头村的。在乡村教师的宿舍里，柳青注意到了那台宏基牌的笔记本电脑。她甚至注意到了，一提这台电脑，乡村教师的脸就泛上了红晕。而这一回，她又是迟了几天，再次错过了与安小文接触的机会。女警官现在懊悔的是，自己当时怎么就没有对安小文多说几句，比如一个陌生人"借"你这么贵重的东西是否带有附加条件，比如结交朋友一定要谨慎。这种过分的自责使她的情绪很紊乱，以至于想中途退出这个案子，尽管这决不可能。

面相斯文的路一达没有选择秋天再度进山，而是提前来实现自己的计划了。8月11日，当一场大雨即将来临之际，这个人的身影在黄昏时分走向了安小文。那个时候，乡村教师还痴迷于和"青萍"的卿卿我我，他已经获得了对方的信任，准备利用暑假到北京相会，地点选择了人民英雄纪念碑前。具体时间待定，但敲定了见面的方式，由安小文手持一册金庸的《笑傲江湖》。你不会认为这样不公平吧？青萍"说"，我毕竟是个女孩子啊。

安小文激动地敲出了一行字：不见不散。

等他站起来伸个懒腰时，才看见精神疲惫的路一达倚在门框上对他微笑着。意外的重逢让乡村教师感到非常兴奋，他一边忙着给远道的朋友泡茶，一边考虑着接风的晚餐。而那个时候，躺在安小文床上的路一达的视线一直落在窗外。他注意到，外面的天越发黑暗了，一场大雨就在眼前。他非常满意这个气候。

直到此时，路一达才说自己是一个雕塑研究者，来这里，是想欣赏一下附近著名的玉秀山石窟佛像。我喜欢那古朴的佛像，他说，他们既有印度犍陀罗艺术的神韵，也有中国本土艺术的风格，二者是那样自然贴切地融合到了一起。

安小文还是注意在听，觉得这个人的学识渊博谈吐不凡，他为自己能够结识这样一位朋友而感到激动。然而接下来他就感到了惊讶。

路一达说：小文，我这回来，是因为一件急事……我想出国深造，去国外一个著名的学府读学位，搞研究。所有的费用都是由对方提供，但是他们有一个条件，就是想得到玉秀山石窟的那尊观音佛头。

安小文立刻就明白了路一达的来意，也深知这个行动是触犯法律的。他一时没有说话，认真看着坐在对面的男人，他一点也不觉得这个风度翩翩的男人居然揣有这种罪恶的目的。

路一达说：人生有些机会就是需要冒险的。我把这件事告诉你，是因为我拿你当最好的朋友。你不至于会出卖我吧？

安小文沉默了一会儿，才说：老路，你都想好了？

路一达说：我是下了决心要干的。趁着夜晚把佛头锯下来。如果你帮我，我可以出五万的价钱。

五万的价钱对安小文无疑是个天文数字。但他说：你能顺利把佛头带出境？

路一达说：这我有把握。那边也有人接应的。

安小文说：就怕你还没来得及出去，公安就找来了。

路一达说：这你放心，我已经安排妥当了。

说着就从自己的包袱里拿出一个佛头，那是他自己临摹雕刻的赝品，也已经做旧处理了，几乎可以乱真。安小文甚至觉得，这个佛头一点也不比真的差。

路一达说：我们把真的锯下来，再把假的安上去。这样，没有很长一段时间是不会被发现的。

安小文还是有些犹豫地说：可是一旦被发现呢？

路一达说：小文，即使发现，也不会找到你的。一切都是我的策划，我应该承担一切。

安小文说：既然一起干了，我自然不能把什么都推到你身上。

那是一个风雨交加的后半夜，他们趁着这糟糕的天气潜入了玉秀山石窟。那时候人们正在梦中逍遥，普遍的性交此刻已经化作庄稼人催眠的药物，使他们的鼾声融进了风雨声中，成为罪恶最好的遮蔽。他们顺利地进入到石窟景区，然后安小文就爬到了那尊观音大佛身上，一把钢锯伸到了佛头的颈项处。在动手的那一瞬间，这个青年想到了自己的行为是在犯罪。然而事到如今，他已经没有退路了。于是他借着一道闪电拉开了锯子。雨水打在他的手背上，他感觉这是大佛流出来的血。

佛头不到一个小时就完全锯下来了。路一达把佛头裹好，放进了背囊里，又拿出了那只假的佛头。他让安小文先回学校，可是安小文说：我陪着你吧。

剩下的工作由路一达来完成。他把自己雕刻好、并且做了旧的假佛头安了上去，用一种高能速干的胶水进行粘合。他做得从容不迫，好像自己正在从事着一项艺术工程。

安小文得到了五万元，路一达还将那台笔记本电脑送给了他。然后，他们就分手了。分手的时候谁也没有说话，这个瞬间，安小文突然有点憎恨这个叫路一达的男人了。送走路一达，安小文在自己的屋子里呆坐了很久，直到听见第一声鸡鸣，才忽然觉得自己也该离开了。这个地方他早就待腻了，他必须走出这座山，到山外去。山外就是一个崭新的天地。于是就给"青萍"发了一封 E‐mail，告诉他自己将在 8 月 16 日至 18 日连续三天的上午 9 点，出现在天安门广场人民英雄纪念碑前，手持一册《笑傲江湖》。"青萍"很快就回复了，说这个时间她有可能抽不出空，只能先这么定着，但又说近期只要有空，就会赶到北京的。安小文想，这也好，自己可以在北京城好好玩玩，眼下该打点行装了。

第二天，安小文带着两瓶酒去校长家请假，同时拿出两千块钱交到校长手上，说自己想到省里参加一个同学的聚会，这两千块钱把学校的课桌翻新一下，再添一批新的。校长就问，哪来的这些钱？安小文说，我在落城买了体育彩票，中了奖，要是一毛不拔，会遭报应的。他以玩笑的口吻说：这其实应该是一笔不义之财。

当天上午他就离开了。他先搭长途汽车去了落城，再从那里改乘北上的火车，去见朝思暮想的那个"青萍"了。他同时也做好了这样的思想准备，如果他和"青萍"有一见钟情的缘分，他就不准备回来了，哪怕就在北京做苦力，或者去她所在的城市打工，他都愿意。安小文在落城火车站买好票，离开车的时间还有三个小时，就想给李志扬去个电话，去他那里聊聊。电话通了，却没有人接听。安小文想自己找上门去，但又一想，觉得负罪在身，很担心律师敏锐的眼光看透什么，就放弃了。很多天后，当律师从女警官那里得知这个细节时，竟然为这种失之交臂感到伤心不已。律师说，如果那天他接到安小文的电话，一定会请他吃饭的，没准儿就会了解到什么，那么一切或许都改变了。

经过二十小时的旅行，安小文于8月15日晚抵达了北京站。这是乡村教师第一回来到首都，高大的建筑和宽阔的街道让他不知所措。他被一个拉客住宿的人带到了北河沿一家地下招待所，刚住下，就有一个打扮俗气的女人推门进来，问要不要服务。安小文说要，那女人就把门关上，拉着他就往床上躺。安小文吓了一跳，说：我不是要这个服务，我口渴，要喝水。那女人就白了他一眼，出去了。安小文想不到北京也一样有妓女，便想换一个地方。可一打听，这里距离天安门广场很近，就没有再动。他想要是明天见到了那个青萍，就不住这里了。

第二天黎明，安小文就起来了，手里拿着一本《笑傲江湖》连走带跑地去了天安门广场，先看了升旗仪式。那个时刻他觉得非常庄严，也非常内疚。他想自己真是犯了大罪的，把国家珍贵的东西盗给外国人，这行为与卖国没有什么两样。他仿佛看见了路一达那张斯文的脸，却恨不起来。事情是自己做的，人家并没有强迫你，要恨，就只能恨自己好了。他带着这种不安和焦虑在广场上走了一圈又一圈，时间总算到了9

点。安小文站到纪念碑前,把那本《笑傲江湖》拿得端端正正,等待着对方的出现。现在他内心倒是没有不安了,有的是紧张和激动。然而两个小时过去了,没有任何人注意他,走近他。在穿梭不停的人流中,安小文猜想着这里面一定暗藏着一双注视着自己的眼睛。他非常相信这一点。那个人为什么不出来?是因为他的长相与气质全都脱离了她的想象?他只是把自己的身高增加了三公分,这很明显吗?还是别的什么原因呢?他实在想不明白了。这个时候,安小文这才想起网络欺骗这样的事情。可是他不明白,对方有什么必要这么做呢?这样做了又能达到什么目的呢?难道就是恶作剧、寻开心?他无法解释这个问题。

连续三个上午他都准时赴约,也都失望而归。那三天里,安小文不断地给"青萍"发送电子邮件,却没有答复。那时他想,如果这个"青萍"与自己从此断了联系,他就想在北京找一份工作。他喜欢这个宏伟的城市,喜欢这里发生的一切。于是从第四天起,他将自己的计划作了必要的调整,那就是每天的上午9点到10点,继续带着《笑傲江湖》到人民英雄纪念碑前站上一个小时——他不知道"青萍"所说的那个"近期"有多长。而下午的时间则用于游玩和找工作。9月6日上午,当安小文在广场再次出现时,就被几个便衣警察带上了警车。

在征得李林副队长的同意之后,陈晖以记者的身份也与安小文有过一次谈话。那次谈话,现场没有任何人,但作了录音录像。看守的警察也站到了门外。陈晖和安小文就隔着一张桌子对面坐着,他仔细打量着这个比自己还年轻的乡村教师,从那张已显麻木的脸上看出的不是恐惧,而是一种坦荡。这让他感到非常奇怪,在记者以前类似的采访经历里,也是从未遇见过的。他友好地递给了这个人一支香烟,也被谢绝了。陈晖说:我不是警察,是记者,我们可以随便谈谈。

安小文点点头:我很羡慕你这个职业,人都说记者是无冕之王。

陈晖说:记者也有记者的苦衷,这个你却看不见。

安小文说:我也能想象得出。比如说,你们只能骂县以下的干部,揭小地方的短。

陈晖就笑了,说:我没想到你还这么幽默。

安小文说:你想了解什么,说吧。

陈晖说：我想知道，你在锯那个佛头之前，没有意识到这是犯罪吗？

安小文说：我知道这是犯罪，但是……

陈晖接道：但没有想到罪行会有如此之重？

安小文说：我到现在也不知道罪有多重，没有人告诉我，也没有人打我。

陈晖说：你当时这么干是因为钱吗？

安小文说：不光是钱……

陈晖说：还有那台宏基笔记本电脑？

安小文说：我想最大的原因还是恋爱吧。我长这么大了，还没有谈过恋爱。

陈晖说：可我听李律师说，你在读师范的时候，和同学谈过一回……

安小文笑了笑，说：那是我瞎编的。一个男人这么大了没有谈过恋爱，说出去很没面子，所以就编了一个……

陈晖说：因此你很珍惜这回的"网恋"？

安小文说：是的，我珍惜和"青萍"的缘分……

这时陈晖从公文包里拿出了那张画像的复印件：是她吗？

安小文看了一眼自己的作品，说：就算是吧……我心中的她就是这个样子……我每天都根据我的想象进行修改，反正最后人我也没见到……

陈晖说：你就是为她来的北京？

安小文说：是的……我们约好了……

陈晖说：你不认为这种网络引起的恶作剧很多？

安小文说：不，我不认为这是恶作剧。她对我说了很多。这辈子，还没有哪个女人对我说过这么多的话。从来没有。

陈晖停顿了一下，又点上了一支烟，说：事到如今，你自己感到后悔吗？

安小文想了片刻，说：怎么说呢？说后悔，是因为我对国家造成了损失。说不后悔，是我有机会见到我想象中的人了……我相信当时她就在我的周围注视着我……

陈晖问：那她为什么不露面呢？

安小文说：不露面总是有不露面的原因的……

陈晖问：欺骗会是其中一个原因吗？

安小文说：不会。

陈晖说：你相信这一切符合你的想象？

安小文说：是的，我相信……人活着，总得信点什么吧？要不太可怜了。

陈晖看着面前这个乡村教师，他的神色非常镇定。记者不想再问什么了。

那天晚上，陈晖和柳青到天安门广场散步，在纪念碑前停留了很久。他们想象着安小文当时的位置和活动情形，却揣摩不出他的心情。白天的谈话录像，柳青也看见了，安小文最后的那句话也掀起了女警官心底的波澜。一个穷乡僻壤的小学教师，因为一场虚幻的恋爱去犯罪，而且是重罪，这听起来多么不可思议，但又是眼前的事实。他们当时都无法解释这个动机，而现在又似乎很能理解了。

柳青说：陈晖，和安小文相比，我们是否也缺少点什么？

陈晖说：缺少信念。所以后来我就不想问他什么了。

柳青说：是不想问呢还是不敢问？

陈晖说：也真的不敢。安小文这辈子可能就只有这么一次所谓的恋爱，对我们而言，它是虚幻的，是一种儿戏、玩笑、恶作剧甚至是欺骗。但对他而言，却非常的宝贵……

柳青说：这是天壤之别的差距啊。

陈晖叹息道：我真的不知道，该怜悯的是谁了。

他们沉默了。他们在沉默中拥抱着，然后亲吻。那个时刻，他们都清晰地听见了对方的心跳。

行动小组的回程改乘火车，抵达落城是在傍晚。在迎接的队伍中，出现了李志扬的身影。当安小文被押下车后，律师主动走近了他。安小文先是一愣，然后就低声叫了声"李哥"。李志扬说：我现在是你的律师，你是我的当事人。过几天我会找你谈的。

安小文被押上警车带走后，李志扬才和柳青站到一边说话。律师自然迫切想知道审讯的情况。柳青说，安小文态度很好，如实交待了自己的罪行，但现在最大的问题是，那个主谋路一达和佛头都不知去向。警方估计他们可能都已经偷运出境了。这么一说，律师便预感到这个形势对安小文将来的量刑很不利，就希望最好能在案件宣判前找到真正的元凶，继之找到那个佛头。柳青说警方目前没有一点线索。李志扬就感叹道：东西不在，麻烦就大了。

刑警支队初战告捷，但后面的事情就完全失去了纵深发展的可能。落城市政法委专门为此案召开了会议，认为在目前缺乏线索难以突破的情况下，只能暂时将这个案子挂起来。然而谁也没料到，这一挂就是很久，以致刑警支队的人都把这件事慢慢给忘了。安小文羁押在看守所里，李志扬隔一段时间去探视，两个人面对着，拿起电话作简单的问候和交流。李志扬希望安小文能提供一些关于那个路一达的线索，安小文说：我不知道。该说的我都说了，我想他已经出国了。

二十一

柳青离开北京后，陈晖再次回到了辛普森的面前。这个案件至今已经拖了他十五个月的时间，总算有了一些眉目。他与美国的王可在电话里进行过交谈，认为辩方目前占了上风，在于成功地运用了"三C论据策略"。所谓三C论据，即 Contamination（证据污染）、Corruption（警方腐败）和 Cover up（全面掩盖）。

辛普森一案没有直接证据，警方所提供的证明辛普森有罪的证据皆为旁证。控方认为，洛杉矶警方在南班迪街875号凶案现场所提取的可疑血迹，经 DNA 鉴定，是辛普森的。这种力度的旁证实际上并不亚于直接证据，对 DNA 鉴定的可靠性也没有人敢于轻率地怀疑。这一点，辩方的律师团非常清楚，但是正如李昌钰博士所言：DNA 鉴定血迹的可靠性虽然普遍得到法庭及社会大众的接受，但是检验结果是否可靠，仍要取决于检体是否受到污染。明眼人一听便知，辩方的文章就会做在这个"是否受到污染"的检体上。然而不幸的是，洛杉矶警方经受不住这样的质疑。

某种意义上，辩方质疑 Contamintion 和 Corruption，实际上是为质疑

Cover up 做准备。人们似乎可以得出这样的判断，由于警方的腐败才会导致证据的污染，而警方之所以会这么干，目的就是企图进行全面的掩盖。洛杉矶警方多年来不好的声誉是辩方敢于走这着棋的心理依据，他们深信在大众眼中，这个警局已经烂到了极点，所以才会有福尔曼这种根本不配当警察的警察。在辛普森一案中，警方可谓漏洞百出，无论是违背宪法第四修正案，在未取得搜查令之前就私闯了辛普森的住宅，还是取证过程中的违规操作；无论是由于作风涣散导致的不负责任，还是别有用心地暗箱操作，都让人感到他们不能自圆其说，不能让人信服。最荒谬的是他们自以为是"铁证"的两件东西——分别遗留在两个现场的一副皮手套和警方在辛普森卧室里找到了一只染有血迹的袜子。前者被认为是辛普森行凶所戴之物，但是，1995 年 6 月 15 日辛普森在法庭上，于众目睽睽之下试戴皮手套，尽管他最后还是戴进去了，但十分勉强，连手指都无法屈伸，虽然检方认为这是由受到血液的侵蚀造成的缩水，然而在陪审团看来还是觉得不合适。人们很难想象辛普森戴着这样的手套可以行凶杀掉两个人。被害人妮可的指缝里留有血迹，这显然是搏斗时留下的见证，可是这血既不是妮可本人的，也不是辛普森的，那么又是谁的呢？警方怎样解释这个现象？而且，警方开始从辛普森身上抽去的是 8cc 血样，用于做 DNA 的只有 3cc，现在试管里却只有 3.5cc，那么还有 1.5cc 血哪里去了？

那只血袜子则更加奇怪了。警方用于固定现场的侦查录像是在 1994 年 6 月 13 日下午 4 时 13 分拍摄的，那时从镜头画面里看到，辛普森卧室里根本就没有血袜子，而警方的采证是在现场固定之后，那么这袜子又是从哪里来的呢？辛普森的保姆说，他从来就没有乱扔东西的习惯。最令人震惊的是，李昌钰博士发现，这只袜子上的血在两面形成了同样的血迹，这就不能说袜子是有人穿过的，而是血自然浸透的效果。李昌钰的发现无疑是致命的，因为它暗示着警方栽赃的极大可能性。

美国法律中有一条著名的规则：面条里只能有一只臭虫。

当他发现第一只臭虫之后，就会果断地把这碗面条倒掉，而不会等着发现第二条臭虫。

何况辛普森这碗面条里已经不止一只臭虫了。

夏天过去，秋天来了。这一年的秋天给人的感觉将是一个绵长的雨季，几乎每天都见不到阳光。雨断断续续地下着，下得人心都觉得长毛了。大概只有一个人在这样的季节里还满面春风，这个人就是沈蓉。一看沈蓉这样的气色，柳青就知道，那个在省委党校高级班学习的郁之光又溜回了落城。最近一个时期，落城都在传，从前的政法委书记郁之光大概不会再回来了。他会得到重用，会再上一个台阶的。柳青自然不会关心这个，她顶多只想想沈蓉，觉得这个女人其实很可怜。沈蓉也爱找她，目的就是倾诉。郁之光一走，沈蓉一定会约柳青出去吃饭喝茶什么的，一边就把自己悲欢离合导致的苦恼委屈说出来。这些话柳青已经觉得不新鲜了，但沈蓉还是要说。

昨天柳青出去，又看见了郁之光的车子，就停在离沈蓉家不远的那个酒店停车场。她想这个男人又是赶回来偷情的，但她已经很反感这个男人了。柳青觉得，一个男人的虚伪比下流更可怕，也更可恨。像郁之光这种人，什么都想占着，却一点也不会给自己睡过的女人一点希望。她替沈蓉感到悲哀，为什么就不能离开这个人呢？

今天上班的时候，沈蓉没有来，说是不舒服，请了一天病假。等到了临下班的时候，沈蓉的电话来了，说：小柳，我在西子茶庄等你呢。

柳青说：你那个人走了？

沈蓉说：我把他赶走了。

柳青一听就觉得事情不妙。本来她是不想应酬的，但电话里沈蓉鼻音浓重地这么说着，她就有点放心不下，说：我去好了，见面谈吧。

两人一见面，沈蓉就说：我和郁之光吵架了。

柳青暗暗惊讶，就问：因为什么呢？

沈蓉说：还是老问题，我问我们的事情到底怎么办，他说再等等。我一下就火了，把他推下了床，我说，姓郁的，我明年就四十了。对于一个四十岁的女人，你不能做得这么狠。他什么也不解释，只说离婚很困难。

柳青很不解地问：为什么？离婚就那么困难吗？

沈蓉说：他不是不能离，是不敢离。你想想看，一个农民的儿子，好不容易走到今天这一步，怎么可以因为我这样的一个女人前功尽弃呢？再说他虽然不爱他老婆，但非常爱他女儿郁兰的。血缘这东西在这个时候最起作用。再说，他岳父虽然去世了，可省里有不少干部都是从落城出去的，都曾经当过老头子的部下，那股势力一个郁之光哪能抵挡得了？再说，他还有把柄捏在他老婆手里呢！

柳青就问：什么把柄？

沈蓉忙改口说：当官的，哪有真干净的？我猜多少有点什么吧。

柳青说：这事你可别瞎猜。

沈蓉流着泪说：我现在真不知道该怎么办好……

看见沈蓉这副辛酸的样子，柳青心里也好难受。她拿出纸巾递过去，说：沈蓉，既然你什么都看清楚了，为什么不另做选择呢？

沈蓉擦擦眼泪说：小柳，你当我是你这个年纪啊，我还能有什么选择？

柳青说：沈蓉，听我一句话，从这旋涡里撤出来吧。退一步，海阔天空。

沈蓉沉默了好久，然后像是自语般地说：我再做一把努力吧。也许天无绝人之路……

在柳青眼里，这个时期的沈蓉已经有点神经质了。她总是说些疑神暗鬼的话，比如昨天晚上看见有人在她家门外的树上蹲着啦，比如说上个星期天她回家的时候，看见一个穿雨衣的人一直在跟踪着她啦。比如有一天半夜里，她感觉听见有撬门的声音啦。这些话她只对柳青一个人说，后者听得都有点烦了，便开她玩笑说：你啊，只要调到省里，什么可疑全都没有了。沈蓉却还是一本正经地说：我说的可全是真的啊！

转眼国庆又到了，机关照例要放假。10月2日这天是柳青和沈蓉值班，到了中午交接的时候，沈蓉却还没有来。外面还下着雨，柳青收拾好东西，好等沈蓉一来就离开。她想沈蓉是不是又害相思病了？正这么想着，沈蓉一身是泥地走了进来，手里还拿着一个保温桶。

柳青吃惊地问：你怎么了？

沈蓉坐下来半天喘不过气，说：我刚才差点被车撞死了。

柳青吓了一跳，就问怎么回事。

沈蓉指指身上的泥水和胳膊上的划痕，说：我刚从家里出来，想到对面的小馆子里吃点东西，顺便也给你捎点。正要过马路，突然从旁边小巷里开出了一辆双牌座,笔直地向我冲了过来。幸亏当时一个过路的小伙子拉了我一把……太险了!

柳青帮沈蓉换好衣服,又在她擦破皮的胳膊和膝盖上涂了点红药水,说:你得当心点。看你脸色这么差,昨天一定没睡好吧?

沈蓉叹息道:每天晚上都这样,总是天亮时眯一会儿……这样下去,非得要我的命不可啊。

柳青又回想起以前那个梦境,梦中的沈蓉在爬一只没有依靠的梯子,摇摇欲坠地让人捏一把汗。她说:你这人啊,我也不知道该怎么劝你了。像这样的马拉松一跑就是八年,不拖垮才怪呢。

沈蓉说:我已经被拖垮了。

柳青不想再多说了,就把工作简单交代了一下,说:我走了。

沈蓉说:我给你带着吃的呢。

柳青知道沈蓉是想留她多聊聊,就说:我得回家去,我妈感冒了。

沈蓉说:那你回去吧。

柳青正想走,又站住问了句:你没事吧,沈蓉?

沈蓉有点恍惚地说:我没事……我想,刚才那辆车要是真的把我撞死,也就一了百了了。

说着,就抽泣起来。

柳青只好又回来劝慰,说:看你,都胡说些什么呢?沈蓉,没有什么过不去的坎儿,也许等过了一阵子,一切都慢慢好起来了呢。

正说着,外面有人找沈蓉了。那是一个柳青从未见过的男人,看上去三十多岁,手里拿着一只鼓鼓囊囊的旅行袋,风尘仆仆的,像是从外地赶来的。那个人在门口叫了一声姐,沈蓉便把眼泪悄悄抹了,站起来为柳青介绍。来人是她的弟弟,叫沈强。住在家乡那个县里,是一个电工。于是沈蓉说:你还没有吃吧?来,这里正好有包子。

就把那个保温桶递给了沈强。

柳青客气地对沈强点点头,就离开了。外面的雨还在下,沈蓉追出去把伞给了她。是那把紫色的碎花伞。当柳青在雨中撑开这把伞时,觉得它还是那么漂亮,表面一点也不像用了十年的样子,但骨子基本上都生出了锈斑。雨点落在伞上发出十分清脆的声音,那时柳青就想,多年前,穿着紫罗兰连衣裙的沈蓉,打着这把紫色小花伞,一定是好看的。

美国宪法修正案第六条、第七条赋予公民在刑民案件中选择陪审制的权利。陪审制不是美国的产物，它产生于中世纪的英国。这个审判制度，在美国一直有着争议，赞成者认为是民治、制衡、公正的有效举措，是程序正义的具体体现。而反对者则批评它不谨慎、低效率、浪费钱。如同一场足球赛，合理并充分运用规则是一支球队取胜的关键之一。美国的刑事司法制度是控辩对抗、无罪推定、陪审团裁判的三位一体架构。在辛普森案件最初的阶段，辛普森的律师团就清楚地意识到，要想打赢这场官司，争取陪审团的同情是关键的所在。因此，在案件审理之前，经过与控方的明争暗斗，他们取得了遴选陪审团的胜利，在12名成员中有8名是黑人，2名白人1名拉丁裔和一名南美裔。这实际上为辩方日后打出"种族牌"打好了基础。而白人警官福尔曼的愚蠢和腐败，则为辩方这一战略提供了有力的支持。辩方充分地利用了Corruption论据。社会舆论决不会认为福尔曼的腐败是个别现象，他们很自然地将其与当初洛杉矶的四名白人警察暴虐黑人公民罗德尼·金事件联系起来，他们很难相信警方的证据和证言是公正的。

尽管陪审团的成员在审判期间处于隔离状态，不得观看电视新闻和报纸，不得接触与案件有关的信息，不得私下与人交流对案件的看法，但仅就在法官裁决后所接触的关于福尔曼警官的那些已经打了折扣的材料，就让他们惊诧不已。这个人的行为引起了陪审团的愤慨，他的独立行动以及由此发现的证据也引起了陪审团的怀疑。陪审团都是由普通公民组成，司法人员、行政官员以及律师、内外科医生、教师等，都不允许参加陪审团。在一件刑案中，陪审制要求陪审团对被告作出有罪或无罪的裁决，一致的裁决具有终审性质。陪审团对待证据效力，除了特殊的需要法官作出提示之外，就完全由他们自由心证，他们可以根据自己对案件的理解做出自己的判断和选择。但如果要定被告有罪，那就需要12人一致通过。

1995年10月2日，12名陪审员在被隔离260天之后，开始了近四个小时的讨论，最终达成了一致的裁决。10月3日10点，也就是美国东部时间下午1点，法庭宣布了判决结果：辛普森无罪。

当陈晖在他的第一时间把这个结果告诉落城的柳青时,后者一下就懵了,连声说:怎么会无罪呢?

陈晖反问道:怎么就一定有罪呢?

柳青说:这未免太荒唐了吧?

陈晖说:可千万别这么说。这个案子可是在全世界人的眼皮子底下审判的,经得起反复推敲。

柳青说:我还是难以置信。

陈晖就笑了,说:我想这个案子控方之所以败诉,最大的错误在于洛杉矶警方的自作多情——他们太想"铁证如山"了,结果却让臭虫跑到面条里去了。

柳青说:陈晖,你应该好好写写这个案子才是。

陈晖说:是啊,我得慢慢来——这个案子其实并没有真正地完结。

二十二

1995年11月12日上午,落城刑警支队接到报案,前政法委书记郁之光的妻子王佩霞在家中被谋杀。消息传来,大家无不震惊,几路人马立刻赶到了现场。

案发现场是,王佩霞死于24小时之前,是一次血腥的谋杀。凶手是从后面用铁丝勒住被害人的脖子,将其勒晕,然后拖到卧室,拿出刀子在心脏、喉咙等部位捅了七下。其中有一刀刺破了心脏,是致命的。

考虑到被害人丈夫的特殊身份,市委负责人作出批示,严格封锁消息,对可疑人员实施监控。要落城公安局将案件及时向省公安厅报告,并请求省厅来人支持。省公安厅也及时报告了省委,当天,一个由省城刑侦专家组成的小组火速赶到了落城,与刑警支队联手开展工作。现场的勘查,除了提取到几枚陌生的指纹外,就没有发现什么更有价值的东西。

专家的意见是,先对现场实行封闭,将死者的尸体带回,连夜进行解剖。尸检没有什么新的发现,死者没有遭到强暴的迹象,也无中毒的可能,最后的确定与落城刑警支队在现场的初步判断基本一致。这个女人死于昨天上午10点左右。郁家的门窗没有发现被撬动的痕迹,虽然丢失了几千元的现金和女人的首饰，但是所有的银行存单还在。这说明，凶手极有可能是认识的人，也说明，凶手杀人的真正目的未必是图财害命。这个判断一经形成，柳青就想到了沈蓉，她的心一下子紧张起来。不过，案发当天沈蓉不在落城，她和另外两名刑警到外地出差了。也就是说，沈蓉直接作案的可能性应该排除。但是，柳青的担忧并没有因此而减轻，专业知识在提醒着她，任何一项犯罪，都具有其内在的因果关系。即使是美国长达16年的那宗乔治·梅特斯基爆炸案，最终也没有逃出因果链的锁定——著名的詹姆士·布鲁塞尔博士以精神分析法作出了十六个推断，使此案在十六年后成功告破，成为世界刑侦史上绝无仅有的经典。柳青想，假如这个案子真的与沈蓉有关，那么作为拥有近二十年警龄的沈蓉，自然不可能这么愚蠢地把自己圈在具有作案条件范围之内的。她难道会雇凶杀人？柳青联想起一个月前和沈蓉一起喝茶，那天，她说"要再做最后的努力"，她是这样说的。难道，这就是她最后的努力？柳青背脊上渗出了冷汗，她在心里说：沈蓉，你会这么糊涂吗？

事实上，在案件报告当天，市委根据公安局的汇报，就已经布置了对沈蓉的监控，她一从外地回来，支队长刘勇茂就与她正式谈了话，让她将手头的工作移交，这些天暂时住在刑警支队的羁押室里，配合案件的侦破。

沈蓉没作任何解释，只说：我相信组织。

对沈蓉的审讯，最初是以谈话的方式进行的。为了缓和气氛，刘勇茂特地让柳青也一道参加了，担任笔录。

与沈蓉第一次谈话笔录

问：沈蓉，郁之光的妻子王佩霞被人杀害了，你知道吗？

答：我也是刚刚听同事说的。

问：今天我代表组织和你谈话，不是审讯，这样做是对你负责，你觉得呢？

答：这我知道。我和郁之光的事如今已是满城风雨了，现在她老婆被害了，我没有不被怀疑的理由。

问：你不觉得吃惊？

答：我们是情敌啊，说不吃惊也讲不过去。但我很意外，没想到是这样的结果。其实，我觉得这样的结果对我也不好。

问：怎么解释？

答：你看，王佩霞和老郁结婚前后已经有二十年了，还有一个女儿，夫妻一场。即使我们有一天可能结合，我也不希望他带着这样的打击与我生活一起。这也是我厌倦的阴影。

问：你能具体说说，11月11日这一天里，你都在干什么？

答：这你领导应该知道的啊。11号我在外地出差，始终和张玉国、刘永青在一起的。他们可以为我作证的。

问：你打过什么不该打的电话没有？

答：那你们可以查我的手机通话单啊。

问：沈蓉，我们都是搞这一行的，别的话也用不着我多说了。你应该知道，你不在事故现场不等于就与你无关吧？这就是我们要和你谈话的意图。

答：我当然知道。不过，我想组织上也不至于这么随便地就把我处置吧？我们重的是证据，这应该是不会改变的。

第一次谈话就这样结束了。柳青在当天的日记里这样写道：

沈蓉很镇定，很轻松，你如果在现场，你就相信这宗血案与她无关。但是，我的直觉却不是这样的，沈蓉越镇定，我就越是怀疑。这就像发生在1990年的美国康州泛美航空公司空姐海伦失踪案。联邦警察怀疑她的失踪与她的丈夫理查·克拉夫兹有关，其中一项内部掌握的理由，就是，理查通过"测谎器"实验的结果是"过分正常"。现在沈蓉的过分镇静让我不安。我真的不希望她与此案有任何牵连，但这似乎不可能了。我虽然没有证据来证实我的这种直觉，但我在心里已经这么认定了。我为沈蓉惋惜，更为她担忧。

据后来参与这项调查的人说，得知妻子王佩霞遇害时，在省委党校高级班学习的郁之光想到的第一件事，不是立刻赶回落城，而是在第一时间直接去了省纪检委，向分管领导如实交待了自己和沈蓉长达八年之久的婚外情关系。这个向来自信稳健的中年人似乎第一次露出了胆怯与不安。但他反复强调说，我没有杀害王佩霞，我不可能干出这样伤天害理的事情，她的死，我觉得与沈蓉有关。

很快，郁之光也被软禁了，由省公安厅派人对他进行调查。郁之光对自己和沈蓉的婚外情关系说得十分透彻，他怀疑沈蓉策划并指挥了这起谋杀，并说沈蓉不止一次地强迫他与王佩霞离婚，甚至还以死相逼过。郁之光说：我早就有这种预感了，但不知道真的会出现这样的悲剧。

那时柳青就很替沈蓉感到悲哀。一个女人，为了得到一个男人的爱，可能把什么都做了，这个女人可能会搭上性命，而那个男人却主动先把她给交待了。即使是作奸犯科，那也是一个同伙啊，怎么就说翻脸就翻脸呢？

刘勇茂安排柳青负责沈蓉的日常生活，说你们女人之间也许能谈出点什么。告诉沈蓉，他说，有问题就尽快说，争取主动才好。郁之光都把她交待了，没有必要再信那份爱情了。支队长一不留神还喊了句粗话：那不是爱情，是操×！

柳青还是没有说什么。倒是沈蓉每次一见到柳青，就沉浸在过去那些幸福的回忆之中，然后就是无尽的倾诉。

这一年，落城的冬天来得显早。还没有走进12月，黄天就带来了一场雪。雪的规模不大，却下得纷纷扬扬，仿佛春风里的杨花。

"11·12"命案的现场一直处在封锁中。今天，刑警支队第二次到达现场，希望能发现更有价值的物证。第一次现场勘查得到了几枚陌生人的指纹，经过排查比对，是邻居几个老太太的，她们没事的时候就爱到王佩霞这里打麻将。案件发展到今天，除了郁之光和沈蓉的情人关系得到充分证实外，实际上没有什么进展。柳青希望仅仅是这样，那么当事人就不会受到什么额外的打击了。郁之光顶多会因为生活作风有失检点而暂时沉默一阵子，最后还会去当他的官的。即使这个地方不好安排，也会换一个地方继续安排，这是政策。沈蓉呢，经历了这么一场风波，她总该接受教训了吧？快刀斩去了乱麻，也算是帮她迷途知返了，她还会得到一份新的生活，最终还会找到一个爱她的人。但是，对那个死去的王佩霞呢？不可能没有一个交代啊。那个执意要夺她性命的人究竟为了什么？仅仅是因为那几千块钱？一想到这里，柳青的思维便又回到了最初的轨道上，同时又为沈蓉捏了把汗。

今天的勘查，有了意外的收获。痕迹员老赵在垃圾桶里找到了一只破碎的杯子，然后从它上面提取到了一枚新的指纹。从直观上看，这是一个男人的指纹。据了解，这一家除了郁之光偶尔回来，就很少有男人来的。

这枚指纹是否与作案的凶手有关，成了专案组关注的焦点。也可能会成为整个案件侦查的突破口。接下来一定就是排查比对那些与沈蓉有关的人了，支队长刘勇茂提议，首先从刑警支队内部开始，他本人带头。有人就开玩笑说：刘队，你这是何苦呢？大家私下里都知道沈蓉是郁书记的马子，谁会这么不知趣地去碰这根高压线呢？如果有，那大概就只有您了。

刘勇茂说：我也不敢。

但玩笑归玩笑，还真的就这么做了。结果当然都不是。

柳青就说：刘队，郁之光那边的人是否也应该排查比对一下呢？这样才公平吧。

刘勇茂说：那是省厅负责的事，我们不管。

刑警队为此花费了不少时间。结果自然是竹篮打水。

那么，这又是谁的指纹呢？

事情总是有转机的时候。也许有先入为主的印象，沈蓉和这个案件的瓜葛从一开始就没有从柳青的脑海中排除掉。她很不愿意这样想，可又不得不这样去想。那几天没有事情的时候，柳青就坐在办公室里这么左右来回地想着。有一个下午，同事高逸明进来了，主动给柳青倒了杯水。

柳青就随口说了声谢谢，那个人却说：你现在对我是越来越客气了。

柳青感到莫名其妙，说：客气不好吗？

高逸明很不自然地笑了笑，说：那个北京的记者最近好像没怎么给你电话了吧？

柳青有点不愉快，说：高逸明，你没有权利监视我。

高逸明有点尴尬，说：我只是随便问问。

柳青说：我看你一点也不随便。

他好像还想说点什么，但柳青已经带着厌倦离开了，想尽快避开这个阴阳怪气的男人。她还听说，上次篡改审讯江旭初的笔录，就是有人指使这个人干的，奇怪的是竟没有人追究。她把那杯水倒进了痰盂里，然后就去了沈蓉以前的办公室，刚进门，一件不起眼的东西意外地闯进了她的视线，那是文件柜上放着的那个保温桶。那是沈蓉的，国庆期间她们交接班，是个雨天，沈蓉一身是泥地进来，手里就拿着这个保温桶，还说自己差点被一辆双排座汽车撞了……后来，她说到郁之光，说自己已经被拖垮了……再后来，一个男人来了，是沈蓉的弟弟，从外地来的……

柳青心里仿佛一颗流星划过，忽然亮了一下，紧接着就熄灭了。她慢慢取下了那只保温桶，带回了自己的工作间，那个高逸明已经知趣地离开了，柳青将门关上。保温桶虽然经过了简单的洗涮，但柳青还是在把柄上提取到了一枚指纹，她立刻将它与昨天老赵在破碎玻璃杯上提取的那枚指纹进行了比对。留在保温桶上的指纹虽然残缺，但其中有十个特征点与现场提取的那枚指纹完全一致。

柳青感觉头一下就大了。

天啊，果然就是这样啊！一个聪明人往往就是一个最糊涂的人。沈蓉是干这一行的，她怎么会犯这种小儿科的错误呢？证据确凿，这对沈蓉将是致命的一击。她不会再那么从容了，她会慌张起来，会号啕大哭，会马上被捕，会……

柳青不敢再往下想了。她坐在那个保温桶面前，看着它。沈蓉说过，这个保温桶还是郁之光替她买的，那是很久以前的一个傍晚，还在县里挂职的郁之光抽空回到落城，在走进自己家门之前，这个温情的男人先到了沈蓉的楼下，让司机把这个保温桶送上去。沈蓉打开保温桶，里面是几个散发着热气的粽子，才知道那一天是端午节。柳青完全能够体会到沈蓉当时的心情，也能想象得出，在那个傍晚，沈蓉端着这只保温桶孤独地站在窗口，目送郁之光那辆车子开出自己的视野是怎样的情形。她会哭的，会哭得很伤心。其实这个女人要的真的不多啊……

这个结果让柳青陷入到极其复杂的感情中。她自然兴奋，同时也震惊，更让她为难。她知道一旦报告上去，等待沈蓉的将是什么。她知道那个后果，知道那将是一个无法更改的后果。柳青的眼睛湿了，这一刻，她想到了几个月前安小文的案子。那个案子与自己无意中出演的那个角色,她已经被那个角色弄得很痛苦了,而现在,她得再次出演,而且有过之而无不及,几乎就成了主演,她不知道该怎样对待这个折磨人的局面。

然后她就听见了敲门声,她没有理睬。接着,是支队长刘勇茂的声音:小柳,你在里面吗?

柳青将门打开,看见支队长、政委和副队长都站在门口,就问:有事吗?

刘勇茂说:上班时间关什么门呢?又偷着给北京那个记者打电话?还哭了?

柳青淡淡地说:我这里打不了长途的。

刘勇茂说:他可以直接打过来啊。

说着,三位领导就走了进来,李林把门给掩上了。这个阵势让柳青很有点紧张,她不知道怎么今天三个头儿为什么一起来了。

刘勇茂坐下就问:10月2日那天,是你和沈蓉的班吧?

柳青说:是,我值上午,她是下午。

刘勇茂说:大门口的传达说,那天中午,有人来找过沈蓉的,当时你在场吗?

柳青说:我在……是她的弟弟,好像叫沈强……

刘勇茂和两位领导交换了一下眼色,说:李林,你马上亲自带人下去,找到那个沈强!

李林正要起身,柳青把经过比对处理的那两枚指纹卡放在了他的面前,然后平静地说:是他干的。

二十三

当晚9点,李林带人将沈强抓捕归案。李林说,抓捕的过程很顺利,沈强一看见警车停到自己家门外,就自动走出来了,手里还是拎着那只大旅行袋,里面装好了洗换的衣服和洗漱用具。这个三十多岁的单身男子看来什么都准备好了。犯罪嫌疑人一经带回,刘勇茂没有先对他进行审讯,而是让他去临时羁押室见了姐姐沈蓉。一看到这个情形,沈蓉什么都明白了,但她没有像柳青设想的那么惊慌,反倒异常平静地说:刘队,我是主谋。

沈强却突然喊道:姐,你别糊涂,这事与你无关啊,人是我杀的!

沈蓉从小就失去了双亲,与这个弟弟是相依为命过来的。父母先后死去的时候,沈蓉才十六岁。她本来是可以上高中上大学的,但为了这个弟弟,她还是报考了警校,目的是尽快工作,挣钱供弟弟上学。

审讯是在翌日凌晨2点正式开始的,沈家姐弟分别被带到了两间审讯室,由支队长刘勇茂和副队长李林直接出马。

审讯沈强笔录

问:11月11日你在干什么?

答:我刚上班,就接到了电话……

问:谁的电话?

答:……

问:是你姐姐沈蓉的吗?

答:是的……她就说,那个人今天从家里走了。

问:那个人指的是郁之光吗?

答:应该是……

问:然后呢?

答:然后我就雇了一辆出租车到了落城……

问:你怎么这么快就做出了反应?

答:是我这样对姐姐安排的。这件事自始至终就是我一个人干的,与我姐姐没有关系。

问:现在说你自己的问题。你是怎样安排的?

答:上个月我到落城来,看见姐姐气色很不好,就问她有什么烦心的事。

问:她怎么说?

答:她说是的,心情很不好。她说自己是为一个男人离婚的,那个人叫郁之光。他们已经好了八年了,本来是准备各自离婚后重建家庭的,可是,那个男人离不了,说他老婆有病,还说那女人在要挟他……

问：怎么要挟？

答：我听姐姐说，郁之光曾经对他老婆提出离婚，说好了什么都不要，但他老婆说，要是离婚，她就举报郁之光受贿……

问：说具体点。

答：我说不具体，我也没有多问。

问：接着说。

答：姐姐说着，就流泪了。我就觉得她好可怜。她为了一个男人什么都放弃了，可这个男人却不能对她负责。我就觉得好不公平，就说，姐，这件事我来帮你摆平吧。

问：沈蓉是什么态度？

答：她说，你别瞎来！我今天只是对你说说而已，没想让你做什么。说出来，我心里好受点。你姐不后悔，你姐也就是这个命吧。

问：还有呢？

答：我说，你放心，我会把这件事办好的。你只要告诉我，郁之光什么时候不在家就行了。

问：还有呢？

答：没有了。真的没有了。那天接到电话，我就到了落城，找到了郁之光的家。

问：你是怎么知道郁之光家的住址的？

答：自己打听的……

问：向谁打听的？

答：我不认识。郁之光是一个名人，曾经在落城当过领导，知道他的人很多。

问：是你姐姐沈蓉告诉你的吧？

答：不，是我打听的。

问：向谁打听的？

答：我不认识，我是一步步打听的，先找到了他住的"绿林小区"，再问门号的。

问：沈强，你这么说不觉得很荒谬吗？

答：我是自己打听的……你们不信，我也没办法。

问：好，你先往下说。

答：我在小区附近买了点东西，有香烟和酒，还有水果……

问：为什么要买这些东西？

答：为了好敲门。当官的不打送礼的，这个我懂。

问：门就是这样敲开的？

答：是的。当时就他老婆在家。

问：这么巧？

答：是的……如果当时有外人，我就会说"对不起，敲错了"。

问：你接着说。

答：我进门之后，那个女人对我很客气。说郁之光今天刚去省里，我说没关系，我把东西送来就走。她问我是哪里的？我说是金辉公司的……

问：为什么说是"金辉公司"？

答：我随便说的。我在落城的大街上看见过金辉公司开发"月影高级住宅区"的广告牌。

问：然后呢？

答：郁之光的老婆给我倒水，一会儿，我确信家里没有别人，就把水喝光了。他家的暖瓶放在厨房里，她老婆去为我续水，我就跟在她后面，直接动手了……

问：说具体点。

答：我用电线从后面套上了她的脖子，使劲勒，她挣扎了一会，就不动了。接着我就把她拖进了卧室，拉好窗帘。怕她不死，我就拿出刀捅了她前胸两下，又捅了她的喉咙……然后，我把现场看了看，觉得没有什么破绽，就悄悄离开了。出门的时候我看了一下表，十一点一刻。我把溅了血的衣服和那把刀装在尼龙袋里，扔进了一个下水道——我会带你们去找的。

问：你把这个结果告诉沈蓉了吗？

答：在回来的路上，我给她打了电话。是用一个公用电话打的，我说：我回来了，事摆平了，很顺利。

问：沈蓉怎么说？

答：她什么也没说……一句也没说，真的没说……我说过，这件事是我一个人干的，与我姐姐无关。

审讯沈蓉笔录

问：沈蓉，作为一名警察，你怎么会干出这样伤天害理的事情？

答：是我平时放松了对自己的要求……我愿意承担责任，接受法律的制裁。

问：你先交待你的罪行。你和郁之光是什么时候认识的？

答：前后有八年了。

问：是否已经同居了？

答：不能说是同居，应该是幽会吧。那是经常有的……

问：经常怎么解释？

答：最初，那是1988年，我们认识之后就偷着来往。后来他去了县里挂职，见面要少一些。但只要他从县里回来，就会来找我。我也去过县里看过他好几回。三年前他调回落城，成了我们直接上司，见面就不太方便了，主要是怕人知道。

问：没有不透风的墙，你不觉得这样维持很困难吗？

答：我们原来是计划先各自离婚，再结婚的。

问：为什么又没有这样做呢？

答：我是做了，没做的是他。这我理解，他是领导，有很好的前程，担心这样的事情影响到仕途。

问：你难道不认为这有悖道德规范吗？

答：我认为婚姻应该让相爱的人在一起，才是道德的。

问：所以你在郁之光离婚无望的情况下，对她妻子，那个无辜的女人下了毒手？

答：是的……这是我的罪。当我听见郁之光向我哭诉，他要是离婚，那女人就要举报他受贿的要挟，我就起了这个念头。

问：是你指使沈强这么做的吗？

答：是我一手策划的。

问：怎么策划的？

答：我想必须把这件事摆平，我和郁之光的日子才有盼头。我就在国庆期间把沈强叫来了，对他布置了一切。我让他等我的电话，只要郁之光不在家，就可以动手去做了。我告诉了沈强具体的小区以及门号，让他买些东西装作送礼的人……我还提示他在现场不要留下任何痕迹。总之，是我一手策划指挥的，我应该负主要责任，我是主犯。

问：沈蓉，你想过没有，你以这样残忍的方式，是在表达对郁之光的爱吗？你能带着这种罪孽心安理得地和他在一起吗？

答：我是一个女人。一个女人为了爱情，可以做出许多意想不到的事情。包括……犯罪……

问：事到如今，你居然还这么想？

答：我就是这么想的……我知道我犯罪了，可我无法遏制自己。现在后悔也无济于事了，我愿意认罪伏法。

二十四

"11·12"案件告破的第三天头上，柳青来到了蓝天律师事务所，正好李志扬出门，他们就站在街边进行交谈。律师刚刚从外地出差回来，事先，柳青已经和他通过了电话，简单地说了一下沈蓉的案子。律师没有做出明确的反应，在电话里停顿了很久才重重地叹了口气，说这个沈蓉好糊涂啊。现在柳青正式提出让他来帮沈蓉打这场官司时，律师又沉默了，神情显得有些复杂。

柳青有点意外，就问：你能接这个案子吗？

李志扬说：我这个人可能很不适合做律师……我对一个案件，首先就有了一个道德判断，然后才进行选择。沈蓉这个案子，我觉得我不适合做她的辩护律师。

柳青就问：因为她是"第三者"？还是因为她是"执法者"？

李志扬说：第三者倒没有关系。就婚姻关系看，沈蓉是第三者，但就感情关系看，她是郁之光的唯一。我的障碍还不在这里……

柳青追问道：那在哪？

李志扬说：你别问了。以后我会慢慢告诉你的。

柳青说：李志扬，沈蓉是我过去的同事，我们的私交也不错。我请你担任她的辩护律师，并不指望能为她开脱什么——执法者犯法，严惩不贷，我知道。沈蓉即便是死，我也希望能让她死得服气，死得有理，死得没有遗憾。

律师叹了口气：这可能吗？

柳青嘲笑道：你现在很红，担心的大概是败诉吧？

李志扬说：你觉得我这么狭隘？

柳青说：那该作何解释呢？

李志扬看了看布满阴霾的天空，说：我不想再次看见我的当事人被押赴刑场执行枪决。我尤其不愿看见一个女人因为我的无能而最终被枪毙——这是我心理的障碍，你懂了吗？

谈话就这样在冷风中结束了。

但是第二天一早，柳青就被李志扬的电话吵醒了。柳青以为男人会解释点什么，就懒散地说：我还在睡觉呢。

李志扬说：那你赶快起床吧，我马上开车到你那里。

柳青就问：有什么事啊？

李志扬说：咱们一道去机场接一个人。

柳青说：接谁啊？

李志扬说：那个人其实更是你的朋友。

柳青一下就坐了起来，她知道是谁要来了。但她在电话里却装作无所谓的样子，说：是陈晖吗？

李志扬说：是啊，昨晚刚接到他的电话，他今天上午10点到。

柳青又问：他来做什么？为沈蓉的那个案子？

李志扬说：电话里没怎么说。好了，快起床吧。

放下电话，柳青连日的疲惫与沮丧仿佛被风吹散了。那时她就意识到，陈晖这个人对自己的生活已经显得很重要了。可是他为什么不直接通知她呢？她回想起离开北京前的那天晚上，和陈晖一起在天安门广场散步的情形，觉得彼此都已经心照不宣了。她不知道那临别前的拥抱和接吻，是意味着一种开始还是暗示着一种结束？但是她清楚，他们已经互相成为镜子，反射出来的是对方的心思。这种看上去有点不伦不类的关系，如果置换一个对象，或许早已经不存在了。他们是那样欣赏着对方，却又警惕着对方，他们给予对方的其实只是关心，却不能理解成爱——爱这时候就像特别难了。陈晖曾说，他视野里的只有两种异性朋友，一种是熟人，一种就是爱人。前者很多，后者是唯一。他说，我不会同时爱上几个女人。但是，如果这个女人对我失去了魅力，或者离开我，那么我可能会重新寻找的。他说男人的一生其实就是寻找的一生。直到遇见那份最爱。其实对女人，不也是一样吗？问题在于，他们之间谁都不愿意成为对方寻找过程中的一个段落，又谁都不敢保证成为对方的唯一。这与那个为一场虚幻的恋爱而身陷囹圄、生死未卜的安小文相比，真的是太奢侈了啊。

带着这样的思绪，柳青走到了大院门口。一会儿，李志扬的车就到了。柳青今天换上了便装，显得很青春。上了车，李志扬就对昨天的事情作了解释。他说：我想了一夜，沈蓉的案子我还是接下吧。

柳青说：你本来就该这样，在落城，我找不到比你更出色的。

李志扬说：现在，我只能尽力而为了。这回陈晖来了，我们可以一起谈谈……

说着，就从后面拿出了一束红玫瑰，递到柳青手上：待会给陈晖。

柳青说：还这么隆重？

李志扬说：毕竟是远道的朋友嘛。

柳青忽然就想到了上回李志扬从北京回来，也把陈晖的玫瑰传给了她，心里就笑了，心想这个男人真是厚道，就这么心甘情愿地为他人传递着玫瑰，自己却退避三舍了。为什么不争夺一下呢？所谓近水楼台先得月，他不是曾经轻而易举地就让一个女人随他进山了吗？可他还是选择了自动退出。退得干干净净，丝毫不拖泥带水。柳青这么想着，觉得自己有时候真的有点儿坏了，又一想，也觉得有点悲哀。这悲哀来自哪里，她自己也不太清楚。

飞机正点抵达。很快，陈晖出来了，还是以前那种洒脱的样子，只是因为飞行显得有点疲倦。看见来接他的人后，男人就把头上的棒球帽摘下来挥动着。

三个人热情地握手，柳青就把花递了上去，说：我先得说明，这束花是李志扬让我送的。

陈晖还是高兴地把花接过来，说：谢谢，我这个人脸皮很厚，不怕被奚落。

大家这样说着上了车，陈晖说：这地方感觉还是有变化的，其实我上回离开没多少天吧？

李志扬说：也有两个多月了。

陈晖说：安小文的案子怎么样？

李志扬说：主犯没抓到，东西也没找回，人只好羁押在看守所了。

陈晖说：这么关着也不是个事啊。

柳青说：可以折算他的服刑期的。陈晖，你这次来，因为什么？

陈晖说：我要是说因为你，你信吗？

柳青说：我没看出来。说真的，你这次来到底因为什么？

陈晖就把原因说了。上次回北京之后，他还是抽空就江旭初的那个案子写了一篇大特写，交给了南方一家影响很大的报纸发表了。文章记录了"枪下留人"的一幕，却对"殉情是否犯罪"的质疑完全删除，事先未经作者本人同意。这令陈晖很不满意，他也就没有告诉落城的两位朋友。但是，落城监狱里的一个犯人却对它引起了注意，那个人反复通过那家报社给陈晖写信，诉说自己的冤枉，希望能接受陈晖的采访。

陈晖一说，柳青就想到了一个人。她说：那个犯人是不是姓吴？

陈晖说：对，叫吴长春。

柳青心里咯噔了一下，说：我知道这个案子……李志扬，你也应该清楚吧？

李志扬说：是多年前郊区文化馆的那个人？

柳青说：是的，这个案子已决十三年了。

陈晖拿出吴长春给他的信，念了其中的一段："我已经服刑十三年了，按我的表现，我也许很快就会被再次减刑而最终获释。可是，我是被冤枉的。即使我不再受劳役之苦，我的心灵还是得不到平静。我需要为自己证明。我要对得起我死去的妻子和她腹内还没有来得及出生的我们的孩子。我需要一个人间的公正……"

陈晖说，这类事自己以前也遇见过。他凭直觉就能感到，这个吴长青是冤枉的。人是有良知的，一个人如果真的犯了大罪，在逃脱过枪毙之后还这么一如既往地申冤，说明其中一定有重大的问题。

这个判断与柳青是完全一致的。她自然想起去年吴长春的父亲，那个叫吴全印的老人求她捎信给父亲的事，但这个时候，她暂时不想说什么。

这天晚上，李志扬在为陈晖接风洗尘的饭桌上，第一次说了沈蓉的案子。他原以为远在北京的陈晖不知道，结果陈晖说，自己已经得知了这个消息，此番来落城，也带有探听此案虚实的目的。陈晖说，那个叫郁之光的男人是副局级的干部，出了这样的事，中纪委和中组部都会掌握的。陈晖还说，估计北京的媒体会很快扑到落城来，像这种涉及高级干部隐私而且还导致谋杀的案子，记者们是不肯放过的。

柳青说：也许舆论会帮上忙，对沈蓉的案件审理有利呢。

李志扬说：有时候，舆论还充当了"第二法院"呢。没见有些民事案件，官司怎么打都没有用，结果电视台一曝光，很快就解决了。

陈晖说：这也未必。某种意义上，舆论有时就是一把刀子，就看怎么捅了。这个案子，从目前的情况看，郁之光不过负有道义上、良心上的责任，对他来说，也就是一个领导干部的生活作风问题。只要背后有人给他撑着，碍不了大事。无非就是反复检讨、批评和自我批评，或者象征性的一个党内处分，最后呢，还是要易地安排的。

柳青问：那么对沈蓉呢？

陈晖说：我想对沈蓉是不利的。你看，她首先是"第三者"，这既不符合主流意识形态，也违背了大众的心理定势，会招致普遍的谴责。

柳青说：沈蓉爱郁之光，那是动了真情的啊。

陈晖说：在大众和法律眼里，爱这时候不叫爱，叫勾引。此其一。沈蓉是本案的主谋，策划并指挥了这场旨在铲除情敌的谋杀，这样的事情自然会激起民愤，此其二。第三，作为拥有近二十年警龄的沈蓉，作了这样的案子，那是知法犯法，执法者犯法可是罪加一等的。有了这三条，你说舆论会怎么看？

柳青沉默着。

李志扬说：陈晖说的有道理，这个案子并不复杂，但意义深远。

翌日是星期六。按照行前的计划，陈晖本来准备在第二天去落城监狱会见吴长春的，他已经和有关方面取得了联系，也随身带有北京那边过硬的介绍信。昨晚吃完饭，他把李志扬的那辆桑塔纳也临时要来了。陈晖将车子发动，然后给柳青去了电话，说很想让女人陪自己去落城监狱。柳青说：我正要给你打电话呢。我爸爸想和你谈谈。

陈晖有些困惑，说：你爸爸？

柳青说：吴长春的案子以前是在我父亲手上办的，昨天我说你为此而来，他就一晚上没睡好。

陈晖立刻就答应了。对他而言，这是一个意外的收获，也可能会是一个双重的收获，他觉得通过这样的交谈，会有利于自己和柳青的接触。对这个女人，陈晖总还是放不下。很快，陈晖就赶到了那个曾经去过的院子。他还记得，第一次走进柳青家时，她父亲那狐疑打量的眼光。但这回不一样了，陈晖一到，柳立中就从书房里走出来，和陈晖热情而庄重地握手，说：是陈晖同志吧，欢迎你来。

站在一旁的柳青说：干吗这么外交礼节式的，不别扭啊？

陈晖恭敬地递上了名片，说：伯父，你好。

柳立中看了看名片，说：你们这个杂志，我是经常看的。所以上回小青一提到你的名字，我就觉得耳熟……你写过不少文章啊。

陈晖有点不好意思地说：写得不好……

两人就在客厅里坐下，陈晖有点不自在，看了看柳青，说：柳青，你也坐吧，一块聊不好吗？

柳青说：我得先给你们沏好茶，我妈一早就出去跳扇子舞去了……

柳立中说：我今天本想去钓鱼的，听小青说，你这回是专程为吴长春那个案子来的，我就想约你来叙叙——这个案子是我手上的事，已经过去了十三年，心里总还是不踏实……

陈晖说：伯父，我有一个建议，咱们一块去钓鱼，一边钓一边谈……

柳立中一拍大腿，说：这个主意好！

说着就让柳青赶快准备渔具。柳青说你们的事情却要我来伺候，太不公平了。柳立中就说，在家里，还是有点独裁的好。

趁这工夫，陈晖打量了一下柳青的房间，屋子收拾得很整洁，有两架子书，有一台电脑，还有一台钢琴。他看见自己给柳青拍的那幅放大的照片，已经装在一只精致的镜框里。陈晖就想，这框子里该装上他们的合影才合适。然后，他的目光就停在了柳青穿着白色公安服装的那张黑白照片上，少女柳青，不过十六岁吧？

等柳青过来，陈晖就问：那时你多大？十六？

柳青说：你眼光很毒。

陈晖说：那时的你……比现在开心啊。

柳青说：是啊，可惜回不到那个时代了。这身警服还是沈蓉借给我的呢。人生有时候就这么恶心……

后来他们就随柳立中去了一条河边。那条河，是蓝渡江的一条支流，叫秋水，很窄，两岸生长着芦苇。不过这个季节，那些芦苇都已经枯败了，显得很萧杀。当地人有时候故意唤作囚水，因为在它的背后，就是阴森的落城监狱。

陈晖把车子停到一块沙地上，惊起了芦苇丛中的一群野雁。这些鸟像爆炸似的飞开，最后又在空中聚到了一起，向着另一块沙丘飞去了。有点平沙落雁的意思，陈晖想，这些鸟不像候鸟那么势利，这么冷的季节还眷恋着这块土地不肯离开，太难得了。

二十五

1982年6月17日，在落城郊区文化馆干部吴长春眼里，是一个阳光明媚的好天气。像往常一样，这个27岁的年轻人在家吃过早饭，就去单位上班了。他在文化馆从事群艺辅导工作，会拉手风琴。一次文艺调演，让他认识了现在的妻子刘云。新婚还不到半年，妻子刘云就已经怀孕了。B超显示，应该是个男孩。这对独苗单传的吴长春而言，是天大的喜事。文化馆的工作比较松散，那些天，吴长春总是抽空往回跑，到菜市上买新鲜的鱼虾，再去批发水果。不过今天他却不能回去替妻子做饭了，他要为一家合唱队的排练担任伴奏，中午有招待的饭局。但这个仔细的男人还是利用饭后那么一点闲暇，骑着摩托车回了一趟家，给妻子送了一些水果。他从家中出来时，看见几个邻居老太太坐在树荫下打着扑克，其中一个还问：小吴，你媳妇怀的是儿子吧？吴长春说是，是男孩。

合唱排练一直到下午4点才结束。吴长春立刻就骑着摩托车回家。在楼梯上，他就听到了自己家里传出的收录机的音乐声。那是妻子刘云喜欢的一首曲子，但是由于音量过大显得很不轻柔。吴长春就觉得有点蹊跷，妻子懂得欣赏音乐，平时是不会把音量弄得这么大的。吴长春敲门，可是门没有开。他不断地喊着刘云的名字，门还是没有开。这个时候，吴长春似乎觉得有点不妙了，他慌忙从口袋里找出钥匙把门打开，迎面就闻到了一股浓烈的血腥味。他提着发软的脚走到客厅，再找到厨房，才看见妻子刘云早已躺在了血泊之中，那地上血都已经凝固了。突然而致命的打击让吴长春立刻瘫到了地上。他几乎是爬到了妻子的尸体面前，将刘云紧紧抱在怀里。他呼喊着刘云的名字……

　　落城警方在接到吴长春的报警电话后，于二十分钟后赶到了现场。那天正好是局长柳立中到刑警支队检查工作，得到警报，他本人立即中止了会议，随出现场的刑警一起到了吴长春的住处。从现场情况看，死者刘云显然是被人用钝器袭击脑后，造成脑组织严重受损死亡的。死者同时还受到了多处的刺伤。但是，警方在现场却没有找到任何的凶器。于是警方按照自己的工作程序，先将死者家属吴长春安排脱离现场，然后进行勘查。

　　现场很惨啊！事隔十三年，年近七旬的柳立中回忆那个凶杀场面是还是感叹不已。那个姑娘才二十四岁，肚里孩子也有四个多月了，一下子都没了。我当时就下了命令，这个案子一定得破！经过为期一个月的摸排，我们最后将作案人锁定在吴长春身上。

　　陈晖插话道：是不是一发生凶杀，首先就得怀疑自己的亲人呢？

　　柳青接过话头说：不是怀疑，是调查。一般而言，作案动机应该与被害人有关。因此就有必要调查那些与被害人有关的人，包括亲人。

　　陈晖说：吴长春有作案动机吗？

　　柳青说：这要看你怎么看了。

　　柳立中说：我们当时认定吴长春有嫌疑，不是在动机上做的文章。邻居普遍反映，那小两口过得还挺好，很难相信会发生这样的事情……

　　陈晖说：我想知道，您当时的第一直觉是什么？

　　柳立中说：我比不上你们这些年轻人，对案子不会有什么先入为主的判断。

　　陈晖说：或者说，当调查展开时，您相信吴长春杀了妻子吗？

　　柳立中吸了口烟，说：坦率地说，我不相信。可是等现场的勘查结果出来后，我就断然放弃了这个念头。

警方最后认定吴长春犯有故意杀人罪，主要证据有三条。一是吴长春的身上有喷溅状的血痕，经化验，血型与死者刘云相符。这个事实在吴长春的口述中得到的解释是，他当时把妻子抱在怀中留下的。但是尸体检验证明，刘云的死亡时间是在中午，大约在 12 点 30 分至 13 点之间，吴长春提前下班回家，继而发现妻子被害，是在 16 点左右。那么近四个小时的时间足以让死者体内的血液凝固了，也就是说，是不可能在吴长春身上留下喷溅状的血迹的。警方据此认为，吴长春隐瞒了杀害妻子的真相。二是，6 月 17 日这天，吴长春的邻居证明，那天中午在小区里看见过吴长春的身影。这就意味着他是具备作案的时间的。对此，吴长春的解释是，他中午是回来给妻子送水果的，只在家待了一会就离开了。第三，警方后来从吴长春的父亲吴全印那里得到了一个旁证，那老人说儿子曾经对他说过，和媳妇发生了争吵，一时冲动就打了她。但是老人没有说儿子拿什么打了人。这个口供，在审判时又被翻供了，老人说，那是一个警察引诱让他这样说的……

陈晖问：您现在还这么想吗？

柳立中想了想，说：我很矛盾……自从听说吴长春这么多年来一直在申诉，我就很不安宁。还有一个疑点，至今也没有弄清楚……

陈晖问：什么疑点？

柳立中说：我们在现场还提取到了另一个陌生的指纹，是男人的，但是没有查出来是谁的……

柳青也暗自吃惊，这个细节她还是第一次听父亲说。

陈晖说：您觉得应该是谁的呢？

柳立中说：如果我的判断不错，这枚指纹不是吴长春帮凶的，就是凶手本人的。

陈晖说：您的意思，是另有人在作案？

柳立中说：现在看来，这个可能性极大……我和小青讨论过，要是这个案子真是吴长春作的，像他这样免除一死的人是不会上诉的，这不符合逻辑。我现在是被夹在科学鉴定与逻辑分析中间，动弹不得，但是事情不彻底搞清楚，我死不瞑目……

说到这里，柳立中回过身看了看那座落城监狱，说：吴长春在那堵高墙里度过了十三年，还在不断地申诉，说明他有冤枉啊。可是谁能证明这一点呢？

陈晖说：吴长春在给我的信中说，他在狱中的表现很好，可能还会得到减刑，就是说他不久的将来就获得自由了。但他还在申诉，他说要的是一个人间公道。

柳立中说：这也是我想要的啊。

那天晚上，陈晖在柳青家吃过晚饭，就一块来到了蓝渡江边散步，交谈着。江上很安静，月色朦胧，雾气氤氲，偶尔传来轮船几声悠长的汽笛，使这个夜晚显得很空旷。

陈晖说：你父亲这个人很好啊，那么敬业，那么有责任感、正义感。

柳青说：我没想到他会对你那么信任……那个细节，连我以前都没听他说过。

陈晖说：你在学校里，有没有遇见死者在死后四个小时还会有喷溅状血痕的？

柳青说：不可能。血液一般在死亡半小时之后就开始凝固了。

陈晖问：能这么肯定吗？

柳青说：当然肯定，这是科学。

陈晖说：科学也是存在漏洞的嘛。

柳青说：陈晖，这是我们的不同。你依赖于想象，而我只相信科学。

陈晖说：我很难相信，像吴长春那样的男人，会亲手杀死自己的妻子和未出生的儿子。

柳青说：难道犯罪的人脸上会有什么标志吗？

陈晖说：你不是说，犯罪同样需要动机吗？这个吴长春怎么可能……

柳青说：陈晖，犯罪往往是一种冲动，如同我们通常所说的那种"一怒之下"，西方的犯罪学上称之为"激情犯罪"，等一切酿成大祸就为时已晚了。

陈晖沉默了，点上了一支烟。

柳青似乎猜到了此刻这个自命不凡的记者心里在想着什么。他一定是在埋怨着，像你柳青这样一个有几分文静与雅致的女孩，怎么连一点同情心都丧失了？

果然，陈晖说话了，他在柳青面前踱着步，说：是啊，也许是职业原因吧，我们之间竟也有很多的不同。其实我们应该在科学与想象之间寻找一条路。

柳青抬头看着陈晖，说：你这是什么意思？吴长春的案子我曾经也认真地想过，我真的希望这是一个冤案、一个错案。这至少对我父亲也是一个解脱啊。可是，每次一想到这里，科学使我却步了。

陈晖带有自嘲地笑了笑，说：科学有时候也有狰狞的一面。世界上因为科学的错误导致的悲剧比比皆是。不过，我现在想的是另一个问题——如果吴长春的案子铁证如山，那么像他这样的罪，当初就应该处以极刑问斩，而不是一开始就判为死缓，以致拖到了十三年。

这番感叹的话却在柳青心里引起了波澜。陈晖说的有理，按照吴长春的罪行——倘若真是这样的话，法庭最后裁定为什么不是死刑而是死缓呢？毕竟是两条人命啊！吴长春并没有任何背景，也没有任何的财力，他是无法去疏通什么关节的。为了这个案子，据说两方的老人都在上诉，都已经搞得倾家荡产了……

陈晖决定去省城的高级法院继续调查吴长春一案。第二天一早，他就搭乘落城去省城的大客车上路了。他不想惊动任何人，想直接去与当年参与这宗案件审理的法官进行接触。所以他没有住进酒店，而是住在了法院附近的一个小招待所。这里没有标间，只有普通的床铺，每晚20元。住这里的人基本上都是来上访的，都带有状子。招待所的门前就有"代客诉讼"的铺子，就像邮局门前"代写书信"一样。以往陈晖只要是因为某个案子出差，总愿意住到这样的地方，这样会使他更有利地了解基层的司法状况。没什么事情的时候，他就在这铺子边上溜达着，暗自观察。

这天上午，陈晖刚吃完早点，就看见摆摊的那个戴墨镜的男子正与一个看似老实巴交的老头在交谈着。那摆摊的说：你怎么又来了？你家的事情不是早办完了吗？

老头说：怎么叫完呢？我儿子是冤枉的啊！

摆摊的说：我说老人家，当年我帮你写状子，总算是替你把死罪变成了活罪……我也就只有这点能耐了。依我看，你老还是收手吧。

老头说：可我儿子是冤枉的啊！他怎么能亲手去杀自己的媳妇呢？那不是畜牲吗？

陈晖听了这话，就主动走了过去，问：老人家，你儿子叫什么名字？

老头看了看陈晖，说：叫吴长春。我是他爹吴全印……

陈晖说：老人家，我来为你写这个状子吧。

陈晖说着，就把随身带着的记者证掏了出来。那老头一看是记者，就连忙扑通一声跪倒在地……

然后，陈晖就和招待所的负责人商量了，把自己与吴长春的父亲安排到了一间屋子里。他告诉老人，他儿子吴长春也在牢里给他写信了，自己这次来，就是为吴长春的案子。他希望老人能多讲一点真实的情况，他说：这是有利于案件的进展的。

谁料这老人一说就哭个不行，说自己把儿子害了。

陈晖有点紧张，问：你怎么把他害了呢？

于是老人就讲出了一番话。老人说，在儿子被抓起来后，公安部门曾经多次去他那里了解情况。老人一直就是说，我儿子不会杀人的。但是，最后一次，一个公安人员对他说：老人家，你儿子确实犯罪了，我们已经掌握了确凿的证据，他衣服上溅有他媳妇的血，这是抵赖不掉的。

老人一听就傻了。

那警察说：既然这样，认罪的态度好坏就很重要了。你要是真想让你儿子从阎王那里回来，就帮他一个忙好了。

老人很茫然地问：怎么帮？

那个公安人员就说：你仔细想想，你儿子是不是对你说过，他与媳妇争吵，一怒之下就把人打了，只是没想到会把人打死……你这样说，就说明你儿子是一时的冲动，不是故意杀人，那么法院听起来就会认真考虑了。你想是不是这个理？

老人想这样或许就能为儿子开脱死罪了，于是就照那个警官的意思说了。公安人员及时做了笔录，让老人按了手印。可是，等开庭之后，老人才知道，自己这么说非但没有为儿子开脱，反倒成了儿子定罪的一条依据。他当庭就说这不是真话，这不是事实，这是落城的公安让他这么说的，可是已经于事无补了。

老人哭诉道：记者先生啊，我是老糊涂了，我真的不该那么说啊，都是公安让我这样说的……

老人的这番话让陈晖感到气愤,他想这不是典型的诱供吗?为了早点了结这个案子,就采取这样的手段,实在可恶。

老人平息了一会,又说:我每回去看儿子,他都说,爹,你儿子是冤枉的,你得为我往上告……没有钱,就把房子卖了,还儿子一个清白。我也就把房子卖了,也去了北京,可是我儿子还是在牢里关着……

第二天下午,陈晖带着柳立中写的条子去了当初主持这次审判的审判长潘佐祥家。此人原来在落城中级法院,后来才调到省高法来。这位前任的法官实际年龄并不算大,却已经退休在家几年了,他今年六十三,身体看上去很健旺。除了爱好书画,就整天待在家里。所以当陈晖随便问起,您不打算再发挥点余热时,他就打了个手势说:有几家律师事务所想请我去帮点忙,我都推了。我在司法战线上干了四十年,人很疲惫,现在一听官司、案子这样的话,我就觉得累。不想干了。陈晖和卸任的法官谈得很轻松,潘佐祥把陈晖带进自己的书房兼画室里,让他看看自己的作品。他说:你是北京来的记者,见识多,给我提提意见。

陈晖一看,就清楚卸任的法官字是在学王羲之,还兼带着一点何绍基的味道;画是在一味地临摹黄宾虹,都是些小品之类的习作。但陈晖还是说了几句好听的话,他说:您学得很规矩,书画同源,都讲究用笔用墨,看得出是下了一番功夫的。

潘佐祥一听便哈哈大笑,说:这样的恭维我可是很爱听的啊。

说着,又拿出自己喜欢的紫砂茶具,沏了一壶铁观音。在沏茶的时候,潘佐祥似乎很不经意地问道:陈记者,你千里迢迢地跑来,又带着落城老柳的条子,恐怕不是为了对我这个退休的人说几句恭维话吧?

这一问,陈晖倒有些不好意思。他就把自己接到吴长春的来信经过简单地说了一遍。最后,他把话题落在了这样一句话上:我想知道,当初为什么不判这个吴长春死刑而判死缓呢?依照他的罪行——倘若真的能够证明他有罪的话,是足够枪毙的。

潘佐祥浅淡地笑了笑,说:你很会提问题啊。你问得确实也很好。按照现行的刑法,吴长春一案处以极刑是不在话下的。任何一级法院都会作出这这种裁定。可是我们为什么要坚持判他死缓呢?问题的关键还是证据不足……

陈晖说：那不还是照样给判了吗？

潘佐祥说：证据不足不等于没有证据。这是我们内部掌握的，在法庭上，我们当然还是必须要说"证据确凿"啊！

说着，两人就笑了起来。

潘佐祥继续说：在吴案上，有几个至关重要的证据，是难以否认的。

陈晖说：就是吴长春身上所溅的死者血液与他具备作案时间？还有他父亲的那个所谓的"口供"？

潘佐祥说：陈记者，看得出你是有备而来啊。你说的几条，特别是第一条，谁也无法推翻。我们咨询了很多刑侦专家，结论全是一致。那种带有明显喷溅状的血，只能在死者被害半个小时内才有可能形成。这个推翻不了。那我们该怎么办？所以，最后只能以这样的方式把此案了结了。

陈晖说：是为了平息舆论？

潘佐祥说：也可以这么说吧。案子拖久了，司法机关就很被动。再说，方方面面也有压力的。

说到这里，卸任的法官站起来走了几步，接着说：在我四十年司法经历中，经我手被处以极刑的犯人不说有一百，也至少有八九十吧。那些犯人，我一看他们在堂上的表情，就深信他们有罪，罪不该赦。但是吴长春一案不一样，我至今还清楚地记得他在法庭上的表情，他面对着我，身体虽然十分虚弱，但他的目光流露着一种穿透力，那是……很无辜的，也很无助的，但有着坚定与自信。这样的表情是装不出来的，是本能的流露。

说到这里，潘佐祥喝了口茶，说：所以，在最后定案时，我是全力支持将他判为死缓的，我记得我是这样说的——我们一定要留有余地，人头不是韭菜，掉了是长不出来的，万一以后有了新的证据出现，人还在，那么我们就不会那么被动了。

陈晖说：也就是说，作为办案人，你们也一样担心？

潘佐祥说：当然，不瞒你说，我退休后的这几年，还时常想到这个案子。我还给落城的老柳去过电话，打听这个案子在侦查上有没有新的进展。最高法院曾经发回重审了一次，最后还是因为没有新的证据补充，维持了原判。

陈晖感叹道：潘先生，吴长春在牢狱里已经待过十三年了，他每年写的申诉如果摞起来，比他的个子还高。如果这个人是冤枉的，那么他的这一生也就完全给毁了。

潘佐祥说：是啊，这大概就是我经常说的那种人生的无奈了。

从退休法官家出来的路上，陈晖感到很兴奋。他想到了柳立中，当初的办案人和审判者，都一样对这个案子存有疑虑，这给了他信心。他连夜赶回了落城，想抓紧时间去监狱和吴长春见面。那时已经是夜间10点以后了，落城的街道上人影稀疏，也看不见多少车辆经过。连续几天的奔波，让记者感到紧张，也感到充实。他想明天就去监狱见一见那个吴长春，看看那个人是在什么样的信念下在狱中熬了十三年……

陈晖刚把车停好，走进宾馆大堂，就看见李志扬和柳青向他迎来了。在他们身后，还跟着一个敦厚的中年男子，李志扬介绍说，这是刘云的哥哥刘斌。陈晖愣了一下，他一时想不起刘云是谁。柳青就说：陈晖，你动静可不小啊，这几天总听人说北京来了个记者，来落城查从前吴长春的案子。你看，从晚饭后到现在，我们就陪刘斌在这里等候你。

陈晖想起来了，这个刘斌正是死者刘云的哥哥。他主动和刘斌来握手，后者却有点局促，说：陈记者，你这次是来替吴长春翻案的吗？

陈晖对这句硬邦邦的话并不反感，说：刘斌，我想问一句，你难道不希望这个案子是个错案、冤案吗？

刘斌的表情显得异常复杂。他沉默着，但冷冷地看着记者。

李志扬说：咱们坐下谈吧。

于是几个人回到了原来的位置，柳青让吧台的服务生重新沏了一壶茶，陈晖说：再给我来一块面包什么的，我肚子还空着呢。

柳青说：那我给你出去买点热的吧，把车钥匙给我。

陈晖就把车钥匙递过去了。看着女人轻捷的身影，记者觉得一种幸福的感觉。在喝了口茶之后，陈晖直截了当地问：刘斌，你真的以为吴长春就是杀害你妹妹的凶手吗？

刘斌看了看陈晖，说：开始的时候我不这么认为，不相信吴长春会干出这种伤天害理的事情……后来，案子破了，我就不得不相信那是个畜牲了。

陈晖说：那么事情过去了十三年，你又是怎么认为的呢？

刘斌说：我相信法律……

陈晖说：法律也有疏忽的时候。

刘斌一听这话脸色就变了，说：记者先生，你好像一来就站在吴长春那一边啊！你是想为他申冤吗？

陈晖说：要说申冤，其中最大的冤，应该是你妹妹刘云……但是如果吴长春不是凶手，真正的凶手至今还在逍遥法外，你觉得能安慰刘云的亡灵吗？

李志扬插话道：陈记者这回来落城，就是想把事实的真相弄清楚。

刘斌说：法律不是早就弄清楚了吗？

陈晖说：那么我问你，既然你认为法律已经把这个案子弄清楚了，那么你这么多年为什么也一直在上告呢？

刘斌说：杀人偿命，自古以来就是这样。我们觉得法院判得太轻了……两条人命啊！

陈晖说：可是你想过没有，这个吴长春和你们一样，是既无钱又无权，法院怎么就会那么轻饶了他呢？说明这个案子内部还有不甚明了的地方。你想，是不是这个道理？

刘斌不响了。

陈晖说：吴长青在牢里给我写了信，他不是表示忏悔，是在喊冤。我是觉得这里面有问题才来落城的，你今天就是不来，我也会上门去找你谈的。我觉得，作为刘云的哥哥，你这些年的申诉，也不仅仅是要吴长春来偿命吧？你也是想把事情真相弄清楚的。

刘斌说：我真的不愿相信是他下的手……

李志扬这时递给了刘斌一支烟，说：刘斌，当初可是你把妹妹介绍给吴长春的。如果你不是欣赏吴长春的话，你会这样做吗？

刘斌说：人是会变的……我没想到由于我的过失，让妹妹……

陈晖说：你并没有过失。你只是过分相信了法律。

刘斌说：我不相信法律，你让我相信什么？相信他吴长春吗？

陈晖说：相信你自己的判断……当然，我知道我这么说你很不舒服，请原谅。

陈晖本来还想说，即使这个吴长春真的被执行了死刑，也不会换得你妹妹刘云的重生，但考虑到这句话会伤害到刘斌，也就不想再说了。

这时柳青带着一份打了包的饺子来了。于是刘斌就起身告辞，他握着陈晖的手说：陈记者，不管怎么说我也谢谢你。这么远从北京来……其实，我也希望有一天事实像你说的那样，吴长春是无辜的，这样，我这心里也觉得好受一些，妹妹在九泉之下也不会再埋怨我这个做哥哥的了……

李志扬送刘斌出门，柳青就问：李志扬，你不会走远吧？

李志扬说：我送刘斌一程，你们先聊着。

见他们出了门，陈晖就问：今晚还想聊什么？

柳青说：我想再一起谈谈沈蓉的案子。

陈晖叹道：那个案子，可不比这个轻松啊！

二十六

随着沈蓉案审判时间的逼近，四面八方的记者开始云集落城。鉴于这个案件在市民心里的影响很恶劣，又鉴于此案涉及到一名正被重用的高级干部，省政法委专门派来了一个工作小组亲赴落城。名义上是协助工作，实则带有督战的意思，这谁都能看得出来。

那些天，这个城市都在传播一个女警察雇凶杀情人老婆的事情。而她的那个情人曾是这个城市的政法委书记。人们觉得这个女人太歹毒了，也有人认为这个女人很糊涂，还有人认为这件事假如换作是郁之光来做，或许从情理上讲得通顺一些。因为那女人着实还有几分颜色的，为色杀人，也就是冲冠一怒为红颜，古已有之。可是现在是女人横刀夺爱，感觉上就非常地不适应，觉得好窝囊——郁之光究竟是什么样的男人，值得沈蓉这么去拼命？

省里的意图很明显，就是要求从快处理，务必在春节前结案。这个案件已经查清了，公安部门顺利完成了侦查，已经移交到检察机关等待提起公诉。目前最大的问题是，在犯罪事实的认定上，沈家姐弟各执一词，口供中没有任何的反复，就像事先咬好了耳朵似的。他们显然都是想自己来承担更大的罪责。省工作小组在听取办案人员的汇报后，基本认定的是，沈蓉是此案的主谋，她提出并策划指挥了整个谋杀的实施。她的弟弟沈强是直接行凶者。这样的调子，意味着他们两个人都会被判处死刑。柳青已经有了这样的预感，会议一结束，她就赶到了陈晖的住处，同时也把李志扬约来。本来这天陈晖是想动身去吴长春所在的那个劳改农场的，现在沈蓉的案子审判在即，他自然就不想错过这个机会。他问李志扬准备得怎么样？后者说：我现在面对的不只是一个公诉集体，而是一个庞大的社会群体。对能否打赢这场官司，实际上我也只能尽力而为了。

1995年12月14日上午，沈蓉、沈强故意杀人案在落城中级人民法院正式开庭公开审理。考虑到这个案子的波及面太大，所以法庭临时改在了市文化宫礼堂。但还是座无虚席，连走廊上都站满了人。担任本案公诉人的，是落城检察院的起诉处处长周贺，审判长则是落城法院的副院长程伟东。这两个人都是落城政法界的实力派人物，李志扬和他们以往私交不错，但现在却是真正的对手了。

随着审判长一声"带被告人到庭"，沈蓉被法警从边门带了上来。这时几乎所有的人都欠起了身，或者索性站了起来。大厅里发出了一阵嘘声。那天沈蓉没有穿写有"落看"的囚服，穿着的是一件格子呢的短大衣，脖子上还围着一条鹅黄色的羊绒围巾，看上去不是出庭，而是像上班似的。所有的人都不敢相信，像这样一个看上去有几分雅致的女人，怎么会干出如此伤天害理之事？当公诉人宣读完措辞严厉的起诉书后，法庭调查开始。有关证人和证言相继在法庭上宣读，但是在提到郁之光到庭作证时，审判长说：鉴于证人目前身体状况，在医院接受治疗，由委托人宣读其书面证词。法庭再次引起了一片嘘声。

柳青在这一天的日记里这样写道——

沈蓉没有看见我，或者是装作没有看见，她就站在我的前面。审判长一说郁之光不能到庭作证，我就听见她轻声自语："他怎么不来呢？"她是这样说的，我听得很清楚。郁之光不来，真正的原因我想不会是"身体状况"，而是有意在回避。他自然没有这个胆量，但做出这样安排的人却有这个权力。在中国，权力无处不在。是的，他可以不来，可以不见这个曾经为他拥有八年之久的女人，但是他怎么就不肯为这个女人说上几句公道的话呢？"现在，我不认为沈蓉是爱我的。"郁之光是这样说的。"现在，我很内疚……"他还是这样说的。"现在，我愿意接受上级对我的处理……"那个貌似儒雅的男人想到的只是开脱自己……

12月16日，法庭调查结束，进入控辩双方的辩论阶段。

公诉人周贺再次简述了案情，然后以严厉的语气着重指出：被告沈蓉，仅为满足私欲，竟不顾党纪国法，策划指挥了整个谋杀，手段恶劣，情节非常严重。案发后态度强硬，企图蒙混过关。作为曾经在公安战线上工作多年的人员，作为一名执法者，其行为已经玷污了司法机关的形象，实为知法犯法，论罪当处严惩，只有这样，才能维护社会主义法制，才能纯洁政法队伍，告慰死者的在天之灵。

公诉人作完陈述后，辩方律师李志扬走到了法庭中间。他以一种平静的语气开始了他的辩护：关于这个案子，现有的事实表明，我的当事人所起的作用，只是打了一个电话。

他的话音刚落，公诉人立即就表示了反对。认为被告律师在有意淡化案件的性质。

不管这个电话导致的后果如何，事实本身就是如此。律师接着说，那是一个什么样的电话呢？是下达谋杀命令吗？显然不是。那天，我的当事人是在外地出差，这个电话她是当着她的两个同事的面打出的，尽管他们表示对电话的内容已经记不清楚了，但是我们可以想象得出，她不可能直接指挥实施谋杀。沈蓉在电话里说"他今天不在家，想摆平事你就去吧"，是的，这无疑是一种暗示，但暗示什么呢？我的当事人并不知道接下来会发生什么，她顶多只知道，她的弟弟会去"把事摆平"——对"摆平"一词，也不意味着就是特指行凶杀人。现在的解释，这个词的基本含义是"解决问题"，而解决问题的手段会有很多，譬如给对方一笔钱等等。

公诉人再次提出反对。

律师说：我的第二个问题是，为什么对执法者必须严惩？我认为这种提法值得商榷。执法者也是普通人，他当然要以一个普通人的身份去承担自己的各种责任，包括刑事和民事的责任。如果这样的严惩，是否暗示着其他人犯有同样的罪行就可以得到一种"宽惩"呢？如果是，那么我们经常挂在嘴边上的那句话"法律面前人人平等"不就是一句空谈了吗？

观众席上立刻引起了一阵轰动。

审判长不得不敲槌：肃静！被告律师不要牵扯与本案无关的话题。

律师说：审判长，我不认为这个话题与本案无关。是的，我的当事人曾经是执法者，她是懂法的，她的反侦查能力也一度给破案带来了麻烦。这些都是事实。但是，我的当事人在被捕后，对自己的罪行完全承认，没有一点推卸责任、逃避惩罚的迹象。相反，她的口供，明显地反映出是在把罪责尽可能地揽到自己身上，从而为她的弟弟沈强开脱，为那个人留下一条命。但这并不是事实的真相。

律师转过身，面对法庭说：审判长、审判员，罪人不是敌人，刑罚的本质，不是要让罪犯受辱，更不是对罪犯实施肉体上的折磨，去追求那种"以血还血、以牙还牙"的等害复仇效果，而是要引起罪犯内心的忏悔，使之回归社会，重新做人。所以，我请求法庭给我的当事人一次悔过自新的机会。

控辩双方的辩论一直持续到黄昏，气氛异常的激烈。

最后是站在被告席上的沈蓉请求发言，得到了批准。

她首先转过身来，对旁听的观众深深鞠了一躬，然后才说：我感谢法庭给我提供了这样的、也许是最后的一次机会。我感谢李志扬律师刚才为我的辩护。我感谢在场的观众，无论你们今天是抱有怎样的心情，我对你们在百忙之中来听这场审判，都深表感谢……

她停顿了一会儿，接着说：作为一名前执法机关的工作人员，我对自己今天犯下的罪行感到很惭愧。因为我不仅由于自己恶性膨胀的私欲伤害了无辜，还极大地玷污了执法机关的荣誉。我的罪行是深重的，我愿意承担一切刑事责任。唯一遗憾的是，关于检察官提出的民事责任部分，我无力担当。因为我过去的职业只是一名普通的警察，我每月的报酬就是自己一千二百元的薪水，其他的补贴也很有限。而我多年的积蓄也用于我儿子去读书了……对此，我感到很抱歉。如果，如果法庭能给我一个赎罪的机会，我愿意用后半生的劳动所得来进行补偿……

沈蓉的发言结束之后，法庭内一片寂静，那种静，却让人感到窒息。

审判长宣布休庭，对本案择日进行宣判。

那几天，柳青都处在一种恍惚之中。上班闲暇的时候，她习惯走进沈蓉原来的办公室看看。同事之间没有人议论这个案子了，他们对此保持着沉默。沈蓉以前在刑警支队人缘并不好，她爱挑剔，对人也嫌冷淡，那时大家就很反感这个女人。觉得这个女人有点狗仗人势，倚仗着背后有一个大权在握的男人，就显得不知天高地厚了。可现在这个女人真的栽了，栽得很惨，大家便有些同情。

这天晚上，柳青去了陈晖那里。记者本想去监狱找吴长春谈谈，但是一打听，吴长春已经于半个月前去了一个劳改农场。如果不是沈蓉一案开庭，记者已经出发了，现在他要在落城等待一审的结果。在闲暇的时候，陈晖就上附近一家自由市场去淘盗版的影碟，他还真淘到了几张好的，就让柳青来时顺便带上一台VCD，想晚上看看。陈晖说有一部法国籍波兰导演的片子，他去年在北京看过，很不错。柳青说，那我们一起看吧。

陈晖所说的那位导演，就是克日什多夫·基耶斯洛夫斯基。这位天才的导演在1984年某一个雨天，在华沙的街上遇见了他的合作者皮耶谢维奇，此人是一名律师，是他建议导演去拍一部关于《十诫》的影片的。十诫，源自《旧约·出埃及记》第二十章。上帝耶和华赦赎以色列人出埃及，并晓谕摩西颁立十诫。基耶斯洛夫斯基后来拍摄的十部短片，并非是对《旧约》中那十条诫律的简单阐释，而是以一个现代人的视角对人类的生存境遇提出了一系列的质疑，是现代版的故事。在陈晖看来，其中最出色的一部是《杀诫》，也就是《关于杀人的短片》。去年他在北京刚刚看完这部片子，就得知了基耶斯洛夫斯基去世的消息。但对于这位导演，柳青很陌生，只是在北京学习班的一次讲课中，她听见来自北大的一个教授谈到过，说这个导演最大的特点就是喜欢琢磨与法律相关的边缘题材。现在，他们看的就是《杀诫》——《关于杀人的短片》。

一个叫雅采克的少年，目光很浑浊，在华沙的街头茫然闲逛。他的妹妹几年前被汽车碾死了，所以他决定今天要杀掉一个司机。无论是怎样的司机。在这之前，少年雅采克去咖啡馆喝了那种看上去很低劣的咖啡。他一边喝着一边整理着书包里的一条绳索——这是他行凶的武器。但是，面对窗外两个小女孩，雅采克却露出了唯一的一次微笑。这个少年一定是在想他的妹妹了，他一定在想，如果妹妹不死，也应该这么大这么漂亮了。少年的笑容是短暂的。他喝完咖啡，就去了一家简陋昏暗的照相馆。他要求翻拍并放大妹妹的照片。做完这件事，少年疲惫的目光立刻就盯上了路边的一个好色的司机——此刻，那人正在欣赏着一个装卸牛奶的女工裙子下露出的大腿。从后来的情况看，如果这个司机当时不去看女人大腿，而是把求他开车的那对路边老夫妇送走，他可能就避免了这起凶险。这个男人因为好色而失去了一条性命，真是在劫难逃。但是，少年在这个早晨是注定要选择另一个司机下手的，这个司机并非就是当初轧死他妹妹的肇事者，某种意义上，少年杀死一个司机带有象征性。这个，是无法改变的了。

少年雅采克搭乘了这个司机的车子，让他开往华沙的郊外。司机悠闲地抽着烟，压根儿就想不到此刻自己距离死亡只有一步之遥了。就在他继续幻想着去抚摸牛奶装卸女工的大腿时，一条绳索从后面套上了他的脖子……

基耶斯洛夫斯基把杀人的场面拍得太细致了。完全是纪实的手法，拍得淋漓尽致、一丝不苟。那司机在绳索下挣扎着，他的皮鞋被挣脱了，但是他已经毫无气力了。他的手压在汽笛上，发出了求救的呼号，但引起注意的只是河边吃草的一匹老马。凶恶的少年最后把司机从出租车里拖了出来，拖到了河边，然后搬起一块石头对着司机那张保养得不错的脸狠狠砸了下去。

柳青想，这个人是早已预备好了要去接受法律的制裁的，他丝毫没有想到要去躲避，竟然把作案的现场从隐蔽的汽车里挪到了光天化日之下。她把这个意见告诉了陈晖。后者点点头，说：这小子就是要杀掉一个司机解恨啊。

陈晖说：我看了一下表，这段戏用了七分钟的时间。七分钟，就是真的去杀一个人，我看已经足够了。

柳青说：我感觉不到这是在假的杀人啊。

他们接着往下看。

案子很快就破了。再见少年雅采克，他已经是在监狱里了。导演没有交代这起案件究竟是侦破的还是依靠自首告破的。总之，这个孩子进去了。然后就看见了一个英俊的青年律师在为他忙前忙后。雅采克犯的是故意杀人罪，按照波兰的法律，必定要处以死刑。律师爱莫能助。执行的日子很快就到了，是绞刑。在雅采克还没有被带到之前，有一个衣冠楚楚的男人——代表国家的刽子手，在对绞刑架做最后的检查。他把绞索的圈套缩小，把轱辘的齿轮加上润滑油，再把一个准备接死囚失禁的大小便的塑料盆上换上薄膜垫子。他叼着香烟，事情做得一丝不苟。甚至做得很优雅。

在执行死刑的前一刻，在验明正身之后，雅采克把给妹妹取照片的条子交给了律师，这时他哭了，他提出了不想死，可为时已晚。

雅采克被劝说着戴上了绞索，突然他脚下的活板打开，他整个挂了起来……

柳青的身体也跟着站了起来。她接着看见的镜头是，那只便盆里出现了几滴浅黄色的粪便。

陈晖看了看手表，说：这段戏，也用了七分钟。

柳青说：你别说了……我心里堵得慌……

说着就跑到卫生间里吐了两口酸水。她感到非常地恶心。她想艺术的力量真是无法想象的，作为一名刑事警察，她经历过多少凶惨的现场，竟还比不上这样的一次虚构。等她出来的时候，片子已经接近尾声了，那个英俊的律师在用拳头不停地擂着汽车的引擎盖，痛不欲生地说：我痛恨你们！

陈晖关了机器，点上香烟，说：国家以杀人的方式去制止杀人，这是什么逻辑？怎么看都是个悖论啊。

柳青没有说什么，她忽然想起去年在刑场上和李志扬的那次简短的交谈。那一次他们谈论的中心就是关于死刑的。她发现在这个问题上，自己的观点和两个男人都不一样，但是她同时也在怀疑自己的观点——一个国家，究竟是否真的需要死刑？那些废除死刑的或者实际上终止死刑的国家不是照样发展得很好吗？李志扬说，这是一个学术问题，难道这个所谓的"学术问题"就必须局限在那个学术圈子？既然事关法律，那么就应该在大庭广众之下讨论，而不是钻进象牙之塔，那将是枯燥和乏味的。

仿佛有一种感应，这时候，李志扬来了。从律师兴奋的面色上，柳青知道沈蓉的一审结果已经下来了，而且这个结果不算坏。果然就是。李志扬说，他刚刚从法院那边过来，落城中级法院以故意杀人罪对沈蓉判处死刑，缓期两年执行。

柳青激动地站了起来，然后眼泪大颗地流了出来。陈晖过来递给她一张纸巾，她没接，而是忍不住地抱住了男人，终于哭出声来。

她说：太好了……我觉得太好了……

等柳青平静后，李志扬就下一步的事情征求陈晖的意见，他说：我不准备让沈蓉上诉了，我担心这样会使问题复杂化，你觉得呢？

陈晖说：当然不能上诉。不过我还是有点担心……

柳青就问：担心什么？判决书不是已经送达了吗？

陈晖点了一支烟，好半天才说：说不上来，我还是有一种不轻松的预感，只能走一步看一步了。不过，我是打算先离开了，明天就走。我先得去那个劳改农场，见见吴长春。然后取道回北京。

柳青说：你再回来休息几天好了。现在我有心情陪你了。

陈晖摇了摇头：这个城市没有暖气，冬季想必是很难熬的。

二十七

陈晖离开落城前说的那句话，柳青当时并没有觉得什么，很快她就感到了是多么的意味深长。沈蓉的案子一审判决出来后，舆论哗然。市民中众说纷纭，而最强烈的反映，是知法犯法者罪加一等的调子。说现在司法机关却对自己家里的人手软了，认为不公平。这个歹毒的女人应该杀掉，必须杀掉，不杀不足以平民愤。而媒体的焦点除了与市民舆论有所呼应外，还带有更深的推理色彩，指出这个案子之所以如此判决，不能排除"权力因素"的左右。沈蓉毕竟是为了得到前政法委书记郁之光的爱才堕落到这一步的，落城的司法系统基本上都是郁之光过去的部下和亲信，试问，在这样的环境里来审判前政法委书记的情人，怎么能保证做到公平和公正呢?

这种气氛让柳青感到非常地不安。她反复回味着陈晖临行前丢下的那句话,想着记者那天晚上说的"担心"和"不轻松的预感"。是的,陈晖担心的正是这个。陈晖还说,舆论有时就是一把刀子,就看怎么捅了。现在,这把刀捅向的是沈蓉,就是要宰掉这个下贱的坏女人……

果然在十多天后的一个黄昏,正在办公室值班的柳青接到了李志扬从省城打来的电话。律师在电话里用一种低沉而沮丧的语气说,沈蓉的案子有了反复,已经将人带到了省城,马上就会进行重新审理。柳青一听,就觉得眼前黑了一下,心跳立刻就紊乱了,她问律师,估计会有什么样的结果?律师说,从这个阵势看,高法是奔着"从重从严"来的。电话大概是在法院内部打的,李志扬没有就细节多说,就匆匆挂了电话。

然后柳青就给北京的陈晖去了电话。那时记者正在整理王可发过来的资料,辛普森一案虽然作出裁定,但引起的波澜至今未曾平息。这份资料显示的是几家媒体所做的民意调查结果。其中美国广播公司的调查表明,70%的白人和18%的黑人仍然坚持辛普森有罪。24%的白人和64%的黑人则认为警方有栽赃的嫌疑。这家公司就此还提出了这样的一个问题:如果陪审团的成员换为白人和黑人各占一半,情形会怎样呢?结果一半的人都认为将会是另一个样子。而《洛杉矶时报》的民意调查是,至少有50%的人认为辛普森有罪,60%的人认为审判不公平。对这样的调查结果,陈晖一点也不感到意外,他相信大多数美国人都认为辛普森是有罪的,但是,大多数美国人却不能在理性上确证辛普森真的有罪,这便是疑罪从无,法律不会迁就于大多数的意识倾向,更不会因为你的抗议去修正它的裁定。任何一次审判都应该折射出理性的光辉。陈晖还想到,1949年德国在废除死刑时,就遭到了大多数人的反对,当时有一项民意调查显示,55%的人是支持死刑的,反对者只占30%。

所以,当陈晖接到柳青的电话后,没有表示出应有的惊讶,然而他的内心却十分沉重。他说:这个,我已经估计到了。去年不是有一个公安局长因为酒后开车撞死了人,由一次交通肇事案演变成故意杀人罪了吗?不是由七年的有期徒刑改为极刑了吗?这就是中国的法律,这就是一部分国民的心理,他们要的是杀人偿命,以血还血,要的还是知法犯法,罪加一等……

柳青说：这太可怕了……

陈晖说：正如李志扬说的那样，舆论和媒体往往就能扮演第二法院的角色，甚至左右了对案件的审理，激起全社会的愤怒，然后杀人。

柳青说：陈晖，我好累……我真的有点想你了……

陈晖说：我真希望这个时候能在你身边啊……说实话，你是一个好警察，但你也是一个不该去当警察的女人……

柳青说：陈晖，我明白你的意思。我想，我是不是应该离开落城了？

陈晖说：那你来北京吧！

柳青没有回答，慢慢放下了电话。她的思绪已经混乱了。去北京？和刚才电话里的那个男人住在一起，又能怎么样呢？即使是做爱，在这个时候也像是一剂吗啡，那一阵子过去，什么都还是原来的样子……她怀疑自己患上了心病，真的干不了这一行了。她想去一个安静的地方……非常安静的地方……地球上有这样的地方吗？

那张十六岁的照片再次到了她的眼前。她想，当年沈蓉穿的就是这身服装，多么的神气啊。

父亲柳立中轻轻推开了门，对女儿说：沈蓉回来后，去看她一次，看看她还有什么交代的……

又是几天后的一个黄昏，李志扬从省城给柳青来了电话，说了沈蓉案重新判决的结果：死刑，立即执行，剥夺政治权利终身。

柳青的日记：1995年12月28日

每次进监狱，我都感觉到一种格外的阴森与恐怖。虽然我已经见过很多血腥的犯罪现场和很多具尸体，但与这种无形的恐惧感比起来，我还是有点不寒而栗。

局里同意了我的请求，今天我将在这里与沈蓉见面。这大概是我们最后的相见了，离春节的日子越近，沈蓉活在这个世界上的日子就越短。对她，是生命的倒记时。

我在审讯室等待着沈蓉。过了一会，外面就响起了脚镣的声响，知道她被带来了。我从椅子上站起身，等候着她的出现。沈蓉来了，她下身就穿了件毛裤，显得很窝囊。但一见我，还是很高兴。她像没事似的对我笑着说：柳青，是你啊！谢谢你来看我！

然后我们就隔着铁栅栏交谈。我把椅子拉近了，而且，我让边上的狱警站到外面去了，屋里就剩下我们。在谈过几句话——她夸我身上这件衣服款式很不错，之后，我们谈到了正题。我说：沈蓉，我今天来，是想问问，你还有什么事情要交代的？

她想了想，眼泪就流出来了。她说：我想，晓雷很快要被退学回来……我现在最怕的，就是这个。我知道政法学院的学生不允许有一个直系亲属犯罪的，当初要是让他报考别的学校就好了……

我说：即使这样，晓雷明年还是可以考别的大学的。他很聪明。

沈蓉说：柳青，我知道自己的日子不会很多了。可我一点也不后悔……

我内心一怔。

沈蓉说：一个女人，这辈子能真正地爱上一个人，还有什么不值得的呢？我不后悔……我也不埋怨郁之光的自私，是我把事情搞砸的，却还连累了他，影响到了他的前程。

我没有把听到的关于郁之光的那些作为说出来。既然沈蓉这么执著地梦想着她那一份爱情，那么就让她带着这个梦去死吧。我不忍心惊扰她这个梦。我不忍心把这个被女人描绘的美梦变成噩梦。我真的不想。我看着沈蓉的表情，感觉这一刻她很年轻，像一个情窦初开的少女。也像是一个任性的少女。我想起一个作家的描述，他说少女其实是一种情怀，与女人的实际年龄无关。我现在从沈蓉脸上，看到的就是这种情怀……

从监狱出来，我直接去了商场。我找到了去年冬天沈蓉和我看到过的那种带花的弹性中裤。当时我们身上的钱不够。我买下了它。然后我又去了一个裁缝店，请师傅帮我把它换上了松紧带。明天，我就托人把它捎进了监狱，给沈蓉。这个历来讲究的女人，最后上路是不能只穿着一条毛裤的。

柳青的日记：1996年1月20日

今天，是沈蓉上路的日子。与她结伴而行的，是她的弟弟沈强。

我向支队长提出了请假，不去刑场。队长批准了。

一早，同事们就在默默地准备。我找到摄影员小朱，对他说：把资料拍细一点，回来我想认真地看看。小朱点点头。他们出发了，我坐在办公室里。想几个月之前，我和沈蓉在这里进行了最长的一次交谈。现在，她已经不在了。

我看了看表，时间指向了九点。枪可能打响了。我仿佛听见了这声枪响，响得异常沉闷。过了两个小时，执行任务的同事回来了。我看见每个人都没有说话。小朱对我递了个眼色，我便随他上了二楼。他随便把带子往录放机里一塞，就带上门出去了。

屋子里只剩下了我。

录像是从沈蓉被押下刑车开始拍的。她今天穿得很漂亮，穿的就是我送去的那条花裤子。而且，我发现她还认真地化了妆，在自己的面部还涂了淡淡的胭脂。这是一个很仔细的女人，她担心的是自己死后的容颜。她还梳了两条姑娘家的辫子，并且在辫子上还戴了两朵绢花，是那种紫色的小花，很配她今天的衣着。（也应该很配当年的那把伞的）沈蓉被带下来，她的弟弟沈强也从另一辆刑车上押了下来。姐弟俩距离大约十米，但他们都没有看对方最后一眼。

他们被押到了执行地，分别跪下了。

给沈蓉画圈的是汪工，我能看见他的手在微微发抖。

法官照例要问沈蓉有什么可说的。

她想了很久，说：对不起大家，让你们受累了。

法官就退到了一边。然后，执行任务的武警战士戴上了口罩，就用刺刀抵着粉笔圆圈的中心，只听一声沉闷的枪响，沈蓉的身体就向前倒下了。一点挣扎的迹象也没有。

验尸官和汪工把沈蓉的尸体翻过来，沈蓉像睡着了一样，一条辫子在身后，另一条在胸前，辫子上的花正好挡住了子弹的出点，那血感觉就是从那朵花蕊中流淌而出……

我的眼睛模糊了。镜头在沈蓉的脸上停了一分多钟，慢慢摇开，我这才看见，在很远的地方，一个男人站在一辆殡葬车旁边，在等着给沈蓉收尸。他让我吃了一惊，那个人不是别人，而是李志扬……

几天后的一个晚上，柳青主动给李志扬去了电话，问春节快到了，是不是应该去山里看看？她想再去一次山里，把自己劳顿的身心彻底放松一下。律师说，他正有这样的打算。

第二天早晨他们就上路了。这一路上，他们几乎就没怎么说话，律师沉默着，把车开得很快。山中荒凉的景色不断从车窗边掠过，不久，那座老桥就出现在视野之中了。与上回不同的是，这次他没有惊动乡亲，而是把车停在村外石桥边上，然后，他们就下车了。那个时候，村庄似乎还陷在宁静里，袅袅升起的炊烟，使过滤的阳光分外柔和。

柳青这时才说：李志扬，我从录像上看见，是你在替沈蓉料理后事……我很感谢你这样做。

李志扬说：不仅是我一个人，还有别人，包括你的父亲。

柳青很吃惊：我父亲？

李志扬说：老刑警队的几个人都出了点钱，为沈蓉买了一块墓地，你父亲也出了，还吩咐我们找一块朝阳的地方。

柳青说：他居然不和我说……

李志扬说：那是他不希望你总记着这个案子。

他们走到了河边，那是一条异常清碧的河流，它的源头大概就是玉秀山吧。河水潺潺，从山坡面前流淌过去，然后就看不见了。这种坡度让人产生一种错觉，仿佛这条河的走势不是向东，而是奔西去了。李志扬蹲下来先洗了洗手，然后就从提包里拿出了一个由白手绢叠成的小包袱，打开之后便能看见里面是一只姑娘用的塑料发卡，形状是一只红蜻蜓，虽然过时了，但外表的光泽还是像崭新的一样。

柳青忽然意识到了什么，她想起上回律师说起的那个桥洞躲雨的故事，那个抱着他的脚睡了一夜的姑娘……

李志扬看出了柳青的困惑，就说：那个晚上，我遇见的姑娘就是沈蓉。

柳青大为惊讶：怎么会这样？

李志扬说：她并不知道，有一个男人……注视着她这么多年……

柳青说：那你从来就没有告诉过她吗？

李志扬摇了摇头，说：没有。1986年，我读完研究生出来，分到落城，有一天我在街上看见了她，手里牵着一个男孩，我就没有上前和她打招呼。我想有些事情留在心里会更好一些……后来她因为郁之光离婚了，我也知道。本想和她聊聊，想想又放弃了。

柳青说：如果你当时对她说了，或许她就不会走出这一步的啊！

李志扬说：不会，她不会……那时，我觉得她已经不是我留在心里的那个女孩了，我记忆里的那个女孩永远只有十七岁……

柳青说：你是因为这个，不肯接案子的？

李志扬点点头，说：是的，可我最后还是失败了。其实这不是我的失败，而是法律的失败，民心的失败……今天我把沈蓉带回来了，这条河的尽头，是她的家乡，就让这条活水送她一程吧。但愿苍天有眼，来世的沈蓉还梳着那条好看的辫子，从这桥上走过，但不要再走进城里了……

说着，律师就把那只发卡放到了水面上，很快，它就被漂走了。这个看上去很坚强的男人突然对着那悠悠西去的河水号啕大哭起来。

……

送走沈蓉，他们又去了桥头小学。学校里还是只有那个永远也不见老的哑巴看门人，他浑浊的目光一直停留在他们身上，他认出了他们，却面无表情。

他们走到安小文的宿舍外面，那门上还贴有法院的封条。他们透过窗户往里看了看，屋子还是原来的样子，只是多了些灰尘。

李志扬感叹道：小文已经羁押快一年了，这个案子可还在挂着……

柳青问：估计还会挂多久？

李志扬说：东西下落不明，那就还会继续挂下去的。

这时，那个哑巴老头突然跑过来，向他们激动地打着复杂的手势。

李志扬对那哑巴点了点头，递给他香烟，哑巴没有接，低着头走了。

柳青就问：哑巴刚才比画的意思，你明白吗？

李志扬说：我想，应该是……安老师不在家，出差了……

柳青说：不是，我懂一点手语的。

李志扬说：那是什么意思？

柳青说：是"你们放了安老师吧，他是个好人"。

二十八

这年春节后,柳青正式向局里递交了要求去北京深造的报告。局里批准了,但要求必须是带职学习,读完了人得回来。柳青想,带职就带职好了,至于回不回来,那是几年以后的事情。中国的事情,都是走一步看一步。这样,她每天还得上班,只能在业余时间里进行复习。

这个星期天柳青照样得值班。她一边读书,一边处理一些事务性的工作。临下班的时候,她收到了A市警方的一份明传电报,那上面说,他们最近破获了一起入室抢劫杀人案。据犯罪嫌疑人何大海交待,在十三年前的一个中午,他还在家乡落城杀死了一个叫刘云的女人。因此要求落城警方协查。

柳青一下高兴起来,她没有按要求及时上报队领导,而是先赶回家报告了父亲。她说:爸,吴长春的案子弄清楚了!

柳立中一听这句话,连手里的茶杯都扔了,忙接过明传电报看。还没看完,老人的眼泪就溢出了眼眶。他说:现在我死了,可以闭眼了。

刑警支队连夜召开紧急会议,研究具体行动方案。刘勇茂说,先将那个何大海带回落城进行审讯,同时进行指纹鉴定。这一说,一旁的李林便举起了手,说:刘队,前年我们搬家的时候,把已决十年以上的卷子都处理了啊,怎么比对指纹?

刘勇茂愣了一下,咂了咂嘴,说:这还真是个问题,仅有犯罪嫌疑人的口供,总显得力度不够……

这时,柳立中推门进来了,把手里一个文件袋递到刘勇茂面前,说:大刘,我这里还保存着一份,交给你了。

所有的人都很吃惊,没想到已经退休多年的老局长还留有这一手。

柳立中说:吴长春这个案子就像一个磨盘,压着我十三年没有睡上一个安稳觉啊!

刑警支队很快就将犯罪嫌疑人何大海带回了落城。原来这家伙曾经是吴长春家的邻居,就住在他家的对面!可能是因为当时他只有十六岁的缘故,从而滑过了警方的视线。经过指纹比对,当年遗留在刘云家厨房里的那个陌生的指纹,与之完全吻合。

几天后，何大海被押解到落城接受审讯，他如实交待了十三年前杀害刘云的那一幕——

那天中午，我在自己屋子里看完毛片，就去了楼下的人家。我下楼的时候，听见那男的说"水果多吃点，我一下班就回来"。我就知道楼下的那个男人走了，家里只剩下了那个女的。我下楼，看见他家的门还半开着，就慢慢进去了。那女的平时我们在楼道里经常遇见，就对我笑了笑，问"有事吗？"我说，你们家的音乐很好听……

我觉得那女人的皮肤特别的白，就想用手捏捏。这样，我就把门关上了，顺手又把客厅里的收录机开大了。那女的从厨房出来说，别开这么大，中午有人休息呢。

她好像预感到什么不便，就想把大门打开。她从身边走过的时候，我闻到了她身上的香味，我一下就从后面把她给抱住了。

她回头瞪着我：你想干什么？

我说：想你陪我睡一觉！

她对我脸上啐了口唾沫：你敢！放手！

我没放，反倒搂得更紧了。

那女的一边挣扎一边说：你再不放手我就喊人了！

说着，她的声音就抬高了，她说：我要告你强奸！

我一听就火了，一下就把她给撂倒在地，然后拿起茶几上的玻璃烟缸对着她的脑袋砸了下去，她立刻就昏迷过去了……

我本想干她，可是一看她的鼻子和耳朵在往外冒血，就有些害怕了。我没干她。我想赶快溜走。可是又一想，要是一会儿她醒过来，是绝对不会饶过我的，我就冲到厨房找到菜刀，对着她猛砍了起来……我不知道砍了多少刀……

柳青把这件事告诉了陈晖，后者一听就叫了起来，说：太好了，我明天就飞过去！

第二天陈晖就登上飞往落城的班机。由于天气原因，这班飞机降落在落城机场比实际时间晚了近一个小时。陈晖一出机场，远远的就看见了柳青站在一个广告灯箱前面向他招手。但他没有见到李志扬的身影。

原来律师去外地出席一个会议去了。柳青没有把当初李志扬和沈蓉的故事告诉陈晖，她觉得那个遥远的梦只属于李志扬。

路上，陈晖问起吴长春身上的喷溅血现在是怎么解释的，柳青心想这个男人也真是个急性子，脚刚落地就牵挂起案子了，就说：前几天，我们和省厅的同行共同进行了一次实验。

陈晖便问是怎么个实验。

柳青说：我们用一具死亡达两小时的尸体进行的。按照当初吴长春把刘云抱起来的姿势把那具尸体抱起来，结果发现，尸体腹腔内的气体在外部作用力的挤压下，可以造成喷溅状的血迹。何况当时是在夏天，气温也是一个因素。

陈晖不禁叹了口气，说：如果你们当初能这样实验，吴长春也就不会冤屈十三年之久了！十三年，这个日子太漫长了……

1996年5月21日，落城法院重新审理了吴长春案，撤销其错误判决，宣布吴长春无罪，当庭释放。电视台现场直播了这个场面，顷刻间，消息轰动了落城。那天，陈晖是在柳青家里收听这个实况的。他们原想和柳立中一起分享这最大的欣慰，没想到他们到的时候，柳立中已经不在家中了。听柳青的母亲说，他一早就向局里要了车，好像是去了郊区。陪他同行的是刑警支队的队长刘勇茂。柳青就明白了，他们一定是去了吴全印老人那里，他们是去向老人道歉的，然后就在那里等候他的儿子回家。果然就是这样，后来的电视镜头一直跟着从法庭走出来的吴长春，跟着他上了刘斌雇来的一辆出租车。然后就跟着他们向市郊的公路上驶去，走了很长一截，才在一间低矮的平房前停下。

吴全印在柳立中和刘勇茂等人的陪伴下走出了房间，吴长春立刻就对着父亲跪下了。父子抱头痛哭，边上的人也无不动容。

那个随行采访的女主持人拿着话筒此时走到了画面的中央，充满激情地说：吴长春终于回家了，尽管回家的路走了十三年。这充分体现了我们是社会主义法制国家，人民法院是……

电视信号突然中断了，屏幕上出现的是应急的字幕：依法治国，巩固安定团结的大好局面。

柳青便把电视机关了，然后对陈晖说：我们出去走走吧。

于是他们就去了蓝渡江边，租了当地渔民的一条小船，两人各执一桨，顺风划去。夏天又来了，对于柳青而言，这个夏天是回忆的季节。在这条江畔发生的故事，是她永生不能忘怀的。但她已经没有多少的眷恋了，剩下的只有回忆。她向陈晖第一次正式谈到了想去北京读研究生的想法，她说：陈晖，我现在同意你的话了，是应该在科学与想象之间再找一条路……我不是在说案子，是说我们之间的事。我已经向局里递交了报告，想明年去北京考研……以后咱们就不再是天各一方了。

陈晖说：这太好了。你早该走这一步……

柳青说：我犹豫了很久……

陈晖说：这我理解，因为这不仅是一个深造的问题。

柳青有点感伤地说：我不知道自己以后还干不干这一行了。说实话，我喜欢这个职业，有时候也厌恶这个职业。沈蓉的死，让我想了很多……我想，自己是不是也该有个家了？

陈晖说：曾经有一个姑娘问我，什么时候成家最好？我说，当你觉得两个人生活比一个人生活好的时候。她接着又问我，那应该嫁给怎样的男人呢？我说，嫁给你异性朋友中最让你开心的那位……

柳青说：你回答得很好。

陈晖停了一会儿，有些激动地说：柳青，我希望能做你最开心的朋友。

柳青说：但愿吧，我们还有时间……

二十九

1997年3月14日，第八届全国人民代表大会第五次会议作出了对1979年7月1日第五届人大通过的《刑法》的修订决议。新的《刑法》将在这年的10月1日起施行。此前，立法机关专门邀请一些专家参与讨论，征求他们的意见。那些日子，陈晖一直在会上忙着进行采访，当他看见一位白发苍苍的老教授为减少死刑在会上大声疾呼，要求大幅度减少死刑时，不禁热泪盈眶。这部新的《刑法》固然有历史性的进步，譬如废除了"反革命罪"等，但在死刑问题上却引起了强烈的争鸣。其中焦点是，原来的《刑法》死刑罪名的只有二十八个，现在却达到了六十八个。尽管部分死罪的罪名带有虚拟性，但这个增长幅度还是太大了。

一天晚上，陈晖独自在天安门广场上散步，他注视着修缮一新的天安门城楼，华丽的灯光使这个古老的建筑像一道迷人的布景。从这里走进去，就是紫禁城了。他已经不记得，自顺治元年，也即1644年，随着清军入关，取代明朝之后，在这座帝王的宫殿里，曾经居住过清代几个皇帝。但他记得，那最后的封建王朝末期也是中国的死刑制度最为膨胀的阶段，死罪竟达八百四十余条。而那个时候西洋的一些国家却大体完成了刑法的改革，也大幅度减少了死刑。这是一个不容忽视的对比。那柱华表还在，似乎见证着这个历史。从1764年贝卡利亚呼吁废除死刑，到1848年出现的第一个废除死刑的国家圣马力诺共和国，近百年的时间里，全世界废除死刑的浪潮一直没有平息，有多少学者在为废除死刑做着艰辛的努力！在这支队伍里，有一个中国人的身影值得凝视，他就是清末的法学家沈家本。他在主持修订《大清律例》时，把原来八百余项死罪减为二十余种。这一举措，使中国的刑法改革走进了近代化，也缩短了与西方国家的距离。遗憾的是，这个势头没有发展下来。清末至今，又过去了一百多年，世界掀起了两次废除死刑的高潮，可中国都与它失之交臂了。1989年12月15日，第44届联合国大会通过了废除死刑的国际公约。当今世界，已经有一半的国家废除了死刑或者实际上终止了死刑，即使是在保留死刑的国家，死刑的适用也受到了严格的限制。而中国的死刑却占全世界的四分之三以上，这是个无法不令人堪忧的现实。

是的，中国不发达的现实距离废除死刑的那一天还相当地遥远，但终究是要走向那一天的，这是人类文明的发展趋势，是不以某个人的意志为转移的。人道是人类的必然选择。某种意义上，今天的中国也确实还需要死刑，那么，是否应该减少社会对死刑的依赖程度，对死刑加以最大的限制呢？自古是"治乱世用重典"，但是今天的中国已非旧时的中国，她在争取着进步，为什么我们在限制死刑的问题上如此步履艰难？一个太平盛世，决不是靠"严打"得以保证的。

在《旧约全书》里，上帝的十诫中有"不可杀人"，但接着他又说"凡流人血者，他的血必被人流……"到了耶稣的时代，随着他的牺牲，便结束了那种"以命抵命"的清算。耶稣的血最终凝成的是两个大字：宽恕。

记者的思绪被突然的手机声中断了。是柳青的电话。那时柳青已经通过了研究生的复试，估计很快就要接到录取通知了。但是女人在这个电话里没有谈及这件事，而是说了另外一件事。几天前，李志扬律师从山里回来的路上出了车祸，目前住在医院里，但生命没有危险。陈晖还是很焦急地问：会致残吗？

柳青说：右腿骨折，打上了石膏，现在还不好说。这个电话就是他让我打的，他想请你过来一趟，可能是因为安小文的案子。

陈晖问：这案子要审理了？

柳青说：我想是吧。最近有一份内部通报，被路一达、安小文盗走的那尊观音佛像最近出现在欧洲一家著名的拍卖行，最后让一个不愿透露身份的人以一千多万美元的价格拿走了。

陈晖很吃惊：就是说，东西回不来，就要拿人了？

柳青说：李志扬有这种担心。

陈晖说：他的担心完全有道理。这样吧，你转告他，我尽快赶过去。

两天后，陈晖再次登上了去落城的班机。在飞机上，记者遇见了几个去落城拍摄电视剧的导演和演员，他们与陈晖认识，就一路谈笑着。导演说这个电视剧写的是法院秉公执法的故事，还带有普法宣传的意思，说上面非常重视，特地把外景地选在了风光秀丽的落城。陈晖对这种被称作"行业电视剧"的东西历来不感兴趣，无非就是谁掏钱就说谁好而已。但也不想扫他们的兴，就有一搭没一搭地听着，不想作何评价。

两个多小时后，飞机抵达了落城机场。那几个人一下飞机，就有小车直接开到舷梯边上迎接，仿佛是在迎接外国元首似的。接着就从车里下来了几个人，为首的那位陈晖认识，是落城分管文化的副市长魏如柏。当初因为江旭初和魏环的那个案子，陈晖要采访他，却被拒绝了。另外一个，后来知道是落城法院的副院长程伟东。

魏副市长到底是演员出身，他的言谈举止都像是在演戏。那几个电视人也像得到了奥斯卡奖一样的兴奋，左顾右盼的，但是边上的人并没有上来要求签名。他们的脸还没有混熟。陈晖觉得可笑，这几个人在北京什么也不是，可是一到落城，顿时就成明星了。那个导演还当场提议，剧中的那个市长就请魏如柏来演。导演说：魏市长，你的形象、气质几乎和我想象的一模一样啊！魏如柏也不推辞，说：那我就为咱们的法制宣传做点贡献吧。说着，还打了一个气宇轩昂的手势。然后魏如柏就看见了陈晖，后者也没有回避，索性把墨镜摘了下来。魏如柏似乎很洒脱地走了过来，说：是陈晖同志吗？

陈晖说：是我。

魏如柏说：你上次那篇关于"刀下留人"的大作我是拜读过的，虽然有些观点我难以接受，但写得还是文采飞扬啊。

陈晖说：可惜我的一些重要观点被删除了，譬如说，我至今认为江旭初是无罪的——我为他和魏环的殉情感到遗憾，同时也非常敬佩。

魏如柏岔开了话题，微笑着问道：过去的事就不提它了吧。这回又是来采访的？我倒是很希望像你这样有才华的记者，好好写写我们落城……

陈晖说：不，我是来相亲的。

魏如柏有点意外，就问：是吗？要不要我送你一程？

陈晖说：不必了，有朋友来接我。再见。

陈晖很快离开了这帮人，径直走向了出口处，还没到门口，就看见柳青从李志扬那辆车里探出身来。柳青就问：你刚才是在和魏如柏说话吗？

陈晖说：是啊，这个人现在又变得很大度了，说什么"过去的事就不提它了"，他倒很想得开的。他问我来干什么，我说是来相亲的。

柳青说：真这么说的？

陈晖说：是啊，他还能把我怎么样？

柳青说：你这人，口无遮拦惯了。

陈晖说：咱们直接去医院吧。

于是他们就赶到了医院，柳青在门口买了一束鲜花。躺在病床上的律师气色还是相当地憔悴，一只腿还打着石膏，悬空地吊着。在他的床头，还放着一册新颁布的《刑法》。等柳青把花插好，律师便说出了一个不好的消息。几天前法院来人了，通报的就是柳青讲过的那个情况。法院的人说：东西回不来，案子就该画上句号了。安小文的案子近期要进入审判程序，这也是上面的意思。

陈晖说：这个我估计到了。你觉得会怎么判呢？

李志扬叹息道：东西丢了，人就轻不了啊。这个案子如果是在去年审理，对安小文的量刑会好一些，至少不会有剥夺生命的可能。按照过去《刑法》第一百七十三条，盗卖珍贵文物，最高的量刑是无期，而按照今天的《刑法》第二百六十四条第二款，那就有可能被判死刑的。我担心的就是这个。

这话一说，陈晖和柳青都捏了一把汗。律师的分析十分有道理，眼下，正值宣传新《刑法》的阶段，按照中国习惯的做法，凡有重大政策出台，都会要求各地做出一种充满热情积极响应的姿态。落城法院在这个时候把这个案子拿出来，绝非偶然。它不是在拿安小文示众，而是在为自己亮相。既然政治因素介入，那么法律便会自动退缩到从属的地位，这是中国的特色。

陈晖的神色很不安，说：这个我没想到……

李志扬说：鉴于我目前这个样子，法院要我们事务所重新选派一名律师，我想来想去，觉得他们几个都不够理想，就想请你来帮这个忙了。你这回的有关费用都由我们来承担。

陈晖说：这个时候还谈什么费用！律师资格我是具备的，但已经很久不接案子了，就怕耽误了事……

柳青说：陈晖，你可以胜任的，好在李志扬先期的工作做得很成熟。

陈晖慢慢地拿起了那本《刑法》，觉得这个单薄的小册子分量很重，他说：我试试。

1997年10月5日，在细雨朦胧的天空下，落城中级人民法院开庭公开审理安小文盗卖文物一案。此前，犯罪嫌疑人安小文已经被羁押了七百五十八天。

对此案提起公诉的检察官首先对案情进行了充满激情的诉讼。他反复强调的，是玉秀山石窟佛头在文物上的价值，强调了文物之不可再生性的重要。可是这尊佛像现已盗出了国外，被人以一千多万美金买走了，这给国家造成了不可弥补的损失。同时，市政府已经决定要以玉秀山石窟为中心重点旅游景区，现在也因为佛头被盗，使这个宏伟的计划遭到了毁灭性的打击。因此，检察官最后指出，此案是一宗骇人听闻的大案，为了维护国家的尊严和利益，依照《刑法》第二百六十四条和第三百二十八条，必须重判严惩。

接下来是作为蓝天律师事务所特聘的律师陈晖出场。他的旁边，是坐在轮椅上的李志扬。陈晖一站起来，就引起了许多人的议论。一些人没有见过他，但看过他写的文章，尤其是江旭初一案的那篇特写，在落城影响非常之大。刑警支队的人则说，和我们作对的，是我们自家的姑爷啊。

陈晖以一种略带低沉的语气，开始了他的辩护：审判长、审判员，在正式讨论案件之前，我想先请教一个问题——人的生命值多少钱一条？

此言一出，便引来了下面的一阵笑声，连审判长也为之一惊。但是还没有来得及做出反应，陈晖的发言又开始了——

大家也许会说，我是在说胡话。谁都知道人的生命是无价的，怎么能说值多少钱一条呢？但是，我得告诉大家，此时此刻，我异常地清醒。我原来也和大家一样，认为人的生命是无价的，现在，通过这个案子的审理，我一下子明白过来，原来这人的生命真的还有价。假如被我的当事人安小文盗走的是一块用去打造房屋基础的石头，我想公诉人大概决不会提起这种公诉了。因为那块石头只值几块钱，满大街都是。但是，被盗走的那尊佛像，正如起诉书所言，如今在欧洲市场上值了一千多万美金，那么它显然就不是一块普通的石头了。从起诉书中我们可以得出这样的推断，玉秀山佛像在欧洲市场的价值是一千多万美金，安小文协同他人盗走了这个佛像，也就等于盗窃了国库一千多万美金，折合人民币就是一个亿，这个数字很惊人，按照我们现在的《刑法》，是可以杀掉几十个安小文的头也在所不惜的。这难道不是在说明，人的生命是有价的吗？人的生命到底值多少钱一条，我们是否还应该恪守那种钱、命之间的等价关系，我们的《刑法》写得很清楚。

审判长说：辩方律师，请注意说话方式，扣紧话题。

陈晖说：我很赞成公诉人对玉秀山石窟佛像价值的刻画，但是我要说的是一个非常朴素的道理，就是：这尊佛像再有价值，哪怕它是秦始皇陵的兵马俑，哪怕它是龙门石窟的卢舍那，但本质上它毕竟还是一块石头。我想问的是，人头和石头哪个重？

法庭上又引起了一片骚动。

审判长立即喊道：大家保持肃静！

陈晖接着抬高了声音说：众所周知，屹立在哥本哈根海边的那尊美人鱼的雕塑，是可以作为丹麦的国家象征的，在这一百年里就先后三次被盗窃过。但是我们没有听说，罪犯被处以死刑的。珍藏在法国巴黎卢浮宫的油画《蒙娜丽莎》也不止一次地被偷盗，我们也还是没有听说，罪犯被处以死刑。今天我们这尊被盗走的佛像，是传说中的以普渡慈航、荫蔽万家著名的观世音菩萨，假如她果真有灵，她也是不会允许今天我们作出这样的判决的。难道在今天，我们还要因为丢失了一块石头去索要一颗人头吗？如果真是这样，我们的这部《刑法》就是一部悲哀的法律。

法庭内响起了热烈的掌声。

然而，律师充满激情的辩护并没有使本案的判决透射出一缕阳光。一审判决很快就下来了：以盗窃文物罪，判处安小文死刑，立即执行，剥夺政治权利终身。

对这样的判决，几乎所有关心这个案件的人都感到意外和震惊。他们的脑海里一直在回响着律师在法庭上的那句话——难道在今天，我们还要因为丢失了一块石头去索要一颗人头吗？

李志扬和陈晖当即作出了上诉的决定。但是二审的意见十分强硬，认为一审判决量刑适当，适用法律条文准确，决定驳回上诉，维持原判。并宣布此判决为终审判决。之后，死刑的复核程序也非常之快，那阵势，随时都可以签发死刑的执行令的。

得知这个结果，陈晖很伤心，如果从审判那一刻算起，这个案子实际上也就审了几个小时，就这么轻松地判决了。而辛普森的案子从预审法院受理到最高法院陪审团一致判决却历时十五个月，其中控辩双方传唤的证人126人，证言达5万页，物证数目1115件。这是怎样的一个距离？他不能不想到制度上的差异。据资料记载，中国自商朝开始，就已经建立了三级三审制诉讼制度，这个传统一直沿袭到国民党统治时期。而我们现在却是两审终审制，那么就很难让控辩双方——尤其是辩方深度介入，也使一个死囚失去了得到救济的最后渠道。秦朝以前，一个小小的县令即可以杀人，但到了有汉一代，凡问死罪者，必奏报朝廷。这之后，虽经战乱，但死刑的最终裁决权还是紧握在中央手里，死刑的复核权由大理寺行使。至明清时，朝廷对死刑复核控制更加严密，不仅是一般的复核，还有系统的会审，这便是所谓的秋审与朝审。地方官吏宣判的死刑，那也只能是"斩监候"而非"斩立决"，必须到秋天将死囚押至京都，等候大理寺的最终裁定，也就是"秋后算账"了。

即使是对于最终的死刑裁定，当今世界一些国家的执行情况非常悬殊。日本的做法是，法务部长必须在六个月内签署执行死刑的命令，期间如果被告人有非常上告或者请求恩赦，还会酌情延期。美国的法律规定，在死刑犯用尽全部救济之前，不得将其交付执行。有一项统计，在美国发生的一桩死刑案件，从判决到执行死刑，平均要经过十年以上的时间。1972年至1978年间，在芝加哥郊区杀害33名男子和男孩的盖茨，被判死刑，但一直到1994年才被执行了死刑。相比之下，我们处决一个人真是过于匆忙了……

想到这些，陈晖有一种窒息的感觉，他长长地呼出一口气，对病榻上的李志扬说：志扬，我让你失望了。

李志扬说：别这么说，你做得相当出色，只是我们这个职业，都是法律这台大戏里的龙套，人微言轻。我们做了该做的，也算对得起小文了……这个结果，是我意料中的，小文不死，那才叫奇怪了。

陈晖说：我想再上一次最高院，你觉得呢？

李志扬说：没有必要了。这个案子其实不是落城的案子，安小文盗走的那块石头，也不是玉秀山上的石头，而是国家的宝贝。国家找不回被丢失的东西，那自然就要拿偷贼问斩。这几天，我总是想到江旭初那个案子，表面上看，那次我们争取到了"刀下留人"，实际上，刀下是留不住人的啊。只有法下才能留人——假如现在的《刑法》对盗卖文物罪不设死刑，那么还可能出现今天这个局面吗？

陈晖沉默了片刻，然后说：同一张照片，往往是分不清黎明与黄昏的。

1997年11月10日，省高院核准了安小文的死刑并随即下达了执行死刑的命令。落城法院原定行刑的时间是在11月20日，但实际执行死刑的时间却提前了三天。

柳青的日记：1997 年 11 月 17 日

这或许是我最后一次去刑场执行公务了。今天，我是来送安小文的。

还是和以往一样，我们到达监狱的时间是在早晨 7 点。没过一会儿，验明正身后的安小文就被押出来了。他抬头看了看天空，明媚的阳光刺得他的眼睛很难睁开。他从我面前经过的时候，我看见他的一只鞋趿着，就走上前替他穿好了。他看着我，轻声说了声"谢谢"。那时我的眼泪就下来了。我怕被人看见，连忙戴上了墨镜。

十几分钟后，安小文被带到刑场。他一下刑车，两眼就一直在朝边上看着。像是在寻找什么，是他的那个"青萍"吗？那个想象中的初恋对象？然后，他的目光就停在了几个看上去很美的女人身上，那是几个来落城拍电视剧的演员，据说她们今天是来体验生活的，说戏马上就拍完了。那部电视剧写的是法院如何大义灭亲，如何执法如山，所以法院满足了剧组的愿望，说：我们给你们安排一场。

这难道就是提前给安小文执行死刑的原因？

古老的死刑都带有观演性。好像以这种大众目睹的标志区别于暗杀。死刑是国家行为，是合法杀戮，让大众目击受刑人的死，仿佛那一时刻，人民就代表了国家，他们通过见证死刑的执行而充分体会到自身至高无上的绝对权力。从苏格拉底到圣女贞德，再到中国历史上的枭首、凌迟、斩首、枪毙，全世界哪一次的行刑不是像一个盛大的宴会？据说 1889 年巴黎万国博览会期间，埃菲尔铁塔刚刚落成，而那天正好有一个囚犯上断头台，于是几乎所有的人都去围观断头台了……那些围观的人，瞪大着眼睛，期待着手起刀落人头落地的那一刻。期待着恐惧中诞生的兴奋，还会有人去吃人血馒头吗？陈晖说有一部美国的电影，说一个富翁以高得惊人的价格收购一盘录像带，提出的要求是，必须是真的杀人，杀真的人，一步步地杀，看着人慢慢地死去。认为这才是最大的刺激，最高的享受……

年满三十岁的安小文迎着初升的太阳跪下了。他在人间留下的最后一句话是：那几个女人很漂亮，她们今天是来看我的吗？

然后，枪响了。我不知道这还算不算是正义的枪声。我所知道的，这是国家的枪声。

那个时刻，铩羽而归的陈晖在北京的寓所里喝醉了。他醉酒后的一个特点，头脑混乱之际想到的总是一些伤心的事。那个晚上，他想起了几年前发生在中国一个著名城市的案子。那案子很简单，一个中国人抢劫了一个澳大利亚游人的几万块钱，时逢"严打"期间，这个人也就被判了死刑。法院把这个结果告诉了受害人，意思是对他应该有个满意的交代了。但是这位澳大利亚游客却感到非常震惊，他无法理解怎么可能因为抢了几万块钱就要杀掉一个人呢？于是当即就向我们的人民法院提出了抗议。

还有一个案子，也是发生在一个伟大的城市里，那是有一年的国庆节，一个中国人在大庭广众之下抢了一个外国游客的照相机。这个案子一经法院审理，就被认为是罪行极大，情节严重，影响恶劣。审判委员会还认为这不仅是破坏了安定团结的大好局面，而且还败坏了中国的国际形象，所以就觉得应该处以极刑。但是这时候有一个委员发出了一声感叹：难道我们中国人的一条命就值外国人的一台照相机吗？这句感叹让所有的委员们都沉默了，那个罪犯便在这样的沉默中侥幸活了下来……

后半夜，充斥记者脑海的便是即将被枪决的安小文了。那个腼腆的乡村教师的形象一直在他的眼前活动着。他手持一本《笑傲江湖》执著地站在人民英雄纪念碑前，等候着他的爱情降临。他精心画下的那张女人的肖像，像纸钱一样在黑暗的夜空中随风飘荡着……

临近黎明的时候，陈晖做了一个奇怪的梦。他梦见了一片广阔的天地，蓝天白云下是亲切的青山绿水，是妩媚的鸟语花香。然后，在天地之间出现了一个身披白纱的女人，她有着女神一般的身姿，头戴着王冠，眼睛却被蒙上了黑布。她的左手拿着一杆秤，右手则举着一把剑。在她的案头，摆放着几本书籍和一只骷髅，还靠着一根权杖，那权杖上缠绕着一条蛇，女人的脚边还伏着一只狗……

陈晖便从这奇异的梦境中醒来了，回味着那个让他惊诧而陌生的形象，但他相信，这绝对不是一个凭空想象的形象。

外面的天已经亮了，他又收到了王可发来的一份电传——

辛普森的案件审理结束了。一个叫戴尔希的白人女孩对着摄像机的镜头说：不管大家怎样取笑这场审判，但是有一点是肯定的，如果到最后还是确定不了辛普森是否有罪，那么，就会有两种错判的可能：一是他真的杀了人而被放掉，二是他没杀人而被判了无期徒刑或死刑。在这两种情况下，我宁可他是杀了人而被放掉了，也不愿意看到他是有可能被冤枉的，送上电椅或者终身待在牢里。

陈晖看过，觉得辛普森一案中，所牵涉的那些美国司法界最著名、最权威的人士，那些"梦之队"的豪华律师团的成员，他们之间长达数十个月的唇枪舌剑，都不及这个白人女孩这段即兴的发言。这个案子终于结束了，然而他的心却陡然变得沉重。

然后，他仿佛听见了凤鸣山下的那声枪响。

三十

往事如烟。在柳青的记忆里，这几年发生的一切似乎已经相当地遥远了。留在记忆深处的，只剩下了几声沉闷的枪响，让她时常在后半夜惊醒。她越发感觉到，落城是一本沉重的书。她已经很难再读下去了。

1997年最后的日子，她如愿考取了北京一所著名高校法学院的研究生。她本来应该在秋天去北京报到的，因为安小文的案子推迟了。那些天里，她还是像往常上班一样去刑警支队看看，在自己的那间办公室里与同事们聊聊天。那时她就想起了沈蓉，总感觉这个女人还活着，大概出门打开水去了。在大家眼里，柳青拿到硕士学位之后肯定不会再回落城了，然后就抱怨那个吊儿郎当又才华横溢的记者，最终还是摘走了他们的这朵警花。对此，柳青的解释是，她确实跟陈晖处得不错，但至今还没有想过要嫁给这个人。

就在她告别落城的前一天，落城刑警支队破获了一起银行抢劫案。其中有一个外号叫老鼠的犯罪嫌疑人，交待了一件令人震惊的未遂罪行，他说，1995年的5、6月间，他曾受雇于人，企图谋杀一个叫沈蓉的女警察。于是，刑警队立即对此人进行了重新审讯。质问，是谁在雇用他行凶？那人说不知道，说这单生意是一个外号叫狐狸的人拉来的，说好了给他三万元，先付了一半。老鼠接着就交待了他几次企图行凶的经过。

第一次，是在一个夜晚，他准备从树上翻进窗户，入室行凶，直接用刀做。但是他刚刚爬到一棵树上，就引起了室内那个女人的注意。那女人把室内所有的灯光都打开了，还拿着一把菜刀跑到晾台上大喝了一声：谁？

第二次，是在一个黄昏，他一直在等待女人下班。这之前他已经花了很多时间摸清了女人每天下班的路线，打算在女人走进一条小巷之后就下手，用一把羊角锤猛砸她的脑后。结果，就在他正要接近时，那个女人的一只鞋跟突然掉了，她蹲了下来，还回过头看了他一眼，他赶紧溜了。

第三次，是在国庆期间的一个雨天的中午，狐狸替他借来了一辆外地的双排座，说这个女人今天要上单位值班，想趁着这女人出门过马路的时候撞死她，造成一起交通肇事逃逸的现场。没想到，就在他几乎得手的时候，一个行人拉了那女人一把……

老鼠很沮丧，煮熟的鸭子飞掉了。他决定再次行动。然而有一天半夜里，狐狸来了电话，说这件事不做了，剩下的一万五千元照给，但不许把这件事说出去。你敢说你就没命，狐狸这么威胁着他。老鼠说这一天是1995年的11月13日。他记得很清楚，因为是他的生日。

警方再次询问"狐狸"的下落。老鼠说：狐狸死了。交代完这件事不久，他就死了，说是喝醉了酒掉进了蓝渡江里。

柳青得知这件事之后，感到浑身散发着一股寒气，感到毛骨悚然。以前沈蓉对她说的那些，并非是神经质的呓语，并非无中生有的狂话啊！全都得到了印证。是的，有一只看不见的魔手早已悄然伸向了沈蓉，她却浑然不知。1995年11月12日，是沈蓉犯案的日子，怎么会在第二天那个雇凶的家伙就断然放弃了对她的暗杀？那个雇凶杀人的家伙深藏在人世间的阴影里，却是不敢见人的。那是个道貌岸然的男人，在经历过一场轩然大波之后，最近被安排去了外省，继续做着高官，只是不再分管政法了，而是分管意识形态。他那保养得很好的身影经常出现在电视屏幕上，他在高谈阔论，他在手势滔滔。他的老婆被他的情人杀死了，那多病的女人从此不会再来要挟他了，接着国家又替他杀了他的情人，使他如此舒服地摆脱了那个女人的纠缠。他现在就地娶了一个在电视台当主持人的新太太。

难道不是他在背后策划并指挥了对一个女人的谋杀吗？这个女人和他睡了八年，为他离婚，最后为他搭上了性命，可他却对她蓄谋已久，只差一步之遥，就得手了。可悲的可怜的可恨的还是那个女人啊。她一切都不知道，她倒是鬼使神差地帮了那个男人的大忙。那个男人现在什么都得到了，唯一得不到的，是一份人的良知。

柳青无法证实这些。但她坚信这些判断没有错。是的，这个人把一切做得滴水不漏，他策划谋杀就像制作一件工艺品，手段竟是如此地完美，不会留下任何的破绽。他已经消解了道德的谴责，他也逃避了法律的制裁，自然也永远不会被判处死刑，但一定会下地狱。

……

我的这部小说已经到了该结束的时候。

我不是一个刑罚学家，更谈不上对死刑有什么研究。我只是一个作家。那一年，我在洛杉矶那个笔会上结识了陈晖先生，然后我们开始共同关注辛普森案件。在与陈先生的交往中，我又认识了女警官柳青和李志扬律师。我倾听着他们的讲叙，他们的故事激发了我的想象力。与此同时，我接触到像陈兴良、邱兴隆等国内知名刑罚学家的著述，获益匪浅，更让我感受到当代学人的良知。但那个时候，我还没有考虑要写一部关于死刑的小说。这部小说的真正起因，是在我得知 2003 年 3 月 17 日，在中国广州，一个叫孙志刚的大学生，仅因为身上没有携带有效证件和看上去其貌不扬，就被几个执法人员非法羁押，以致在三天后被几个莫名其妙的人残暴地打死。这让我震惊不已！那几天，我在网上关注着这个事件的发展，我注意到很久以前一个叫马丁的德国新教牧师的一段话在广为流传。这段话，原是刻在美国波士顿犹太人大屠杀纪念碑上的——

起初他们追杀共产主义者，我不是共产主义者，我不说话；
接着他们追杀犹太人，我不是犹太人，我不说话；
后来他们追杀工会会员，我不是工会会员，我继续不说话；

再后来他们追杀天主教徒，我不是天主教徒，我还是不说话；

最后，他们奔我而来，再也没有人站出来为我说话了。

于是，在一个以防止 SARS 为背景的"戴口罩的春天"，我在疫情中心的北京开始写作这部小说。关于死刑，我要说话。

为了让小说有一个比较完整的交代，我想对这几位朋友的近况再作一些介绍。陈晖还是干着他的本行，但现在已经很少看得见他那些"准风月谈"的专栏了。柳青取得硕士学位之后，没有回到落城，目前在公安部下属的一个研究所当助理研究员。这两个人相处得很不错，但至今没有结婚的迹象。对此，柳青援引了陈晖的一句话对我进行了解释，她说：我现在还不觉得，两个人的生活就一定比一个人的生活要好。

李志扬律师还在落城，他的腿伤完全好了，继续维持着他的蓝天律师事务所。听柳青说，他后来把沈蓉的儿子晓雷安排在所内。他经常来北京出差，我最后一次见到他是在 2001 年的 3 月，当时他是来旁听"中美刑事审判实务高级研讨会"的。那是一次规模不大的会议，但与会者中间有一个人却引起了广泛的关注。此人就是美国哈佛大学著名法学教授艾伦·德肖微茨，曾经是辛普森"梦之队"的一员干将。其实早在 1980 年，德肖微茨就已经访问过中国。对于刚刚打开国门的中国，很少有人知道律师这个职业是怎么回事，甚至认为律师就是"替坏人说话的人"。当时有人问德肖微茨，为什么政府要花钱请律师来为那些破坏社会法制的人辩护？律师为什么要替那些坏人开脱罪名？对这样的质问，一向善于雄辩的律师竟无话可说。而这一次，他面对的提问是：作为辛普森一案的辩护律师，您认为他有罪吗？

对于这样一个几乎全世界记者都会提出的问题，德肖微茨照例予以回避。但是他指出，如果辛普森一案发生在中国，那么，他相信法庭会作出相反的判决。这位著名的法学家没有作出进一步的解释，而是做了一个双手交叉的手势，说：也许有一天我们会走到一起。

还是这一年的 9 月，另一位世界级哲学家和法学家，法国的雅克·德里达教授，也开始了为期 16 天的中国之行。而在 12 年前的 1989 年，中国社会科学院就对他发出了访华邀请，却因为某种原因推迟至今。德里达此次出访的地点依次是北京、南京、上海和香港。这种安排，用后来一位大学校长的话来说,是依次去看 1000 年历史的中国、100 年历史的中国、现代的中国和后殖民的香港。然后他将对长期被认为解构就是摧毁一切的误解进行全面澄清,还将就"宽恕"、"大学"和"死刑"等遗产问题进行演讲。旅法学者张宁先生完整地记录了这次旅行。德里达的首场演讲是在 9 月 4 日,地点是北京大学理科楼的会议厅,演讲的题目是《宽恕:不可宽恕与不受时限》。他的演讲受到了欢迎,但一位来自美国的学者提问说,如果一个人强奸了我的女儿,我宽恕了他,那等于是纵容他去强奸我另外的女儿。如此宽恕的后果,我们有什么理由去宽恕呢?德里达的回答是:我并没有要说宽恕的好与坏。我也同意宽恕有可能会有不好的后果,但我的工作不是去评价宽恕的好与坏,而是要分析我们所继承的这份宽恕遗产的悖论,尽我微薄之力向人们揭示我们生活在一种怎样的宽恕传统之中。

德里达指出:宽恕的可能在于它的不可能,宽恕不可宽恕者才是宽恕存在的前提条件,宽恕的历史没有终结,因为宽恕的可能性正来自于它看似不可能、看似终结之处。

那一天,我和陈晖在场,尽管现场的翻译使德里达的演讲听起来不很流畅,但这个演讲还是让我们增长了不少的见识。那天晚上,我们再次去天安门广场散步,去的路上,我们在地铁口遇见了一个须髯飞霜的老者,他的目光炯炯有神,似乎一直在注意着我们。当我们走近他时,老人悠闲地打开了手中那把象牙骨的折扇,那宽大的扇面上赫然写着两个金农体的大字:释梦。

陈晖就恭谦地走上前,问道:老先生,您是……

老者恬然一笑,说:我是一个释梦者。

这种奇异的回答引起了我们的好奇心,仿佛邂逅了弗洛伊德。于是陈晖就对老者说起了自己几年前的那个梦,他至今记忆犹新,描述得非常仔细。老者想了一会,说:你最好去找一本叫做《像章学》的书,作者是一个叫利帕的洋人,在第三卷上或许有你需要的答案。说完这句话,老者就扬长而去了,很快就看不见他的身影,一如消失在风中。

陈晖后来就查到了这本书。果然在第三卷上看见了这样的一段话——

……白袍，象征道德无瑕，刚直不阿；蒙眼，因为司法纯靠理智，不靠误人的感官印象；王冠，因为正义尊贵无比，荣耀第一；秤，比喻裁量公平，在正义面前人人皆得所值，不多不少；剑，表示制裁严厉，绝不姑息……蛇与狗，分别代表着仇恨与友情，两者都不许影响裁判。权杖申威，书籍载法，骷髅指人的生命的脆弱，跟正义恰好相反：正义属于永恒……

陈晖梦见的那个女神形象，就是正义。

2003年7月16日，初稿；
8月9日改毕，北京寓所
（原载《花城》2003年第6期）

附　录：

《死刑报告》初版后记

最早对死刑问题的关注，是1997年看过基耶斯洛夫斯基的《十诫——关于杀人的短片》之后。基氏是我喜欢的电影导演之一，他的作品，无论是《三色》还是《十诫》，与我心目中对电影的要求靠得很近。《关于杀人的短片》，在我看来是《十诫》中最好的一部，他提出了一个尖锐的问题——代表国家的杀人究竟是否意味着正义？

我的思考正是由此开始的。在我读过一些中外刑罚学者关于死刑的著述之后，我产生了写一部关于死刑小说的念头。死刑的存废，一直是国际法学界一个争论不休的问题。然而近百年的事实表明，废除死刑是人类文明发展的一个必然趋势，尽管这一天对中国而言还相当遥远，那么，对死刑的严格限制，就显得十分重要了。让我欣慰的是，中国对死刑问题的重视已经不再是几个法学家的专业研讨，司法实践也在进步。我曾在网上注意到这样一条消息，从2001年4月到2003年3月，仅是北京市高级法院就对三十五名一审被判处死刑的案犯，改判为死缓。

但那个时候我却没有一个完整的时间坐在电脑面前。两年前，我母亲被诊断出身患癌症，紧接着在北京和合肥接受了两次大手术和十八次的化疗。那些日子，我和年迈的父亲奔波在北京、合肥两地的医院之间。我的父母，却以最大的勇气和毅力支持我，他们希望我从目下的阴影中走出来，回到自己的专业上，我这才有了写作这部书的可能。

在访病求医期间，我认识了一位刑警出身的朋友，她原是一位刑侦物证专业的工程师，而她的父亲，则担任过基层的公安局长。偶尔的几次交谈，却意外地打开了我想写作《死刑报告》的窗口，让我豁然开朗。有一次我问她，你去过刑场吗？她说去过，那是她的工作之一。我继续问道：当你看见一个死囚被执行枪决的瞬间，你的感受怎样？她迟疑地说：很复杂。几乎每一个死囚手里都有一笔令人发指的血债，你无法不恨他们。但是，当他们像牲口一样跪倒在冰冷的枪口之下，你的内心还是产生了一种怜悯，一种同情。然后，她就对我讲叙了一段亲身经历。多年前，她的一位女同事，因为婚外情，便与她的弟弟策划实施了一起谋杀，最后双双被处死刑。临行前，她曾去监狱探视过这个女人，并为其捎去了一些生活用品。几天后，这一对姐弟被押赴刑场执行枪决。"那一天，"她说，"我请假了，没有去刑场。但我后来还是把自己关在办公室里，仔细看完了执行现场的录像……"说到这里，朋友流下了眼泪，说不下去了。这个真实的故事，后来成为本书中沈蓉案件的原型。而书中的女主角，无疑带有我这位朋友的身影。

2003年3月17日发生在广州的"孙志刚事件"，让我震惊不已，也使《死刑报告》的写作加快了步伐——这部书已经到了非写不可的时候了。那些天，我不断收到海内外朋友的电子邮件，对人权的尊重和对生命的敬畏，又一次如此强烈地激荡在我的脑海里。在写作《死刑报告》的日子里，我时常半夜起床，键盘的敲击声仿佛心的跳动，等一节写完，曙色已经涂满北京的城郭。对我而言，这部小说的写作，是了却了自己的一个心愿。

《死刑报告》将先由《花城》杂志2003年第6期全文发表，现在，我把它交给一贯与我合作的人民文学出版社，并且，这一次我亲自设计了封面。

潘 军

2003年10月19日，夜半，北京寓所

关于《死刑报告》

——答《北京晚报》记者问

时间：2003 年 12 月
地点：北京宣武区"似海怡家"

记者：《死刑报告》是你创作中一个崭新的领域，就题材而言，与你以前的作品似乎没有任何关系，你是基于怎样的考虑来写这部作品的？

潘军：2001 年完成《独白与手势》最后一部《红》之后，我原想静下心来看点书，顺便写点中、短篇或者随笔。这是我个人的一种习惯。但是，这两年因为我母亲身患癌症，我大部分的时间都在为她的治疗奔波。

至于对死刑问题的思考，最早源自基耶斯洛夫斯基那部《关于杀人的短片》，也就是《十诫》中的《杀诫》。基氏是我喜欢的电影导演，他的这部作品，提出了一个尖锐的问题：代表国家的杀人是否意味着正义？或者说，国家以杀人的方式制止杀人是否很荒谬？这是 1997 年的事了。这之后，我开始留心这个问题，读了一些中外关于刑罚、死刑方面的书，有了一点知识上的积累。我觉得死刑问题在文学上首先是一个人类的终极关怀问题，这与我的追求是一贯的。当今世界，已经有一半的国家废除了死刑或者事实上不执行死刑，而中国的死刑却占了世界的四分之三，这个差距太大了！因此，我觉得应该有一部关于死刑的小说出来，谈谈这方面的事，这也是一个作家良知的体现。所以说，这是我的一个心愿。

记者：据说《死刑报告》的构思与写作都很不顺利，是这样吗？

潘军：这部小说的写作，开始于 2002 年的 10 月，结果很不顺利，最初写的七万字都报废了。我写小说，必须首先找到一个合适的叙事方式，而不是像有的作家那样，先构思好一个故事。从小说文本的角度看，这个方式，既是小说的载体，同时也是被载的一部分。我需要首先确定它。第二个困难，我面对的毕竟是一个很陌生的领域。某种意义上，我这回是以文学的方式在说一个法学的话题。如果我记得不错，当代中国如此近距离地来探讨死刑的小说，《死刑报告》是第一部。这大概不会错的。直到今年3月17日，广州发生了"孙志刚事件"，使我受到了很大的震动，也使《死刑报告》的写作加快了步伐。不久，北京成了"非典"的中心，也就在这个"戴口罩的春天"里，我完成了小说的初稿，然后在夏天里把它修改完成了。很显然，我自然不想去写一部破案加爱情的小说，而是想借几宗死刑案件解析死刑问题，希望能以这种方式引起社会对死刑问题的关注。

记者：《死刑报告》中还用较大的篇幅写了美国曾经轰动一时的"辛普森案件"，为什么要这样处理呢？

潘军：有两方面的原因。其一，是想通过这个案件的叙述，构成小说内容上的一个对比——主要是中西方刑罚观念和司法体制上的对比。我觉得这一笔很重要。"辛普森案件"被称作一场"世纪审判"，吸引了全球的关注，就在于这个案件的特殊性，它处于一个两极的状态，折射出了司法的理性光辉。其二，是想从文本上显示出更深的一种意味。小说叙事上有了这样一个层面，至少丰富了文本自身。看似不相干的东西却能构成一个"场"。但在构思阶段，我一直很犹豫，到底写还是不写？最后我还是决定保留。

记者：这部书中"吴长春案件"，让人联想起辽宁营口李化伟的那宗冤案，你是故意这么做的吗？

潘军：是的。既然这部小说触动的是个社会话题，那么我就会注重它的现实性。但我写的又是小说，不是报告文学。小说是一个虚构的文本。因此，我有意选择了个别现实中真实发生过的案件，除了"李化伟案件"，还有"枪下留人"的事情，在陕西那起"董伟案件"中也确实发生过此类情形的。我想让大家有一种不陌生的感觉，我要唤起大家的一些记忆，让大家觉得虚构只是作家的技巧，但内容是活生生的，似曾相识，仿佛就在我们身边。我希望大家有"身临其境"的感受——这是最强烈的感受。

记者：在作品里，我们能看到您对人性的尊重和对生命的敬畏，有这样一句话："死刑的本质，不是要让罪犯受辱，更不是对罪犯实施肉体上的折磨，而是要引起罪犯内心的忏悔，使之回归社会，重新做人。"让一个犯过死罪的人"回归社会，重新做人"会不会是对受害者人性及生命的不尊重不敬畏呢？

潘军： 死刑的问题，表现在文学作品里，首先是一个人类的终极关怀问题。我不主张"以血还血"式的等害报应观念，这是同态复仇的劣迹。一个文明的社会应该充满爱，而不是仇恨。我们的法律通常爱说，不杀不足以平民愤。那么，是否就意味着为了平息民愤而去杀人呢？司法的正义，不是体现在大众情绪上，而应该体现在司法程序上。譬如最近发生了"刘涌案再审"，意义不在于大众怎么看，而在于我们的司法程序是否公正。

记者： 既然《死刑报告》提出了关注死刑，甚至有呼吁"废除死刑"的倾向，那么，你果真认为今天的中国可以废除死刑吗？

潘军： 死刑的存废，是国际上一直争论不休的问题。这里，我需要引用法学家陈兴良教授的观点——从应然性上看，人类终将废除死刑，中国也不例外；从实然性上看，目前中国还需要死刑的存在，但更需要严格限制。作为一个作家，我只希望这部《死刑报告》引起大家对死刑问题的关注。

记者： 在这部作品中，有三个主要的人物：柳青、陈晖和李志扬，他们分别为女警官、法制记者和律师，而且都具有正义感、不畏强权的特点，应该说是十分完美的。那您对现实生活中这三类人有什么样的看法呢？他们的身上是否寄予着您的某种理想呢？

潘军： 我塑造的这三个人物，都是小人物。我本人同样也是小人物，自然在他们身上寄托着我的某种理想。这个理想很朴素，就是爱和良知。

记者： 您现在的这部作品和以前的《重瞳》、《独白与手势》等已经发生了极大的变化，很多读者认为您以前的作品虽然个人化一些，但是极具魅力；《死刑报告》则加入了更多适于阅读的要素，像我们前面提到的一些案件等就是很吸引读者的。这种变化是否预示着您今后创作也会发生大的转变呢？

潘军： 是一次全新的尝试。对我而言，这次是面临着"怎么写"和"写什么"的双重挑战。小说在《花城》发表后，也有一些圈子里的朋友对我说，这部小说在文本上似乎没有什么进步。我承认这一点。我写过一些在文本上有探索的小说，也一直被认为是一个"先锋作家"。有一次，我接到一个广东读者的电话——他不知怎么找到我的手机号码的，他直率地告诉我，他和他的一些朋友，非常喜欢我过去的一些作品，譬如《流动的沙滩》、《三月一日》等，但不喜欢我的《合同婚姻》，认为我是一个很纯粹的作家，不应该写这样的东西。我很感谢这位陌生的朋友，但我告诉他，一个作家——当然不是每一个，对每一部小说要求它所承载的使命是不一样的。譬如《重瞳》，是想在司马迁的《史记》中寻找出一种新的解读方式，这是《重瞳》的主要使命。那么《合同婚姻》的主要使命，是表达我对婚姻制度的怀疑。现在的《死刑报告》的使命，是想引起大家对刑罚观念和司法体制的思考。人民文学出版社副社长、批评家潘凯雄负责了《死刑报告》的终审，他认为这部小说在我个人的创作中是一个突破，显示了一定的思想深度，大概是因为我过去的作品太"个人化"了。

记者：有人说，《死刑报告》除了成为当代中国第一部关注死刑的小说外，还改变了过去那种"破案加爱情"或者"案件加黑社会"的警界小说模式，你觉得呢？

潘军：我从来没有留意过所谓的"警界小说"，对这一点无从谈起。我知道小说的形态是多样的。金庸和琼瑶，不一样叫小说吗？但是，这不是我认定的那种小说。我所认定的小说，是一种依靠语言造型的艺术，是讲究叙事、追求一种诗性与哲理的文本，而不是精心炮制一个故事。这与大众的阅读立场完全不同。《死刑报告》因为题材的缘故，某种意义上对文本上的追求受到一些约束，但我还是尽量按照自己的方式去做了。

记者：《死刑报告》是一部反映现实的小说，或者说是一部"问题小说"，因此会有很多读者关注它。你是否事先有一种想写一部畅销书的考虑？你觉得你的书会畅销吗？

潘军：有批评家说过，1996年之后，我的小说创作也出现了"转型"，由沙龙走向了民间。不错，与早期的《南方的情绪》、《流动的沙滩》、《风》这类作品相比，后来的《海口日记》、《对门·对面》、《合同婚姻》以及《独白与手势》，确实要好看一些。这种所谓的"转型"，大概是指作家创作中的一种调整吧。我觉得，一个作家的调整，只要是发自文学内在的需要，而不是某种妥协和让步的结果，更不是主动迎合什么非文学的因素，是可贵的。一个作家如果故意把小说写得艰涩，那是一种病态；如果刻意迎合市场的口味，那是一种媚俗；但如果尽可能把它写得好看，那应该是一种追求。不同的题材有不同的处理方式，笔调、文字是不一样的，这是我一贯的考虑。我没有指望自己会成为一个畅销书作家，倒是希望自己是一个"常销书"作家。我并不希望《死刑报告》会成为一部畅销书，倒是希望读者关注它。

记者：《死刑报告》具有很好的可读性，或者说这是一部好看的小说，你打算把它改编成电影或者电视剧吗？

潘军：《死刑报告》确实具备了被改编的因素。目前也有影视的投资人在与我交涉，陈凯歌也想把它拍成电影。如果最后谈定了，我会按照一种"剧"的方式作些处理的。首先是结构上会有很大变化，要重新组织人物纠葛和戏剧性的冲突。电影的改编，难度会大一点；做电视剧会容易一些。但是改编出来的应该是另一个东西了，我只希望小说的意蕴不要丢失得太多，尽管这很困难。我一向认为，一流的小说是不可以随便改编的，因为它的内部非常严密。